D1688117

VOM OSTEN STRAHLT EIN STERN HEREIN

Vom Osten strahlt ein Stern herein

Geschichten zu
Advent, Weihnachten,
Dreikönig

Urachhaus

Titel der niederländischen Originalausgabe:
Een ster over de grens

CIP-Kurztitelaufnahme der Deutschen Bibliothek

Vom Osten strahlt ein Stern herein:
Geschichten zu Advent – Weihnachten – Dreikönig.
Stuttgart : Urachhaus, 1987
ISBN 3-87838-536-6

ISBN 3 87838 536 6
© 1987 Verlag Urachhaus Johannes M. Mayer GmbH, Stuttgart.
© 1986 Christofoor, Zeist.
Alle Rechte, auch die des auszugsweisen Nachdrucks
und der photomechanischen Wiedergabe, vorbehalten.
Umschlag: Christiane Lesch.
Illustrationen: Lousan Schuuring.
Satz und Druck der Offizin Chr. Scheufele, Stuttgart.

Inhalt

ADVENT

Vom Osten strahlt ein Stern herein	9
Weshalb Gott den Menschen schuf *Dan Lindholm*	11
Die Suche nach dem heimlichen König *Eberhard Kurras*	12
Aus dem Pseudo-Matthäus-Evangelium	15
Die Legende des Luciatags *Selma Lagerlöf*	25
Andrey *Gerhard Klein*	44
Der blinde Peter *Gerhard Klein*	50
Der Sternenreiter *Jakob Streit*	58
Die Verkündigung an Zacharias *Aus dem Lukasevangelium*	79
Die Verkündigung an Maria *Aus dem Lukasevangelium*	81
Die Geburt des Johannes; Lobgesang des Zacharias *Aus dem Lukasevangelium*	82

BEI DER GEBURT DES KINDES

Die Geburt Jesu *Aus dem Lukasevangelium*	84
Die Flöte des Hirtenknaben *Dan Lindholm*	86
Vom Hirten Jonas im Stall *Georg Dreißig*	89
Der Gotteswirt *Georg Dreißig*	94
Die Hirten *Ruth Sawyer*	99
Die Legende von der Heiligen Brigid *Ruth Sawyer*	106
Von Ochs und Esel *Ernest Claes*	111

DIE CHRISTNACHT

Die kleine Weihnachtshütte von Carn-na-ween *Ruth Sawyer*	124
Schnitzel, Schnatzel und Schnutzel *Ruth Sawyer*	133

Der Uhrmacher *Ruth Sawyer* 141
Im Eismeer: Die wandernden Tiere *Ernst Kessler* 146
Spielmann, spiel schnell, noch schneller *Ruth Sawyer* 148
Einer Weihnacht Lust und Gefahr *Peter Rosegger* 154
Der liebe kleine Gott geht durch den Wald *Peter Rosegger* 170
Die Kerze *Willem Brandt* 179
Stern über der Grenze *Edzard Schaper* 183

WEIHNACHTEN IN ALLER WELT

Lumpen-Lars sucht das Christkindlein
  An Rutgers van der Loeff-Basenau 199
Rösli von Stechelberg *Jakob Streit* 206
Der Tannenbaum *Hans Christian Andersen* 220
Eine Weihnachtsgeschichte aus den Bergen *C. E. Pothast-Gimberg* . 228
Jimmy Bunces Weihnachtsbaum *Olof Baker* 236
Der erste Weihnachtsbaum *Jakob Streit* 241
Der Troll, der Mensch werden wollte *Jeanna Oterdahl* 247
Der letzte Traum der alten Eiche *Hans Christian Andersen* 257
Frau Holle und der Glasbläser *Karl Paetow* 263
Der Bergmann und sein Weib *Karl Paetow* 267
Der Frauenwagen *Karl Paetow* 270
Alice und ihre Tauben *Anonym* 273
Besuch bei den Zigeunern *Ruth Sawyer* 279
Bernardinos Gold *Ruth Sawyer* 283
Bo'Bossus Krippe *Ruth Sawyer* 291
Prest-Jan und die Trolle *Anonym* 301
Das Engelchen *Leonid Andrejew* 313
Tamara, der maurische Engel *Hans Berghuis* 317
Weihnachtserzählung *Maxim Gorki* 325

VON WEIHNACHTEN ZU DREIKÖNIG

Die Priesterkönige aus dem Osten *Aus dem Matthäusevangelium* 332
Die Flucht nach Ägypten *Aus dem Matthäusevangelium* 333
Der Kindermord zu Bethlehem *Jakob Streit* 334

Das kleine Mädchen mit den Schwefelhölzchen
Hans Christian Andersen 336
Die Distel *Elisabeth Klein* 339
Silvesternacht *Dan Lindholm* 342
Das Wunderkorn *Nienke van Hichtum* 346
Die ausgeblasenen Lichtlein *Karl Paetow* 354
Das Versprechen der Könige *Ruth Sawyer* 358
Die drei Könige reiten *Ruth Sawyer* 365
Der vierte König *Jakob Streit* 377
Der heimliche König *Georg Dreißig* 392
Das Traumlied vom Olav Åsteson 399

Quellennachweis 409

Vom Osten strahlt ein Stern herein
mit wunderbarem hellen Schein.
Es naht, es naht ein himmlisch Licht,
das sich in tausend Strahlen bricht.
Ihr Sternlein auf dem dunklen Blau,
die all ihr schmückt des Himmels Bau,
zieht euch zurück vor diesem Schein,
ihr werdet alle winzig klein,
verdunkelt Sonnenlicht und Mond,
die ihr so stolz am Himmel thront.
Es nahet heilig leuchtend fern
vom Osten her der Weihnachtsstern.

     L. PUCCI

DAN LINDHOLM

Weshalb Gott den Menschen schuf

Gott hat die Welt geschaffen und alles was sie enthält – vom geringsten Wurm im Staube bis zur Krone der Schöpfung, dem Menschen.

Die Engel sahen's und wunderten sich darüber. Besonders eines schien ihnen unverständlich: weshalb hat Gott den Menschen geschaffen? Sie grübelten und forschten, doch es blieb für sie ein Rätsel. Sie meinten, daß Gott den Menschen unten auf der Erde nicht brauchte, nachdem er den Himmel voller Engel hatte. Darüber sprachen sie, und schließlich kamen sie überein, Gott selbst zu befragen. Einer der kleinen nahm sich Mut, schritt vor den Thron des Herrn und fragte: »Himmlischer Vater, sieh, du hast das Haus voll großer und kleiner Engel. Weshalb hast du dann die Menschen geschaffen?«

Als Gottvater das gehört hatte, rief er: »Versammelt euch, ihr himmlischen Heerscharen!« Dann beugte er sich nieder zur Erde, pflückte eine rote Rose, die sich eben geöffnet hatte. »Seht her«, sagte er zu den Engeln, »wer sagt mir, was ich hier in der Hand halte?«

Aber keiner der zahllosen Engel wußte, was Gott in der Hand hielt. Schweigend standen sie um seinen Thron und wußten keine Antwort zu geben.

Gottvater aber sprach: »Ich habe den Menschen geschaffen, auf daß es in der Welt auch ein Geschöpf gebe, welches *weiß*, was Gottvater geschaffen hat.«

EBERHARD KURRAS

Die Suche nach dem heimlichen König

Es ist noch nicht lange her, daß es ein Land gab, welches das größte der Erde war, denn es hatte sich fast alle anderen Länder unterworfen. Es hatte nicht nur großen Ruhm, sondern auch außerordentlichen Reichtum erworben, und die Bewohner des Landes mußten sich eingestehen, daß ihnen an ihrem Glück kaum etwas fehlte.

Eines Tages brach in diesem Lande eine seltsame Krankheit aus. Sie ergriff erst wenige Menschen, dann immer mehr, und schließlich wuchs sie zu einer Epidemie an. Sie trat so auf, daß sie eigenartige Lähmungserscheinungen hervorrief, nicht nur äußere, sondern auch innere. Die Menschen, die von ihr befallen wurden, konnten sich nicht mehr bewegen, bald nicht mehr sprechen und schließlich nicht mehr denken... Die Bewohner des Landes gerieten in Bestürzung, daß das Unheil gerade in ihrer glücklichsten Zeit ausbrach.

Als die Krankheit immer mehr um sich griff und gerade die wichtigsten Menschen befiel, rief der König schließlich seine Räte zusammen und befragte sie, was in dieser Not getan werden sollte. Aber über das hinaus, was die Ärzte schon versucht hatten, wußten die Ratgeber auch nichts zu sagen. Das einzigste war, daß sie dem König vorschlugen, er möge im Reiche ausrufen lassen, daß derjenige, der eine Hilfe wisse, sich unverzüglich einfinden solle.

Das tat der König, und nach einiger Zeit erschien im Schlosse ein greiser Hirte. Der gab dem König einen unerwarteten Rat. Er sprach: »In dieser Not hilft Dir nur eines. Sende Deine Tochter zu dem heimlichen König – der wird Dir geben, dessen Du bedarfst.« Als der König diese Worte hörte, fand er sie sehr unwillkommen. Seine eigene Tochter zu einem unbekannten König, der noch dazu ein heimlicher war, allein in die Welt hinauszusenden, – dagegen sträubte er sich entschieden. Aber als er bald darauf selbst erkrankte, entschloß er sich doch, dem Rat zu folgen.

Da zog nun die junge Königstochter aus und begann, den heimlichen König zu suchen. Sie wußte nicht, an welcher Stätte er wohnte, sie kannte auch den Weg dahin nicht, sie war nur von der innigsten Sehnsucht erfüllt, den Genannten zu finden und den Menschen zu helfen. Sie wanderte vom Morgen bis zum Abend und hatte noch immer nichts gefunden. Und da sie am Ende des Tages noch nichts erreicht hatte, beschloß sie, für die Nacht keine Herberge aufzusuchen, sondern draußen im Freien zu bleiben, um nicht vielleicht ein Zeichen zu versäumen. Sie erstieg noch eine Bergeshöhe, dann machte sie dort oben halt. Jetzt gewahrte sie, daß ein unendlicher Himmel in tiefstem Blau sich über ihr wölbte. Noch niemals hatte sie ihn so gesehen. Sie schaute ihn lange unverwandt an und gab sich dem erhabenen Anblick hin. Da wurde ihr immer freier und weiter, und es war ihr, als verstünde sie viele Geheimnisse der Welt... Dann fiel sie in einen tiefen Schlaf. Als sie am nächsten Morgen aufwachte, bemerkte sie zu ihrem Erstaunen, daß ein wunderbarer tiefblauer Mantel sie umhüllte.

Am nächsten Tage wanderte sie weiter. Jetzt begegneten ihr zahlreiche Menschen, die irgendeine Hilfeleistung von ihr verlangten, mitunter auch mit bösen Worten. Die Königstochter verrichtete alles, ohne zu murren oder zu erzürnen. Danach kam ihr ein Mensch entgegen, der fast nichts mehr am Leibe trug. Er verlangte, daß sie ihm etwas Wärmendes gebe. Da schenkte sie ihm ihr eigenes Kleid, denn sie sagte sich, daß sie ja den Mantel noch habe. Aber als sie darauf niederblickte, da war sie mit einem neuen Kleid angetan, das schimmerte im schönsten Rot.

Als sie am folgenden Tage weiterwanderte, stellten sich viele Hindernisse ein. Die Wege wurden zunehmend schwieriger und ihre Kräfte ließen nach. Nur ihr Wille blieb fest auf das Ziel gerichtet. Sie gelangte noch auf eine Aue, die von prachtvollen Bäumen mit viel Laub und leuchtenden Früchten bestanden war; sie setzte sich unter den größten von ihnen, – dann waren ihre Kräfte erschöpft. Aber als sie so saß und in sich dachte: »Wenn ich zum Willen doch auch die Kraft hätte!« – da begann der mächtige Baum sich zu regen, er rüttelte und schüttelte sich, und es fielen zwei herrliche Schuhe hernieder, die leuchteten in warmem Gold. Als die Königstochter die Schuhe anzog, durchströmte ihre Glieder eine Kraft, wie sie sie niemals empfunden hatte. Nun konnte sie wieder weiterwandern.

Am vierten Tag senkte sich der Weg und führte allmählich in das Innere der Erde. Erst umfing sie beängstigende Dunkelheit, dann wurde es immer heller und heller und zuletzt kam unbeschreiblich sanftes Licht. Es war ihr, als käme sie in die Herzkammer der Erde. In der Mitte des Raumes stand ein Thron, auf dem ein jugendlicher König saß, der wie eine milde Sonne strahlte. Um ihn herum standen die Geister der Natur, die Führer der Menschen und die Obersten der Engel. Die Königstochter wußte jetzt, daß sie am

Ziele war. Der Thronende blickte die Jungfrau an und gewahrte, was sie an sich trug: den blauen Mantel, der sie umhüllte, das rote Kleid und die goldenen Schuhe. Dann erhob er seine Stimme und sprach zu ihr: »Ich sehe, daß du würdig bist, das Heil zu empfangen und den Menschen zu bringen.« Und er reichte ihr eine goldene Schale, die mit blinkendem Wasser angefüllt war, und ließ die Königstochter daraus trinken. Dann gab er ihr den Auftrag, sie den Menschen zu bringen und ihnen vom heimlichen Könige zu verkünden. Wer daran glaube, dürfe trinken und würde von der Krankheit genesen.

Die Königstochter nahm die Schale und wanderte in das Land der Menschen zurück. Als sie dort von ihrer Begegnung verkündete, wollten die meisten Menschen nicht glauben, daß es den heimlichen König gebe. Die aber daran glaubten und aus der goldenen Schale tranken, wurden von ihrer unheimlichen Krankheit geheilt.

So haben schon manche neues Leben empfangen. Es werden aber noch viele hinzukommen, wenn sie ihr Herz der Botschaft aufschließen, daß es einen heimlichen König gibt, der das Wasser des Lebens hütet und spendet. Er wohnt unter uns und harrt der Menschen.

Aus dem Pseudo-Matthäus-Evangelium

In der Übersetzung von Emil Bock

1.

In den großen Tagen der Ankunft lebte in Jerusalem ein Mann aus dem Stamme Juda. Er trug den Namen Joachim. Er war ein Hirte und lebte mit seinen Schafen. In schlichtem Fühlen, in gutem Willen war er gekommen bis zu der heiligen Scheu. Seine einzige Sorge war die um seine Herden. Von dem Ertrag der Herden ernährte er alle, die die Stufe der heiligen Scheu erreicht hatten. Doppelte Gaben brachte er denen dar, die in der heiligen Scheu und in der Erkenntnis der göttlichen Lehre strebend standen, einfache Gaben denen, die ihre Diener waren. So teilte er alles, was er besaß, die Lämmer, die Schafe, die Wolle und alles andere, in drei Teile: den einen Teil gab er den Witwen, Waisen, Pilgern und Armen; den anderen Teil denen, die als Priester die heilige Handlung verrichteten, den dritten Teil behielt er für sich und sein ganzes Haus.

So war sein Tun. Und die göttliche Welt vervielfältigte seine Herden, so daß er im Volke Israel nicht seinesgleichen hatte. Im fünfzehnten Jahre seines Lebens hatte er so zu handeln begonnen. Als er zwanzig Jahre alt war, nahm er Hanna, die Tochter Isaschars, zum Weibe. Sie war auch aus seinem Stamme, aus dem Geschlecht Davids. Und als er zwanzig Jahre mit ihr gelebt hatte, hatte er doch von ihr weder Sohn noch Tochter empfangen.

2.

Einmal nun stand an den Tagen des Festes Joachim unter denen, die dem Weltenherrn das Brandopfer darbrachten, und er war dabei, vor dem Schauen des Weltenherrn seine Opfergaben zu bereiten. Da trat einer der Verwalter der Tempelschrift zu ihm, der den Namen Ruben trug, und sprach: Du darfst nicht unter denen stehen, die die göttlichen Opferhandlungen verrichten, denn die göttliche Welt gab dir nicht den Segen der Fortpflanzung deines Geschlechtes in Israel.

In tiefer Scham erduldete er alles vor dem ganzen Volke und ging weinend fort vom Tempel des Weltenherrn. Er kehrte nicht nach Hause zurück, sondern ging zu seinen Herden. Die Hirten nahm er mit sich und führte sie durch die Gebirge in ein fernes Land. So konnte fünf Monate lang sein Weib Hanna keine Kunde von ihm empfangen.

Weinend betete Hanna: Du Weltenherr, mächtiger Gottesgeist des Volkes Israel, da du mir schon keine Söhne gegeben hast, warum hast du mir nun auch meinen Mann genommen? Fünf Monate schon sind hingegangen, seit ich meinen Mann nicht mehr sah. Und ich weiß nicht, ob er tot ist, ob ich ihm eine Grabstätte bereiten muß.

Sie weinte heiße Tränen im Garten ihres Hauses. Als sie dann aber im Gebet ihre Augen emporrichtete zu dem Weltenherrn, da erblickte sie auf einem Lorbeerbaum ein Nest mit Sperlingen. Unter Schluchzen erhob sie ihre Stimme zum Weltenherrn: Du Weltenherr, weltenstarkes Gotteswesen, du hast aller Kreatur Söhne gegeben, den wilden Tieren und dem Lastvieh und den Schlangen und den Fischen und den Vögeln, und alle freuen sich ihrer Jungen. Willst du mich allein von deiner gütevollen schenkenden Gnade ausschließen? Du, o Weltenherr, weißt, daß ich von der ersten Stunde meiner Ehe an das Gelübde tat: Wenn du mir einen Sohn oder eine Tochter schenken würdest, wollte ich dir das Kind in deinem heiligen Tempel weihen.

Und als sie so sprach, da erschien plötzlich vor ihren schauenden Augen ein Engel als Bote des Weltenherrn und sprach: Fürchte dich nicht, Hanna. In dem Beschlusse der göttlichen Welt lebt deines Leibes Frucht. Und was aus dir wird geboren werden, wird ein Wunder sein für alle Zeitenkreise bis ans Zeitende.

Und als der Engel diese Worte gesprochen hatte, entschwand er ihren Augen. Über Hanna kam großes Zittern und Zagen darüber, daß sie solch ein Geistesbild geschaut und solche Geistessprache vernommen hatte. Sie ging in ihre Kammer und warf sich wie tot auf ihr Lager. Den ganzen Tag und die ganze Nacht blieb sie im Gebet, bis ins Innerste erschüttert.

Dann rief sie ihre Magd zu sich und sprach zu ihr: Du siehst, daß ich Witwe geworden bin und einsam, du siehst, daß meine Seele sich ängstigt, und du wolltest nicht einmal zu mir hereinkommen? Da antwortete murrend die Magd: Wenn die Götter deinen Mutterleib verschlossen und deinen Mann dir fortgenommen haben, was soll ich da noch bei dir tun? Als Hanna das hörte, weinte sie noch mehr.

3.

Zu dieser Zeit erschien auf den Bergen, wo Joachim die Herden weidete, die Gestalt eines Jünglings und sprach zu ihm: Warum kehrst du nicht zu deinem Weibe zurück? Joachim sprach: Zwanzig Jahre lang ist sie mein Weib. Da nun aber die göttliche Welt mir aus ihr keinen Sohn will geboren werden lassen, mußte ich in tiefer Scham und unter Vorwürfen aus dem Tempel der Gottheit weichen. Wozu soll ich zurückkehren zu ihr, da ich doch ein für allemal verstoßen und verachtet bin? Hier will ich bleiben bei meinen Schafen, solange mir die göttliche Welt gönnt, das Licht dieses Zeitenkreises zu schauen. Ich will dann schon durch meine Knaben den Armen, den Witwen, den Waisen und den Priestern ihren Teil reichlich zukommen lassen.

Als er das gesagt hatte, antwortete ihm der Jüngling: Ich bin ein Engel Gottes. Als Engel bin ich heute deinem Weibe erschienen, das unter Tränen betete. Und ich habe sie getröstet; du sollst wissen: Aus deinem Samen wird sie eine Tochter empfangen. Die wird im Tempel der Gottheit sein und in ihrem Wesen wird der Heilige Geist ruhevoll walten. Ihr Himmelsreichtum wird sie über alle heiltragenden Frauen erheben, und niemand wird sagen können, daß es jemals ihresgleichen gab. Aber auch nach ihr wird es in diesem Zeitenkreise niemals wieder ihresgleichen geben auf Erden. So steige denn von den Bergen hinab und kehre zu deinem Weibe zurück. Du wirst sie dann schwanger finden, denn die göttliche Welt wird in ihr den Samen erwecken. Dafür sollst du der göttlichen Welt das Dankopfer des Herzens bringen. Dann wird Segen ruhen auf ihrem Samen, Segen wird ruhen auf ihrem ganzen Wesen, und sie wird die Mutter des Segens sein, der in alle Zeitenkreise führt.

In tiefer Anbetung sprach Joachim zu dem Engel: Wenn ich nun Gnade gefunden habe vor deinem Schauen, so lasse dich ein wenig nieder in meiner Erdenhütte und trage Segen zu mir, deinem Sklaven. Da sprach der Engel zu ihm: Nenne dich nicht meinen Sklaven, sondern meinen Mitsklaven; denn wir sind des gleichen Weltenherren Diener. Meine Speise ist unsichtbar und mein Trank ist den Augen der sterblichen Menschen verborgen. Darum sollst du mich nicht bitten, in deine Erdenhütte einzutreten; was du mir aber geben wirst, das bringe der göttlichen Welt als Brandopfer dar.

Da nahm Joachim ein unbeflecktes Lamm und sprach zu dem Engel: Ich würde es nicht wagen, dies der göttlichen Welt als Brandopfer darzubringen, wenn nicht dein Befehl mir die Priesterweihe zur Darbringung des Opfers gäbe. Da sprach der Engel zu ihm: Nicht würde ich dich zur Opferung rufen, wenn ich nicht den Willen des Weltenherrn kennte.

Als nun Joachim wirklich vor der göttlichen Welt die Opferhandlung verrichtete, fuhr der Engel mit dem Geruche des Opfers, gleichsam auf dem Rauche, zum Himmel empor.

Joachim fiel auf sein Angesicht und blieb von der sechsten Stunde des Tages bis zur Abendstunde liegen. Da kamen seine Knaben und seine Tagelöhner herzu. Da sie nicht wußten, was vorgefallen war, waren sie ganz bestürzt, denn sie mußten glauben, daß er sich umbringen wolle. Sie traten zu ihm heran, kaum vermochten sie es, ihn, der an der Erde lag, aufzurichten. Nun erzählte er ihnen, was er geschaut hatte. Und gepackt von übergroßem Staunen und Verwunderung redeten sie auf ihn ein, er solle doch ohne zu zögern sogleich tun, was der Engel ihn geheißen habe, und eiligst zu seinem Weibe zurückkehren.

Als Joachim noch in seinem Herzen erwog, ob er heimkehren sollte, da fiel ein tiefer Schlaf auf ihn. Und siehe, der Engel, der ihm im Wachen erschienen war, erschien ihm nun auch im Schlafe und sprach: Ich bin der Engel, der dir von der göttlichen Welt als Hüter gegeben ist. Sei unbesorgt, steige hernieder und kehre heim zu Hanna. Denn die Taten des liebenden Herzens, die von dir und deinem Weibe Hanna ausgingen, drangen bis vor das Angesicht des allerhöchsten Gotteswesens. Und so ist euch ein solcher Leibessproß gegeben, wie ihn selbst Propheten und Heilige weder vom Urbeginn her gehabt haben noch jemals haben werden.

Als nun Joachim vom Schlafe erwachte, rief er seine Hirten zu sich heran und teilte ihnen seinen Traum mit. Da versanken sie in Anbetung vor dem Weltenherrn und sprachen: Mißachte ferner den Engel der Gottheit nicht mehr! Steh auf, wir wollen aufbrechen und langsam schreiten, damit die Herden weiden können.

Dreißig Tage schon waren sie unterwegs und waren dem Ziel ganz nahe. Da erschien der Hanna, die betend dastand, der Engel des Weltenherrn und sprach: Geh zu dem Tore, das man das Goldene Tor nennt, und eile deinem Manne entgegen, denn er wird heute zu dir kommen. Und sie machte sich eilig mit ihren Mädchen auf den Weg und fing an zu beten, als sie unter jenem Tore stand. – Sie hatte schon sehr lange gewartet und war müde geworden vom langen Warten, da hob sie ihre Augen auf und sah Joachim kommen mit seinen Herden. Hanna lief ihm entgegen und fiel ihm um den Hals, brachte der göttlichen Welt das Dankopfer des Herzens dar und sprach: Verwitwet war ich, siehe da, nun bin ich es nicht mehr. Unfruchtbar war ich, siehe da, nun habe ich empfangen.

Eine große Freude erfüllte alle Nachbarn und Bekannten, so daß schließlich das ganze Land Israel von dieser Freudenbotschaft erfüllt war.

4.

Als nun die neun Monate erfüllt waren, gebar Hanna eine Tochter und nannte ihren Namen Maria. Bis zum dritten Jahre stillte sie mit ihrer Milch das Mädchen. Dann gingen Joachim und Hanna, sein Weib, zusammen zu dem Tempel des Weltenherrn, brachten dem Weltenherrn die Opfergaben dar und übergaben ihr Kindlein Maria dem Kreise der Jungfrauen, die Tag und Nacht ihre Lobgesänge zur göttlichen Welt emporsandten.

Sie stellten Maria vor dem Tempel des Weltenherrn nieder. Da stieg sie leichten Fußes fünfzehn Stufen in die Höhe, ohne auch nur ein einziges Mal sich umzuschauen und auch ohne, wie es sonst die Kinder tun, die Eltern zu suchen. Darüber ergriff alle ein fast bestürzendes Erstaunen, und selbst die Priester des Tempels verwunderten sich.

5.

Da wurde Hanna vom Heiligen Geist erfüllt und sprach vor allen Anwesenden: Der Weltenherr, das Gotteswesen der Sternenheere, hat aufleben lassen das Weltenwort, das in seinem Inneren ist, und ist über sein Volk gekommen mit seinem heiligen Kommen. Er demütigt die Völker, die sich gegen uns erhoben und läßt ihre Herzen sich zu ihm wenden. Er öffnete unseren Bitten sein Ohr und hielt fern von uns die Schmähtaten unserer Feinde. Die Unfruchtbare ist Mutter geworden und hat Jubel und Fröhlichkeit zur Welt gebracht in Israel. Siehe, jetzt werde ich dem Weltenherrn meine Gaben darbringen können, nicht werden mich hindern können meine Widersacher. Der Weltenherr möge mir die Herzen der Widersacher zuwenden und gebe mir die Freude, die durch alle Zeitenkreise währt.

6.

Maria stand für das ganze Volk im Glanze eines Wunders. Als sie drei Jahre alt war, ging sie schon mit den reifen Schritten der Erwachsenen einher, beherrschte vollkommen die Sprache und lernte eifrig die göttlichen Lobgesänge singen. So hätte man sie nicht für ein Kindlein, sondern für eine Erwachsene halten sollen, und als wäre sie schon dreißig Jahre alt, so hingebungsvoll war sie im Gebet.

Ihr Antlitz erglänzte wie Schnee, so daß es schwer war, ihren Blick zu ertragen. Sie gab sich sehr der Arbeit hin beim Wollespinnen. Alles, was die alten Frauen nicht fertigbrachten, das gelang ihr, die sie in so zartem Alter stand. Sie hatte es sich zur Regel gemacht, vom Tagesanbruch bis zur dritten Stunde zu beten, von der dritten bis zur neunten Stunde sich mit Spinnen und Weben zu beschäftigen. Von der neunten Stunde an betete sie wiederum und hörte nicht eher auf, bis ihr der Engel des Weltenherrn erschien und sie aus seiner Hand Speise empfing. So machte sie mehr und mehr Fortschritte auf dem Wege der göttlichen Lobpreisung.

Schließlich empfing sie mit den älteren Jungfrauen eines solche Unterweisung in der göttlichen Lobpreisung, daß es bald keine mehr gab, die sie übertraf in den nächtlichen Stundengebeten; keine, die gebildeter war in der Weisheit der göttlichen Gesetze; keine, die demütiger war in der Selbsterkenntnis; keine, die kunstreicher war im Singen der Psalmen Davids; keine, die gütiger war im Austeilen der Gaben; keine, die reiner war in der Keuschheit; keine, die höhere Weihe besaß in moralischer Kraft.

Denn sie war beständig, unbeirrbar, unwandelbar im Geistesstreben und schritt täglich voran auf dem Wege zum Sinn des Guten.

Nie sah jemand sie im Zorn. Nie hörte jemand Böses in ihrem Wort. Alles was sie sprach, war so von Geistesgnade durchseelt, daß man in ihrer Sprache die Anwesenheit eines göttlichen Wesens erkannte.

Immer war sie vertieft in das Gebet oder in die Erforschung des Gottesgesetzes. Besorgt war sie immer um alle ihre Gefährtinnen herum, damit nicht eine von ihnen auch nur mit einem einzigen Worte sich verfehlte und keine lachend sich zu hoch verstiege mit ihrer Stimme und keine in ungerechter und hochmütiger Gesinnung mit den anderen umginge.

Ohne Unterlaß sandte sie die gute Kraft des Wortes zur göttlichen Welt empor. Und damit sie auch nicht durch die Worte, mit denen sie die anderen begrüßte, zu sehr von der Lobpreisung der göttlichen Welt abgelenkt würde, so antwortete sie, wenn jemand sie begrüßte, mit dem Gruße: Des Herzens Dank der göttlichen Welt! So ist es denn eigentlich zuerst von ihr ausgegangen, daß die Leute, wenn sie sich begrüßten, antworteten: Des Herzens Dank der göttlichen Welt.

Alle Tage erhielt sie ihre Stärkung durch die Speise, die sie aus der Hand des Engels empfing. Die Speise, die sie von den Priestern erhielt, teilte sie an die Armen aus. Oft sah man sie im Gespräch mit Engeln, und die Engel, als seien sie ihre engsten Vertrauten, gehorchten ihr. Wenn ein Kranker sie berührte, so kehrte er in derselben Stunde geheilt nach Hause zurück.

7.

Damals brachte der Priester Abjathar den höheren Priestern zahllose Geschenke dar; er wollte Maria nehmen und seinem Sohne zur Frau geben. Maria aber verhinderte den Priester daran, das zu tun. Sie sprach: Es kann nicht geschehen, daß ich einen Mann erkenne und daß mich ein Mann erkennt. Da sprachen die Priester und alle ihre Verwandten zu ihr: Söhne sind göttlicher Kultus, Nachkommenschaft ist göttliche Anbetung. So war es immer in Israel.

Maria aber antwortete ihnen: Zuallererst ist die Keuschheit der göttliche Kultus und dieses Opfer nehmen die Götter an. Abel war der erste unter allen guten Menschen. Er gefiel durch sein Opfer der geistigen Welt. Er wurde aber von dem, der der geistigen Welt mißfiel, rücksichtslos ermordet. So hat denn Abel zwei Kronen empfangen: die des Opferdienstes und die der Jungfräulichkeit, weil er seinen physischen Leib von aller Befleckung rein erhielt. Und so wurde auch Elias, als er noch im physischen Leibe war, zum Himmel emporgetragen, weil er die Jungfräulichkeit seines physischen Leibes bewahrt hatte. Von meiner Kindheit an habe ich das im Tempel der Gottheit gelernt: Das kommende Gotteswesen wird sich eine Jungfrau erwählen. Deshalb habe ich in meinem Herzen beschlossen, niemals einen Mann zu erkennen.

8.

Als Maria vierzehn Jahre alt war, sagten die Pharisäer: ein Mädchen, das Weib geworden sei, dürfe nicht länger im Tempel bleiben. Da kam man zu folgendem Ratschluß: Ein Herold sollte durch alle Stämme Israels gesandt werden, alle sollten sich am dritten Tage im Tmpel des Weltenherrn versammeln.

Als nun das ganze Volk zusammengekommen war, stand Abjathar, der Priester, auf, stieg eine Reihe von Stufen empor, damit alles Volk ihn hören und sehen könnte. Ein großes Schweigen trat ein, und er sprach: Höret mich, ihr Söhne Israels. Eure Ohren mögen meine Worte vernehmen. Seit dieser Tempel von Salomo erbaut worden ist, waren darin die jungfräulichen Töchter der Könige, der Propheten und der höchsten Eingeweihten und Priester. Groß und bewunderungswürdig war ihr Wesen.

Aber wenn sie in das Alter der Reife kamen, sind ihnen Männer vermählt worden. Sie folgten der Regel, die auch befolgt worden war von denen, die ihnen vorangegangen waren. Und damit gefielen sie der göttlichen Welt.

Nun aber hat Maria allein einen neuen Weg gewählt, der göttlichen Welt zu gefallen. Sie hat der göttlichen Welt gelobt, Jungfrau zu bleiben. Und es erscheint mir, daß wir durch Menschenfrage und Gottesantwort erfahren können, wessen Hut wir sie anvertrauen sollen.

Diese Rede gefiel allen Versammelten wohl. Nun warfen die Priester das Los über die zwölf Stämme Israels und das Los fiel auf den Stamm Juda. Einer der Priester sprach: Es komme morgen jeder, der kein Weib hat und trage einen Zweig in der Hand.

So geschah es. Joseph und die jungen Männer kamen und ein jeder trug den Zweig. Sie übergaben dem obersten Priester ihre Zweige; dieser vollzog die Opferung vor der göttlichen Welt und befragte den Weltenherrn. Da sprach der Weltenherr zu ihm: Trage von allen die Zweige in das Allerheiligste. Dort sollen die Zweige bleiben. Befiehl ihnen, daß sie bei Tagesanbruch wieder zu dir kommen, um ihre Zweige zurückzuerhalten. Dann wird aus der Spitze eines Zweiges eine Taube hervorkommen und zum Himmel emporfliegen. In wessen Hand der zurückgegebene Zweig dieses Zeichen zeigen wird, dem soll Maria zur Behütung gegeben werden.

Am anderen Tage kamen alle sehr frühe. Der Priester vollzog das Brandopfer und ging dann in das Allerheiligste, um die Zweige hineinzutragen.

Als nun der Priester Abjathar alle einzelnen Zweige geprüft hatte und doch aus keinem einzigen eine Taube hervorgekommen war, zog er sich mit dem Zwölfschellengewand und dem Priestergewand an, ging in das Allerheiligste hinein und zündete das Rauchopfer an. Er ließ ausströmen die Worte des Gebetes; da erschien ihm ein Engel, der sprach: Hier ist ein ganz kurzer Zweig, den du übersehen und zu den anderen gelegt hast. Wenn du ihn herausträgst und dem gibst, dem er gehört, wird an ihm das Geisteszeichen erscheinen, von dem ich zu dir gesprochen habe.

Dieser Zweig gehörte dem Joseph, und an Joseph hatte niemand gedacht, weil er schon ein Greis war. Und damit er nicht gezwungen würde, Maria zu sich zu nehmen, wollte er seinen Zweig nicht wiedersuchen. So stand er demütig als der letzte da.

Da rief ihm Abjathar, der Priester, mit lauter Stimme zu: Komm und nimm deinen Zweig. Alle warten auf dich. Und Joseph trat herzu, ganz erschreckt darüber, daß der höchste Priester ihn mit so lauter Stimme rief.

Kaum aber hatte er seine Hand ausgestreckt, um seinen Zweig zu greifen, da flog auch schon aus seiner Spitze eine Taube heraus. Die war weißer als der Schnee, von blendendem Schönheitsglanz. Lange flog sie durch den Tempel, durch alle Höhen und Ecken, dann schwebte sie in die Himmel hinauf.

Das ganze Volk wünschte dem Greise Glück: Himmelsreich wirst du in deinem hohen Alter gemacht, denn die göttliche Welt hat erwiesen, daß du der rechte Mann bist, Maria aufzunehmen.

Der Priester sprach zu ihm: Nimm sie auf; aus dem ganzen Stamme Juda bist du allein von der göttlichen Welt auserwählt.

Da versank Joseph in tiefe Anbetung und flehte sie an in ehrfürchtiger Scheu: Ich bin schon ein Greis und habe bereits Söhne. Muß es sein, daß ihr mir dies Kindlein übergebt?

Nun sprach Abjathar, der höchste Priester: Gedenke daran, Joseph, wie Dathan und Abiron und Korah umgekommen sind, weil sie den Willen des Weltenherrn verachteten. So wird es auch dein Schicksal sein, wenn du verachtest, was die göttliche Welt dir befiehlt.

Joseph sprach zu ihm: Ich will den Gotteswillen nicht verachten, ich will vielmehr des Gotteswillen Hüter sein, wenn darüber der Gotteswille erkannt werden kann, welcher von meinen Söhnen sie zum Weibe nehmen soll. Gesellt ihr einige Jungfrauen aus dem Kreise ihrer Tempelgefährtinnen zu, damit sie unterdessen mit ihnen zusammenleben kann.

Der Priester Abjathar antwortete: Es sollen ihr einige Jungfrauen zugesellt werden, damit sie nicht einsam ist, bis dann der Tag wirklich da ist, wo du sie zu dir nimmst; denn mit keinem anderen kann sie vermählt werden.

Da nahm Joseph Maria auf mit noch fünf anderen Jungfrauen, die dann im Hause Josephs immer um sie waren. Diese Jungfrauen waren Rebekka, Sephora, Susanna, Abigna und Zahel. Ihnen war von den Priestern mitgegeben Seide und Hyazinth und Byssus und Scharlach und Purpur und Flachs. Nun warfen sie untereinander das Los, was jede der Jungfrauen tun sollte. Dabei fiel es auf Maria, daß sie den Purpur erhielt, um daraus den Vorhang im Tempel des Weltenherrn zu bereiten. Als sie den Purpur an sich genommen hatte, sprachen die Jungfrauen zu ihr: Du bist doch die jüngste von allen, wie hast du es verdient, daß du den Purpur erhältst? So sprachen sie und dann hoben sie an, sie zu bestürmen, unermüdlich, und sie die Königin der Jungfrauen zu nennen.

Als sie noch so lebhaft miteinander umgingen, erschien ein Engel als Bote des Weltenherrn in ihrer Mitte und sprach: Was ihr sprecht, soll nicht Leiden bereiten. Es ist aus dem Geiste gesprochen und soll zu der geistgesprochenen Weissagung werden, die die größte Wahrheit enthält.

Vor dem Anblick des Engels und vor seinen Worten schraken sie zusammen. Sie baten Maria, daß sie ihnen verzeihen und für sie beten möchte.

9.

Am nächsten Tag stand Maria an der Quelle, um ihr Krüglein zu füllen. Da erschien ihr ein Engel als Bote des Weltenherrn und sprach: Himmelsreich bist du, Maria, denn du hast in deinem Mutterleibe dem Weltenherrn eine Wohnung bereitet.

Siehe, ein Licht wird vom Himmel kommen und in dir wohnen und wird durch dich die ganze Welt mit Glanz erfüllen.

Und wieder drei Tage darauf, als Maria mit ihren Händen an dem Purpur arbeitete, trat die Gestalt eines Jünglings zu ihr herein, dessen Schönheit nicht geschildert werden kann. Als Maria ihn sah, schrak sie zusammen und erzitterte.

Er sprach zu ihr: Fürchte dich nicht, Maria, du hast Geistbegnadung gefunden im Umgang mit der göttlichen Welt: Siehe, du wirst Leibesfrucht empfangen und einen König gebären, der Herrscher sein wird nicht nur auf der Erde, sondern auch in den Himmeln, und der ein Weltenlenker sein wird in allen folgenden Zeitenkreisen.

SELMA LAGERLÖF

Die Legende des Luciatags

Vor vielen hundert Jahren lebte im südlichen Teil von Wermland eine reiche geizige alte Frau, die Frau Rangela geheißen wurde. Sie hatte eine Burg – oder sollte man richtiger sagen, einen befestigten Hof – an der schmalen Mündung einer Bucht, die der Vänersee tief ins Land schnitt, und über diese Mündung hatte sie eine Brücke gebaut, die so aufgezogen werden konnte wie die Zugbrücke über einen Burggraben. Hier an der Brücke hielt Frau Rangela eine starke Wache von Knechten, und vor den Wegfahrenden, die sich bequemten, das Brückengeld zu entrichten, das sie verlangte, ließ die Wache sogleich die Brücke herab, aber für die anderen hingegen, die sich ihrer Armut wegen oder aus irgendeinem anderen Grunde weigerten zu bezahlen, blieb sie hochgezogen, und da es keine Fähre gab, blieb diesen nichts anderes übrig, als einen Umweg von mehreren Meilen zu machen, um die Bucht zu umgehen.

Frau Rangelas Beginnen, auf diese Weise Steuern von den Wegfahrenden einzuheben, erregte viel Unmut, und vermutlich hätten die trotzigen Bauern, die sie zu Nachbarn hatte, sie schon längst gezwungen, ihnen freien Durchlaß zu gewähren, hätte sie nicht einen mächtigen Freund und Beschützer in Herrn Eskil auf Börtsholm gehabt, dessen Ländereien an Frau Rangelas Grund und Boden grenzten. Dieser Herr Eskil, der eine wirkliche Burg mit Mauern und Türmen bewohnte, der so reich war, daß sein gesamter Grundbesitz einen ganzen Sprengel ausmachte, der, von sechzig gewappneten Dienern gefolgt, durchs Land ritt und obendrein ein wohlgelittener Ratgeber des Königs war, der war nicht nur ein guter Freund Frau Rangelas, sondern es war ihr auch gelungen, ihn zu ihrem Eidam zu machen, und unter solchen Umständen war es nur natürlich, daß niemand es wagte, die geizige Frau in ihrem Tun zu stören.

Jahr für Jahr setzte Frau Rangela unangefochten ihr Treiben fort, als ein Ereignis eintrat, das ihr recht große Unruhe bereitete. Ihre arme Tochter starb ganz unvermutet, und Frau Rangela sagte sich, daß ein Mann wie Herr Eskil mit acht minderjährigen Kindern und einem Hofstaat, der dem eines

Königs zu vergleichen war, wohl bald eine neue Ehe eingehen würde, namentlich da er noch durchaus nicht so alt war. Aber wenn die neue Frau etwa Frau Rangela feindselig gesinnt war, konnte dies ihr sehr schädlich werden. Es war für sie fast noch notwendiger, mit der Frau auf Börtsholm auf gutem Fuße zu stehen als mit ihrem Manne. Denn Herr Eskil, der viele große Dinge zu vollbringen hatte, befand sich stets auf Reisen, und unterdessen oblag es seiner Gattin, im Hause und in der Umgegend zu schalten und zu walten.

Frau Rangela erwog die Sache reiflich, und als das Begräbnis vorüber war, ritt sie eines Tages nach Börtsholm hinüber und suchte Herrn Eskil in seinem Gemach auf. Da leitete sie das Gespräch damit ein, daß sie ihn an seine acht Kinder erinnerte und an die Pflege, derer sie bedurften, an seine zahllose Dienerschar, die beaufsichtigt, verköstigt und gekleidet werden mußte, an seine großen Gastmähler, zu denen er nicht zögerte, Könige und Königssöhne einzuladen, an den großen Ertrag seiner Herden, seiner Äcker, seiner Jagdreviere, seiner Bienenkörbe, seiner Hopfenpflanzungen, seiner Fischereien, der im Haupthause verwertet und bearbeitet werden mußte, kurzum an alles, was seine Frau zu verwalten gehabt hatte, und rief auf diese Weise ein recht beängstigendes Bild der großen Schwierigkeiten hervor, denen er nach ihrem Hinscheiden entgegenging.

Herr Eskil hörte mit der Ehrerbietung zu, die man einer Schwiegermutter schuldig ist, aber auch mit einem gewissen Bangen. Er fürchtete, all dies hätte zu bedeuten, daß Frau Rangela sich erbötig machen wollte, seine Hausvorsteherin auf Börtsholm zu werden, und er mußte sich sagen, daß diese alte Frau mit ihrem Doppelkinn und ihrer Hakennase, ihrer groben Stimme und ihrem bäuerlichen Gehaben keine erfreuliche Gesellschaft in seinem Hause sein würde.

»Lieber Herr Eskil«, fuhr Frau Rangela fort, die sich möglicherweise der Wirkung ihrer Rede nicht unbewußt war, »ich weiß, daß sich Euch nun Gelegenheit zu den allervorteilhaftesten Heiraten bietet, aber ich weiß auch, daß Ihr reich genug seid, mehr auf die Wohlfahrt Eurer Kinder zu sehen als auf Brautschatz und Erbe, und darum möchte ich Euch vorschlagen, eine der jungen Basen meiner Tochter zu ihrer Nachfolgerin zu wählen.«

Herrn Eskils Antlitz erhellte sich sichtlich, als er hörte, daß es eine junge Anverwandte war, die seine Schwiegermutter befürwortete, und diese fuhr mit gesteigerter Zuversicht fort, ihn zu überreden, sich mit ihres Bruders Sten Folkessons Tochter Lucia zu vermählen, die diesen Winter, am Luciatage, ihr achtzehntes Jahr vollendete. Sie war bisher bei den Frommen Frauen im Kloster Riseberga erzogen und daselbst nicht nur zu guten Sitten und strenger Gottesfurcht angehalten worden, sondern sie hatte auch in dem großen Klosterhaushalt gelernt, einem herrschaftlichen Hause vorzustehen. »Wenn ihr nicht Jugend und Armut hinderlich sind«, sagte Frau Rangela, »solltet Ihr sie wählen. Ich weiß, daß meine dahingegangene Tochter ihr leichten Herzens die Pflege ihrer Kinder anvertraut hätte. Sie braucht nicht aus dem Grabe zu ihren Kleinen zurückzukehren wie Frau Dyrit auf Oerehus, wenn Ihr ihnen ihre Base zur Stiefmutter gebt.«

Herr Eskil, der niemals Zeit hatte, an seine eigenen Angelegenheiten zu denken, empfand große Dankbarkeit gegen Frau Rangela, die ihm eine so passende Heirat vorschlug. Er erbat sich freilich ein paar Wochen Bedenkzeit, aber schon am zweiten Tag gab er Frau Rangela Vollmacht, für ihn zu unterhandeln. Und sobald es in Hinsicht der Ausrüstung, der Hochzeitsvorbereitungen und des Anstandes tunlich war, wurde die Hochzeit gefeiert, so daß die junge Frau ihren Einzug in Börtsholm zeitig im Vorfrühling hielt, einige Monate nachdem sie ihr achtzehntes Lebensjahr vollendet hatte.

Wenn Frau Rangela bedachte, welche Dankbarkeit diese ihre Brudertochter ihr schuldig war, weil sie sie zur Frau auf einer so reichen und stattlichen Burg gemacht, kann man wohl sagen, daß sie größere Zuversicht empfand, als da noch ihre eigene Tochter regierte. In ihrer Freude erhöhte sie die Abgaben an der Brücke noch um einiges und verbot es den Nachbarn streng, den Wanderern im Boot über den Sund zu helfen, damit nur ja niemand sich der Steuer entzog.

Da geschah es nun an einem schönen Frühlingstag, als Frau Lucia einige Monate auf Börtsholm gewohnt hatte, daß ein Zug kranker Pilger, die auf dem Wege zur heiligen Dreifaltigkeitsquelle im Dorfe Sätra in Westmanland waren, über die Brücke gelassen zu werden verlangten. Diese Menschen, die ausgezogen waren, um ihre Gesundheit wiederzugewinnen, waren es gewohnt, daß die am Wege Wohnenden ihre Wanderung in jeder Weise erleichterten, und es widerfuhr ihnen weit öfter, daß sie Geld erhielten, als daß sie solches auszugeben brauchten.

Frau Rangelas Brückenwächter hatten jedoch strengen Befehl, keinerlei Nachsicht zu zeigen, am allerwenigsten gegen diese Art von Wanderern, die sie im Verdacht hatte, nicht so krank zu sein, als sie sich stellten, und aus reiner Faulheit im Lande herumzuziehen.

Als den Kranken nun die freie Überfahrt verweigert wurde, erhob sich unter ihnen ein Jammern sondergleichen. Die Lahmen und Verkrüppelten wiesen auf ihre verkrümmten Glieder und fragten, wie jemand so hartherzig sein könne, ihre Wanderschaft um einen ganzen Tagesmarsch zu verlängern, die Blinden fielen auf dem Wege auf die Knie und suchten sich zu den

Brückenwächtern hinzutasten, um ihnen die Hände zu küssen, während einige der Verwandten und Freunde der Kranken, die ihnen unterwegs beistanden, ihre Taschen und Beutel vor den Augen der Wächter umkehrten, um zu zeigen, daß sie wirklich leer waren.

Aber die Knechte standen ganz ungerührt da, und die Verzweiflung der Armen kannte keine Grenzen, als zu ihrem Glück die Schloßfrau von Börtsholm in Gesellschaft ihrer Stiefkinder über die Bucht gerudert kam. Als sie den Lärm hörte, eilte sie herbei, und sowie sie erfahren hatte, um was es sich handelte, rief sie: »Nichts leichter, als dieser Sache abzuhelfen. Die Kinder gehen hier ein wenig ans Land und besuchen ihre Großmutter, Frau Rangela, und mittlerweile werde ich diese bresthaften Wanderer in meinem Boot über den Sund bringen.«

Die Wächter sowohl wie die Kinder, die wußten, daß mit Frau Rangela nicht zu spaßen war, wenn es sich um ihr teures Brückengeld handelte, suchten die junge Frau durch Mienen und Zeichen zu warnen, aber sie merkte nichts oder wollte vielleicht nichts merken. Denn diese junge Frau war in allem das Gegenteil ihrer Muhme, Frau Rangela. Schon seit ihrer frühesten Kindheit hatte sie die heiligkeitsgekrönte sizilianische Jungfrau Lucia, die ihre Schutzpatronin war, geliebt und verehrt und sie getreulich in ihrem Herzen getragen als ihr Vorbild. Dafür hatte die Heilige ihr ganzes Wesen mit Licht und Wärme durchdrungen; dies zeigte sich schon in ihrem Äußeren, das von schimmernder Durchsichtigkeit und Feinheit war, so daß man beinahe Angst hatte, daran zu rühren.

Unter vielen freundlichen Worten führte sie nun die Kranken über den Sund, und als der Letzte der Schar an dem ersehnten Ufer gelandet war, verließ sie sie, so überschüttet von Segenswünschen, daß, wenn derlei Gut so schwerwiegend sei, als es wertvoll ist, ihr Nachen auf den Grund gegangen wäre, ehe sie ihn noch über den Sund führen konnte.

Segnungen und Wünsche taten ihr auch sehr not, denn von Stund an begann ihre Muhme, Frau Rangela, zu befürchten, daß sie von ihrer Bruderstochter keine Unterstützung erwarten konnte, und sie bereute bitterlich, daß sie sie zu Herrn Eskils Gemahlin gemacht. Sie, die mit solcher Leichtigkeit die arme Jungfrau erhöht hatte, faßte den Entschluß, sie, ehe sie noch weiteren Schaden stiften konnte, aus ihrer hohen Stellung herabzureißen und sie in ihre frühere Unbemerktheit zurückzuversetzen.

Um ihrer Bruderstochter leichter etwas anhaben zu können, verbarg sie jedoch bis auf weiteres ihre bösen Absichten und besuchte sie recht oft in Börtsholm. Da tat sie ihr Bestes, solchen Unfrieden zwischen den Hausgenossen und der jungen Schloßfrau zu stiften, daß diese ihres Amtes vielleicht müde wurde. Aber zu ihrer großen Verwunderung mißlang ihr dies vollständig. Dies mochte zum Teil daher kommen, daß Frau Lucia es ungeachtet ihrer Jugend verstand, ihr Haus in trefflicher Ordnung zu halten, aber der eigentliche Grund war wohl der, daß Kinder wie Diener zu merken glaubten, daß die neue Hausfrau unter einer mächtigen himmlischen Schutzmacht stand, die ihre Widersacher strafte und all jenen, die ihr willig und gut dienten, unerwartete Vorteile verschaffte.

Frau Rangela merkte bald, daß sie hier nichts erreichen konnte, aber sie wollte die Hoffnung nicht aufgeben, bevor sie nicht auch einen Versuch mit Herrn Eskil gemacht hatte. Der weilte jedoch diesen Sommer meistens am Königshof, von langen und schwierigen Unterhandlungen festgehalten. Kam er einmal für ein paar Tage heim, so widmete er seine Zeit hauptsächlich den Vögten und Jägern. Den weiblichen Bewohnern von Börtsholm schenkte er nur zerstreute Aufmerksamkeit, und auch wenn Frau Rangela auf Besuch kam, hielt er sich fern, so daß es ihr niemals gelang, ihn unter vier Augen zu sprechen.

An einem schönen Sommertag, als Herr Eskil sich auf Börtsholm befand und gerade in seiner Stube im Gespräch mit seinem Stallvogt saß, widerhallte die Burg von so überlauten Schreien, daß er sein Gespräch mit dem Vogt unterbrach und hinauseilte, um zu sehen, was es gäbe.

Da fand er, daß seine Schwiegermutter, Frau Rangela, vor dem Burgtor zu Pferde saß und ärger kreischte als eine Horneule.

»Ach, Eure armen Kinder, Herr Eskil!« rief sie. »Sie sind in Seenot geraten. Sie kamen heute morgen an mein Ufer gerudert, aber auf dem Heimweg muß sich ihr Boot mit Wasser gefüllt haben. Ich sah von daheim, wie schlimm es ihnen erging, und bin schnurstracks hergeritten, um zu warnen. Ich sage auch, wenn schon Eure Frau meine eigene Bruderstochter ist, es war schlecht von ihr, die Kinder allein in einem so morschen Boot fortzulassen. Das sieht in Wahrheit nach einem Stiefmutterstreich aus.«

Herr Eskil verschaffte sich mit einigen raschen Fragen Kenntnis, in welcher Richtung sich die Kinder befanden, und eilte dann, vom Vogte gefolgt, zur Bootsstelle hinunter. Aber sie waren noch nicht weit gekommen, als sie Frau Lucia mit der ganzen Kinderschar den steilen Pfad heraufkommen sahen, der vom See nach Börtsholm führte.

Die junge Frau hatte die Kinder diesmal nicht auf ihrer Fahrt begleitet, sondern war daheim ihren Verrichtungen nachgegangen. Aber es war so, als hätte sie eine Warnung der mächtigen himmlischen Helferin erhalten, die über sie wachte, denn ganz plötzlich hatte sie die Burg verlassen, um nach ihnen zu suchen. Da hatte sie gesehen, wie sie durch Winken und Schreien

Hilfe vom Ufer herbeizurufen suchten, sie war in ihrem eigenen Boot zu ihnen hinausgeeilt, und es war ihr im letzten Augenblick gelungen, sie aus dem sinkenden Fahrzeug in das ihre hinüberzuretten.

Als nun Frau Lucia und ihre Stiefkinder den Strandweg hinaufwanderten, war sie so darin vertieft, die Kinder auszufragen, wie sie in eine so arge Lage geraten waren, und diese so eifrig zu erzählen, daß sie gar nicht sahen, daß Herr Eskil ihnen entgegenkam. Aber er, der durch Frau Rangelas Worte von einem Stiefmutterstreich etwas nachdenklich geworden war, gab rasch seinem Vogt einen Wink und stellte sich mit ihm hinter einen der Heckenrosensträucher, die, groß und üppig, fast den ganzen Strandhügel bedeckten, auf dem Börtsholm gelegen war.

Da hörte Herr Eskil, wie die Kinder Frau Lucia auseinandersetzten, daß sie in einem guten Boote von daheim fortgefahren seien, aber indes sie bei Frau Rangela zu Gaste waren, war ihr Fahrzeug mit einem alten schlechten vertauscht worden. Sie hatten den Tausch erst bemerkt, als sie schon weit draußen auf dem See waren und das Wasser bereits von allen Seiten hereinzuströmen begann, und sicherlich wären sie umgekommen, wenn ihre liebe Frau Mutter ihnen nicht so schleunig zu Hilfe gekommen wäre.

Es sah aus, als dämmerte Frau Lucia eine Ahnung auf, wie es sich in Wahrheit mit dieser Vertauschung der Boote verhielt, denn sie blieb totenbleich mitten auf dem Abhang stehen, mit tränenden Augen, die Hände ans Herz gedrückt. Die Kinder drängten sich um sie, um sie zu trösten. Sie sagten ihr, daß sie ja der Gefahr heil entronnen waren, aber sie blieb kraftlos und regungslos.

Da legten die zwei ältesten der Stiefkinder, ein paar kräftige junge Knaben von vierzehn und fünfzehn Jahren, ihre Hände zu einer kleinen Bahre zusammen und trugen sie so die Anhöhe hinauf, während die jüngeren lachend und in die Hände klatschend nachfolgten.

Während die kleine Schar so zwischen blühenden Rosen im Triumph nach Börtsholm hinanzog, stand Herr Eskil recht versonnen da und blickte Weib und Kindern nach. Die junge Frau war ihm sehr hold und seltsam strahlend erschienen, als sie an ihm vorbeigetragen ward, und vielleicht wünschte er, daß Alter und Würde ihm gestattet hätten, sie in seine Arme zu nehmen und sie in seine Burg zu tragen.

Vielleicht auch, daß Herr Eskil in diesem Augenblick bedachte, wie wenig Glück und wieviel Mühsal er im Dienste der hohen Herrschaften hatte, während vielleicht Friede und Freude seiner hier am eigenen Herde harrte. Diesen Tag schloß er sich wenigstens nicht in seine Kammer ein, sondern verbrachte die Zeit damit, mit seiner Gemahlin zu plaudern und den Spielen der Kinder zuzusehen.

Frau Rangela hingegen sah all dies mit großem Mißbehagen und beeilte sich, Börtsholm so rasch zu verlassen, als es anstandshalber ging. Aber da niemand sie ernsthaft zu bezichtigen wagte, das Leben ihrer Enkelkinder aufs Spiel gesetzt zu haben, um Frau Lucia die Ungnade ihres Herrn und Gebieters zuzuziehen, so wurde der freundschaftliche Umgang nicht abgebrochen, und sie konnte sich wie bisher bemühen, die junge Burgfrau ihrer hohen Stellung zu berauben.

Lange genug sah es doch aus, als sollten alle Versuche der alten Frau mißlingen, denn Frau Lucias gutes Herz und ihr unantastbares Betragen machten sie im Verein mit der Hilfe ihrer himmlischen Schutzpatronin unverwundbar für alle Angriffe. Aber gegen Herbst ließ sich zu Frau Rangelas großer Freude ihre Brudertochter auf ein Vorhaben ein, das Herr Eskil kaum umhin konnte zu mißbilligen.

Dieses Jahr war die Ernte auf Börtsholm so reichlich ausgefallen, daß sie die des vorigen Jahres, ja aller vorangegangenen Jahre, solange man zurückdenken konnte, bei weitem übertraf. Ebenso hatten sich Jagd und Fischerei mehr als doppelt so einträglich erwiesen als gewöhnlich. Die Bienenkörbe quollen von Honig und Wachs über, und die Hopfengärten strotzten von Hopfen. Die Kühe schenkten Milch im Überfluß, die Wolle der Schafe wurde lang wie Gras, und die Schweine fraßen sich so fett, daß sie sich kaum rühren konnten. Alle, die auf der Burg wohnten, merkten diesen reichen Segen, und sie zögerten nicht, zu sagen, daß er um Frau Lucias willen auf den Hof einströmte.

Aber während man nun auf Börtsholm eifrig damit beschäftigt war, alle Erträgnisse des Jahres zu bergen und zu verwerten, zeigte sich da eine große Menge notleidender Menschen, die alle vom östlichen oder nordöstlichen Ufer des großen Vänersees kamen. Sie schilderten mit vielen Tränen und kläglichen Gebärden, wie die ganze Gegend, aus der sie kamen, von einem Feindesheer heimgesucht war, das sengend, plündernd und mordend dahinzog. Die Kriegsknechte hatten solche Niedertracht an den Tag gelegt, daß sie sogar das Korn in Brand gesteckt, das noch ungeerntet auf dem Acker stand, und alle Viehherden mit sich fortgetrieben hatten. Die Menschen, die mit dem Leben davongekommen waren, gingen dem Winter ohne ein Dach über dem Kopf und ohne Lebensmittel entgegen. Einige waren auf den Bettel ausgezogen, andre hielten sich in den Wäldern verborgen, andre wieder wanderten auf den Brandstätten herum, unfähig, irgendeine Arbeit vorzunehmen, nur über alles wehklagend, was sie verloren hatten.

Als Frau Lucia diese Erzählungen hörte, quälte sie der Anblick all der Lebensmittel, die sich nun in Börtsholm anhäuften. Schließlich wurde der Gedanke an die hungernden Menschen auf der andern Seite des Sees in ihr so übermächtig, daß sie kaum einen Bissen Speise an die Lippen führen konnte.

Immerzu dachte sie an Erzählungen, die sie im Kloster gehört, von heiligen Männern und Frauen, die sich bis auf den bloßen Körper ausgeplündert hatten, um den Armen und Elenden zu helfen. Und vor allem erinnerte sie sich, wie ihre eigene Schutzpatronin, die heilige Lucia von Syrakus, in der Barmherzigkeit gegen einen heidnischen Jüngling, der sie um ihrer schönen Augen willen liebte, so weit gegangen war, daß sie ihre Augen aus den Höhlen gerissen und sie ihm blutig und erloschen geschenkt hatte, um ihn dadurch von seiner Liebe zu ihr zu heilen, die eine christliche Jungfrau war und ihm nicht angehören konnte. Die junge Frau quälte und ängstigte sich aufs höchste bei diesen Erinnerungen, und sie empfand große Verachtung vor sich selbst, daß sie von soviel Not hören konnte, ohne einen ernsten Versuch zu machen, ihr zu steuern.

Während sie noch von diesen Gedanken gequält wurde, kam Botschaft von Herrn Eskil, daß er in des Königs Auftrag eine Reise nach Norwegen machen mußte und nicht vor Weihnachten daheim erwartet werden konnte. Aber dann würde er nicht nur von seinen eigenen sechzig Mannen begleitet sein, sondern auch von einer großen Schar Verwandter und Freunde, weshalb er Frau Lucia bitten ließ, sich auf ein großes und lang andauerndes Gastmahl gefaßt zu machen.

Am selben Tag, an dem Frau Lucia so erfuhr, daß ihr Gatte im Herbst nicht heimkommen werde, ging sie daran, die Angst zu stillen, die sie nun schon so lange quälte. Sie ließ ihren Leuten befehlen, all die Lebensmittel, die in Börtsholm aufgespeichert waren, an den Strand hinunterzubringen. So wurde denn der ganze Wintervorrat der Burg auf Schuten und Kähne verladen, sicherlich zu Verwunderung aller Bewohner der Burg.

Als Keller und Vorratskammer gründlich geleert waren, begab sich Frau Lucia, von ihren Kindern, ihren Dienern und Dienerinnen gefolgt, an Bord eines wohlbemannten Schiffes, und während sie in Börtsholm nur einige alte Wächter zurückließ, denen sie die Obhut über die Burg anvertraute, ließ sie sich mit ihrer ganzen Ladung auf den großen See hinausrudern, der vor ihr lag, uferlos wie ein Meer.

Über diese Fahrt Frau Lucias finden sich viele alte Überlieferungen und Aufzeichnungen vor. So wird erzählt, daß der Teil des Vänerufers, an dem der Feind am schlimmsten gehaust hatte, bei ihrer Ankunft von seinen Einwohnern nahezu ganz verlassen war, Frau Lucia war ganz mutlos herangerudert und hatte nach irgendeinem Zeichen von Leben und Bewegung ausgespäht, aber kein Rauch war zum Himmel aufgestiegen, kein Hahn hatte gekräht, keine Kuh hatte gebrüllt.

Hier hauste doch noch in einem Kirchspiel ein alter Pfarrer, der Herr Kolbjörn genannt wurde. Er hatte nicht mit seinen Schäflein ziehen wollen, als diese aus ihren zerstörten Häusern flüchteten, weil er den Pfarrhof und die Kirche voll Kriegsverwundeter hatte. Er war bei diesen geblieben, hatte ihre Wunden verbunden und das Wenige, was er sein eigen nannte, unter sie verteilt, ohne sich selbst Nahrung oder Ruhe zu gönnen. Davon war er so ermattet, daß er sich dem Tode nahe fühlte. So hatte denn an einem der dunkelsten Herbsttage, als schwere Wolken sich über den See türmten, als das Wasser sich mit schwarzen Wogen heranwälzte und die Düsterkeit der Natur all die Hoffnungslosigkeit und Not noch steigerte, der arme Herr Kolbjörn, der keine Messe mehr zu lesen vermochte, versucht, den Strang der Kirchenglocke zu ziehen, um damit Gottes Segen auf seine Krankheit herabzurufen. Und sieh da! Kaum waren die ersten Glockentöne verklungen, als eine kleine Flotte, aus Schiffchen und Prahmen bestehend, ans Ufer gerudert kam. Und aus einem Schiffe stieg eine schöne junge Frau ans Land, mit einem Antlitz, das von Licht durchschimmert war. Vor ihr gingen acht herrliche Kinder, und hinter ihr kam eine lange Reihe von Dienern, die alle erdenklichen Lebensmittel trugen: ganze gebratene Kälber und Schafe, lange Spieße voll trockener Brotlaibe, Tonnen mit Dünnbier und Säcke voll Mehl. Hilfe war in letzter Stunde gekommen, gleichsam durch ein Wunder.

Nicht weit von Herrn Kolbjörns Kirche, auf einer Landzunge, die scharf in den See hinausschoß und Scherenspitze genannt wurde, hatte seit urdenklichen Zeiten ein alter Bauernhof gestanden. Er war nun niedergebrannt und ausgeplündert, aber der Besitzer, ein siebzigjähriger Mann, hatte solche Liebe zu dem Hof, daß er es nicht übers Herz bringen konnte, ihn zu verlassen. Bei ihm war seine alte Ehefrau geblieben, ein kleiner Enkel und eine Enkelin. Diese hatten eine Zeitlang durch Fischerei ihr Leben gefristet, aber eines Nachts hatte der Sturm ihre Gerätschaften zerstört, und seither saßen sie unter Trümmern da und warteten auf den Hungertod. Während sie so harrten, mußte der Bauer an seinen Hund denken, der mitten unter ihnen lag, geduldig verschmachtend. Er ergriff einen Knüppel, und mit seinen letzten Kräften schlug er nach dem Hunde, um ihn zu vertreiben, denn er wollte nicht, daß das Tier für etwas sterbe, was es gar nichts anging. Aber bei dem Schlage heulte der Hund laut auf und lief davon. Die ganze Nacht strich er unablässig heulend um den Hof herum. Und man hörte ihn weit draußen auf dem See, und ehe noch der Tag anbrach, ruderte Frau Lucia, von dem Gebell geleitet, mit Rettung und Hilfe ans Land.

Noch weiter weg lag ein kleines, von Mauern umfriedetes Haus, wo heilige Frauen wohnten, die Gott gelobt hatten, es niemals zu verlassen. Gegen diese frommen Schwestern hatten die Kriegsführenden soviel Rücksicht gezeigt, daß sie sie selbst und ihr Haus verschont hatten, aber ihren Wintervorrat hatten sie ihnen geraubt. Das einzige, was sie behalten durften, war ein Taubenschlag voll Tauben, und diese hatten sie eine nach der andern geschlachtet, bis nur mehr eine einzige übrig war. Aber diese Taube war sehr zahm, und die frommen Frauen hatten sie so lieb, daß sie ihr Leben nicht dadurch verlängern wollten, sie zu essen, sondern den Taubenschlag öffneten und ihr die Freiheit schenkten. Da stieg die weiße Taube hoch zum Himmel auf, dann schoß sie herab und setzte sich auf den Dachfirst. Als Frau Lucia am Ufer vorbeiruderte, nach jemandem ausspähend, der der Hilfe bedurfte, sah sie die Taube und sagte sich, daß, wo sie war, es auch noch Menschen geben mußte. Und sie landete und schenkte den frommen Frauen so viel Nahrungsmittel, als sie brauchten, um den Winter zu durchleben.

Noch weiter südwärts hatte am Vänerstrand ein kleiner Marktflecken gelegen, der ebenfalls eingeäschert und geplündert war. Einzig und allein die langen Pfahlbrücken, an denen die Schiffe in früheren Tagen anzulegen pflegten, standen noch da. Hier unter diesen Brücken hatte sich in den Tagen der Zerstörung ein Mann, der Krämer-Lasse genannt wurde, mit seiner Frau verborgen, und während das Kampfgetümmel über ihnen raste, hatte sie da ein Kind geboren. Aber seither war sie so schwer krank, daß sie nicht fliehen konnte, und der Mann war bei ihr geblieben. Nun war ihr Elend sehr groß, und tagtäglich bat die Frau den Mann, doch an sich selbst zu denken und sie ihrem Schicksal zu überlassen, aber er konnte sich nicht dazu entschließen, sondern weigerte sich. Da versuchte sie sich eines Nachts aus ihrem Schlupfwinkel zu erheben und sich mit dem Kinde ins Wasser hinabgleiten zu lassen, denn sie dachte, wenn sie einmal tot waren, würde er fliehen und so sein Leben retten. Aber das Kind schrie in dem kalten Wasser laut auf, und der Mann erwachte. Er brachte sie beide wieder ans Land, aber das Kind war so erschrocken, daß es die ganze Nacht hindurch schrie. Und das Geschrei drang übers Wasser und rief die redliche Helferin herbei, die suchend und harrend über den See ruderte.

Solange sie noch Gaben übrig hatte, fuhr Frau Lucia den Vänerstrand entlang, und es war ihr auf dieser Fahrt so froh und leicht ums Herz wie nie zuvor. Denn so wie es nichts Schwereres gibt, als still und untätig zu bleiben, wenn man von fremdem, schwerem Unglück erzählen hört, so bringt es jedem, der ihm auch nur im allergeringsten Maße abzuhelfen versucht, das größte Glück und süßeste Ruhe. Diese Erleichterung und Freude ohne die leiseste Ahnung, daß ihr etwas Böses bevorstehen könnte, empfand sie noch, als sie am Vortage des Luciatages zu recht später Abendstunde nach Börtsholm zurückkehrte. Bei der Abendmahlzeit, die aus nichts anderem bestand, als einigen Humpen Milch, sprach sie mit ihren Reisegefährten von der schönen Fahrt, die sie gemacht hatten, und alle waren darin einig, daß sie nie freudvollere Tage erlebt hatten.

»Aber jetzt steht uns eine arbeitsame Zeit bevor«, fuhr sie fort. »Morgen dürfen wir den St. Luciatag nicht mit Essen und Trinken feiern wie in anderen Jahren. Wir müssen jetzt darangehen, ohne Unterlaß zu brauen, zu bakken und zu schlachten, so daß wir den Weihnachtsschmaus zu Herrn Eskils Heimkehr fertig haben.«

Dies sagte die junge Frau ohne die mindeste Angst, denn sie wußte ja, daß ihre Viehställe und Scheuern und Vorratskammern von Gottes guten Gaben voll waren, wenn auch für den Augenblick nichts davon zu menschlicher Nahrung bereitet war.

So glücklich auch die Fahrt gewesen, waren doch alle Teilnehmer recht ermüdet und gingen zeitig zur Ruhe. Aber kaum hatte Frau Lucia ihre Augenlider zum Schlummer geschlossen, als vor der Burg Pferdegetrappel, Waffengeklirr und laute Rufe ertönten. Das Burgtor drehte sich knirschend in seinen Angeln, die Steine des Hofes wurden von eifrigen Füßen getreten. Sie begriff, daß Herr Eskil mit seiner Reiterschar heimgekehrt war. Frau Lucia sprang in aller Eile aus dem Bett, um ihm entgegenzugehen. Nachdem sie ihre Kleidung notdürftig geordnet, eilte sie auf den Altan hinaus, um die Treppe zu erreichen, die in den Burghof hinunterführte. Aber sie kam nicht weiter als bis zur obersten Stufe, denn Herr Eskil stand schon mitten auf der Treppe, auf dem Wege zu ihrer Kammer.

Ein Fackelträger ging ihm voraus, und in dem Lichtschein glaubte Frau Lucia zu sehen, daß Herrn Eskils Antlitz in furchtbarer Weise vom Zorn gezeichnet war. Einen Augenblick hoffte sie, daß nur der rote rauchgeschwärzte Fackelschein sein Gesicht so dunkel und drohend machte, aber als sie sah, wie Kinder und Diener mit kläglichen Mienen und niedergeschlagenen Blicken vor ihm zurückwichen, mußte sie sich sagen, daß ihr Mann sehr erzürnt heimgekommen war, bereit, Gericht zu halten und Strafe zu verhängen.

Während Frau Lucia so stand und auf Herrn Eskil hinuntersah, erblickte auch er sie, und mit steigender Angst merkte sie, wie sein Gesicht dabei von einem gezwungenen Lächeln verzerrt wurde. – »Kommt Ihr nun, holde Hausfrau, um mir eine Willkommensmahlzeit zu kredenzen?« höhnte er. »Aber diesmal habt Ihr Euch umsonst gemüht, denn ich und meine Mannen haben unser Abendmahl bei Eurer Muhme, Frau Rangela, eingenommen. Aber morgen«, fügte er hinzu, und hier übermannte ihn der Zorn, so daß er mit der Hand auf das Treppengländer schlug, »erwarten wir, daß Ihr uns zu Ehren Eurer Schutzheiligen Sancta Lucia mit einem so guten Frühmahl bewirtet, als das Haus es vermag, auch dürft Ihr nicht vergessen, mir beim ersten Hahnenschrei meinen Morgentrunk vorzusetzen.«

Nicht ein Wort vermochte die junge Schloßfrau zu erwidern. Gerade so wie im vorigen Sommer, als sie zum erstenmal ahnte, daß Frau Rangela Böses gegen sie im Schilde führte, blieb sie stehen, die Hände ans Herz gedrückt, mit tränenvollen Augen. Denn sie mußte sich ja sagen, daß es Frau Rangela war, die Herrn Eskil zur Unzeit heimgerufen und ihn gegen sie aufgereizt hatte, indem sie ihm erzählte, wie Frau Lucia mit seinem Hab und Gut umgegangen war.

Aber Herr Eskil ging noch ein paar Schritte die Treppe hinauf, und ohne sich von der Angst seiner Gattin im mindesten rühren zu lassen, beugte er sich zu ihr vor und sagte mit furchtbarer Stimme: »Bei unseres Heilands Kreuz, Frau Lucia, merkt es Euch wohl, wenn dieses Frühmal mir nicht behagt, so werdet Ihr es all Euer Lebtag bereuen!«

Damit legte er die Hand schwer auf die Schulter seiner Frau und schob sie vor sich in das Schlafgemach.

Auf dieser Wanderung in die Schlafkammer dünkte es Frau Lucia, daß etwas, was ihr bis dahin in seltsamer Weise verborgen gewesen war, ihr mit einemmal offenbar wurde. Sie erkannte, daß sie eigenmächtig und gedankenlos gehandelt hatte und daß Herr Eskil wohl Grund haben mochte, ihr zu zürnen, daß sie, ohne ihn zu befragen, über sein Eigentum verfügt hatte. Sie versuchte auch jetzt, wo sie allein waren, ihm dies ruhig zu sagen und ihn zu bitten, ihre jugendliche Unbedachtsamkeit zu verzeihen, aber er ließ sie nicht zu Worte kommen. »Legt Euch nun zu Bett, Frau Lucia«, sagte er, »und hütet Euch wohl, vor der gewohnten Stunde aufzustehen! Wenn Euer Morgentrunk und Euer Willkommensmahl nicht zu meiner Zufriedenheit ausfallen, so werdet Ihr einen Weg zu gehen haben, zu dem Ihr alle Eure Kräfte brauchen könnt.«

An dieser Antwort mußte sie sich genügen lassen, obwohl sie ihre Furcht nur noch vermehrte, und man kann es wohl verstehen, daß in dieser ganzen Nacht kein Schlummer in ihre Augen kam. Sie lag da und vergegenwärtigte sich, was ihr Gatte gesagt hatte, und je mehr sie seine Worte überdachte, desto klarer wurde es ihr, daß er damit eine harte Drohung gegen sie ausgesprochen hatte. Sicherlich hatte er bei sich bestimmt, daß er sie nicht verurteilen wollte, ehe er nicht selbst erfahren, ob sie so schlecht gehandelt, wie Frau Rangela wohl behauptet hatte. Aber war sie nicht imstande, ihn zu bewirten, wie er es begehrte, dann war es zweifellos, daß eine schreckliche Strafe ihrer harrte. Das Geringste war wohl, daß sie unwürdig erklärt wurde, länger seine Gemahlin zu sein, und zu ihren Eltern heimgeschickt wurde; aber aus den letzten Worten, die er geäußert, glaubte sie zu entnehmen, daß er sie obendrein dazu verurteilen wollte, zwischen seinen Knechten Spießruten zu laufen wie eine gemeine Diebin.

Als sie zu der Überzeugung gelangt war, daß es sich so verhielt, was auch wirklich der Fall war, denn Frau Rangela hatte Herrn Eskil zu wahnsinniger Wut aufgestachelt, begann Frau Lucia zu zittern, ihre Zähne schlugen aufeinander, und sie glaubte sich dem Tode nahe. Sie wußte, daß sie die Stunden der Nacht dazu verwenden mußte, Hilfe und Auswege zu finden, aber ihr Entsetzen lähmte sie, so daß sie regungslos liegenblieb. Wie sollte es nur möglich sein, bis zum nächsten Morgen meinen Herrn und seine sechzig Mann zu speisen? dachte sie in ihrer Hoffnungslosigkeit. Da kann ich ebensogut still liegen und warten, bis das Unglück über mich hereinbricht.

Das einzige, was sie zu ihrer Rettung zu tun vermochte, war, Stunde für Stunde brennende Gebete zu Sancta Lucia von Syrakus emporzusenden. »O Sancta Lucia, meine teure Schutzpatronin«, bat sie, »morgen ist der Tag, an dem du den Märtyrertod erlittest und in das himmlische Paradies eingingst. Entsinne dich, wie dunkel und hart und kalt es ist, auf Erden zu leben. Komm zu mir in dieser Nacht und führe mich mit dir von hinnen! Komm und schließe meine Augen im Schlummer des Todes. Du weißt, daß dies mein einziger Ausweg ist, um Entehrung und schimpflicher Strafe zu entrinnen.«

Während sie so die Hilfe der heiligen Lucia anrief, vergingen die Stunden der Nacht, und der gefürchtete Morgen näherte sich. Viel früher, als sie es erwartet, ertönte der erste Hahnenschrei; die Knechte, die das Vieh zu versorgen hatten, wanderten über den Burghof zu ihren Verrichtungen, und die Pferde richteten sich lärmend in ihren Ställen auf.

Jetzt erwacht auch Herr Eskil, dachte sie. Gleich wird er mir befehlen, seinen Morgentrunk zu holen, und dann muß ich eingestehen, daß ich so töricht gehandelt habe, daß ich weder Eier noch Met besitze, den ich ihm wärmen kann.

In diesem Augenblick der höchsten Gefahr für die junge Burgfrau konnte ihre himmlische Freundin, die heilige Lucia, die sich wohl sagen mußte, daß ihr Schützling nur aus allzu großer Barmherzigkeit gefehlt hatte, nicht länger ihrer Lust widerstehen, ihr beizuspringen. Der irdische Leib der Heiligen, der Hunderte von Jahren in der engen Grabkammer in Syrakusas Katakomben geruht hatte, erfüllte sich mit einem Male mit lebendigem Geist, nahm seine Schönheit und den Gebrauch seiner Glieder wieder an, hüllte sich in ein Kleid, aus Sternenlicht gewoben, und begab sich wiederum in jene Welt hinaus, wo sie einst gelitten und geliebt hatte.

Und nur wenige Augenblicke später sah der verdutzte Wächter im Pförtnerturm zu Börtsholm, wie ein nächtliches Wunder, eine Feuerkugel, ganz weit im Süden auftauchte. Sie durchschnitt die Luft so rasch, daß das Auge dem Fluge nicht folgen konnte, kam gerade auf Börtsholm zu, flog so nahe an dem Wächter vorbei, daß sie ihn fast streifte und war verschwunden. Aber auf diesem Feuerball, so wollte es zum mindesten den Wächter bedünken, schwebte eine schöne Jungfrau so, daß sie sich mit den Zehenspitzen darauf stützte, während sie die Arme hoch erhoben hielt und sich gleichsam gaukelnd und tanzend des glühenden Nachens bediente.

Nahezu im selben Augenblick sah die in Angst und Beben wachende Frau Lucia einen Schimmer durch die Türspalte der Schlafkammer dringen. Und als sich gleich darauf die Tür auftat, trat zu ihrer Verwunderung und Freude eine schöne Jungfrau in Gewändern so weiß wie Sternenlicht in das Gemach. Ihr langes schwarzes Haar war mit einer Pflanzenranke gebunden, aber an dieser Ranke saßen nicht gewöhnliche Blätter und Blumen, sondern blinkende Sternlein. Diese Sternlein erhellten die ganze Kammer, und doch dünkte es Frau Lucia, daß sie ein Nichts waren gegen die Augen der holden Fremden, die nicht nur in dem klarsten Glanze schimmerten, sondern auch himmlische Liebe und Barmherzigkeit ausstrahlten.

In der Hand trug die fremde Jungfrau eine große Kupferkanne, aus der ein milder Duft von edlem Traubensaft drang, und mit dieser schwebte sie durch die Kammer zu Herrn Eskil hin, goß von dem Weine in eine kleinere Schale und bot ihm zu trinken.

Herr Eskil, der gut geschlafen hatte, erwachte, als der Lichtschein auf seine Augenlider fiel, und führte die Schale an seine Lippen. In dem halbwachen Zustand, in dem er sich befand, erfaßte er kaum mehr von dem Wunder, als daß der Wein, der ihm kredenzt wurde, sehr wohlschmeckend war, und leerte die Schale bis auf den letzten Tropfen.

Aber dieser Wein, der kaum etwas andres sein konnte als der edle Malvasier, der Ruhm des Südens und aller Weine Krone, war so schlafbringend, daß er kaum die Schale niedergestellt hatte, als er schon schlafend in sein Bett zurücksank. Und im selben Augenblick schwebte die schöne heilige Jungfrau aus dem Zimmer, Frau Lucia in einen Zustand bebender Verwunderung und neuerwachter Hoffnung zurücklassend.

Die lichte Helferin begnügte sich aber nicht damit, nur Herrn Eskil zu bewirten. An dem dunklen kalten Wintermorgen durchwanderte sie die düsteren Säle der schwedischen Burg, und jedem der schlummernden Kriegsknechte bot sie eine Schale des freudenbringenden Weins aus dem Süden.

Alle, die ihn tranken, dünkte es, daß sie himmlische Wollust gekostet hatten. Sie säumten auch nicht, sofort in einen Schlummer zu versinken, von Träumen von Gefilden erfüllt, wo ewiger Sommer und ewige Sonne herrschten.

Aber kaum hatte Frau Lucia die holde Erscheinung verschwinden gesehen, als die Angst und die Ohnmacht, die sie die ganze Nacht bedrückt hatten, ganz und gar von ihr wichen. Sie legte rasch ihre Kleider an und rief dann alle Hausgenossen zur Arbeit.

Den langen Wintermorgen waren diese alle damit beschäftigt, Herrn Eskils Willkommensmahl zu bereiten. Junge Kälber, Ferkel, Gänse und Hühner mußten in aller Eile ihr Leben lassen, Teig wurde geknetet, Feuer unter den Bratspießen und in den Backöfen entzündet, Kohl wurde geschmort, Rüben geschält und Honigkuchen zum Nachtisch gebacken.

Die Tische im Bankettsaal wurden mit Tüchern bedeckt, die teueren Wachskerzen aus den tiefen Truhen ausgepackt, und auf die Bänke wurden blaue Federpolster und Gewebe gebreitet.

Während all dieser Vorbereitungen schliefen der Burgherr und seine Mannen weiter. Als Herr Eskil endlich erwachte, sah er an dem Stand der Sonne, daß die Mittagsstunde angebrochen war. Er verwunderte sich nicht nur über seinen langen Schlummer, sondern vielleicht noch mehr darüber, daß er den Verdruß verschlafen hatte, der ihn am vorigen Abend gequält hatte. Seine Frau hatte sich ihm in seinen Morgenträumen in großer Sanftmut und Holdseligkeit gezeigt, und er wunderte sich nun über sich selbst, daß er sich versucht gefühlt hatte, sie zu einer harten schimpflichen Strafe zu verurteilen.

Vielleicht steht es doch nicht so schlimm, wie Frau Rangela mir vorgespiegelt hat, dachte er. Freilich kann ich sie nicht als meine Gemahlin behalten, wenn sie mein Hab und Gut vergeudet hat, aber es mag genügen, sie ohne weitere Strafe zu ihren Eltern heimzuschicken.

Als er aus seiner Kammer trat, empfingen ihn seine acht Kinder, die ihn in den Bankettsaal führten. Da saßen seine Mannen schon auf den Bänken und warteten ungeduldig auf sein Erscheinen, um die Mahlzeit in Angriff nehmen zu können. Denn die Tische vor ihnen bogen sich unter allen erdenklichen Speisen.

Frau Lucia setzte sich, ohne irgendwelche Angst zu zeigen, an die Seite ihres Mannes; doch war sie nicht von aller Unruhe befreit, denn wenn sie auch in aller Eile eine Mahlzeit hatte zurüsten können, war sie doch ganz ohne Bier und Met, die sich nicht so rasch herstellen ließen. Und sie war sehr im Zweifel, ob Herr Eskil sich bei einem Frühmahl, bei dem es an Getränken fehlte, wohlverpflegt fühlen würde.

Aber da gewahrte sie auf dem Tisch vor sich die große Kupferkanne, die die heilige Jungfrau getragen hatte. Die stand da, bis an den Rand mit duftendem Wein gefüllt. Wieder fühlte sie innige Freude über den Schutz der barmherzigen Heiligen, und sie bot Herrn Eskil von dem Weine, während sie ihm erzählte, wie er nach Börtsholm gekommen war, was Herr Eskil mit der allergrößten Verwunderung vernahm.

Als Herr Eskil ein paarmal von dem Weine gekostet hatte, der aber diesmal nicht einschläfernd, sondern nur belebend und veredelnd wirkte, faßte Frau Lucia wieder Mut und erzählte ihm von ihrer Fahrt. Anfangs saß Herr Eskil sehr ernst da, aber als sie von dem Pfarrer, Herrn Kolbjörn, zu erzählen anfing, da rief er: »Herr Kolbjörn ist mir ein treuer Freund, Frau Lucia. Ich bin von Herzen froh, daß Ihr ihm beistehen konntet.«

In gleicher Weise stellte sich heraus, daß der Großbauer auf der Schereninsel Herrn Eskils Kamerad in vielen Feldzügen gewesen, daß unter den frommen Frauen sich eine seiner Basen befunden hatte und daß Krämer-Lasse im Marktflecken ihm Kleider und Waffen aus dem Auslande zu verschaffen pflegte. Ehe noch Frau Lucia zu Ende gesprochen, war Herr Eskil nicht nur bereit, ihr zu verzeihen, sondern er war ihr von Herzen dankbar, weil sie so vielen seiner Freunde geholfen hatte.

Aber die Angst, die Frau Lucia in der Nacht durchgemacht hatte, drang noch einmal auf sie ein, und sie hatte Tränen in der Stimme, als sie endlich sagte: »Nun dünkt es mich selbst, lieber Herr, daß ich sehr übel daran getan, ohne Euch um Erlaubnis zu fragen, Euer Eigentum zu verschenken. Aber ich bitte Euch, meine große Jugend und Unerfahrenheit zu bedenken und mir um dessentwillen zu vergeben.

Als Frau Lucia so sprach und Herr Eskil sich nun bewußt wurde, daß seiner Frau so große Frömmigkeit eigen war, daß eine der Bewohnerinnen des Himmels ihre irdische Gestalt wieder angenommen hatte, um ihr zur Hilfe zu eilen, und als er ferner bedachte, wie er, der für einen weisen, weitblickkenden Mann gelten wollte, sie verdächtigt hatte und nahe daran gewesen war, seinen Zorn über sie zu ergießen, da empfand er so heftige Scham, daß er die Augen niederschlug und nicht imstande war, ihr mit einer Silbe zu antworten.

Als Frau Lucia ihn stumm mit gesenktem Kopfe sitzen sah, kehrte ihre Angst wieder, und sie wäre am liebsten weinend von ihrem Platz geflüchtet. Aber da kam, ungesehen von allen, die barmherzige heilige Lucia in den Saal, schmiegte sich an die junge Frau und flüsterte ihr ins Ohr, was sie weiter sagen sollte. Und diese Worte waren gerade die, welche Frau Lucia auszusprechen gewünscht hatte, aber ohne die himmlische Ermutigung hätte sie sich in ihrer Schüchternheit wohl nie dazu entschlossen.

»Noch um *eines* will ich Euch bitten, mein teurer Herr und Gemahl«, sagte sie, »und das wäre, daß Ihr mehr daheim weilen möget. Dann würde ich nie in die Versuchung kommen, gegen Euren Willen zu handeln, auch könnte ich Euch dann all die Liebe zeigen, die ich für Euch fühle, so daß sich niemand zwischen Euch und mich zu drängen vermöchte.«

Als diese Worte gesagt waren, merkten alle, daß sie höchlich nach Herrn Eskils Sinn waren. Er erhob den Kopf, und die große Freude, die er fühlte, verjagte seine Scham.

Eben wollte er seiner Frau die liebreichste Antwort geben, als einer von Frau Rangelas Vögten in den Bankettsaal gestürzt kam. Er erzählte mit hastigen Worten, daß Frau Rangela zu früher Morgenstunde nach Börtsholm aufgebrochen war, um zu Frau Lucias Bestrafung zurechtzukommen. Aber unterwegs war sie etlichen Bauern begegnet, die sie schon lange des Brükkengeldes wegen haßten, und als diese sie in nächtlicher Dunkelheit trafen, von einem einzigen Diener begleitet, hatten sie zuerst diesen in die Flucht gejagt, dann hatten sie Frau Rangela vom Pferde gerissen und sie jämmerlich ermordet.

Nun war Frau Rangelas Vogt auf der Suche nach den Mördern, und er begehrte, daß auch Herr Eskil Mannen aussende, um sich an der Suche zu beteiligen.

Aber da erhob sich Herr Eskil und sprach mit strenger lauter Stimme: »Es mag den Anschein haben, als wäre es am schicklichsten, daß ich nun meiner Frau auf ihre Bitten Antwort gäbe, aber ehe ich dies tue, will ich zuerst mit Frau Rangela fertig sein. Und nun sage ich, meinethalben mag sie immerhin ungerächt daliegen, und nimmermehr will ich meine Diener aussenden, um Bluthandwerk um ihretwillen zu üben, denn ich glaube sicherlich, sie ist über ihre Taten gefallen.«

Als dies gesagt war, wandte er sich Frau Lucia zu, und nun war seine Stimme so mild, daß man kaum glauben konnte, daß ein solcher Ton in seiner Kehle wohne.

»Aber meiner lieben Hausfrau will ich nun sagen, daß ich ihr von Herzen gern verzeihe, ebenso wie ich hoffe, daß sie meine Heftigkeit entschuldigen möge. Und da es ihr Wunsch ist, werde ich den König bitten, daß er einen andern als mich zu seinem Ratgeber wählen möge, denn ich will nun in den Dienst zweier edler Damen treten. Die eine davon ist meine Gattin, die andre die heilige Lucia von Syrakus, der ich in all den Kirchen und Kapellen, die ich auf meinen Gütern habe, Altäre errichten will, sie bittend, daß sie bei uns, die wir in der Kälte des Nordens schmachten, jenen Funken und Leitstern der Seele brennend erhalten möge, der da heißt Barmherzigkeit.«

Am dreizehnten Dezember zu früher Morgenstunde, wenn Kälte und Finsternis Gewalt über Wermland hatten, kehrte noch in meiner Kindheit die heilige Lucia von Syrakus in allen Häusern ein, die zwischen den Bergen Norwegens und dem Gullspangâlf zerstreut lagen. Sie trug noch, wenigstens in den Augen der Kinder, ein Kleid weiß von Sternenlicht, sie hatte im Haar einen grünen Kranz mit brennenden Lichterblumen, und sie weckte stets die Schlummernden mit einem warmen, duftenden Trunk aus ihrer Kupferkanne.

Nie sah ich zu jener Zeit ein herrlicheres Bild, als wenn die Tür sich auftat und sie in das Dunkel der Kammer trat. Und ich wünschte, daß sie nie aufhörte, sich in den Heimstätten Wermlands zu zeigen. Denn sie ist das Licht, das die Dunkelheit bezwingt, sie ist die Legende, die die Vergessenheit überwindet, sie ist die Herzenswärme, die vereiste Gefilde mitten im harten Winter lieblich und sonnig macht.

GERHARD KLEIN

Andrey

Wir verstanden uns vom ersten Tage an, da ich im letzten Kriegsjahr als Verwalter auf das niederbayerische Gut kam. Ich hatte ja nur einen einzigen deutschen Arbeiter, den alten Joseph, meinen Treckerfahrer. Die andern alle ein buntes Gemisch aus Europas Völkern. Im Walde zwei Franzosen, tüchtige Waldarbeiter aus den Ardennen; bei den Pferden ein Serbe; im Stall eine große Polenfamilie; und dann kamen zum Rübenhacken und zur Heuernte Trupps kriegsgefangener Russen, die uns die Zuckerfabrik auslieh. Meinen Andrey aber und seine Babuschka, die hatte ich als Mädchen für alles. Wie mag es ihnen jetzt ergehen, drüben in den weiten Ebenen Kanadas? Vielleicht fühlen sie sich dort an die Weite ihrer Heimat erinnert, die sie verlassen mußten.

Zum erstenmal schaute ich in seine hellen blauen Augen, als ich ihn auf der Dungstätte aufsuchte. Keiner hätte so liebevoll und genau den Mist auseinandergeschüttelt und aufgeschichtet wie er. Es war ihm sicher ganz neu gewesen, daß man den Mist als kostbares Gut gewissenhaft pflegen könne, ihn mit Erde abdeckte und zu Mieten aufsetzte. Aber nun war es sein Stolz geworden. Da stand er barfuß auf dem dampfenden Haufen, stetig fortarbeitend, statt beim Herannahen des »Herrn« wie die anderen plötzlich Feuereifer vorzutäuschen. Ein Wort des Lobes ließ ihn aufblicken. Und dieser Blick ging mir ins Herz. Güte und Trauer und Friede und Gelassenheit – all dies sprach aus ihm.

Er nickte nur freundlich und arbeitete weiter. Er sprach selten. Ich war überrascht von seinem verhältnismäßig fließenden Deutsch. Sein schon ergrautes Haar war in der Stirn geschnitten.

Es ergab sich, daß ich den beiden Alten ein Kämmerchen für sich anweisen konnte. Denn ich spürte bald, wie sie litten unter dem engen Zusammenwohnen mit den andern.

Sie hielten es peinlich sauber. In der Ecke hatten sie ein kleines Kreuz, wie es die Russen auf der Brust zu tragen pflegen, über ein mit weißem Papier bezogenen Stück Pappe gehängt. Immer standen in alten Konservendosen Blumen davor.

Ich wußte, daß er der einzig ehrliche Mann auf dem ganzen Hof war. Denn in der Not damals stahl jeder alles, was er brauchte, und es machte Mühe, soviel wie möglich unter Verschluß zu halten.

Nur eine einzige Ausnahme machte Andrey. Und dies geschah mit meinem stillen Einverständnis. Durch häufige Luftangriffe setzte oft das elektrische Licht aus. So mußten im Stall immer Kerzen bereitliegen. Andrey, der bei den Pferden mithalf und vor allem die Fohlen zu betreuen hatte, wußte, wo ich die Kerzen hinlegte, und die waren eben immer überraschend schnell verbraucht. Ich ahnte, wofür, und ließ ihn gewähren.

Zum erstenmal kamen wir ins Gespräch im Spätherbst bei der Zuckerrübenernte.

Es war höchste Eile geboten, der Frost drohte uns zuvorzukommen. Wer irgend konnte, mußte mithelfen. Auch alle Polen waren mit draußen. Es ging schon gegen Abend, doch war es wie verhext. Immer wieder redeten die Leute aufgeregt und schauten zum Himmel. Ich dachte erst, sie fürchteten Tiefflieger, die damals manchmal die Landleute auf den Feldern beschossen.

Nur Andrey und seine Babuschka arbeiteten still vor sich hin, die Messer blitzten, die Blätter flogen auf einen Haufen, die Rüben auf den andern. Ich muß mir versagen, Andreys köstliche Sprache wiederzugeben; es würde kaum gelingen.

Als ich zu ihnen kam, schaute er so schräg von unten her zu mir auf, seine Augen blickten belustigt, erst deutete er auf die Polen und dann auf seine Stirn: »Herr, ägere dich nicht, sie sind dumm und gottlos dazu. Da meinen sie, die Sonne werde hüpfen im Untergehen und kreisen am Himmel, und die Mutter Gottes werde erscheinen. Und das sei das Zeichen, daß der Krieg bald aus. Was nutzt, wenn Krieg aus und die Menschen bleiben böse? Kommt bald ein neuer. Leute schauen nach außen. Sollten schauen nach innen. Wäre besser.« Und emsig arbeitete er zu.

Nachdenklich ging ich weiter. Was war das für ein Mensch! Wie anders war er als die dialektisch geschulten Russen, die durch die Rote Armee gegangen waren, mit denen ich mich oft unterhielt.

Er aber konnte mir manchmal ohne Wort, durch eine Geste des Grußes, durch einen Blick, durch ein Kopfschütteln helfen, wenn ich voll Sorgen über den Hof ging.

Ich mußte in die Stadt, Saatgut besorgen bei der Genossenschaft. Ich wollte Andrey eine Freude machen. Aber es gab ja nichts zu kaufen.

Da sehe ich in einem Trödlerladen ein Heiligenbild, eine russische Ikone. Ein Soldat mochte sie heimgeschickt haben. Ich erstand sie und steckte sie in meine Tasche.

Ich war recht froh auf der Heimfahrt. Das Bild mit dem im Feuerwagen gen Himmel fahrenden Elias, der seinen Mantel herabwarf auf den Elisa, der unten pflügte, erfüllte mich ganz.

Andrey lief mit flinken Schritten herbei, mir Pferd und Wagen abzunehmen. Ich zog mein Bild aus der Tasche: »Das habe ich für dich, freut euch dran.«

Er wickelte es aus, erbleichte, schlug ehrfürchtig ein Kreuz, und wie der Blitz war er verschwunden. Ich saß etwas verdutzt auf meinem Wagen und mußte wohl oder übel mein Pferd selbst abschirren. Bald darauf tauchte er schuldbewußt auf, griff nach meiner Hand, sie zu küssen, und Tränen liefen ihm über sein Gesicht. Reden konnte er nicht.

An dem Abend legte ich ein ganzes Paket Kerzen in den Stall, das auch prompt am nächsten Tag verschwunden war.

Es kam die Adventszeit. Der Nikolaustag fiel auf einen Sonntag. Seit Tagen sah ich schon die Babuschka waschen und putzen, sie hatte den kleinen Tisch und die zwei Hocker in den Hof getragen und scheuerte sie blank, die Strohsäcke wurden neu gefüllt; ich merkte, etwas war im Gange.

Da kamen auch schon die beiden Samstag nach Feierabend zu mir, blieben verlegen an der Tür stehen, und endlich brachte Andrey vor, der Herr Verwalter möge es doch nicht falsch auffassen, aber ob der Herr Verwalter ihnen nicht die Ehre geben möge, morgen, am Fest des heiligen Nikolaus, zu ihnen zu kommen.

Ich sagte zu. Ordnete an, daß ihnen von dem Weißbrot, das wir verbotenerweise sonntags für unsere Leute buken, ein größerer Leib zugeteilt werde, und sagte, ich werde ihnen auch eine Flasche Wein mitbringen, die ich geschenkt bekommen hatte. Aber ich hätte eine Bitte. Er möge mir doch erzählen, wie er hierhergekommen sei. Das ginge schon zu machen, meinte er, und strahlend zogen die beiden ab.

Nie werde ich diese Winterabendstunde vergessen. Im Lichte vieler Kerzen strahlte das Heiligenbild, umrahmt von grünen Zweigen, in der Ecke. Über den Tisch war ein weißes Hemd gebreitet – sie hatten ja nichts, die Armen. Auf dem Blechteller lag das Brot, und Tassen standen für Gläser da.

Ich wagte kaum einzutreten, so feierlich war es in der kleinen Kammer.

Nach einem langen russischen Gebet setzten wir uns zu Tisch.

Und dann erzählte er. Von dem einsamen Dorf in den Wäldern, von der Hütte des Großvaters, wohin er nach der Revolution geflüchtet war, vom

Krieg, der immer näher kam. Sie wollten bleiben. Was soll schon armen Bauern geschehen. Die Juden im Dorf, sie hatten eine kleine Gemeinde dort, sogar mit einem Bethaus, waren geflüchtet. Nur der Vorsteher, der alte Abraham, wollte nicht fort. Hier seien die Gräber seiner Ahnen und seiner Kinder, hier wollte er sterben.

»Wir lagen abseits, aber die Deutschen konnten doch kommen. Wir haben ihn dann halb mit Gewalt genötigt, sich im Walde zu verstecken. Wir haben dort so Vorratskeller in der Erde. Dort haben wir es ihm wohnlich gemacht, und alle paar Tage brachten wir ihm zu essen. Vielleicht, dachten wir, geht der Krieg bald vorbei, und er kann wieder in sein Haus. Oft hörten wir ihn laut beten, wenn wir im Wald waren.

Aber er wurde immer trauriger und schwächer. Und einmal, als ich ihn fragte, was ihm fehle, sagte er: ›Was soll ich leben, wenn ich meinem Gott nicht dienen kann. Nur einmal noch möchte ich die heilige Braut, den Sabbat, würdig empfangen – aber hier geht es ja nicht.‹ Ich spürte, wie sein ganzes Herz an dem Gedanken hing. Ich sagte ihm, es werde ja jetzt früh dunkel, und schon lang sei kein Deutscher mehr im Dorfe gewesen, und er möge sich am Abend zu meiner Hütte schleichen, die am Walde liegt, und was ich bereiten solle.

Sieben Kerzen erbat er und ein Brot und etwas Wein.

Und so kam es. In der hinteren Kammer hatte ich das Mahl bereitet, alles so gedeckt wie jetzt hier. Die Kerzen brannten, in der Ecke hing unser heiliger Elias, so wie jetzt hier. Dann kam er mit seinem wallenden weißen Bart. Wie Abraham selbst, als er die Engel Gottes zu Tisch bat, war er anzuschauen. Aber das sorgsam verhängte Fenster machte er frei. ›Wie soll denn‹, so sagte er vorwurfsvoll, ›der heilige Prophet, der immer über die Erde wandert, die Ankunft des Messias vorzubereiten, sehen, daß hier der heilige Sabbat gefeiert wird. Stellt noch einen Teller und Becher für ihn hin, daß er sieht, wir haben ihn erwartet. Und die Tür darf nicht verschlossen sein.‹

Es war nicht möglich, ihm zu widersprechen. Und dann begann er einen Gesang, zu dem wiegte er sich mit dem Oberkörper, die Augen geschlossen mit verklärtem Antlitz.

Ich rief Gott und alle Heiligen an, daß sie uns beschützen mögen. War er auch kein Christ, so war es gewiß keine Sünde, ihm vor seinem Tode geholfen zu haben, daß er Gott dienen könne auf seine Weise.

Und wir saßen beim Mahl, und er erzählte von uralten Zeiten.

Und dann geschah es halt: plötzlich von allen Seiten Motorengeräusche, Rufe.

Ich wußte schon gleich, das sind die Deutschen, sie durchsuchen das Dorf.

Er schien nichts zu merken. Begann wieder zu singen. Da klopft es hart an der Tür. Wir sitzen wie versteinert. Ein schwerer Schritt durch die Stube. Die Kammertür wird aufgestoßen. Da steht ein Soldat mit großem Bart voller Reif, schon ein älterer Mann. Das Gewehr im Anschlag. Unser alter Vater Abraham erhebt sich feierlich. Mit großer Geste weist er auf den leeren Stuhl, das bereitstehende Gedeck.

Uns steht das Herz still. Was wird geschehen? Ja, die Engel waren da. Der Deutsche lehnt das Gewehr an die Wand. Ganz still schaut er auf die Kerzen, das Bild; setzt sich, trinkt den Becher Wein (ein Offizier hatte mir die Flasche geschenkt, als er im Quartier bei uns lag), ißt vom Brot. Macht ein Kreuz. Wischt sich den Mund, verbeugt sich ein wenig vor dem Alten, schüttelt leise verwundert im Hinausgehen den Kopf, die Tür fällt zu. Es ist ganz still.

Die Kerzen sind heruntergebrannt.

Der Alte betet laut einen Lobgesang. Wird wohl ein Psalm gewesen sein.

Wir bringen ihn zurück in seine Höhle. –

Herr, wie groß war die Freude, als Ihr uns das Bild brachtet! Wir sind so dankbar! Wir haben wieder den Engel bei uns, der uns schützt.«

Auf meine kurzen Fragen erfuhr ich, daß einer sie verraten hat und daß sie noch einmal kamen und Andrey zwangen, sie in den Wald zu führen. Aber sie fanden den Alten nur tot. Ein seliges Leuchten lag auf seinem Antlitz.

»Uns aber haben sie halt mitgenommen. So sind wir hier.«

Auch unsere Kerzen brannten herunter. Ich konnte ihnen sagen, daß ich eigentlich von Beruf Priester sei und nun einen Segen sprechen wolle für uns, für den alten Abraham, für die ganze, kranke, wunde Welt.

Und ich ging weg von diesem wackligen kleinen Tisch in der Kammer wie nur je von einem Altar.

Als ich über den beschneiten Hof zurückging, der Mond kam über dem Wald hoch, und zurückschaute nach dem kleinen Fenster der Kammer, da mußte ich daran denken, wie ein Sänger, der das Leid und das Dunkel des ersten großen Krieges nicht hatte tragen können und der deshalb damals schon zugrunde ging, einer, der die Schatten und die Trauer kannte wie wenige – wie Georg Trakl uns ein Gedicht hinterlassen hat; und ich mußte es vor mich hinsagen, dieses Gedicht von einem »Winterabend«:

Wenn der Schnee ans Fenster fällt,
Lang die Abendglocke läutet,
Vielen ist der Tisch bereitet,
Und das Haus ist wohlbestellt.

Mancher auf der Wanderschaft
Kommt ans Tor auf dunklen Pfaden.
Golden blüht der Baum der Gnaden
Aus der Erde kühlem Saft.

Wanderer, tritt still herein;
Schmerz versteinerte die Schwelle.
Da erglänzt in reiner Helle
Auf dem Tische Brot und Wein.

GERHARD KLEIN

Der blinde Peter

Nach einer langen Fahrt durch weite Ebenen, durch dichte Wälder, über die großen Ströme hinweg, die nach Norden fließen, war ich am Abend auf dem einsamen Gutshof in Ostpreußen angekommen. Es war mir ein wenig bange. Ich fühlte gleich, wie hier im Osten alles anders ist. Die Weite will einen mit sich fortnehmen. Man muß sich in sich selbst gründen, um sich behaupten zu können. Der Sonntagmorgen brachte einen kurzen Rundgang durch die Ställe und Scheunen. Die Fahrt zur Kirche mit der Kutsche ermöglichte gleich ein Kennenlernen der weiten, zu dem Gute gehörigen Felder und Koppeln. Plötzlich wurde die Aufmerksamkeit vom Entgegennehmen der freundlichen Erklärungen des Gutsherrn abgelenkt. Vor uns erschienen auf der Landstraße drei schwarze Gestalten. Vom ersten Anblick an hatten sie etwas Wunderliches. Links ein langer Hagerer, ständig heftig gestikulierend, rechts einer schräg nach außen gehend, auf den Stock gestützt, das linke Bein lahm. In der Mitte ein kleiner, rundlicher, äußerst beweglicher Greis. Alle drei in ihren schwarzen Sonntagsröcken. »Da können Sie gleich unsere heiligen Drei Könige kennenlernen«, sagte der Gutsherr. Wir luden sie hinten auf den Wagen auf, nahmen sie mit zur Kirche. Das vorher so lebhafte Gespräch der drei verstummte in der Nähe des Herrn, aber ich sollte ja mit ihnen noch viel zu tun haben.

Der erste, lange war unser Kompostmeister. Das Wunderbare an diesen großen östlichen Gütern war dieses, daß jeder Mensch, auch ein solcher mit großen körperlichen Gebrechen, eingeordnet werden konnte in den lebendigen Organismus des Hofes. Joseph war taubstumm, aber er konnte sehr gut vom Munde ablesen, und der Herr hatte einen guten Griff getan, als er ihm die Betreuung aller Misthaufen und Kompostanlagen übertrug. Da sah man ihn denn über die Felder gehen, einen kleinen Holzkasten unter dem Arm, einen dicken Stab mit einer eisernen Zwinge und einem Querholz oben als Stock benutzend. Traf man ihn dann bei einem der auf den Feldern aufgeschichteten Dunghaufen, so zeigte er einem würdevoll die tiefen Löcher, die er in ganz genau gleichen Abständen bohrte. Geheimnisvoll nahm

er nun aus seinem Kasten die Präparate, und seine ausgesprochen lebendige Mimik versuchte einem deutlich zu machen: jetzt kommt die Eichenrinde, dann kommt der Löwenzahn und auch die Schafgarbe und so nacheinander die verschiedenen Heilpflanzendrogen, bis er zuletzt das Baldrianfläschchen herauszog und oben in die Mitte verspritzte. Ich fühlte, wie der taube Joseph tief durchdrungen war von der Wichtigkeit seines Tuns. Und wenn er gar einmal unsere gefangenen Russen beim Umsetzen eines solchen Dunghaufens antraf, wurde er fast zornig, wenn sie es nicht ordentlich machten, nahm einem die Gabel weg und machte es ihm vor. Er konnte es auch vorzüglich, das bewiesen die langen Reihen der gut mit Erde durchmischten und abgedeckten, Grabhügeln ähnlichen Haufen hinter den Ställen; das gehörte auch zu seinem Amte, den Mist, den die Schweizer nur schnell hinauskarrten, ordnungsgemäß aufzusetzen. Dabei gab es dann immer halb ernsthafte, halb scherzhafte Streitereien mit seinem Mitkönig, dem krummen Jakob. Das steife Bein hatte dieser vom ersten Krieg. Verheiratet war er mit der Liese, einem sehr alten Pferd, das aber leichte Arbeiten noch verrichten konnte. Man bringt nicht so gern ein Tier, das lange gedient hat, zum Schlachter, sondern gibt ihm das Gnadenbrot. Sie fuhren zusammen die Milch und auch kleine Wagen voll Erde, die der Jakob dann dort ablud, wo der Joseph sie nicht haben wollte.

Am wichtigsten wurde mir aber der Dritte im Bunde. Er war uralt. Keiner wußte, wie alt. Ich schätzte ihn über neunzig. Der blinde Peter war schon auf dem Gut aufgewachsen. Er wohnte abseits am Waldrand in einer kleinen Kate. Aber den ganzen Tag war er unterwegs, sich ohne Mühe zurechtfindend, kannte er doch jeden Stein, jeden Baum, jeden Zaun. Er genoß bei allen ein großes Ansehen. Man sagte, er wisse mehr als andere Leute, vor allem, er höre vieles, was sonst niemand erlauschen könne; ich habe viel von ihm gelernt. Es konnte geschehen, daß er plötzlich neben einem auftauchte, wenn man so am Abend, die Arbeit des nächsten Tages überdenkend, heimging. »Nun, Inspektorchen«, sagte er dann, »was werdet Ihr wohl morgen tun?« Es war ein stiller Winterabend, grau verhangen, verhältnismäßig mild. »Ich denke, wir fahren in den Forst mit all unseren vierzig Russen, Stubben roden, wir brauchen Holz für unsere Leute.« »Nun«, gab er zur Antwort, »wird wohl nicht sein.« Wer ihn länger kannte, hätte sich daraufhin eine andere Arbeit ausgedacht. In der Nacht brach ein fürchterliches Unwetter los, und am Morgen waren alle Hohlwege verschneit. Denn wenn es auch nicht so viel Schnee gibt auf den Feldern, so treibt ihn der Wind doch an manchen Stellen meterhoch zusammen, und wir hatten mit allen Russen den Tag über die Straßen freizuschaufeln, was wir ja schon des Militärs wegen tun mußten. Oder einmal erinnere ich mich, daß wir sonntags gemütlich beim Kaffee sitzen und der Vorknecht des Stalles hereingestürzt kommt: »Die Pferde sind aus der Koppel ausgebrochen und sind im Rübenfeld.« Den Knecht ließ ich eines der Kutschpferde besteigen, die im Stall standen; was an Leuten erreichbar war, wurde zusammengetrommelt, und dann ging es auf die Jagd. Diese achtundzwanzig Arbeitspferde hielten uns natürlich zum Narren, wir versuchten sie einzukreisen, aber immer wieder lachten sie uns wiehernd aus und stürzten in eine andere Ecke. Wir waren schon ziemlich außer Atem, es fing an dunkel zu werden. Plötzlich merkte ich, wie sie die Ohren spitzten und nach einer bestimmten Richtung schauten. Hoch oben zeichnete sich gegen den Abendhimmel eine kleine Gestalt ab. Es war der blinde Peter, der mit halblauten, kurzen, herrischen Rufen sie wie beschwörend zusammenholte, und friedlich folgten sie ihm zum Hof.

Kurz vor meiner Ankunft war Peters Frau gestorben, und es war mir eine Sorge, wie er so allein durchkommen sollte. Manchmal schickte ich ihm eines von den Polenmädchen zum Aufräumen, aber das meiste hielt er selbst in Ordnung. Eines Morgens kam er zum Milchholen und sagte: »Inspektorchen, ich brauche jetzt mehr Milch.« – »Das ist gut, Peter«, sagte ich, »daß Ihr Milch trinkt, das tut alten Leuten wohl.« Er schaute mich, wenn man von einem Blinden so sagen darf, ganz entgeistert an. »Aber Inspektorchen, Milch brauche ich doch nur für den Brei. Zum Trinken ist Korn gut. Aber wir sind jetzt mehr Leute. Und überhaupt, wenn Ihr wieder in die Stadt kommt, kauft einmal ein Paar Schuhe so für einen Buben von sechs bis sieben Jahren und auch tüchtig Nähzeug; ich habe noch viel alte Sachen zum Herrichten«; und er knüpfte aus seinem Taschentuch ein paar Fünfmarkstücke und ließ mich stehen. Nun, ich traf ihn bald wieder und bekam langsam heraus, was geschehen war: Er hatte friedlich in seiner Stube gesessen und sein Pfeifchen geraucht, es war schon Nacht, als er ein Geräusch an der Tür hörte. Er ruft, niemand antwortet, er macht die Tür auf, liegt da auf der Schwelle, das fühlt er, eine Frau, er führt sie herein, sie hat einen Knaben bei sich. Nun können unsere alten Leute da oben im Osten alle ein wenig Polnisch, denn alle Jahre waren ja die polnischen Wanderarbeiter zur Ernte gekommen. Mühsam brachte er aus der Frau heraus, daß sie mit ihrem Knaben einzig überlebend geblieben war bei einem Strafgericht, das über ein Dorf hereingebrochen war im Zusammenhang mit den Partisanenkämpfen; alle Männer, Frauen, Kinder, Greise ermordet, das Dorf angezündet. In sinnlosem Schrecken war sie losgegangen, immer weiter nach Westen, mitleidige Menschen hatten ihnen hier und da etwas zu essen gegeben. Ich sah die Frau selbst, ich mußte mich ja um alles kümmern, was im Gutsbezirk vorging. Der Knabe hatte große, erschreckte Augen, die einen erschauern ließen. Ganz selbstverständlich hatte der blinde Peter die Sache in die Hand genommen, hatte ihr gesagt, sie solle bei ihm bleiben. Sie sprach kaum etwas, aber sie hatte voll Dank ganz still alle Arbeiten übernommen, und plötzlich war da wieder eine Familie im Haus. Sie konnte bei uns halbtagsweise arbeiten und so für sich und ihr Kind das Nötigste verdienen. Es entstand ein wunderbares, fast zärtliches Verhältnis zwischen dem Knaben und dem Greis. Wie ein Hündchen lief er ihm überallhin nach, brachte ihm dies und das. Der Blinde betastete es und sagte ihm, was es für eine Blume, für ein Stein oder für ein Tier sei. Abends saßen sie zusammen, und der Alte unterrichtete den Knaben. Manchmal ging ich hinüber und hörte zu. Der blinde Peter gehörte zu den immer seltener werdenden Menschen, die so ziemlich die ganze Bibel auswendig kennen. Aber wie lebendig konnte er alles erzählen. Manchmal war auch von Zwergen die Rede oder von den Nixen. Alte Sagen und Märchen kamen dran. Aber wenn der Blinde von den Zwergen sprach, genau schilderte, wie sie ausschauten, wo sie wohnten, was sie taten, daß sie tatsächlich einen König hätten, dann mußte ich immer denken: Der kennt sie, der kann sie wirklich schauen. Von Zeit zu Zeit ermahnte der alte Peter den kleinen Marek sehr ernsthaft, er dürfe nie zum schwarzen Teich gehen. Das müsse er ihm versprechen. Und dann erzählte er von einer Nixe, die in diesem Teich wohne. Vor allem bei Vollmond würde sie einem erscheinen. Aber man müsse sich sehr vor ihr hüten, und er beschrieb sie in ihrer Schönheit, so daß einem ganz unheimlich zumute wurde, und man fühlte, daß er sie gut kannte. Dabei fiel mir ein, daß die einzige Gegend in dem ganzen Gutsbezirk, wo ich Peter nie angetroffen habe, eben jener schwarze Teich war, während er doch sonst überall herumstrich. Ich fragte so den einen oder anderen unserer alten Leute darüber, den Schmied, den Stellmacher; aber die Menschen da oben sind ja recht verschlossen, schon gar einem Fremden gegenüber. Doch konnte ich ihren Andeutungen entnehmen, daß der schwarze Teich im Leben des blinden Peter eine gewisse Rolle gespielt habe. Ich reimte mir zusammen, daß es wohl sein Wildererbezirk war, daß es da wohl mal einen Zusammenstoß gegeben habe. Man konnte nie von ihm herausbekommen, wodurch er denn blind gworden war. Aber das schien auch damit zusammenzuhängen.

Einmal in der Adventszeit ging ich wieder zu seinem Häuschen. Ich schaute durchs niedere Fenster, drin saßen die drei beim Schein einer Kerze, und der alte Peter lehrte den Knaben ein Adventslied. Ich höre noch heute die dünne Greisenstimme und das kräftige Singen des Knaben. Ich habe später nachgesehen, was für ein Lied es war, und ich möchte die erste und letzte Strophe mitteilen:

> Herr Jesu Christe Gottes Sohn,
> der du vom hohen Himmelsthron
> herab bist kommen in die Welt
> und uns zu gut dich eingestellt.
> Hilf, daß wir leben würdiglich
> und in dir sterben seliglich,

daß wir lieben und loben dich,
hier zeitlich und dort ewiglich.

An dem Abend bin ich nicht hineingegangen, sondern habe mich still nach Hause begeben, angerührt von dem Frieden, der inmitten der Wirren des fürchterlichen Krieges von dieser armseligen Hütte ausging.

Und nun komme ich zu der Nacht, von deren Ereignissen ich eigentlich erzählen wollte. Es war ein ganz stiller Wintertag gewesen, die Abendsonne schien gelb aus den Wolken. Die Birken standen im Frost und hüllten ihren weißen Leib mit ihren schlanken Zweigen ein. Wir hatten die Gräben geleert und die Erde als Kompost zusammengefahren. ich war früher als sonst in meine Stube gegangen, die Winterabende sind ja der Lohn des Landmanns für die Mühe des Jahres. Plötzlich höre ich, wie an meine Tür nicht gepocht, sondern getrommelt wird. Halberstickte Rufe und Schreie: Pan Inspektor, Pan Inspektor! Es war Marjuscha, die tränenüberströmt mit aufgelösten Haaren mir entgegenschrie: Marek fort, Pan Peter fort, alle fort, weiß nicht wo. Sie war den ganzen Tag auf dem Hof gewesen, beim Weihnachtsbacken zu helfen. Nun war das natürlich auffällig. Dem Alten konnte ja etwas zugestoßen sein, eine Schwäche, oder er hat sich ein Bein gebrochen. Aber daß der Knabe auch verschwunden war, war bedenklich. Also die Leute zusammengetrommelt, die Russen aus dem Bunker, Laternen her, ein Schlitten angespannt und auf die Suche gegangen. Nach allen Richtungen schwärmten wir aus. Wir riefen, keine Antwort. Wir suchten Spuren im Schnee, nichts zu entdecken. Die Mutter wird immer verzweifelter. Da kam mir plötzlich, ich weiß nicht wie, der schwarze Teich in den Sinn. Also zogen wir in die Richtung des Waldstücks, in dem er lag, und bald entdeckte ich auch einen Feuerschein. Das war nun mitten in der Nacht durchaus etwas Auffälliges. Wir gingen näher und blieben wie erstarrt stehen. Hat man sich durch Stunden die grausigsten Bilder vorgestellt, ist man von Furcht, daß etwas passiert sei, geplagt worden und trifft dann auf etwas, was man sich auch im Traume nicht hätte vorstellen können, so weiß man nicht, ob man lachen oder weinen soll. Im Wald war eine jener Rindenhütten, die als Unterschlupf für die Waldarbeiter dienten. Oben ein Loch, daß der Rauch abziehen kann, in der Mitte eine Feuerstelle zum Wärmen. Vor einem lustig flakkernden Feuerchen saß auf einem Holzklotz der blinde Peter in Hemdsärmeln, auf seinem Schoß ein großes Paket. Das entpuppte sich als der Knabe, der in die lange Jacke des Alten eingehüllt war. Auf einem Holzhaufen im Inneren der Hütte lagen die Kleider des Knaben zum Trocknen ausgebreitet. »Psssst«, machte er, »er schläft.« – »Gut, daß Ihr gekommen seid, Inspektorchen, bis gerade eben war ›Er‹ noch da.« – »Wer ›Er‹?« fragte ich ganz verdutzt. »Wer ›Er‹!« fuhr er mich an; »nun, ›Er‹.« Ich schüttelte den Kopf, es war wirklich keine Zeit für Gespräche. Ich nahm den Knaben in den Arm, gab dem Peter meinen Mantel. Wir gingen zum Schlitten und fuhren zum Gutshof. Der Knabe war am Morgen vergnügt und gesund.

Den blinden Peter hatte es erwischt, wir mußten ihn mit einer schweren Lungenentzündung ins Krankenhaus bringen. Sooft sie konnten, wanderten seine beiden Mitkönige zu ihm, saßen stumm und erschreckt bei dem Greis, der in hohem Fieber lag, und beteten. Als die Krise vorüber war, konnte ich endlich mit ihm sprechen. Es klang alles so einfach, wie er es erzählte. Er war allein in der Stube gesessen, der Knabe war forgegangen; der Alte glaubte, er sei bei seiner Mutter, da hörte Peter plötzlich seinen Namen rufen von draußen, immer wieder eindringlich rufend: Peter, Peter, das Kind! Da sei er aufgesprungen, habe noch einmal gelauscht, wieder dieselbe dringliche Aufforderung, zu kommen, er meinte zu hören: Nimm ein Seil mit! Er zieht seine Jacke an, er greift nach dem Wäscheseil, er weiß ja, wo alles liegt in seiner Stube, er eilt hinaus. Er spürt deutlich, da steht jemand, er hört mahnen: Komm! Und wie er nun geht, er geht ja immer im Dunkeln, spürt er den Schritt neben sich, ihm vertraut er sich an, er gibt die Richtung. Allmählich merkt er, daß er in eine Gegend kommt, in der er lange nicht war, aber der Schritt neben ihm ist ein sicherer Führer. Dann hört er plötzlich schwache Rufe: Pan Peter, Pan Peter! Es ist die Stimme des Knaben. Er merkt, der Knabe ist am schwarzen Teich. Peter geht nahe hin, wirft einige Male vergebens das Seil, bis der Knabe es erreicht, zieht ihn langsam heraus. Man darf eben einem Kind nicht von einer wunderschönen Nixe erzählen, die man bei Vollmond sehen kann, und ihm dann verbieten, hinzugehen. Marek war zum Teich gegangen, war eingebrochen, hatte sich gerade noch an einem Strauch am Ufer festhalten können, war aber viel zu schwach, um sich herauszuarbeiten. Nun stand der blinde Mann im Frost mit dem durchnäßten Knaben, ihn nach Hause tragen konnte er nicht. Wieder spürte er die Stimme neben sich: Komm zu der Hütte! Da weiß er, was er tun muß. Er hat ja immer ein Feuerzeug und eine Pfeife in seiner Tasche. Bei der Hütte macht er ein Feuerchen, zieht den Knaben aus, wickelt ihn in seine Jacke, so wie wir ihn gefunden haben. Lange sei »Er« noch bei ihm gesessen, viel hätten sie gesprochen und »Er« habe gesagt, es sei nun vieles wieder gut geworden. Ach, man ist ja so töricht, wieder mußte ich die Frage stellen: Peter, wer denn? Aber der Peter war etwas verwandelt, nicht mehr so herrisch und so spöttisch wie sonst immer. Man kann eigentlich sagen ernst-heiter. Ein wenig vorwurfsvoll antwortete er: Aber Inspektorchen, Er natürlich.

Der Peter ist damals nicht gestorben. Er hat noch eine Zeitlang mit dem Knaben und der jungen Frau oben in seiner Hütte gelebt. Dann ist der Sturm aus Osten gekommen und hat uns alle verweht. Aber manchmal, wenn ich so bedrückt von all der ausweglosen Wirrnis in der Welt mich frage, wer soll den hier helfen, wer kann denn dies wenden, dann höre ich seine helle, klare Greisenstimme mir sagen: Aber Inspektorchen, Er natürlich.

JAKOB STREIT

Der Sternenreiter

Dunkle Sturmwolken bedeckten den nächtlichen Himmel. Ein heftiger Wind peitschte stoßweise den kalten Regen zur Erde. Es war in den Wochen des Advents. Von Zeit zu Zeit, wenn die Wolken fetzenhaft auseinanderrissen, schimmerte für Augenblicke ein fahler Schein auf und ließ die Umrisse der nahen Hügel und der schwarzen Berge in der Ferne gespenstisch hervortreten. Auf einem schmalen Pfade, der in einsamen Windungen durch das Hochmoor zwischen Crossmolina und Bangor Erris führte, kämpfte ein nächtlicher Reiter mit Sturm, Regen und Finsternis um den Weg, der zwischen sumpfigen Stellen und Moorlöchern immer wieder vor seinen Augen verschwand. Weite Strecken irrte er pfadlos umher, und er fühlte, wie seine Kräfte erlahmten. Schon eine Weile hatte der Reiter die Zügel hängen lassen, da er bemerkte, daß das Pferd wie instinktiv den gefährlichen Stellen auswich und immer wieder auf den Weg zurückfand. Zeitweise verlor sich die Spur auf dem dunklen Moorboden. Wenn der Reiter befürchtete, das Pferd trete in ein schwarzes Moorloch, riß er plötzlich wieder krampfhaft an den Zügeln. Er wußte, daß in solchen Löchern Mann und Pferd ohne weiteres versinken könnten. Der eisige Regen, der von Schneegeriesel durchsetzt war, schlug ihm ins Gesicht und hatte seine Hände versteift. Es ging gegen Mitternacht. Hätte er sich nicht verirrt, wäre er schon vor Stunden in Bangor angekommen. Der Reiter war der Erschöpfung nahe, und der Gedanke fuhr ihm durch den Sinn: Wenn ich in diesem Moor umkomme, wird kein Mensch jemals mein Grab finden. Ich werde vom Erdboden verschwunden sein – versunken Reiter auf Pferd und begraben wie ein Held der Vorzeit. Ein seltsam verbissener Gleichmut hatte sich seiner bemächtigt, indes das Pferd unentwegt schnaubte und kämpfte. Plötzlich, als ein Wolkenvorhang leicht aufriß, schien ihm, ein kleiner Seitenpfad führe einem Hügel zu. Als er aufwärts blickte, gewahrte er einen Lichtschimmer, der nur von einer menschlichen Behausung kommen konnte. Das Pferd witterte eine schützende Geborgenheit, denn ohne Weisung stieg es den seitlichen Pfad hinauf. Als sich der Reiter dem Lichte näherte, vernahm er durch das Sturmessausen ein windverschlagenes Hundegebell. Ein kleines, strohgedecktes Haus zeichnete sich ab. Das Licht kam aus dem Fensterviereck.

»Gott sei Dank!« entfuhr es den Lippen des Reiters. »Wo Licht ist, gibt es Menschen, gibt es Wärme und ein trockenes Lager.«

Der Hund schien nicht gewohnt, in dieser Einsamkeit Wächterdienste zu leisten. Als der Reiter sein Pferd anhielt und abstieg, schnupperte er winselnd an den Stiefeln herum.

Ein kleines, hölzernes Hoftor war vom Sturmwind aufgerissen worden. Der Reiter trat hinein, indes das Pferd sich an einen Heuhaufen heranmachte, den man im Sommer da draußen aufgeschichtet hatte. Von der weißgekalkten Hauswand hob sich im nächtlichen Schimmer die dunkle Türe ab. Der Reiter trat darauf zu und klopfte an. Einen Augenblick war ihm, er höre gedämpfte Stimmen. Holz knarrte, und vor dem Lichtschein, der aus dem Innern drang, stand die dunkle Gestalt eines Bauern, der die Türöffnung versperrte. Der Fremde bat:

»Laßt mich eintreten und in Eurem Hause Unterschlupf nehmen für diese Nacht. Ich habe mich auf dem Weg nach Bangor Erris im Sturmregen verirrt.«

Zum Erstaunen des Bittenden wich der Bauer nicht von der Schwelle. Er musterte mit etwas vorgehängtem Kopfe den Fremden und seine vornehme Kleidung. Einen Augenblick hörte man nur das Prasseln des Regens. Dann aber trat die Gestalt im Türrahmen rückwärts, schloß das Tor halbwegs und sagte mit gepreßter Stimme:

»Herr, es geht nicht! Meine enge Hütte ist voll besetzt. Einen vornehmen Herrn wie Sie kann ich ohnehin nicht in meine arme Stube über Nacht aufnehmen. Wenn Sie wieder hinunter ins Talsträßchen reiten und dort den Weg links fortsetzen, sind Sie in einigen Stunden beim Gasthaus von Belderg. Guten Weg!« –

Damit klappte er das Tor zu, und der Reiter hörte das Vorschieben des Riegels. Da stand er in der Finsternis, in der Kälte. An der herabhängenden Hand spürte er plötzlich die warme Schnauze des Hundes, der ihn offenbar als Freund angenommen, da sein Meister mit ihm gesprochen hatte. Mit der Enttäuschung überkam ihn seine elende Erschöpfung. Gewiß, wenn er jetzt weiterritt, würden ihn seine Kräfte verlassen. Er könnte diese Nacht nicht überleben. Und da bäumte sich etwas in ihm auf:

Wie kann dieser Bauer einem verirrten Fremden bei solchem Wetter das nächtliche Gastrecht verweigern? Er muß doch wissen um die Gefahren des Moorweges in solcher Sturmnacht! – Nein, so laß' ich mich nicht fortjagen!

Im Zorne tastete er einen Augenblick nach der Waffe, die er auf der Brust unter dem Kittel trug. –

Nein, ich muß nochmals mit ihm reden, und wenn ich in der Asche liegen müßte; diese Mauern retten mir das Leben!

Er drehte die Reitpeitsche um und schlug mit dem Knauf an die Eichenbretter. Von drinnen ertönte der Aufschrei einer Frauenstimme. Die Türe wurde jäh aufgerissen. Wiederum stand die dunkle Gestalt im Rahmen. Eine zornige Stimme fuhr den Ruhestörer an:

»Ich hab's gesagt, daß es nicht geht. Ich habe meine Gründe, niemand in mein Haus aufzunehmen. Gerade nicht in *dieser* Nacht!«

In strenger Würde antwortete ihm jetzt der Fremde:

»Wollt Ihr das Leben eines Menschen in *dieser Nacht* auf Euer Gewissen laden? – Gebt mir die kleinste Ecke auf dem Boden Eurer Hütte! Ich bin's zufrieden. – Dies bitte ich bei der heiligen Jungfrau und Brigitta! Laßt mich ein!«

Es lag etwas in der Bitte des Fremden, das den Zorn des Bauern brach. Seine Arme, die er an den Türrahmen gestemmt hatte, glitten sachte abwärts. Er kämpfte mit sich selbst. Stoßweise kamen die Worte heraus:

»Sie bitten um der Jungfrau willen... So hören Sie: Meine Frau liegt drinnen in den Wehen ihrer ersten Kindsgeburt. Eine Verwandte ist bei ihr. Wir haben nur die eine Stube und das eine Bett. Bald ist es soweit. Nun denn, treten Sie ein in der Jungfrau Namen! – Hinter dem Haus ist ein Verschlag, der meinen zwei Kühen Schutz bietet. Ich stelle Ihr Pferd gleich dort hinein.«

Damit gab der Bauer den Eintritt frei, geleitete den Fremden in den warmen, dämmrigen Raum und wies ihm eine kleine, niedere Bank beim Kamin an. Der Reiter gewahrte im trüben Licht mit einem flüchtigen Blick das Bett im hintersten Stubenwinkel und eine schwarzgekleidete Frau, die sich darüber beugte. Ihm war, er vernehme ein unterdrücktes Stöhnen. Aber er wandte sich dem Torffeuer zu, setzte sich mit abgewandtem Gesicht auf die Bank und wärmte seine steifen Hände. In der warmen Luft fühlte er die kaltnasse Feuchte seiner Kleider.

Als der Bauer wieder hereintrat und ihm zunickte, flüsterte der Fremde:

»Ich hole etwas Trockenes aus meiner Reisetasche.«

Doch der Bauer hatte schon beim Feuer einen Milchkrug ergriffen und forderte auf:

»Trinken Sie vorerst etwas warme Milch, die tut gut!«

So setzte sich der durchfrorene Reiter wieder hin und trank begierig aus dem Krug. Es war ihm, neues Leben würde in ihm aufglühen. Er lehnte sich an die Wand, schloß die Augen und versuchte, für eine Weile das Flüstern und Stöhnen im Hintergrund zu überhören. Wie das Gefühl in seine Glieder zurückkehrte, spürte er, daß ihm Wasser in die Stiefel geronnen war. Er stand sachte auf, um seine mitgebrachte, trockene Wäsche zuholen, und trat ins Frei. Draußen hatte ein starker Wind die Wolken aufgerissen. Der Sturmregen war vorbei. Der Reiter begab sich hinters Haus in den Verschlag, wo er sein Pferd auf trockenem Boden hingelagert fand. Er schnallte die lederne Reisetasche ab und wechselte, auf der Flanke des Pferdes sitzend, so gut es ging seine Kleider. Als er wieder ins Haus treten wollte und die Hand schon am Türgriff hatte, wandte er seinen Blick noch einmal zum Himmel, wo Sterne sichtbar geworden waren und ein schwach halber Mond über dem Gebirge stand, der wohl bald unterging. Mit eines durchfuhr den Reiter der Gedanke: Unter was für Sternen kommt wohl dieses Bauernkind zur Welt? Denn mit der Sternkunde hatte er sich sein Leben lang viel beschäftigt. Wie er den immer freier werdenden Himmel beobachtete, gewisse Sterne in ihrer Stellung zum Monde verglich, erschrak er. Aus dem Innern des Hauses hörte er eben einen Aufschrei. Er riß die Tür eine Spalte weit auf und rief eindringlich:

»Bauer, kommt heraus zu mir! Ich muß Euch etwas Wichtiges sagen!«

Verwundert streckte der Gerufene den Kopf heraus und antwortete:

»Kommen Sie herein, wir können auch drinnen leise miteinander sprechen!«

»Eure Frau hat geschrien. Ist das Kind da?«

»Nein, sie hat es schwer; aber es wird bald da sein. Die Wehen bedrängen sie sehr.«

Da faßte der Fremde den Bauern an der Brust, zog ihn über die Schwelle heraus, daß die Tür hinter ihm zuschlug, und rief:

»Bauer, so Euch das Schicksal des Neugeborenen lieb ist, versucht die Geburt hinauszuschieben! Die Hebamme soll alles versuchen, daß das Kind erst in einer Stunde da ist!«

Der Bauer befreite sich energisch vom Zugriff des Fremden und wich zurück:

»Was ist mit Ihnen, Herr? Sind Sie von Sinnen? Lange genug quält sich meine Frau. Da sollen wir ihr nicht behilflich sein? Sie hinhalten?«

Der Reiter sah ein, daß er für diesen einfachen Menschen zu weit gegangen war. Wie sollte er ihm jetzt sein Wissen über die Sterne erklären?

Er stammelte:

»Die Sterne der Geburt stehen schlecht, und der Mond strahlt Unglück. Armes Kind!«

In diesem Moment ertönte aus dem Hause ein neuer Schmerzensschrei. Der Bauer stürzte hinein. Eine kurze Weile noch starrte der Reiter in die Sterne und flüsterte zu sich selbst:

»Wenn der Mond *unter* dem Horizont wäre!«

Als er eintrat, war Stille im Raum. Mit einem flüchtigen Blick glaubte er wahrzunehmen, wie die Hand des Bauern zärtlich über die Stirne der Gebärenden fuhr. Er begab sich auf seine Bank bei der Feuerstelle. Jemand hatte in einer Schale zwei warme Kartoffeln für ihn hingelegt. Noch kaum je in seinem Leben hatte ihm ein nächtliches Mahl so gemundet wie diese rauchduftenden Kartoffeln. Sachte lehnte er sich an die Wand und streckte die Beine lang. Er wollte wachbleiben, den Augenblick der Geburt nicht verpassen und dann die Gestirne prüfen gehen. Aber all die aufgepeitschten Kräfte des kaltnassen Rittes und jetzt die wohlige Wärme und das Knistern des Eichholzes, das der Bauer im Kamin nachgelegt hatte, woben den Mantel des Schlafes um ihn. Sein Kopf, an die Wand gelehnt, sank ihm auf die Schultern herab. Er entschlummerte. Einmal fuhr er kurz auf: der hohe Schrei einer Kinderstimme. Halb im Schlaf entfuhren im die Worte: »Es ist da!« Zwei-, dreimal schwankte sein Kopf hin und her, als ob er sich erheben wollte, aber sogleich fiel er wieder in tiefen Schlaf.

Morgenschein dämmerte durch das kleine Fenster des Raumes und mühte sich, dem immer noch brennenden Öllicht beizustehn, das Hütteninnere zu erhellen, als der Reitersmann erwachte. Seine Glieder, halb auf dem Boden, halb auf der Bank ruhend, schienen wie verrenkt zu sein. Ein unentwegtes Kinderweinen brachte ihn vollends zu sich selber. Er zog seine Füße in kauernde Stellung zurück und blickte umher. Der Bauer, der am Bette seiner Frau saß, hatte die Bewegungen des Fremden wahrgenommen. Er trat auf ihn zu und sprach mit froher Stimme:

»Ein gesundes Bübchen, Herr!«

Ohne einen Glückwunsch zu geben, fragte der Fremde unvermittelt:

»War der Mond untergegangen?«

»Ach, Herr, Sie haben mir diese Nacht beinah Furcht eingeflößt. Ja, ich bin wirklich gleich hinausgegangen, als der Kleine da war. Nur noch ein halbes Horn des Mondes hat über den Berg geguckt. Sie waren noch nicht lange eingeschlafen. Hauptsache: Mutter und Kind sind wohlauf!«

Der Fremde wandte sein Gesicht zur Seite. Schatten legten sich über seine Augen, und eine tiefe Falte grub sich in seine Stirne. Der Bauer gewahrte, wie er erblaßt war. Plötzlich stand der Herr auf, ging hinaus und kehrte nach einer Weile mit seiner Reisetasche zurück. Er entnahm ihr ein ledernes Etui. Als er es öffnete, schien dem Bauern, es wären auch Fläschchen und Siegelzeichen darin. – Die Mutter hatte den Kleinen an die Brust genommen, aber ihr Blick heftete sich fragend auf den Fremden, und die Frau in Schwarz starrte auf sein Tun, als ob sie bösen Zauber vermutete.

Jetzt riß der Fremde aus einem schmalen Notizblock ein Papier und begann in kleinen Lettern darauf zu schreiben. Als er geendet hatte, bat der den Bauern um eine Nuß. Zufällig hatte die Verwandte solche hergebracht. Mit einem Federmesser öffnete er eine der größeren sorgfältig und zerlegte sie in ihre beiden Schalen. Er aß den Kern und putzte mit dem Federmesser die Reste der braunen Innenhülsen heraus. Nun knüllte er das beschriebene Blatt zusammen und stopfte es in eine der Schalen. Eine rote, leinene Schnur, wie sie auch für Siegel verwendet werden, verknotete er an beiden Enden und legte den Knoten in die andere Schale. Einem Fläschchen entnahm er Leim und verklebte die beiden Hälften. Zum Trocknen legte er sie in die Nähe des Feuers. Endlich sprach er:

»Ihr seid verwundert über mein Tun. Ich lasse diese Nuß hier zurück für Euren Sohn. Bewahrt sie gut auf! Wenn in seinem siebenten Jahr der erste Milchzahn von ihm geht, dann sollt Ihr ihn lehren, diese Nuß stets bei sich, um den Hals zu tragen. Er darf nicht damit ins Wasser steigen und sie nie öffnen bis zu seinem 21. Geburtstag. Dann soll er sie aufbrechen und lesen, was darin geschrieben ist. Es wird ihm davon ein großer Trost zukommen.«

Der kleine Erdenbürger, dem die Mutter den Namen *Liam* gab, war beim Trinken der Muttermilch friedlich eingeschlummert. Ernst schaute jetzt der Bauer dem fremden Reitersmann in die Augen und sprach:

»Im Namen der heiligen Jungfrau sind Sie eingetreten. Gewiß stehen in der Kapsel Worte des Segens. Ich will es genauso tun, Herr, wie Sie es sagten, denn ich sehe, Ihr Herz hat am Schicksal unseres Kindes Anteil genommen. Mir ist, ein guter Engel habe Sie durch den Sturm zu uns gesandt. Habt Dank! – Und hier, trinkt noch etwas Milch und eßt noch aus der Schüssel vom Porridge, Ihr Weg ist weit!«

Der Reiter mußte sich zwingen, die freundliche Einladung anzunehmen. Am liebsten wäre er gleich weggeritten, um nicht in ein Gespräch gezogen zu werden, doch wollte er seinen glücklichen Gastgeber nicht kränken. Er sah wohl, daß dessen Vaterfreude größer war als der Schatten der Zukunft, den er hatte werfen müssen. Stumm und hastig schlang er den Hafer hinunter und leerte die Schale Milch. Der Bauer ließ es sich nicht nehmen, ihn hinauszubegleiten, ihm beim Aufsteigen das Pferd zu halten, dem er vor einer Weile schon einen Eimer Wasser vorgesetzt hatte. Der Wind hatte völlig nachgelassen. Die dunklen Wolken waren an ein fernes Gebirge zurückgewichen. Eine verhängte Dezembersonne verbreitete ihren rötlichen

Glanz über das Gelände. Im Trab ritt der Reiter den Pfad abwärts, der dem Moorweg zuführte. Die gefährlichen Wasser- und Sumpflöcher spiegelten den feurigen Wolkenglanz. Einige Möwen flogen erschrocken auf. Als der Reiter den Blick nochmals zurückwandte, sah er das helle, kleine Bauernhaus. Ein bläulicher Rauch kräuselte sich aufwärts aus dem Kamin. Bild des Friedens, des Glücks! Er hielt das Pferd an und umfaßte die rotleuchtende Landschaft mit bewunderndem Blick; aber in seinem Innern war ein wissender Schmerz geblieben und trübte die Freude des Schauens. Bald trieb er sein Pferd im Galopp auf den Weg nach Bangor Erris.

Monate waren vergangen. Im Drange der Geschäfte verblaßte das Erlebnis der Sturmnacht. Nach und nach sank es ins Vergessen, wie so vieles im Leben versinkt.

Jahr um Jahr ging durchs Land. Der kleine Liam wuchs heran. Er hatte auch Brüder und ein Schwesterchen gekriegt. Als der Vater am Haus für die Kinder einen kleinen Anbau aufrichtete, trug der Älteste Stein um Stein herbei. Er half beim Neueindecken des Strohdaches, und besonders glücklich war er, wenn im Frühjahr, zur Osterzeit, das Haus neu gekalkt wurde. Eifrig half Liam, die trüben Winterflecken mit weißer Kalkmilch zu übertünchen. Als er noch klein gewesen war, hatte er einmal den Vater gefragt:

»Kann man die Menschen nicht auch anstreichen und weiß machen? Dann brauche ich mich nicht mehr zu waschen!«

Als er schon sechs Jahre alt war, sprach der Vater zu ihm:

»Liam, am nächsten Sonnabend stehen wir früh auf. Du kannst mir helfen, das Schwein auf den Markt treiben zum Verkauf. Vom Erlös kann ich dem Landlord das Pachtgeld zahlen.«

Liam verstand nicht, was der Vater meinte. Geld hatte er in seinem Leben noch keines gesehen. Es war das erstemal, daß er in ein Dorf kam und mit eigenen Augen sah, daß es auf der Welt noch andere Häuser hatte. Es gab da auch ein Riesenhaus mit einem Kamin ohne Rauch.

»Warum hängt eine Glocke im Kamin?« fragte Liam.

»Weil es ein Kirchturm ist.«

Auf einem Platze hatte es viele Menschen und angebundene Tiere, und wenn die Menschen über die Tiere sprachen, zuckten sie so seltsam mit den Händen herum. Dem sagte der Vater »der Markt«. Mit Erstaunen bemerkte Liam, wie Vater einem andern Manne das Schwein weggab und dafür nur so kleine Papierchen kriegte und drei runde, harte Scheiben, die man nicht einmal essen konnte! In einem Hause, das der Vater »Office« nannte, gab er die Papiere wieder weg. Dann trat er mit ihm in eine große Stube voll Herrlichkeiten zum Essen und Anschauen. Sie waren alle auf Gestelle getischt oder standen auf dem Boden. Der Vater tauschte für die Scheibchen Öl und Kerzen ein. Das letzte Stück auf dem Heimweg trug ihn der Vater auf den Schultern, da er nicht mehr Schritt halten konnte vor Müdigkeit.

Seit diesem Marktbesuch dachte Liam oft darüber nach, daß es viele Dinge in der Welt gebe, die er nicht kenne. Einmal erzählte ihm der Vater, daß es ein großes Wasser gäbe und schlanke Häuser, die darauf herumfahren, und daß der Wind sie fortblase. – So erwachte in Liam eine leise Sehnsucht, später einmal in die Welt hinauszuziehen.

Eines Abends saß die kleine Familie um den rohgezimmerten Tisch beim Kartoffelmahl. Jedes der Kinder erhielt dazu eine schmale, harte Brotkante. Als Liam kräftig in die seine biß, juckte er auf, griff in den Mund und hielt den ersten Zahn zwischen Daumen und Zeigefinger; er hatte ihn herausgebissen. Die Tränen traten ihm in die Augen:

»Jetzt geht mir der Mund kaputt!« jammerte er.

Die Mutter tröstete:

»Da wächst dir ein viel größerer und schönerer Zahn nach. Und damit er gut kommt und du groß und stark wirst, wird dir der Vater etwas schenken.«

Liam staunte, als der Vater aufstand und über dem Kamin aus der Wand einen lockeren Stein herausnahm. Er griff in die Öffnung und zauberte eine runde Kugel an roter Schnur hervor. Als der Vater den Stein wieder einsetzte, meinte Liam, darauf ein kleines, eingeritztes Kreuz zu erblicken, dem er vorher nie Beachtung geschenkt hatte.

»Hier, Liam«, sprach der Vater mit ernster Stimme, »diese Kugelnuß hänge ich dir jetzt um den Hals. Du sollst sie Tag und Nacht und allezeit tragen. Gib acht, daß sie nie zerbricht, und halte Wasser von ihr fern. Sie soll dir Glück bringen.«

Liam wußte nicht, wie ihm geschah. Der Vater war so feierlich, als er ihm die rote Schnur um den Hals legte. Ja, gewiß, er wollte Sorge tragen, daß der Kugel nichts geschehe.

Einige Zeit später sprach der Vater zu Liam:

»Nun bist du alt genug, daß Mutter dir einige Buchstaben beibringt, damit du lesen und schreiben lernst. Willst du das?«

»Sind das diese kriechenden Wurmzeichen im Gebetbuch der Mutter? Ja, die mag ich gern, weil auch schöne Bilder dabei sind.«

Sieben Jahre später war Liam zu einem klugen, kräftigen Burschen herangewachsen. Dem Vater stand er bei allen Arbeiten kräftig bei. Zu zweit deckten sie das neue Strohdach. Auf dem Acker freute sich der Vater, wenn der Älteste den Pflug tief in die Erde stemmte. Das Vordach für das Vieh hatten sie gemeinsam zu einem Stalle ausgebaut. Es standen drei Kühe und zwei Schweine darin, und auf der Heide weideten an die zwanzig Schafe. Liam hatte seine Schlafstätte oben unter dem Strohdach, wo er mit dem Vater Holzbretter eingeschoben hatte. Wenn er da oben sich abends auf den Strohsack legte, nahm er immer, wie seine Mutter in gelehrt hatte, die Kapsel zwischen beide Hände, wenn er sein Nachtgebet murmelte. Dann spielte er öfters noch eine Weile behutsam mit der Nuß und fühlte ihre feinen Rinnen. Oftmals drehte er sie herum, bis ihm die Schnur fest den Hals umschloß. In letzter Zeit hatte er sich öfters Gedanken gemacht, woher sie stamme. Als der Vater sie einmal vom Halse nahm und genau überprüfte, ob der Leim auch gut halte, fragte Liam unvermittelt:

»Vater, darf sie denn nie geöffnet werden?«

Mit seltsam ernsten Augen antwortete dieser:

»Doch, in sieben Jahren, an deinem 21. Geburtstag darfst du sie öffnen!«

»Vater, wer hat sie denn gebracht?«

»Der Sternenreiter!«

Liam merkte wohl, daß der Vater ihm jetzt keine weitere Auskunft geben wollte, denn er stand plötzlich auf und ging vors Haus. Liam aber hängte die rätselhafte Nuß wieder um seinen Hals.

Im späteren Sommer kam für Wochen ein wandernder Hauslehrer zur Bauernfamilie, wie sie damals umherzogen. Es war ein ausgedienter Soldat. Er brachte Liam und seinen Geschwistern nicht nur Rechnen, Lesen und Schreiben bei, sondern sang auch Lieder mit ihnen und wußte viele Geschichten und Sagen aus alter Zeit zu erzählen. Immer wieder bestürmte ihn Liam, wenn sie allein waren, mit Fragen über Welt und Menschen. Als der Wanderlehrer wieder schied, war Liam viel reifer und ernster geworden. Das Verlangen, in die Welt zu gehen, hatte sich bei ihm verstärkt.

Es war an einem warmen Herbstabend des Jahres, da Liam neunzehnjährig werden sollte. Er begab sich nach strenger Arbeit auf dem Acker von der Hütte weg zu einem höher gelegenen kleinen Bergsee. Eigentlich war es ein Moorwasser-Teich, in dem er und seine Brüder von Zeit zu Zeit badeten. Bei einem bestimmten Steine legte er jeweils sein Angehänge nieder. Heute wollte er allein sein. Hemd und Hose warf er auf das blühende Erikagesträuch. Er trat zum Wasser. Der dunkle Torfuntergrund warf eine deutliche Spiegelung herauf. Ruhig lag die Fläche vor ihm. Liam schaute sein eigenes Bild. – »Das bin ich?« – Der helle, sonnenbeschienene Körper leuchtete ihm klar entgegen. Er öffnete langsam die Arme, bewegte sie in mancherlei Gesten und belustigte sich an den Spiegelgebärden des Wasserjünglings, der dasselbe tat. Weiße Wölklein spielten um sein rotblondes Haar. Liam kniete nieder. Sein Antlitz wollte er von ganz nahe betrachten, in seine Augen schauen. Da berührte die herabhängende Kapsel die glatte Wasserfläche. Kleine Wellen bewegten und verzerrten neckisch sein Antlitz zur Grimasse, daß er lachen mußte. Ein elastischer Sprung! Er platschte in sein verzerrtes Bilderbuch und schwamm mit kräftigen Zügen im lauwarmen Moorwasser. Die Nuß hatte er vergessen abzulegen. Nach kurzem Bad streckte er sich ins Heidekraut nieder, schloß die Augen. Bienen summten. Es duftete nach Honig. Ein leichtes Kitzeln auf einem Knie ließ ihn die Augendeckel heben. Ein Schmetterling tänzelte herum, hielt still und wendete die Flügel der Sonne zu. Liam blieb regungslos. Jetzt flog der bunte Besucher auf und setzte sich, nach einigen Flatterbewegungen, auf die Nußkapsel, dicht vor Liams Augen. Seine Flügel waren schwarz gerändert und trugen blutrote Tupfen. Leise tastete der Jüngling mit vorgestrecktem Zeigefinger gegen den Falter. Zu gerne hätte er ihn auf die Hand gelockt. Da flatterte er auf, zog einen Kreis um sein Haupt und verschwand.

    Liam faßte die Kapsel und drehte sie am Schnürchen, wie er es oft getan. Vielleicht preßte er heute kräftiger daran als sonst, oder der Leim war vom

Teichwasser etwas aufgeweicht. Plötzlich hielt er zwei Schalen in der Hand. Ein Papierkügelchen rollte auf seine Brust. Das hatte er nicht gewollt. Sollte er die beiden Hälften gleich wieder zusammenfügen und den Leim an der Sonne trocknen lassen? Er zögerte und spähte rund um den Moorteich in die Heidelandschaft. Doch da war der gleiche warm summende Friede wie vordem.

»An deinem 21. Geburtstag darfst du öffnen und lesen«, klang ihm die Vaterstimme ernst ins innere Ohr. Er griff nach dem Kügelchen. Hitze stieg ihm in den Kopf. Sein Puls pochte an Hals und Schläfen.

»Es ist nicht meine Schuld, daß die Kapsel nicht gehalten hat. Ist es vielleicht Gottes Wille, daß sie aufgegangen? Soll ich schon heute wissen, was für ein Geheimnis sie birgt?«

Mit zitternden Fingern begann er das Papier zu entfalten, das klare Schriftzeichen trug. Er hatte sich kniend aufgerichtet. Noch einmal ein hastiger Blick über Teich und Heide. Er begann zu entziffern. Im Lesen erblaßte er. Entsetzen grub sich in sein Antlitz. Die Augen öffneten sich in glasstarrem Blick. Das Blatt entglitt seiner bebenden Hand und schaukelte wie ein Falter nebenan zu Boden. Liams Brust entrang sich ein Schrei. Er warf sich vornüber, krallte die Finger im Heidekraut fest, als müßte die Erde ihm jetzt Halt geben, und dann schüttelte ein heftiges Schluchzen seinen Leib. In halb erwürgten Lauten preßte er heraus:

»Nein! – N-e-i-n!« Dann bohrte sein Haupt sich ins Heidekraut.

Liam riß sich hoch, als plötzlich ein kalter Schauer über ihn fuhr. Eine Wolke hatte die Sonne überzogen. Auf dem Teich kräuselte kühler Abendwind kleine Wellen. Noch einmal beugte er sich über das vergilbte Blatt, las nochmals die entsetzlichen Worte:

»Du bist unter verhängnisvollen Sternen geboren worden. Wisse, an deinem 21. Geburtstag wirst du um eines Verbrechens willen gehängt werden, obwohl du unschuldig bist. Diese Zeilen seien dein Trost in der Nacht vor deinem Tode. Ein Mensch kennt deine Unschuld – und Gott.« C.B.

Tonlos flüsterte Liam: »Der Sternenreiter...«

Dann griff er nach den beiden Schalen die im Heidekraut lagen. Er knüllte das Papier zu einer Kugel, legte sie mit dem Knotenende der Schnur hinein und drückte mit seinen heißen, gefalteten Händen die Hälften aufeinander. So kniete er eine Weile. Er dachte zu beten, aber er fand die Worte nicht. Tränen strömten unaufhaltsam über seine Wangen. Nur eine Stelle aus dem Vaterunser kam ihm auf die Lippen:

»Dein – Wille – geschehe!«

Der Wind war stärker geworden. Liams Haut erkühlte. Langsam löste er die Hände voneinander. Die Kapsel hielt und hing wie zuvor an seinem Halse. Nachdem er sich angekleidet hatte, faßte seine Rechte unter dem Hemde die Kugel, um mit der wärmenden Hand den Leim zu härten. – Nein, nach Hause konnte er jetzt nicht. So begann er ziellos über die Heidehügel zu wandern. Die sinkende Sonne vergoldete das Gelände, die Hügel. Liam hatte bis heute nie erlebt, daß die Schönheit der leuchtenden Welt Schmerzen bereiten kann, und er war irgendwie froh, als es zu dunkeln begann. Ohne Weg und Ziel begann er zu wandern. Seltsam, er stand auf einmal wieder am nächtlichen Bergsee. Rußschwarz lag dieser zu seinen Füßen, ein dunkler Schlund des Vergessens. Er näherte sich ganz dem Rande, so daß es leise unter seinen Füßen abbröckelte.

»Oh, könnt' ich jetzt auslöschen wie der See! Versinken im Wassergrund!«

Da gewahrte er im dunklen Spiegel zwei helle Punkte. – Sterne? Ja, oben standen die beiden am Himmel, und nach und nach tauchten andere auf. Kindhaft stieg in Liam die Frage auf:

»Was hab' ich getan, Sterne, daß ihr mich straft?«

Ihm war plötzlich gewiß, daß seine Eltern nie etwas erfahren durften von dem, was ihm heute kund geworden.

»Fern will ich sterben, weit weg von der Heimat!«

Es war tiefe Nacht, als Liam nach Hause kam. Die Mutter war noch aufgeblieben. Sie hatte sich über sein Ausbleiben geängstigt. Er gab vor, beim Bergsee eingeschlafen zu sein. Die Mutter sorgte:

»Der Abend ist kalt geworden. Gewiß hast du dich erkältet. Hier, nimm meine warme Decke. Hüll dich gut ein! Schlaf wohl!«

Liam wehrte nicht ab. Die Güte der Mutter konnte er jetzt nicht zurückweisen. Nachdem sie ihn mit warmer Milch gelabt, stieg er rasch hinauf auf sein Lager unter dem Dache. Im Einschlafen umfaßte seine Rechte die Todeskapsel, und dann lauschte er auf die Schläge seines Herzens, das so kräftig die Melodie des Lebens pochte.

In den folgenden Wochen fiel besonders der Mutter auf, daß sich Liam verändert hatte. Er war so ernst und schweigsam geworden, lachte und scherzte kaum noch mit seinen Geschwistern. Aber der Vater rühmte, wie unbändig der Bursche arbeite. Ja, der würde überall in der Welt gut vorankommen.

Es war am Abend von Liams 19. Geburtstag. Die Geschwister schliefen schon alle. Vater, Mutter und ihr Ältester saßen am Kamin und zupften Wolle. Unvermittelt fragte Liam:

»Vater, du hast mir früher einmal etwas von einem Sternenreiter gesagt, der meine Kapsel geschenkt hat, als er in der Nacht meiner Geburt hier im Hause weilte. Wie sah denn dieser Reiter aus? Hatte er ein gutes Angesicht?«

»Ja, das ist nun schon lange her, davon kann ich dir heute erzählen.«

Und nun berichtete der Vater Zug um Zug die Geschehnisse jener Sturmnacht.

»Und hier auf dieser Bank, worauf du sitzest, Liam, hat der vornehme Herr die Nacht zugebracht. Sein Angesicht? – Als er am Kamin saß, öffnete er auf einmal aus dem Schlaf heraus seine dunklen, funkelnden Augen. Es waren strenge, aber gute Augen. Ich glaube, daß er Menschen sehr lieben konnte. Er wollte uns auch helfen. Seine Stimme, sein Herz waren bewegt, als er mir die Kapsel reichte. Als er fortgeritten, fand ich unter dem Milchkrug am Kamin ein Goldstück von ihm hingelegt. Dafür konnten wir drei Schafe kaufen, und heute sind's zwanzig geworden. Ein weiser Herr, ein guter Herr! Eine Weile schien er mir in jener Nacht, als er draußen so schrie, irrsinnig zu sein. Vielleicht hat er sich das mit den Sternen so ausgedacht oder eingebildet. Ich weiß nicht. Aber ernst ist's ihm gewesen, dem Herrn; hat ein gutes Pferd gehabt, edle Rasse.«

Als Liam in der Giebelkammer in der folgenden Nacht auf seinem Strohsack lag, fand er lange keinen Schlaf. Er warf sich von der einen Seite auf die andere, daß es mitunter im Gebälk knackte. Als er endlich schlief, stöhnte er laut auf und redete hastige, unverständlich Worte. Der Vater, der darob erwachte, stieg im Dunkeln die Leiter hinauf zu Liam, legte sein Hand auf ihn und fragte:

»Bist du krank? Was fehlt dir? Dein Schlaf ist so unruhig. Du wirst die Geschwister wecken.«

»Vater, mir fehlt nichts, hab' wohl schlecht geträumt.«

»Liam, denk an unser Kälbchen, das die Kuh geworfen hat, dann kommt ein besserer Traum.«

Als der Vater wieder unten war, wußte Liam: Ja, ich muß fort, in die Fremde. Meine jüngeren Brüder arbeiten gut. Die Schande, daß ich öffentlich gehängt werde, soll nicht über meine guten Eltern kommen. Ich gehe bald. – Nach diesem Entschluß kam eine große Ruhe über ihn. Morgen wollte er darüber mit den Eltern sprechen.

Als er am frühen Tag mit dem Vater zum höher gelegenen Acker hinaufstieg, faßte er sich ein Herz:

»Heute bringen wir die letzten Kartoffeln ein, dann gibt's den langen Winter durch keine Arbeit, die meine Brüder nicht verrichten könnten. So laß mich, Vater, hinausziehen in die Welt, um draußen Arbeit und Verdienst zu suchen. Wenn ich etwas Geld beisammen habe, kann ich für euch die Pacht beim Landlord bezahlen.«

Der Vater blieb erstaunt stehen, musterte seinen Sohn und überlegte eine Antwort.

»Liam, ich will dich nicht fortschicken. Deine Mutter hängt so sehr an dir. Aber du hast recht, einmal muß es sein, und die diesjährige Ernte ist etwas mager ausgefallen. In der Welt wirst du dich gut durchbringen, nur warte noch bis Weihnachten. Sie ist bald da. Rede mit Mutter!«

Dies geschah am selben Abend. Der Entschluß Liams schien die Mutter nicht zu überraschen. Zwar wurde ihre Stimme weich, als sie sagte:

»Ich hab's erwartet, Liam. Ich weiß, daß dieser Gedanke dir unruhige Nächte schuf. Versprich mir aber, daß du wiederkommst!«

»Ja, Mutter, so Gott es will, kehre ich wieder.«

Die nächste Zeit verdoppelte Liam sein Helfen. Für die Tiere erneuerte er das Stalldach, holte Weiden am Bach und flocht für die Schafe einen schützenden Färrich. Mit dem Vater drosch er Korn. Für seine Brüder schnitze er Spielzeug und für das kleine Schwesterchen eine Puppe mit weißem Wollhaar. So kam Weihnachten heran. Der Heilige Abend war klar und kalt, als die Familie im leichten Schnee über den Bergsattel ins Nachbartal wanderte zur Mitternachtsmesse. Liam trug das Schwesterchen warm verpackt in einem Kartoffelsack, den er über den Rücken gehängt hatte. Es trieb Spaß mit ihm, zog ihn bald rechts, bald links am Ohr, wenn es die Richtung kommandierte. Vater und Mutter hielten je einen Jungen an der Hand. Patrik, der Zweitälteste, wanderte mit langem Stock und Laterne als »Wegsucher« voran. Liam spürte, wie er sie alle vermissen würde.

»Sie sollen es nie erfahren, mein Unglück und meine Schande, wenn ich am Galgen sterbe. Weit fort wandere ich, nehme auch einen anderen Namen an. So kommt nie eine üble Kunde zu ihnen zurück.«

Oben auf dem Bergsattel gab es eine kurze Rast. Aus der Ferne sah man von den verschiedenen Hängen Lichter der Talkirche zuwandern. Als die Glocken erklangen, kniete die Familie in den Bänken mit der Gemeinde. Weihrauch, Kerzenlichter, Gesang und Glockenton und auf dem kleinen Nebenaltar die Figuren der Hirtenkrippe. Liam betete nicht für sich. Sein Schicksal war bestimmt; aber er betete für die Seinen, daß die Sterne ihnen gut gesinnt sein möchten.

Eine Woche später wanderte Liam ins neue Jahr, den Stab über die Achsel gelegt. Ein Bündel mit Kleidern und etwas Speise schwankte daran. Er schritt auf demselben Wege, der neunzehn Jahre zuvor den Sternenreiter herangebracht hatte. Einige Male wandte er sich um, den Seinen zurückwinkend, bis er um einen Hügelzug bog und sein Vaterhaus verschwand. So verließ Liam den Norden Mayos und wanderte gegen Osten. Er kam in die Gegend von Sligo. Als Wanderbursche scheute er keine Arbeit, half einmal drei Wochen auf einem Hofe Torf stechen und arbeitete eine Weile bei einem Hufschmied. Eines Tages stieg ein Landlord bei der Schmiede ab, da sein Pferd unterwegs ein Eisen verloren hatte. Liam hielt beim Beschlagen den Huf des prächtigen Pferdes, indes der hohe Herr, auf einer Steinbank sitzend, der Arbeit zusah. Der Lord beobachtete, wie Liam seinem Pferd immer wieder beruhigend Hals und Mähne streichelte und wie dieses, wider seiner Gewohnheit, sehr ruhig den Fuß hinhielt. Ein guter Bursche, dachte der Lord, und er fragte den Schmied: »Hast du einen neuen Gesellen?«

»Nein«, antwortete dieser, »mein Geselle ist für zwei Wochen seine Eltern besuchen gegangen. Für ihn hab' ich diesen Wanderburschen eingestellt.«

Als der Lord die Arbeit bezahlt hatte und Liam ihm Pferd und Steigbügel hielt, fragte der vornehme Herr unvermittelt:

»Und was tust du, wenn der Geselle wieder zurückkommt?«

»Herr, ich werde andere Arbeit suchen.«

»Komm zu mir. Mein Gärtner ist alt und kann deine starken Arme gebrauchen. Der Schmied wird dir erklären, wo du mich findest. Good bye!«

Und schon trabte der Hengst mit dem Lord davon.

Der Schmied hatte die Augen aufgerissen und sagte zu Liam:

»Du hast Glück gehabt! Lord Stanford ist reich und als Engländer nicht zu stolz, mit einem irischen Schmied und Bauern ein Gespräch zu führen.«

So trat Liam vom Schmied weg in den Dienst bei Lord Stanford, dem weite Gebiete dieser Gegend gehörten und in dessen Schloßgarten die Frühjahrsbepflanzung begonnen hatte. Als Liam dem alten Obergärtner vorgestellt wurde, bemerkte er einige Gehilfen, die lässig ihre Erdarbeiten verrichteten. Der Obergärtner wies ihn an, mit diesen die Blumenbeete vor dem Schlosse herzurichten. Liam fiel auf: kaum war der Meister weg, trieben die Burschen Unfug, bewarfen sich mit Steinchen, setzten sich auf die Mauer, und bald war er allein am Arbeiten. Natürlich wurde er gleich gehänselt, aber Liam sprach: »Ich tu's, wie ich's von zu Hause gewohnt bin.«

Allmählich merkte der Obergärtner, daß der Neue alle angewiesene Arbeit zuverlässig und rasch ausführte. Nach und nach gab es schwierigere Arbeiten, und er lehrte ihn Bäume pfropfen und Rosen veredeln. Liam bekam immer größere Freude an seinem neuen Beruf und war darauf bedacht, seinen Meister zufriedenzustellen. So ergab es sich, daß er im nächsten Jahr zum Stellvertreter des Obergärtners eingesetzt wurde und daß die Gehilfen, die schon viel länger da waren, unter seiner Aufsicht ihre Arbeiten auszuführen hatten. Natürlich wurde er von ihnen beneidet, und mehr als einmal versuchten sie, Liam beim Obergärtner anzuschwärzen, zu verleumden. Einmal sollte er nicht aufgetragen haben, keimenden Samen zu begießen, der darob vertrocknete. Ein andermal entstand Feuer im Geräteschuppen, was man der Unachtsamkeit Liams zuschieben wollte. Doch der Meister durchschaute die Burschen und ließ Liam nichts zu Unrecht anhängen.

So ging der zweit Sommer auf Lord Stanfords Landsitz vorüber, und selbst die Gehilfen schienen sich mit der Vorzugsstellung des tüchtigen und kameradschaftlichen Liam abzufinden. Dieser hatte schon mehr Geld zurückgelegt, als sein Vater für die jährliche Pacht zahlen mußte. So dachte er daran, Ende Sommer, bevor ihn sein Verhängnis ereilen würde, sein Versprechen bei der Mutter einzulösen und noch einmal nach Hause zu gehen. Er sehnte sich, seine Lieben wiederzusehen, sie zu beschenken und sein verdientes Geld zu bringen. Wie gerne wollte er noch einmal das stille, heimatliche Tal mit den rauschenden Wasserbächen durchwandern und ein letztes Bad nehmen im Moorteich inmitten der blühenden Heide. Denn er war felsenfest überzeugt, daß die Prophezeiung, die er mit sich herumtrug, sich erfüllen würde, obwohl ihm unerklärlich war, was für eine Schuld auf ihn geladen werden könnte. Es war nicht mehr viel Zeit zu verlieren; denn der Monat September neigte sich seinem Ende entgegen. So bat er denn, als die Früchte gepflückt waren, um einen Urlaub von vierzehn Tagen, um seine Eltern zu besuchen. Der Stallmeister, mit dem sich Liam gut gestellt hatte und der ihn gelegentlich auf einen Ritt mitnahm, war bereit, ihm für seine Reise ein Pferd zu leihen, damit der weite Weg weniger mühsam sei. Geschenke für Eltern und Geschwister hatte er besorgt und alles in eine alte Reisetasche verpackt, die ihm ebenfalls der Stallmeister geliehen.

Bevor Liam fortritt – sein Pferd stand gesattelt im Pferdehof –, suchte er im Park den Obergärtner auf, um sich von ihm zu verabschieden. Da schlich sich einer der Gärtnergehilfen, der faulste unter ihnen, an sein Pferd heran, öffnete unbeobachtet die Riemen der Reisetasche. Mit seinem Arm tauchte er tief hinab, schnürte die Riemen hastig zu und verschwand.

»Bis zum Gasthaus von Dromore für heute!« rief Liam beim Abschied dem Stallmeister zu, »und morgen geht's bis Ballina!«

Nicht dachte Liam jetzt an seine Kapsel, nicht an ein drohendes Verhängnis. Reine Freude der Heimkehr erfüllte seine Seele.

Am Tage nach der Abreise entdeckte die Frau des Lords, daß in ihrer Kassette ein wertvoller goldener Schmuck mit Edelsteinen fehlte. Sie rief den

Kammerdiener herbei, der mit dem arglistigen Gärtnerburschen unter einer Decke steckte. Er zuckte zunächst die Achseln, bemerkte aber gleich:

»O Herrin, mir ist aufgefallen, daß gestern der Gärtnerbursche Liam, bevor er wegritt, plötzlich hier oben im Hausgang stand. Als er mich erblickte, eilte er rasch und verlegen die Treppe hinunter. Kurz darauf hörte ich sein Pferd forttraben!«

Dem Lord wurde dies alles erzählt, und er befahl gleich seinem jungen Neffen, der eben bei ihm zu Gaste weilte, mit zwei Reitknechten dem Dieb nachzusetzen und ihn gefesselt zurückzubringen. Mit den schnellsten Pferden jagten sie los.

Am zweiten Abend seiner Reise, zu später Stunde, als sich Liam in der Herberge von Ballina auf seine Kammer begab, hörte er draußen Pferdegetrampel. Bald darauf pochte es an seine Türe. Der Wirt stand mit der Laterne davor und hinter ihm im Halbdunkel drei Männer. Bevor sich Liam versah, drangen die drei in sein Schlafgemach, und mit Erstaunen erkannte er die ihm vertrauten Gesichter. Der junge Edelmann sprach ihn scharf an: »Heraus mit dem Goldschmuck, den du meiner Tante gestohlen hast!«

Liam erbleichte, trat unwillkürlich zwei Schritte zurück und sagte, durch die Überraschung verwirrt, in etwas zögerndem Tone:

»Goldschmuck? Ich weiß nichts davon. Hier ist mein Gepäck!«

Auf einen Wink des Edelmannes schütteten die Pferdeknechte den ganzen Inhalt der Reisetasche auf den Boden, alles, was Liam für die Seinen sorgfältig eingepackt hatte. Obenauf glitzerte der Goldschmuck. – Es geschah, was geschehen mußte. Liam wurde gebunden und in den Pferdestall gebracht, wo ihn die zwei Waffenknechte bewachten. Seine Kammer bezog der Edelmann. Auf hartem Steinpflaster lag Liam, mit einer Eisenkette an einem Pferdering befestigt, und fand keinen Schlaf. Ja, so hatte es kommen müssen, und kein Mensch würde ihm glauben, daß er vom Goldschmuck nichts gewußt hatte. Am nächsten Tag wurde er auf sein Pferd gebunden und in das Gefängnis der Stadt Sligo verbracht. Alles hatte man ihm weggenommen, einzig die Unglückskapsel unter seinem Hemd war ihm verblieben.

Nach zwei Wochen wurde er dem Untersuchungsrichter vorgeführt. Er versuchte in etwas matten Worten, seine Unschuld zu beteuern. Die Tatsachen sprachen gegen ihn. Liam wußte, daß zu dieser Zeit auf räuberischem Diebstahl die Todesstrafe stand. Wie der Schmuck in seine Reisetasche gekommen, das ahnte er; aber der Richter ging nicht auf Vermutungen ein, um so mehr, als das Faktum und die Zeugenaussage des Kammerdieners eindeutig klar waren.

Drei Tage vor Liams 21. Geburtstag war die öffentliche Gerichtsverhandlung angesetzt, an der ein Bezirksrichter aus Dublin das Todesurteil auszusprechen hatte. Liam harrte in schmerzlicher Ergebenheit diesem Tag entgegen. Wie gut, daß seine Eltern nie etwas erfahren würden! Sein Schicksal war es nicht, mit dem er haderte, aber daß er nicht noch einmal Mutter, Vater, die Geschwister und sein geliebtes Tal wiedersehen durfte, darüber grämte er sich in seiner engen Zelle.

Der Tag der letzten Gerichtsverhandlung war gekommen. Von überall strömten Neugierige heran. Vom Gesinde des nahen Schlosses Stanford waren einige dabei, auch die Gehilfen und der Kammerdiener. Eine Magd meinte: »So kommt es, wenn unbekannte Landstreicher sich rasch zu Liebkind machen und über andere gesetzt werden. Nicht einmal seine Eltern kann er nennen und weiß nicht, wo er geboren ist, der Schelm!«

Als man Liam in den Gerichtssaal führte, hatte der Richter eben einem anderen Gefangenen das Todesurteil gesprochen. Im Vorbeigehen sah Liam die angstvoll aufgerissenen Augen des verurteilten Pferdediebes und fand es seltsam, daß er selbst keine Furcht vor dem nahen Tode empfinden konnte. Er wurde auf eine Seitenbank verwiesen. Der Richter, nach dem Brauch jener Zeit mit weißer Perücke und schwarzem Mantel bekleidet, las in den Papieren und heftete einen langen, ernsten Blick auf den Angeklagten. Dieser hielt ihn aus, ohne mit der Wimper zu zucken. Jetzt rief man die Zeugen auf, die den Schmuck in der Reisetasche entdeckt hatten. Als der Richter Liam fragte, ob er dazu eine Erklärung abzugeben hätte, blieb er stumm. So kam denn der alte Gärtner zu Wort, der sich als Entlastungszeuge gemeldet hatte. Er rühmte die erprobte Ehrlichkeit und Zuverlässigkeit Liams. Noch einmal forderte der Richter den Angeklagten auf, sich zu äußern. Die guten Worte des Gärtners hatten Liams Mut gestärkt. Er erhob sich und trat vor den Richter. In der Nähe gewahrte er in dessen Augen einen warmen, menschlichen Glanz, wie er nur aus viel Mitleiden geboren werden kann. Auch diese Augen gaben ihm Mut. Ihm war, eine innere Stimme rufe ihm zu: »Sag ihm dein Geheimnis!«

Jetzt redete der Richter ihn an:

»Angeklagter, alle Beweismittel sprechen gegen dich. Was hast du noch als letztes Wort *vor* meinem Urteilsspruch zu bemerken?«

»Herr, ich kenne Ihren Urteilsspruch. In drei Tagen, an meinem 21. Geburtstag, werde ich zum Galgen gebracht.«

Der Richter fuhr überrascht zurück:

»Kannst du Menschengedanken lesen? – Wirklich, in drei Tagen kommt der Henker aus Dublin in diese Stadt. Nur mir ist dies bis jetzt bekannt gewesen. Er wird zwei Todesurteile vollstrecken, und deines ist dabei. Woher hast du, Angeklagter, dieses Wissen?«

Im Saale war es so still geworden, daß man das Summen einer Fliege gehört hätte. Mit einem Ruck zog jetzt Liam an der Schnur die Kapsel herauf, zerbiß die Nuß, trat zum Gerichtstisch heran, glättete vor den Augen aller Anwesenden das zerknüllte Papier flach und schob es unter die Augen des Richters. Alle Scheu war von ihm gewichen, und mit klarer Stimme sprach er, allen vernehmbar:

»Dieses Papier hat ein sternkundiger Mann geschrieben, der in der Nacht meiner Geburt in unserem Hause Zuflucht vor dem Sturm gefunden hat. Er gab es meinem Vater. Vom siebenten Jahr an mußte ich es immer um meinen Hals tragen. Vor zwei Jahren sind mir beim Baden die Schalen aufgegangen, und ich habe gelesen, daß ich an meinem 21. Geburtstag unschuldig erhängt würde, und dies ist in drei Tagen.«

Der Richter hatte das Papier in beide Hände genommen. Im Lesen erblaßte er, da er sogleich seine eigene Handschrift erkannte, unterzeichnet mit seinen Namensinitialen.

Im Saal herrschte atemlose Stille. Langsam senkte jetzt der Richter das vergilbte Blatt, neigte erinnernd sein Haupt. Und da waren sie vor ihm: die Bilder und Nöte jener Sturmnacht, die einsame Hütte, der Bauer und – die Gestirne. Jetzt sah er Liam in die Augengründe und fragte langsam, monoton:

»Weißt du oder wußte dein Vater, wer diesen Zettel geschrieben hat?«

»Nein, Herr, mein Vater hieß ihn den Sternenreiter und manchmal auch den Sturmreiter, da in jener Nacht ein schlimmes Sturmgewitter ihn zu unserem Hause getrieben.«

Der Richter hob sein Haupt und sprach laut, daß jedermann es vernehmen konnte: »Angeklagter, ich will dir sagen, wer dieses Blatt geschrieben hat – *ich selbst* war es!«

Durch den Saal ging ein aufatmendes Flüstern. Unterdrückte Worte des Erstaunens, des Mitleids flackerten auf. Der Richter wandte sich jetzt zu seinen Kollegen und Schreibern:

»Es waren unruhige Zeiten vor über zwanzig Jahren. Soldaten zogen raubend durchs Land; eine Fehde zwischen führenden Geschlechtern war ausgebrochen. Ich hatte eine dringende Botschaft aus Dublin in den Norden zu bringen, damit diese Gegend in einem Kriege sich nicht auf die falsche Seite schlage. Ich hatte auch auf der Belmullet-Halbinsel ein Schloß aufzusuchen, das meinen Verwandten, den Binghams, gehörte. In jener Sturmnacht fand ich unterwegs im Hause, wo der Angeklagte geboren wurde, Unterschlupf.«

Der Richter schwieg einen Augenblick, denn wie sollte er hier vor versammeltem Volke das Geheimnis preisgeben, daß die Sterndeuterei ihn beschäftigte. Er dämpfte seine Stimme, daß es nur die nächsten Umstehenden vernehmen konnten:

»Der Einfluß der Gestirne auf das menschliche Schicksal ist ein Wissen und ein Studium meiner Vorfahren, das auf mich gekommen ist. In deiner Geburtsnacht, Angeklagter, hatten die Schicksalsterne zum Mond eine selten schlechte Stellung, und ich wußte, daß dies in dreimal sieben Jahren zu einer Lebenskatastrophe führe. Ich konnte auch erkennen, daß dies anscheinend auf Geld oder Gut ging, dessen Schädigung schon damals mit dem Galgen bestraft wurde. Jede Verzögerung deiner Geburt hätte die Konstellation verbessert. Es konnte nicht mehr genügend geschehn. Mich übermannte die Erschöpfung, und so schrieb ich frühmorgens dieses Blatt, damit es dir Trost spende, wenn das Verhängnis über dich hereinbrechen mußte. – Nun aber erkenne ich, daß du doch außerhalb der Todeszone geboren worden bist. Ein gutes Geschick hat mich zu deinem Richter gemacht.«

In Liam begann das Blut zu rauschen, zu hämmern. Fast wurde ihm schwindlig beim Gedanken: Ich kann frei werden, leben, leben!

Der Richter erhob sich plötzlich, ließ seine Augen über die versammelte Menge schweifen und rief vernehmlich:

»Ich verkünde das Urteil! Es ist von Gesetzes wegen *unanfechtbar*. Der Angeklagte ist unschuldig! Er ist frei. Ein anderer muß gefunden werden, der diese schreckliche Tat ihm aufgelastet hat.«

Da gewahrte der Richter hinten im Saale ein erregtes Drängen. Eine Männergestalt wollte sich den Weg zur Türe bahnen, um zu fliehen. Mit Befehlston rief er laut:

»Kein Mensch verläßt jetzt den Saal! Derjenige, der eben verschwinden wollte, trete vor meinen Tisch!«

Es war der Kammerdiener, den jetzt der Türwächter nach vorne schob zum Richtertisch. Vor den klaren Augen des Richters gab es kein Leugnen mehr. Der Kammerdiener gestand sein Komplott mit dem Gärtnergehilfen, der ihn dazu angestiftet habe. Und er zeigte mit Fingern auf ihn, der seitwärts hinter einer hölzernen Säule stand. Die beiden wurden alsbald in Liams Zelle befördert und später zu Zwangsarbeit auf den Westindischen Inseln verurteilt.

Als der Richter die Verhandlung beendet hatte, stürzte ihm Liam zu Füßen und ließ seinen Tränen freien Lauf. Der Richter hob ihn auf, umarmte den Vielgeprüften und sprach:

»Grüße mir deinen Vater, deine Mutter! Danke jenem, der über den Sternen waltet. Er hat dem verhängnisvollen Gestirn eine gute Wendung gegeben.«

Ins Schloß Lord Stanfords war die Neuigkeit mit Windeseile gebracht worden. Als der alte Gärtnermeister und Liam Seite an Seite in den Hof traten, waren der Lord, seine Frau und das Gesinde zum frohen Empfang ins Freie getreten.

Kein Wunder, daß Liam in kurzer Zeit nicht nur der Gärtnerei vorstand. Der Lord erhob ihn bald, seiner Verläßlichkeit wegen, zum Verwalter seines großen Gutes.

Bevor dies aber geschah, durfte Liam unverzüglich die Reise zu seinen Eltern und Geschwistern antreten und seine alte Heimat wiedersehen. So kam es, daß er seinen 21. Geburtstag im stillen Tal, im kalkweißen Haus feierte. Die Geschichte seines Schicksals aber blieb unvergessen in Irlands Norden und wird weitererzählt bis zum heutigen Tage.

Aus dem Lukasevangelium

In der Übertragung von Emil Bock

Die Verkündigung an Zacharias

Es war zu der Zeit, als Herodes König von Judäa war. Da lebte ein Priester namens Zacharias, der in der Gruppe des Abia seinen Dienst verrichtete. Sein Weib gehörte zu den Töchtern Aarons und hieß Elisabeth. Sie waren beide an das Gute hingegeben; das Auge der geistigen Welt ruhte auf ihnen, und sie wandelten mit makelloser Seele den Pfad der göttlichen Ordnungen und Ziele. Sie hatten kein Kind, da Elisabeth unfruchtbar war, und standen beide schon in hohem Alter.

Als einmal innerhalb seiner Gruppe die Reihe an Zacharias kam, vor Gottes Antlitz den Dienst am Altare zu verrichten, ging er nach priesterlichem Brauch zur Darbringung des Rauchopfers in den Tempel des Herrn, während die Menge des Volkes draußen die Stunde der Räucherung mit ihrem Gebet begleitete.

Da schaute er den Engel des Herrn, an der rechten Seite des Altares stehend, von dem der Rauch emporstieg. Der Anblick erschütterte Zacharias; das Bewußtsein der Geist-Nähe legte sich schwer auf seine Seele. Aber der Engel sprach zu ihm: Fürchte dich nicht, Zacharias. Dein Flehen hat Erhörung gefunden; dein Weib Elisabeth wird einen Sohn gebären, und du sollst ihm den Namen Johannes geben. Freude und Frohlocken wird dich erfüllen; vielen Menschen wird durch seine Geburt Freude zuteil. Größe wird ihm eigen sein vor dem Angesicht des Herrn. Keinen Wein wird er trinken, nichts Berauschendes wird er genießen, und schon vom Mutterleibe an wird ihn der heilige Geist erfüllen. Viele Söhne des Gottesvolkes wird er dem Herrn, ihrem Gott, wieder zuwenden. Sein Vorläufer und Wegbereiter wird er sein, den Geist und die Kraft des Elias wird er in sich tragen. Umwandlung des Herzens wird er bewirken, so daß die Väter den Sinn der Kinder und die Gottentfremdeten den Sinn des Guten wiederfinden. So wird er dem Herrn ein wohlgerüstetes Volk bereiten.

Und Zacharias sprach zu dem Engel: Wie kann ich das verstehen, bin ich doch alt und ist doch auch mein Weib schon betagt? Der Engel sprach: Ich bin Gabriel, der vor dem Antlitz Gottes steht. Ich bin gesandt, zu dir zu sprechen und dir diese Heilesbotschaft zu verkünden. Siehe, du wirst verstummen und bis zum Tage der Erfüllung nicht mehr sprechen können, weil du meinen Worten nicht vertraust, die sich zu ihrer Zeit erfüllen werden.

Das Volk stand draußen und wartete auf Zacharias und wunderte sich, daß er so lange im Tempel verweilte. Als er aber heraustrat, war er nicht imstande, zu sprechen, und sie wurden inne, daß er im Tempel ein Schau-Erlebnis gehabt hatte. Er konnte sich ihnen nur durch Zeichen verständlich machen; sein Mund blieb stumm.

Als dann die Tage seines Priesterdienstes vorüber waren, ging er heim in sein Haus. Und nach diesen Tagen empfing Elisabeth, sein Weib, und hielt sich fünf Monate lang verborgen und sprach: Welches Wunder hat der Herr in dieser Zeit an mir getan! Er läßt sein Auge auf mir ruhen und nimmt die Schande vor den Menschen von mir.

Aus dem Lukasevangelium

In der Übertragung von Emil Bock

Die Verkündigung an Maria

Im sechsten Monat wurde der Engel Gabriel durch göttliches Geheiß in eine Stadt in Galiläa gesandt, die den Namen Nazareth trägt, zu einer Jungfrau, die mit einem Mann verlobt war namens Joseph aus dem Hause Davids. Und die Jungfrau hieß Maria.

Der Engel trat zu ihr herein und sprach: Heil dir, du Begnadete, der Herr selbst ist dir nahe, gesegnet bist du unter allen Frauen! Maria war bestürzt, das Wort ergriff sie sehr. Wie sollte sie den Gruß verstehen? Da sprach der Engel zu ihr: Fürchte dich nicht, Maria. Voll Gnade neigt sich dir der Gottesgeist. Siehe, du wirst des Leibes Frucht empfangen und einen Sohn gebären. Ihm sollst du den Namen Jesus geben. Groß wird er sein, als einen Sohn der höchsten Gottheit wird man ihn bezeichnen. Den Thron seines Vaters David wird ihm Gott der Herr geben, so daß er der ewige König des Hauses Jakob und sein Reich ohne Ende sein wird.

Da sprach Maria zu dem Engel: Wie ist das möglich, habe ich doch nie einen Mann erkannt?

Der Engel sprach: Heiliger Geist wird über dich kommen; die Kraft der höchsten Gottheit wird dich überschatten, und das heilige Wesen, das du gebären sollst, wird man einen Gottessohn nennen. Und siehe, Elisabeth, die mit dir verwandt ist, trotz ihres Alters trägt auch sie einen Sohn in ihrem Schoß. Sie trägt ihn schon im sechsten Monat, obwohl sie als unfruchtbar gilt. Kein Wort wird gesprochen in den Geisteswelten, das nicht die Kraft besitzt, auf Erden Wirklichkeit zu werden.

Da sprach Maria: Siehe, ich bin die Dienerin des Herrn. Dein Wort möge sich an mir erfüllen. Und der Engel wich von ihr.

Aus dem Lukasevangelium

In der Übertragung von Emil Bock

Die Geburt des Johannes; Lobgesang des Zacharias

Und es erfüllte sich die Zeit, da Elisabeth gebären sollte, und sie gebar einen Sohn. Und als die Nachbarn und Verwandten hörten, welch großes gütiges Geschick ihr der Herr bereitet habe, freuten sich alle mit ihr. Und am achten Tage kamen sie zum Feste der Beschneidung des Kindleins und wollten ihm den Namen seines Vaters Zacharias geben. Da aber sprach seine Mutter: Nein, er soll Johannes heißen. Und sie erwiderten: Niemand ist unter deinen Verwandten, der so heißt. Da winkten sie seinem Vater und fragten, welchen Namen er ihm geben wolle. Und er bat um ein Täfelchen und schrieb darauf: Er heißt Johannes. Da verwunderten sich alle. In diesem Augenblick tat sich sein Mund auf, seine Zunge wurde ihm gelöst, und er begann Gott zu preisen. Aller Nachbarn im weiten Umkreis bemächtigte sich eine große Erregung, die Kunde pflanzte sich fort durch das ganze Gebirge von Judäa. Alle, die davon hörten, bewegten im Herzen die Frage: Was wird aus diesem Kinde werden? – Und die Hand des Herrn war über ihm.

Und sein Vater begann prophetisch zu sprechen, erfüllt vom heiligen Geiste:

Aller Lobpreis gehört dem Herrn des Lebens, dem Führergeist des Gottesvolkes.

Gütigen Blickes hat er sich seinem Volke zugewandt, Erlösung trägt er ihm entgegen.

Des Heiles Füllhorn hat er für uns aufgerichtet im Hause seines Sohnes David,

und so erfüllet sich, was er zu allen Zeiten durch den Mund seiner heiligen Propheten sprach.

Erlösung finden wir von Feindesmächten, und aus dem Zwang der Haßgewalten werden wir befreit.

Was von den Vätern kommt, es stirbt nicht mehr, es wird geschützt durch göttliche Barmherzigkeit.

Der Sinn des alten heilgen Gottesbundes wird im Geiste neu lebendig,
der Treueid, den er einst dem Vater Abraham geschworen:
Von aller Furcht befreit, erlöst von allen Feindgewalten, soll unser ganzes Leben nur noch Dienst im Anblick Gottes sein,
in Seelenreinheit und im Sein des Göttlich-Guten.
Du, Kindlein, wirst des höchsten Gottes Vorverkünder heißen.
Vor seinem Angesicht gehst du einher, um ihm die Wege zu bereiten.
Du bringst seinem Volk Erkenntnis der Erlösung,
du zeigest ihm die Kraft, die alle Sündenkrankheit heilt:
die Liebe und Barmherzigkeit des väterlichen Weltengrundes,
durch die auf uns herniederscheint der Sonnenaufgang in den Höhen.
Ein helles Licht erstrahlt den Seelen in der Finsternis im Reich der Todesschatten.
Und dieses Licht, es lenke unsern Fuß und führe uns den Pfad des Friedens.

Und das Kindlein wuchs heran und erstarkte im Geist und lebte in der Einsamkeit der Wüste bis zu dem Tage, da er vor dem Volke Israel offenbar wurde.

Aus dem Lukasevangelium

In der Übertragung von Emil Bock

Die Geburt Jesu

Es trug sich zu in jenen Tagen, daß der Cäsar Augustus den Befehl ergehen ließ, es sollte über den ganzen Erdkreis hin eine Volkszählung abgehalten werden. Es war das erste Mal, daß eine solche Volkszählung stattfand. Sie fiel in die Zeit, als Quirinius Statthalter der Provinz Syrien war. Und alle Welt machte sich auf zur Einschreibung, jeder zog in die Stadt seiner Herkunft.

So zog auch Joseph aus Nazareth in Galiläa nach Judäa in die Stadt Davids, die den Namen Bethlehem trägt. Denn er stammte aus dem Hause und Geschlechte Davids. Er wollte sich zur Volkszählung melden mit Maria, seinem Weibe. Und Maria war schwanger. Als sie an das Ziel der Reise kamen, erfüllte sich die Zeit, da sie gebären sollte, und sie gebar einen Sohn, ihre Erstgeburt, und wickelte ihn in Windeln und bettete ihn in eine Krippe, denn sie hatten in der Herberge keinen Raum mehr gefunden.

Und es waren in der Nähe Hirten auf dem Felde. Sie hüteten und umhegten von Nachtwache zu Nachtwache ihre Herden. Da stand auf einmal der Engel des Herrn vor ihnen, und das Licht der Gottesoffenbarung umleutete sie. Ein großer Schreck bemächtigte sich ihrer, aber der Engel sprach: Fürchtet euch nicht, siehe ich verkündige euch die große Freude, die der ganzen Menschheit zuteil werden soll. Heute ist euch der Bringer des Heils geboren in der Stadt Davids: Christus der Herr. Und daran sollt ihr ihn erkennen: Ihr werdet ein Kindlein finden in Windeln gewickelt, das in einer Krippe liegt.

Und mit einem Male war um den Engel die Fülle der himmlischen Engelchöre versammelt; ihr Lobgesang tönte zum göttlichen Weltengrund empor:

> Geoffenbaret sei Gott in den Höhen
> und Friede auf Erden
> den Menschen, die guten Willens sind.

Und als die Engel von ihnen wichen, wieder aufgenommen von den Himmels-Sphären, sprachen die Hirten zueinander: Laßt uns nach Bethlehem gehen, damit wir die Erfüllung des Wortes sehen, das uns der Herr kundgetan hat. Und sie gingen in Eile und fanden Maria und Joseph und das Kindlein, das in der Krippe lag. Und als sie es sahen, machten sie bekannt, was ihnen über das Kind gesagt worden war. Und alle, die es hörten, erstaunten über die Worte der Hirten. Maria aber behütete alle diese Worte und bewegte sie in ihrem Herzen. Und die Hirten kehrten heim; göttliches Licht erstrahlte aus den Worten, mit den sie den Weltengrund priesen für alles, was sie gehört und gesehen hatten. Was zu ihnen gesprochen worden war, hatte sich wirklich erfüllt.

DAN LINDHOLM

Die Flöte des Hirtenknaben

In der Nacht, da der Heiland geboren ward, ging ein armer Hirtenknabe auf den Höhen unweit Bethlehems, um eines seiner Schafe zu suchen. So kam es, daß er sich nicht unter jenen Hirten befand, von denen wir im Evangelium hören.

Dieser Knabe diente einem strengen Herrn – wer weiß, vielleicht sogar bei einem der Wirte Bethlehems. Käme er nach Haus und hätte seine Herde nicht beisammen, würde es Schläge geben. Darum achtete er kaum auf die wundersamen Dinge, die da um ihn geschahen. Nicht wurde er gewahr, wie der Wind sich legte, nicht hörte er, wie die Vögel zu singen begannen, nicht sah er, wie auf einmal alle Sterne mit doppeltem Glanz leuchteten. Den Berg aufwärts führte ihn sein Weg, hinter jedem Busch suchte er, bis er zuletzt oben auf der Höhe stand. Von dort konnte er weit und breit über die Felder schauen bis hin zur Stadt Bethlehem.

Wie er da oben stand, geschah es, daß die Himmel sich öffneten, die Nacht hell wurde wie der Tag. Es erschien eine ungezählte Engelschar, und ein Lobgesang ging über die Erde. Wie groß das Wunder war, das in dieser Nacht geschah, hat bis zum heutigen Tag kaum ein Mensch begriffen. So mag es auch verziehen sein, wenn ein armer Hirtenjunge die Botschaft nicht sofort verstand. Er dachte an das Schaf, das ihm durchgegangen war, und wollte weiter suchen. Da stand auf einmal auch vor ihm ein Engel, der da sprach: »Trage keine Sorge wegen deines Schäfleins. Zu dieser Stunde ist ein größerer Hirte geboren. Lauf schnell nach Bethlehem, wo das Christkind, der Erlöser der Welt, in der Krippe liegt.«

»Vor den Erlöser der Welt«, sagte der Junge, »vor Ihn darf ich doch nicht hintreten, wenn ich Ihm kein Geschenk bringen kann.«

»Hier, nimm diese Flöte und spiele dem Kind ein Lied vor«, sagte der Engel, gab ihm eine Flöte und war sogleich entschwunden. Sieben Töne hatte die Flöte, und als der Knabe sie an die Lippen setzte, spielte sie wie von selber. Dankbar und fröhlich lief er nun den Berg hinab. Als er aber über einen Bach springen wollte, da stolperte er und lag auf einmal zwischen den

Kieseln, so lang er war. Die Flöte fiel ihm aus der Hand und dabei entschlüpfte ihm ein Wort, das unter Hirten vorkommen mag. Schön war es nicht. Und als er die Flöte in der Hand hielt, war ein Ton verlorengegangen.

Noch waren aber sechs Töne ganz. Zum Weinen langte die Zeit nimmer, der Weg war jetzt besser, also lief er weiter, was er nur konnte. Auf einmal blieb er stehen. Mitten vor ihm saß ein großer Wolf, der Lämmerfresser selbst, mit gefletschten Zähnen. Da geriet der Junge in Wut. »Pack dich weg!« rief er, und unversehens hatte er die Flöte dem schon fliehenden Wolf nachgeworfen. Als er sie wieder fand, konnte sie nur noch fünf Töne hervorbringen.

Jetzt war er auf die Ebene gekommen, wo die Herde weilte. Alle Tiere ruhten, es herrschte tiefe Stille. Nur ein Schaf lief blökend herum. Der Junge wollte es in den Pferch bringen, rannte ihm nach, und da es auswich, schmiß er, was er gerade in der Hand hatte, dem Schaf an die Beine. Es war die Flöte, die nun wiederum einen Ton verlor.

Wo waren aber die andern Hirten? Daß sie schon vor dem Kind im Stalle knieten, wußte er ja nicht. Er glaubte sie vielmehr bei einem Krug Bier im Wirtshaus, und er sollte wohl als der Jüngste wiederum die Wache halten? Verdrossen stieß er mit dem Fuß an einen Wasserkrug, der nahe am Feuer stand. Da war es, als hätte eine unsichtbare Macht ihm die Flöte aus der Hand geschlagen, und als er sie wieder aufhob, hatte sie nur noch drei Töne. Nun lief er weiter gen Bethlehem. Alles ging gut, bis er durchs Stadttor wollte. Da sah er sich auf einmal von einem Haufen Straßenjungen umringt, die wollten ihm die Flöte abnehmen. Er aber mochte sie nicht hergeben; also gab es geballte Fäuste und Hiebe. Die Flöte hat er zwar behalten, ein Ton ist aber dabei verlorengegangen. Immerhin, jetzt stand er draußen vor dem Stall. Hoch über dem Dach leuchtete der Wunderstern, in der Krippe lag der Erlöser der Welt.

Und doch sollte es geschehen, daß die Flöte nur noch einen einzigen Ton hatte, als er hineintrat. Denn wie er an der Haustür vorbeiging, stürzte der bissige Hund des Wirtes auf ihn los. Da wußte er sich nicht anders zu wehren als mit dem, was er in der Hand hielt, und das war die Flöte.

Da stand er nun unten an der Türe und traute sich nicht hin zu dem Kind. Er schämte sich zutiefst, daß so wenig von seinem Geschenk übrig war.

In seiner Einfalt hat er nicht gewußt, daß eben aller Menschen Weg zum Erlöser der Welt so beschaffen ist.

Doch die Muttergottes winkte ihn heran, leise trat der Knabe aus seiner Ecke hervor und spielte seinen letzten, einzigen Ton. Der war gar wundersam schön. Es lauschte das Kind, es lauschte alles, was im Stalle war, Maria und Josef, Ochs und Esel. Das Christkind aber streckte seine göttliche Hand aus und berührte die Flöte. Und siehe da, im selben Augenblick ist sie wieder ganz geworden, hat heil und herrlich getönt, wie sie es vom Himmel her tat.

GEORG DREISSIG

Vom Hirten Jonas im Stall

Jonas, der Hirte, lag fest in seine Decken eingehüllt im Stroh und schlief. Längst war der Sommer vorüber, waren die Weiden abgegrast. Schon im Herbst, als die Stürme über die Stoppelfelder brausten, hatte er seine Schafe zusammengetrieben und Unterschlupf mit ihnen gesucht beim Kronenwirt. Der hatte hinter dem Gasthaus eine enge Grotte, wo er seine Kuh hielt, und im Winter durften sie dort alle zusammenrücken: Jonas, die Kuh und die Schafe. Platz hatte dann keiner mehr; aber nicht einmal den Hirten störte es, dichtgedrängt mit seinen lieben Schafen zu liegen. Die Kuh war gutmütig, träumte vielleicht vom kommenden Frühling, wenn sie wieder die ganze Grotte für sich haben würde, genoß aber solange die Wärme, welche die wolligen Mitbewohner spendeten. Scharf fuhr der eisige Winterwind ab und zu durch die weiten Ritzen des Holzverschlags, doch verlor er seine kalte Macht sogleich in dieser armen Stätte, die Mensch und Tiere gleichermaßen behauste.

Plötzlich fuhr der Hirt aus dem Schlaf auf, rieb die Augen und schaute sich erstaunt um, musterte jede Kleinigkeit des Raumes, den er doch so gut kannte, als sei er ihm im Schlaf ganz fremd geworden: die unebenen Felswände, welche die Grotte nach drei Seiten hin begrenzten und auch die Decke bildeten und welche schwarz waren von Feuern, die früher einmal hier gebrannt hatten; den Verschlag von ungehobeltem Holz, in dem die Tür wacklig in den Angeln hing und der so breite Ritzen hatte, daß man, obwohl es keine Fenster gab, doch alles beobachten konnte, was im Hofe vorging. Er befühlte das Stroh, das die nackte Erde kärglich bedeckte, und klopfte prüfend an die Krippe, die das Heu für die Kuh und die Schafe hielt. »Ja, ja«, brummte er schließlich, »'s ist nur der Stall, nur unser Stall.« Dabei schüttelte er aber immer wieder ungläubig den Kopf. — Wo hatte Jonas denn gemeint aufzuwachen?

Bedächtig legte der Hirt seine Hand auf den Kopf eines Mutterschafes und begann zu erzählen. Nicht wahr, manche Leute meinen ja, es sei dumm, mit Tieren zu reden, denn sie verstünden doch kein Wort. Aber Jonas wußte es besser, und seine Schafe wußten es natürlich auch besser. Ruhig drehten sie ihm ihre Köpfe zu und lauschten dem Klag der tiefen warmen Stimme, die ihnen das Gefühl von Sicherheit und Geborgensein schenkte. »Denkt nur«, erzählte Jonas, »ich war in einem Schloß, in einem goldenen Palast. Da war ein Raum so wunderbar, wie ich noch keinen je vorher gesehen habe: die Wände von reinstem Gold, die Decke wie der Sternenhimmel, der Teppich wie ein blühender Garten mit Rosen und Lilien. Dazu wurde dort die köstlichste Musik gespielt von Musikanten, die in ihrer Art nicht zu überbieten sind. Mitten im Raum stand ein Himmelbett mit weichen Federkissen. Und denkt nur, da in diesem Federbett habe ich geschlafen so weich und so sanft wie auf Engelsschwingen. Plötzlich aber ertönte lautes Rufen: ›Der König kommt! Gebt ihm Raum!‹ Ein Diener kam gelaufen und hieß mich, ach nein, er bat mich, doch das Schloß für den König zu räumen. ›Nicht wahr, Jonas‹, so sprach er zu mir, ›für den König tust du es doch?‹ Da richtete ich mich auf. Als ich aber mit dem Fuß die Erde berührte, erwachte ich. Und jetzt ist das Schloß fort, und ich bin wieder bei euch im Stall.« Die Schafe schauten den Hirten mit ihren ruhigen dunklen Augen unverwandt an. Hatten sie verstanden? Konnten sie sich den schönen Raum im goldenen Schloß vorstellen? Noch einmal fuhr Jonas sich mit der kräftigen Hand über die Augen. Aber der Traum ließ sich nicht wegwischen. Der blieb da, und so war es auch gemeint, denn ein Engel Gottes hatte den Hirten so träumen lassen, mit gutem Grund. Draußen pfiff der Wind seine eisige Melodie. Jonas zog die Decke enger um die Schultern. Nein, diese Grotte war bestimmt kein Schloß. Aber schön warm war es hier unter den dickpelzigen Schafen. »Wir haben Glück gehabt«, stellte Jonas fest, »Glück, daß wir hier miteinander sein dürfen. Der Winter ist ein harscher Hirt. Dem geht man besser aus dem Wege.«

Dann lugte er neugierig durch die Ritzen im Holzverschlag, denn vom Hof herüber klangen Stimmen: die Stimme des Kronenwirts etwas polternd, aber nicht unfreundlich, und die müde Stimme eines alten Mannes. Jonas konnte die beiden nicht sehen, denn die Sonne war schon untergegangen, und die Welt war grau und unterschiedslos. Plötzlich aber sah er ein Licht näherkommen, und da klopfte auch schon der Kronenwirt an die schiefe Tür und rief gedämpft und eindringlich: »Jonas, he Jonas, bist du wach?« »Ja doch, ja«, erwiderte der Hirt und öffnete den Verschlag. Die kalte Luft, die hereinfuhr, ließ ihn zusammenfahren. »Ach Jonas, guter Freund«, sprach ihn der Wirt nun an, »denk dir, es sind schon wieder Leute angekommen. Sie können keine Herberge finden, denn alle Häuser sind voll. Sie sind so müde und so schwach, ich kann sie einfach nicht wieder fortschicken.

Jonas, für diese eine Nacht führe deine Schafe wieder hinaus aufs Feld. Die haben einen warmen Pelz und werden nicht frieren. Gebt den guten Leuten Raum!« Der Hirt merkte die kalte Winterluft gar nicht mehr. Staunend hatte er dem Wirt zugehört. Der Traum, den er gehabt hatte, stand wieder leuchtend vor ihm. »Kronenwirt«, fragte er schließlich fromm, »ist es der König, der Herberge sucht?« Erstaunt schaute der Wirt den Hirten an, schüttelte ungläubig den Kopf und rief: »Was für krause Dinge du manchmal sagst, Jonas. Der König in meinem Stall! Nein, nein, es sind ganz arme Leute, ein alter Mann und eine junge Frau, die ein Kind unter dem Herzen trägt. Nicht wahr, Jonas, für die armen Leute tust du es doch?« So, genau so hatte der Diener auch gefragt im Traum, schoß es dem Hirten durch den Kopf. Doch zum Kronenwirt sagte er nur: »Ich tu's.« Dann wandte er sich seinen Schafen zu und rief: »Kommt, ihr Lieben, wir müssen hinaus. Unser Palast wird für arme Menschen gebraucht.«

Durchaus nicht in Eile, aber doch willig folgten die Schafe seinem Ruf. Jonas griff nach dem langen Hirtenstab und schritt seiner Herde voraus. Er schaute sich die Fremdlinge genau an, als er an ihnen vorüberkam. Aber nein, der Kronenwirt hatte schon recht gehabt: Das war kein König, der um Einlaß bat. Jonas sah einen alten Mann mit vom Winde zerzaustem Bart, die Wangen eingefallen und rot vor Kälte. Und dort auf einem mageren kleinen Esel saß eine junge Frau im blauen Kapuzenmantel, deren Augen müde und traurig aus blassem Gesicht hervorschauten. Nein, es waren einfach arme Menschen, die dringend Obdach brauchten. »Auf, ihr Lieben, kommt ins Feld«, rief Jonas seinen Schafen zu und stapfte fester durch den Schnee. Die Kälte sollte ihm schon nichts anhaben.

Draußen vor den Toren der Stadt brannten Lagerfeuer, eins, zwei, drei, und dort saßen andere Hirten, die, um für die zahllosen Herbergssuchenden Platz zu schaffen, bessere Ställe hatten räumen müssen als Jonas. Die wärmten sich mit Feuer und guter Laune und manch leckerem Bissen, den der eine und der andere mitgebracht hatten. Jonas wurde herzhaft begrüßt, und über Liedern und Gesprächen hatte er bald seinen Traum, den Stall und die armen Leute vergessen. Es wurde spät, ehe sich die Männer eng an ihre Schafe gekuschelt niederlegten. Tiefer Schlaf umfing sie bald, und so merkten sie gar nichts von der unendlichen, friedevollen Ruhe, die plötzlich alle Welt erfüllte. Nur die Schafe hoben die Köpfe und schauten unentwegt und unbeirrbar hinauf zum Himmel, wo die Sterne in hellstem Glanz leuchteten. Worauf schauten sie denn? Es war da zuerst nichts als jene wundersame, sternklare Ruhe. Doch mit einem Male schienen die Himmel auseinanderzureißen, und goldenes Licht flutete in die Welt, Licht, dem alle Finsternis weichen mußte. Zugleich aber war die Luft erfüllt von den schönsten Weisen. Die Hirten, die erwachten und traumbefangen in die Helligkeit blinzelten, hörten die Botschaft von der Geburt des göttlichen Kindes auf Erden, und der Lobgesang der Engelschöre klang mächtig in ihren Herzen wider: »Geoffenbaret sei Gott in den Höhen und Friede auf Erden den Menschen, die eines guten Willens sind.« Sie sprangen auf, sie spürten keine Kälte, keine Müdigkeit. Das Kind wollten sie sehen, dem all dieser Jubel galt. Die himmlische Musik leitete sie zur Stadt, führte sie zum Stall. Meint ihr, Jonas habe den Stall wiedererkannt, die Grotte mit den schwarzen Wänden und dem Holzverschlag? Ach nein, es sah ja alles so ganz anders aus, denn alles war verwandelt durch die Geburt des göttlichen Kindes. Nicht schwarz waren die Wände des Raumes, sondern golden leuchtend, und die Decke wölbte sich wie ein Sternenhimmel, der Boden war ein Teppich von Rosen und Lilien. Dort in der Mitte aber saß eine Königin in sternenbesetztem Kleide neben einer goldenen Wiege, und in der Wiege lag auf goldenen Kissen ein kleines Kind, das war so wonnig und schön anzusehen, daß den Hirten ganz weh wurde ums Herz vor übergroßer Freude.

Sie knieten lange, lange an der Krippe. Erst waren sie ganz still, dann beteten sie, dann sangen sie ihre Hirtenweisen, und was sie bei sich hatten, das schenkten sie dem himmlischen Kind. Als die Männer sich endlich erhoben und wieder Abschied nahmen, da konnte Jonas nicht anders: Er mußte einfach die kleine Hand des Kindes sanft in seine große Faust nehmen und küssen. Und da hörte er ganz deutlich, wie das Kind sagte: »Danke, lieber Jonas, daß du mir Raum gegeben hast.« Verwirrt blickte der Mann auf. Hatte er die Worte gehört oder geträumt? Er wußte es nicht zu sagen. Und das ist auch kein Wunder. Wenn die Himmel zur Erde niedersteigen und wir es mit Augen sehen dürften, ich glaube, wir wüßten auch nicht zu sagen, ob wir wachen oder träumen.

Schließlich hat Jonas aber doch eine leise Ahnung davon bekommen, wo das goldene Schloß stand, das er zuerst im Traum, dann auch mit eigenen Augen in jener heiligen Nacht gesehen hat. Denn als nach einigen Tagen der Kronenwirt ihm sagen ließ, daß die Grotte nun wieder frei sei, und er mit seinen Schafen zurückzog in den Schutz des Stalles, da waren wohl die Wände so schwarz und der Holzverschlag so ungehobelt wie eh und je. Aber in der Krippe, ja, in der Krippe, da lag ein goldenes Kissen –. Verwirrt rieb der Hirt seine Augen. Ein goldenes Kissen? Ach nein, kein Kissen, aber das Heu leuchtete golden, so golden, als hätte das Himmelskind selbst darauf gelegen.

Jonas hat nie darüber gesprochen, und es hat niemand sonst das Gold gesehen, nur er und vielleicht die Schafe; doch die hüteten das Geheimnis so gut wie ihr Hirte. Manchmal aber, wenn Jonas fest in seine Decken eingehüllt im Stroh lag und schlief, hat er das Kind wiedergesehen und hat gehört, wie es sagte: »Danke, lieber Jonas, daß du mir Raum gegeben hast.«

GEORG DREISSIG

Der Gotteswirt

Titus war traurig. Den ganzen Tag schon wußte er nichts Rechtes mit sich anzufangen und stand den Großen offenbar ständig im Weg. Dabei wollte er doch nur helfen. Aber die schickten ihn immer wieder fort. »Geh spielen«, hieß es, und Titus wollte doch nicht spielen –.

Der kleine Titus war ein Bub von sechs Jahren, der bei seinem Onkel, dem großen Titus, wohnte – in der Stadt Bethlehem, wo der große Titus eine Herberge hatte, »Zur gemütlichen Einkehr«, deren Wirt er war. Der kleine Titus bewunderte den großen Titus wie keinen anderen Menschen. Später, wenn er groß sein würde, wollte er auch einmal ein Wirt werden und den Menschen, die von weither gereist kamen, ein Zuhause bereiten, daß sie sich wohl fühlen könnten wie in der Herberge »Zur gemütlichen Einkehr« des Onkels. Mit allen wußte der große Titus zu reden, allen konnte er helfen, und jedermann war zufrieden mit ihm und mit der Unterkunft. Niemals wurde der große Titus zornig, wenn ein Gast etwas Besonderes verlangte, sondern gab sich alle nur erdenkliche Mühe, das Gewünschte möglich zu machen. Früh, ehe noch ein anderer erwachte, war der Wirt auf den Beinen, bereitete heißes Wasser, fütterte die Tiere im Hof und stellte das Frühstück bereit. Und wenn längst alle Lichter in den Gasträumen erloschen waren und alles still war im Haus, schloß er die Türen der Herberge und ging als letzter ins Bett. Der kleine Titus hatte oft die Menschen reden hören über den Onkel, und immer hatten sie nur Gutes und Lobenswertes zu sagen gewußt. Ja, so einer wie der große Titus wollte der kleine Titus auch einmal werden. Deshalb half er auch, wo irgend es ging, in Haus, Hof und Küche, machte Botengänge – es gab vieles, was ein Sechsjähriger tun konnte. ·

Nur in diesen Tagen sollte es nicht möglich sein. Dabei gab es gerade jetzt besonders viel zu tun. Denn noch nie hatte Bethlehem so viele Gäste auf einmal zu beherbergen gehabt. Aus allen Orten Israels kamen sie geströmt, um sich schätzen zu lassen von den Beamten des Kaisers. Und alle, die kamen, brauchten Unterkunft, wenigstens für ein paar Tage, ein Bett und etwas zu essen. Aber so waren die Erwachsenen: Gerade dann, wenn es viel zu tun gab, durfte man ihnen nicht helfen, dann war man immer im Weg, dann war man nur ein kleiner Junge, mit dem nichts anzufangen war. »Geh spielen«, rief Onkel Titus, als er ihm, der mit einem ganzen Stoß frischer weißer Bettlaken die Treppe herunterkam, begegnete. »Geh spielen«, bat Tante Ruth, die in der Küche, in riesige Dampfschwaden gehüllt, das Essen für die zahllosen Gäste bereitete. »Geh spielen«, brummte selbst der alte Knecht Daniel, der im Hof sieben Pferde zu versorgen hatte. Und Titus wollte doch nicht spielen. Er wollte Wirt sein, er wollte auch jemandem eine gemütliche Herberge bereiten, er wollte auch gebraucht werden.

Als der Bub merkte, daß die Erwachsenen heute gar nichts mit ihm zu tun haben wollten, zog er sich mißmutig in den Stall zurück. Remus, der Ochse, würde ihn schon nicht verjagen. Ihm hatte er bereits öfter seinen Kummer geklagt. Nur schien ihm diesmal sein Herz viel, viel schwerer zu sein als jemals zuvor. Und Titus weinte.

Als er aber in den Stall eintrat, da vergaß er seinen Kummer ganz schnell, denn was er das sah, das war solcherart, daß er einfach nicht mehr traurig sein konnte. Wißt ihr, ein Stall ist ja an sich nichts Besonderes, und schon gar nicht, wenn es sich dabei einfach um einen Bretterverschlag vor einer Höhle im Fels handelt, in der es gerade genug Platz gibt für einen Ochsen und seine Futterkrippe sowie für ein paar Bündel Stroh und Heu. Wenn da aber auf einmal – und nun hört nur ganz genau zu –, wenn da aber auf einmal drei lichte Gestalten in langen leuchtenden Gewändern erscheinen, Gestalten mit großen schwingenden Lichtflügeln, Gestalten, die sich leise, ganz leise bewegen und die still, kaum vernehmbar und doch über alle Maßen wundersam singen, kurzum, wenn plötzlich drei Engel Gottes in eben diesem ärmlichen Stall erscheinen – wie sollte der, der sie sieht, nicht alle Trauer und allen Kummer vergessen! Der kleine Titus schloß geschwind das Tor, so als befürchtete er, die lichten Engel möchten verschwinden, wenn das Tageslicht auf sie fiele. Und dann stand er und schaute und schaute und konnte gar nicht genug schauen –.

Hatten die Engel ihn bemerkt? Sie unterbrachen ihren wundersamen Reigen und ihren himmlischen Gesang jedenfalls nicht, schwebten im Kreis um die erbärmliche Futterkrippe, strichen mit ihren feinen Händen über das rauhe Holz und schienen das Heu mit sanften Bewegungen glätten zu wollen. Dazu sangen sie unentwegt, und der Knabe, der da stand und schaute und lauschte, hatte gar bald begriffen, warum die himmlischen Erscheinungen gerade in diesen Stall gekommen waren und was sich da vorbereitete. Ach, sie sangen, daß der Sohn Gottes heute eine Herberge suche, um auf Erden geboren zu werden, und sie sangen, daß es hier in diesem Stall, in dieser Krippe sein solle. Die Zeit, da sich das große Wunder ereignen würde, war gar nicht mehr fern. Nun sangen die drei Engel an der Krippe, und mit ihren lichten Händen versuchten sie, die arme Stätte herzurichten für die Geburt, das Holz zu ebnen, die Streu zu glätten. Doch das Holz war zu hart, das Stroh zu trocken, als daß Engelshände es hätten verwandeln können. Unermüdlich schafften die lichten Gestalten, um ihrem Herrn die Kammer zu bereiten, stets aber widerstand der rauhe und spröde Stoff ihrem Bemühen.

Da trat der kleine Titus vor. Er nahm sein Herz, das schlug, als wollte es zerspringen, fest in die Hand uns sagte: »Meine Herren, laßt mich diese Arbeit tun. Ich will dem Gotteskind schon eine Stätte bereiten, in der es eine gemütliche Einkehr finden soll. Ich kenne mich aus, denn der große Titus, der beste Wirt am Ort, ist mein Onkel.« Da schauten die drei Engel auf den Jungen, schauten mit Augen, die wie Sterne glänzten – und wie sollte es auch anders sein, sind doch die Sterne, die wir des Nachts am Himmel sehen, die Augen der Engel –, und sprachen: »Wir danken dir, Titus. Ja, sei du der Wirt, der unserem göttlichen Herrn Herberge gibt.«

Der kleine Titus zögerte nicht länger. Schnell lief er hinaus in den Hof, wo Daniel noch immer mit den sieben Pferden beschäftigt war, ergriff den Reisigbesen und rannte damit, ohne auf »Wohin?« und »Warum?« zu antworten, zurück in den Stall. Er fegte die alte Streu zusammen, und Remus, der Ochse, der sonst nicht ohne weiteres seinen Platz räumte, ließ sich heute ganz leicht dazu bewegen, das Feld freizugeben. Nachdem er die alte Streu zusammengekehrt hatte, trug Titus sie in den hintersten Winkel des Hofes, wo Abfall gesammelt wurde, und obwohl er es sehr eilig hatte, paßte er doch darauf auf, daß er nicht ein einziges Hälmchen verlor. Der Boden des Stalls war uneben und schwärzlich, aber nachdem Titus einen Ballen Stroh geöffnet und verteilt hatte, sah man davon nichts mehr. Auch die Krippe leerte er aus und füllte sie mit frischem Heu. »Bitte«, sagte er zu Remus, »bitte friß es nicht auf! Dies soll ja das Bett für das Gotteskind sein, und wenn du alles in dich hineinschlingst, dann muß es gar so hart liegen. Wir wollen doch die Herberge ›Zur gemütlichen Einkehr‹ sein.« Aber an diesem Tag bedurfte es einer solchen Ermahnung gar nicht. Denn auch Remus hatte die lichten Engel gesehen und in seiner Art verstanden, daß sich etwas Außergewöhnliches vorbereitete.

Der kleine Titus schwitzte tüchtig, als schließlich alles fein ordentlich war im Stall: das Heu und das Stroh an seinem Platz, die Krippe näher am Fenster, daß noch etwas Tageslicht darauffallen könne, und eine kleine wacklige Bank daneben für Mutter und Vater des Kindes. Remus atmete indessen so tief er nur konnte, um den Stall etwas wärmer zu bekommen. So waren die beiden, jeder auf seine Art, beschäftigt, als plötzlich Stimmen im Hof laut wurden. Sie hörten den großen Titus unwirsch, wie es sonst gar nicht seine Art war, sagen: »Aber ich sage euch doch, guter Mann, daß alle meine Zimmer besetzt sind. Selbst in der Gaststube und in den Vorratsräumen schlafen die Menschen. Ich habe keinen Platz für euch.« Dann hörten sie das leise Schluchzen einer Frau, und irgendwie erinnerte dieses Weinen den kleinen Titus im Stall an das Singen der drei Engel.

»Sie sind da«, rief er Remus zu und lief hinaus, lief zu seinem Onkel und erklärte: »Onkel Titus, *einen* Raum haben wir noch. Ich habe ihn schon für sie vorbereitet, damit das Kind auch gut schlafen kann.« Titus blickte auf seinen Neffen und dann auf die armen Leute, eine junge Frau im blauen Kapuzenmantel und einen alten Mann, der einen Esel am Strick mit sich führte, kratzte sich am Kopf und brummte endlich: »Nun gut, kommt einmal mit. Vielleicht kann ich euch helfen.« Er war nicht wenig erstaunt, als er den Stall betrat, der so säuberlich hergerichtet war. »Potz Blitz, wer hat denn das gemacht?« fragte er. »Ich«, erwiderte der kleine Titus stolz. »Wir sind doch die Herberge ›Zur gemütlichen Einkehr‹ und können nicht Leute auf der Straße stehen lassen.«

Der große Titus fand das alles höchst merkwürdig. Woher hatte denn der Bub überhaupt von dem Kommen dieser armen Menschen gewußt? Aber er verschob das Fragen auf später, ließ vielmehr Mann und Frau eintreten, zupfte noch ein wenig an dem Heu in der Krippe, wie er in seinen Gastzimmern an einer Bettdecke gezupft hätte, und wünschte dann eine gute Nacht. Und Maria und Joseph, denn das waren die junge Frau und der alte Mann, dankten dem Wirt für seine Freundlichkeit und ließen sich erleichtert auf der kleinen Bank bei der Krippe nieder. Zögernd nur verließ auch der kleine Titus den Stall. Nun war alles bereit, nun wurde er eigentlich nicht mehr gebraucht, und doch fiel es ihm schwer zu gehen. Als er langsam die Tür hinter sich schließen wollte, hörte er auf einmal, daß ihn die junge Frau rief. »Bub«, rief sie, und wieder mußte er beim Klang ihrer Stimme an die Engel denken. Rasch lief er zu ihr zurück. »Bub«, sagte Maria, »wir danken dir – auch im Namen unseres Kindes, das heute nacht geboren werden wird. Ich weiß nicht wie du heißt. Aber bei uns sollst du nur der ›Gotteswirt‹ genannt werden, weil du es bist, der das Gotteskind beherbergt hat.« Und Joseph nickte bedächtig zu ihren Worten.

An diesem Abend konnte der kleine Titus kaum einschlafen. Immer wieder dachte er an die Engel im Stall, denen er geholfen, und an Maria, die ihn »Gotteswirt« genannt hatte. Er wollte ja immer so gern ein Wirt werden.

Nun war er es. In seiner Herberge »Zur gemütlichen Einkehr« würde das Kind geboren werden, das Gotteskind. In der Krippe, die er ihm bereitet hatte, würde es warm und weich liegen, und morgen, morgen früh würde er gehen können, um es anzuschauen –.

Er schlief schließlich doch ein, Titus, der Gotteswirt. Und das kam daher, daß um sein Bett herum drei lichte Engel so wundersam schön sangen, daß auch der große Titus davon in Schlummer gesungen worden wäre. Was der kleine Titus aber in dieser heiligen Nacht träumte, das brauche ich euch gar nicht zu erzählen, denn das ist der Traum, den alle Menschen seitdem träumen, wenn sie in der Weihnachtsnacht schlafen.

RUTH SAWYER

Die Hirten

Ihr, die ihr Weihnachten feiert, die ihr die heiligen Nächte beachtet, habt ihr je darüber nachgedacht, warum ein Kind in die Welt kommen mußte, um sie zu retten? Diese Geschichte handelt von Gott, der das Gute ist. Sie beginnt in weit zurückliegenden Zeiten, als die Welt eben geschaffen war.

Am Anfang hatte Gott zwei Erzengel, die ihm besonders lieb waren. Der eine hieß Luzifer, das bedeutet Licht, und der andere hieß Michael, das bedeutet Kraft. Sie waren die Führer der himmlischen Heerscharen; einer stand zur Rechten, einer zur Linken von Gottes Thron. Sie waren seine auserwählten Boten.

Der Erzengel Michael diente Gott mit ganzem Herzen und ganzer Engelsseele. Keine Aufgabe die es auszuführen galt, war ihm zu groß, keine tausend Jahre im Dienste waren ihm zu lang. Der Erzengel Luzifer aber litt darunter, einer Macht dienen zu sollen, die höher war als er selbst. Als tausend Jahre und wieder tausend Jahre – jeweils wie ein Tag – vergingen, ward ihm der Dienst bitter, und er beneidete Gott.

So brach die Zeit an, die Gott für sein Schöpferwerk vorherbestimmt hatte. Da machte er die Sonne, den Mond und die Sterne. Er machte Erde und Wasser und trennte sie voneinander. Er machte Bäume und Blumen und Gräser und ließ sie wachsen; er machte die Geschöpfe, die auf der Erde gehen und sich von ihr ernähren; und er machte die Vögel der Luft und die Fische des Wassers. Und als alles andere erschaffen war, machte er einen Mann, den nannte er Adam, und eine Frau, die nannte er Eva. Er brauchte sechs himmlische Tage dazu, das All zu erschaffen; und schließlich war er müde und ruhte sich aus.

Während der Schöpfung, als Gott über alle Maßen beschäftigt war, schlich Luzifer heimlich im Himmel umher. Er sprach mit diesem Engel und jenem, flüsterte hier, flüsterte da. Er sprach mit den Cherubim und Seraphim – zu jedem, der ein Ohr für ihn hatte. Was er aber flüsterte, war dieses: »Warum sollte Gott allmächtig herrschen? Warum sollte er der einzige Schöpfer sein, und der einzige, der bestimmt, was erschaffen werden soll? Wir sind mächtig. Wir sind auch würdig zu regieren. Was meint ihr?«

Er flüsterte an allen sechs Schöpfungstagen; und als Gott ausruhte, führte Luzifer eine Schar aufrührerischer Engel gegen Gott; sie zogen ihre Flammenschwerter und belagerten Gottes Thron. Aber auch der Erzengel Michael zog sein Fammenschwert; er führte die Gott getreuen Engel an, um den Himmel zu verteidigen. Das Heer Luzifers wurde in die Flucht geschlagen, und seine Anführer wurden als Gefangene vor Gottes Thron geführt. Und Gott sprach: »Ich kann euch nicht das Leben nehmen, denn ihr seid himmlische Wesen. Ihr sollt aber nicht länger die Heerscharen des Lichtes genannt werden; ihr sollt die Heerscharen der Finsternis sein. Du, Luzifer, sollst den Namen Satan tragen. Ihr, die ihr euch gegen mich erhoben habt, müßt euch anderswo ein Reich suchen. Ich befehle euch aber: Laßt die Erde, die ich gerade erst geschaffen habe, in Ruhe. Vergreift euch nicht an dem Werk meiner Hände!« So sprach Gott.

So ward Luzifer mit seinem Gefolge verbannt; und seither ist er als der Satan bekannt. Er begründete ein Reich unter der Erde und nannte es Hölle. Weil aber Gott ihm befohlen hatte, die Erde unberührt zu lassen, begehrte er sie nur um so mehr zum Eigentum. Er sandte seine Geister aus, die auf Erden Geborenen in Versuchung zu führen und böse zu machen. So kam es, daß die Erdenmenschen schließlich das Böse ebenso kannten wie das Gute; sie fühlten den Zugriff der Finsternis sogar, während sie ihre Augen zum Licht erhoben.

So vergingen Tausende und Abertausende von Jahren. Die Erde wurde in allen vier Himmelsrichtungen bevölkert; und Gott sah besorgt auf sie hinab. Er rief den Erzengel Michael zu sich und sprach: »Es ist soweit gekommen, daß Satans Macht auf Erden groß geworden ist. Meine Engel können ihm nicht länger standhalten. Ein Reich der Zerstörung, der Gier, des Hasses und der Lüge ist unter meinem Volk auf Erden errichtet worden. Die Herzen der Menschen sind dunkel vor Bosheit; ihre Augen sehen das Licht nicht mehr. Ich muß meinen eigenen Geist zur Erde senden, damit das Böse besiegt werden kann. Er soll sein ein vom Himmel Empfangener und von der Erde Geborener, kein anderer als mein eigener geliebter Sohn.« So sprach Gott.

Die Erde war in Länder aufgeteilt worden, davon waren einige groß und mächtig, andere klein und schwach. Und die Starken breiteten sich aus und mit ihren Heeren nahmen sie die Schwachen ein. Ein solches besetztes Land war Judäa. Zwischen seinen welligen Hügeln, seinen Olivenhainen, seinen hochgelegenen Weiden und seinen gewundenen Flußläufen hatten die Menschen ein kleine Stadt gebaut, Bethlehem genannt – die Stadt des Königs David. Und zu dieser Stadt, so hatten die römischen Eroberer befohlen, sollten alle Menschen aus dem Stamm Juda kommen, um ihren Tribut für den Cäsar zu entrichten.

Außerhalb der Stadt auf den Weiden hüteten viele Hirten ihre Schafe. Diese Stadt Bethlehem erwählte Gott als Geburtsort für seinen Sohn; die Geburt aber sollte sich in der Jahreszeit ereignen, da das Volk den Tribut entrichten mußte. Gott wollte die Ankunft den Hirten offenbaren, weil sie einfältig und reinen Herzens waren. Und Gott sandte ihnen einen Stern, der ihnen den Weg zeigen sollte, und befahl Engeln, ihnen die glückliche Neuigkeiten zu verkünden.

Es war tief in der Nacht. Auf den Weiden hatten die Hirten Feuer errichtet, um sich warm zu halten und streunende Wölfe und Räuber abzuschrecken. Alle, außer dem Jungen Esteban, schliefen. Nur er sah den Engel, vernahm die Neuigkeit; und sogleich weckte er die Schläfer: »Hört, eben ist ein Engel unter uns erschienen und hat gesungen. Erwacht, erwacht, ihr alle! Ich glaube, diese Nacht hat große Bedeutung für uns.«

Zur selben Stunde stand Satan am Eingang der Hölle. In letzter Zeit fühlte er sich beunruhigt, die Ahnung eines nahenden Unheils bewegte ihn. Und wie er seinen Blick über die Erde streifen ließ, sah er den Engel erscheinen. Da wuchs seine Besorgnis zur Furcht. Er rief seine Höllenheere zusammen und befahl ihnen, sich bereitzuhalten: »Heute nacht werden wir wiederum der Macht Gottes über das All trotzen. Wir werden um die Erde kämpfen und sie für uns gewinnen. Ich gehe jetzt dorthin. Folgt mir, wenn ich auf den Boden stampfe.«

Geschwind wie sein Gedanke erreichte Satan die Erde. Er kam als Wanderer, einen weiten Sombrero auf dem Haupt, um seine Schultern einen lang wallenden Mantel, einen Stab in der Hand. So schnell, wie ein Blitz den Himmel kreuzt, reiste er über die Erde. Jetzt war er hier – schon war er dort. Und so kam er zu den Weiden Judäas und stand bei einem Feuer, um welches die Hirten Wache hielten. Wieder erschien der Engel, um Gottes Neuigkeiten auszurufen: »Fürchtet euch nicht! Denn euch ist heute ein Messias geboren in der Stadt Davids.«

Satan bedeckte sein Gesicht und sprach: »Und was bedeutet diese Botschaft?«

Die Hirten kauerten sich zusammen: »Wir wissen es nicht.«

»Was ist das für ein Heiland – dieser Messias, von dem jene Erscheinung kündet?«

»Wir wissen es nicht.«

Satan ließ seinen Mantel fallen, so daß sie das Feuer, welches verdammt und verbrennt, in seinen Augen leuchten sahen: »Ich befehle euch, es zu wissen!«

Benito, der älteste Hirte, fragte: »In Gottes Namen, wer seid Ihr?«

Und Satan erwiderte: »In meinem eigenen Namen: Ich bin ein Wanderer. Einst hat man mir ein mächtiges Reich genommen. Ich bin hier, um es zurückzugewinnen.«

Konnte dies der Heiland sein, von dem die Engel sangen? Die Hirten rückten dicht zusammen – ganz dicht. Sie schauten sich um. Und ein jeder wurde von Furcht ergriffen. Hier war ganz gewiß Finsternis, nicht Licht; hier herrschte das namenlos Böse, nicht das Gute. Hier war einer, der den Namen Gottes verneint hatte. Gemeinsam riefen sie: »Hinweg!« Sie zogen brennende Scheite aus dem Feuer und hielten sie übereinander, so daß feurige Kreuze zwischen ihnen und dem Satan brannten.

Während sie miteinander geredet hatten, war Esteban, der Junge, weit fortgegangen, um nach verirrten Lämmern auszuschauen. Jetzt suchte Satan ihn auf. »Du hast den Engel singen gehört. Wo ist diese Stadt Davids?«

»Ich weiß es nicht.«

»Wer ist jener Messias?«

»Sprecht Ihr von Matías?« Der Junge war außer sich vor Angst. »Meint Ihr den Bruder meiner Mutter, einen weisen und treuen Hirten? Aber er ist doch krank. Ich hüte seine Schafe.«

»Einfältiger! Tölpel! Dummkopf!« Die Stimme Satans schwoll an wie ein Wirbelwind. »In deiner großen Dummheit sündigst du gegen mich, und das ist schrecklicher, als gegen Gott zu sündigen. Dafür sollst du sterben!«

Der Junge wollte seinen Mund öffnen und um Gnade flehen. Doch ehe er ein Wort sprechen und ehe die Hand Satans ihn niederstrecken konnte, erschien aus den weiten Himmelsräumen ein Flammenschwert, das den Teufel und den Jungen voneinander trennte; durch die weite Himmelskuppel aber erklang eine Stimme: »Du sollst den Unschuldigen nicht berühren.«

Es war die Stimme des Erzengels Michael. Jetzt stand er in leuchtender Rüstung neben Esteban und schützte ihn mit seinem Schwert. Und aufs neue sprach er: »Wie kannst du es wagen, Gottes Gebot zu brechen?«

»Ich wage mehr als das«, erwiderte Satan spöttisch. »Gottes Erde ist nicht länger die seine, sondern mein. Mein Gefolge regiert sie. Aber heute nacht werde ich mit dir darum kämpfen. Ich werde sie dir nehmen mit dem Recht des Schwertes und mit meinen übermächtigen Heerscharen.«

Er stampfte auf den Erdboden. Der öffnet sich, und aus den Erdentiefen kamen Heere von Teufeln hervor; die schwangen ihre zweischneidigen Schwerter, welche im Höllenfeuer geschmiedet waren. Da streckte Michael sein eigenes Schwert in die Höhe, und siehe: eine gewaltige Treppe, wie die Jakobsleiter, wurde zwischen Erde und Himmel aufgerichtet. Auf diesem leuchtenden Steg kamen die Heere der himmlischen Scharen herab. Die Himmel aber hallten wider von dem Ruf: »Zum Kampf!«

Nun wurde eine solche Schlacht geschlagen zwischen den Scharen der Finsternis und den Heeren des Lichtes, wie es seit Urbeginn noch keine gegeben hatte. Und Michaels Schwert heftete den Satan an den Erdboden, daß er sich nicht erheben konnte; und Michaels Gefolge schlug die Anhänger Satans in die Flucht, daß die Erdkruste unter ihnen aufbrach. In hochaufschlagenden Flammen wurden sie verschlungen. Als die Erde von ihnen gereinigt war, sprach Michael zu Satan: »Du hast heute nacht viele gefragt, wer der Heiland, der Messias sei. Ich will dir antworten, Besiegter. Er ist Gottes und der Menschen Sohn. Er ist der Friede. Er ist die Liebe. Er ist einer, gegen den deine Bosheit nicht bestehen kann. Denn er regiert allmächtig neben Gott.«

Michaels Antlitz leuchtete im Glanz der siegreichen Himmel – voller Güte und Kraft. Und Satan, der ihm zu Füßen kroch, schaute darauf hin und haßte es. »Jetzt bin ich besiegt. Aber warte weitere tausend Jahre, zweitausend!«

Esteban aber hatte alles beobachtet. Nachdem Satan in die Hölle zurückgekrochen war, befahl Michael dem Jungen, die Hirten nach Bethlehem zu führen. Dort sollten sie ihren Heiland sehen und ihn anbeten.

Und als der Junge sich wieder zu den Hirten am Feuer gesellte, kam der Engel noch ein drittes Mal; mit ihm war die Fülle der himmlischen Heerscharen, die lobten Gott und sangen »Hallelujah«. Über allem aber schien ein Stern von solcher Größe, wie sie keinen zuvor in den Himmeln geschaut hatten.

Aber von den vielen, die in jener Nacht ihre Herden hüteten, folgten nur wenige dem Ruf. Die schlugen ihre Mäntel um sich und gingen mit dem Knaben Esteban. Während sie wanderten, wies er ihnen am Wegrand die Scharen von Engeln in strahlenden Rüstungen, die sie beschützten. Aber niemand außer dem Jungen konnte sie sehen.

Dennoch stieg in ihren Herzen eine große Freude auf, daß jeder Hirte seine Stimme erheben mußte zum Lobgesang. Benito, der älteste, gab ihrem Lied als erster Worte:

>Jener helle
Himmelsstern
weist zur Krippe
uns'res Herrn.«

Dann holte Andrés tief Luft und stimmte für sie die zweite Strophe an:

»Freude, Lachen,
Fröhlichkeit
künden seine
Herrlichkeit.«

Miguel erhob seine Stimme, und sie schwoll an zu einem Ausruf der Dankbarkeit:

»Guter Wille
allen! Brüder,
ruft es, ruft es
immer wieder.«

Carlos fiel ein und setzte das Lied für die anderen fort:

»Friede herrsche
immerfort,
nah und fern,
an jedem Ort.«

Esteban gab der letzten Strophe Worte, während sie zum Eingang des Stalls gingen:

»Singet, Brüder!
Hirten, singet,
bis die ganze
Welt erklinget
von dem Ruf:
Geboren ist
unser Heiland
Jesus Christ.«

Der Stern über ihren Häuptern führte sie zum Stall. Drinnen fanden sie eine schöne junge Frau, und neben ihr auf dem Stroh ein kleines neugeborenes Kind. Benito sprach die Fragen aus, die sie alle im Sinn hatten: »Wie heißt Ihr, Frau?«

»Man nennt mich Maria.«

»Und das Kind?«

»Er heißt Jesus.«

Benito kniete nieder. »*Nene Jesús* – Kindlein Jesus, die Engel haben uns hergesandt, dich anzubeten. Wir bringen dir, was wir an armseligen Geschenken haben. Hier hast du einen jungen Hahn.« Benito setzte ihn auf das Stroh neben das Kind, erhob sich dann und rief: »Anrés, du bist an der Reihe.«

Andrés kniete nieder. »Ich, Andrés, bringe dir ein Lamm.« Er legte es zu dem Hahn, erhob sich und sagte: »Miguel, bring, was du hast.«

Miguel kniete nieder. »Ich bringe dir einen Korb mit Feigen, Kleines. Carlos, du bist dran.«

Carlos kniete nieder und hielt seine Hirtenflöte empor. »Ich habe sie gemacht. Du sollst darauf spielen, wenn du groß bist. Juan, was hast du?«

Juan kniete nieder. »Dies ist ein bißchen Käse – guter Ziegenkäse.«

Nacheinander knieten sie nieder, bis alle, außer dem Jungen Esteban, ihre Gaben dargebracht hatten. »Ach, *Nene Jesús*, ich habe nur wenig für dich. Aber hier hast du ein paar Bänder von meiner Mütze. Du magst sie, nicht wahr? Und nun bitte ich dich: Segne alle Hirten. Gib, daß wir anderen die Liebe zu allen zarten und kleinen Dingen lehren, die uns im Herzen lebt. Laß uns immer in der Nacht deiner Geburt deinen Stern sehen. Und halte unsere Augen ewiglich erhoben zu den fernen Hügeln.«

Nachdem er dies Gebet gesprochen hatte und alle ihre Geschenke dargebracht hatten, gingen die Hirten singend hinaus in die Nacht.

RUTH SAWYER

Die Legende von der Heiligen Brigid

In Irland wird die heilige Brigid auch »St. Brigid mit dem heiligen Mantel« genannt, weil sie den Menschen in den Bergen immer so in Erinnerung sein wird, wie sie zum neugeborenen Kind Jesu nach Bethlehem kam.

Sie war noch ein kleines Mädchen, als sie auf die Insel Iona kam. Wie sie dort hinkam, das ist eine seltsame Geschichte.

Ihr Vater war Doughall Donn, ein irischer Prinz; er war von der grünen Insel verbannt worden, weil er eines Verbrechens beschuldigt wurde, obwohl er geschworen hatte, es nicht begangen zu haben. Er nahm das Kind und verließ die Insel nachts in einem kleinen Boot. Der Wind und die Wellen trugen die beiden in Richtung Alba. Aber als sie noch weit davon entfernt waren, gerieten sie in einen Sturm und ihr Boot wurde auf die Felsen geschlagen. Der älteste Priester von Iona, Cathal, schaute vom höchsten Berg hinunter, auf dem er gerade die Opferfeuer entzündet hatte, und sah unten am Strand den Körper eines vom Sturm angespülten Mannes liegen. Er eile hinunter und fand neben dem Mann ein kleines Mädchen, das mit Muscheln spielte und seine kleinen rosa Zehen in den nassen Sand drückte. Cathal brachte die beiden zur Hütte des Viehhirten und beauftragte den, gut für die beiden Schiffbrüchigen zu sorgen.

In der Nacht hatte er einen seltsamen Traum. Er träumte, die Engel des Himmels bewachten das Mädchen im Schlaf, und als er fragte, warum sie das täten, antworteten sie: »Weil ein Tag kommen wird, da dieses Mädchen das Kindlein Jesus wiegt und über ihm wachen wird, während es schläft.«

Als er erwachte, ging Cathal zur Hütte des Hirten und wachte dort über dem schlafenden Kind. Doughall Donn war des Kindes wegen willkommen auf Iona, und die Priester gaben ihm eine Hütte und sorgten dafür, daß es ihm und seiner Tochter an nichts fehlte.

Es war mitten im Sommer und der Tag, an dem Brigid einundzwanzig Jahre alt wurde. Bei Sonnenaufgang verließ sie die Hütte des Vaters und stieg den Hügel hinauf. Es waren mehr Menschen auf dem Hügel, aber nur

sie hörte das Singen der Priester für den Sonnengott und nur sie sah den Schein der Opferfeuer. Sie war weiß gekleidet und hatte einen Kranz aus weiß-grauen Johannisbeerzweigen im Haar und einen Gürtel aus Johannisbeerzweigen um die Hüfte; sie sah aus wie eine Blume in der Morgenröte. Als sie den Hügel hinaufging, kamen die Tiere auf sie zu, um liebkost zu werden, und die Vögel flogen über ihren Kopf und ließen sich auf ihren Schultern nieder. Sie lauschte dem Singen: Sie blieb, bis die Flammen des Feuers eins wurden mit den Sonnenstrahlen. Dann rief sie ein weißer Vogel, und sie folgte ihm in den Wald. Sie folgte ihm über den Berg: Und sie kam auf die andere Seite und sah ein anderes Land!

Dort waren keine grünen Felder und Weiden mit Schafen mehr, und dahinter lag auch kein Meer. Es war ein seltsames Land mit Sand und brennender Sonne; und die Bäume und Häuser waren fremd. Sie fand sich selbst neben einem Brunnen mit einem seltsam geformten Krug in der Hand, und ihr Vater stand neben ihr. »Brigid«, sagte er, »was bist du doch für ein seltsames Kind. Weißt du denn nicht, daß der Brunnen schon vierzehn Tage trocken ist, und glaubst du nun, daß du ihn füllen kannst?«

Sie lächelte. »Das wußte ich nicht mehr.«

Ihr Vater nahm sie mit in die Stadt, die dort unten lag, die Stadt Bethlehem.

»Brigid«, sagte er wieder, »die Trockenheit dauert schon viele Monate. Die Brunnen haben keinen Tropfen Wasser mehr, Wein gibt es nicht und die Tiere sterben uns unter den Händen. Ich werde dich heute nacht in der Herberge zurücklassen, die Kamele und die Wassersäcke mitnehmen und Wasser holen. Da ist ein Brunnen, sagt man, an einem Ort, den sie den Ölberg nennen, der ist nie trocken: Das ist wohl drei Tage weit, hin und zurück.«

»Und was soll ich tun, wenn du fort bist?« fragte Brigid.

Sie standen nun vor der Tür der Herberge, die Doughall für sie öffnete.

»Du bleibst hier, mein Kind, und hältst die Tür verriegelt, bis ich zurück bin. Kein Sterblicher darf über die Schwelle kommen, so lange ich fort bin. Du öffnest niemandem die Tür, weder Mann noch Frau noch Kind – denke daran!«

»Aber Vater, was soll ich denn tun, wenn jemand Hilfe braucht, wenn er vor Hunger stirbt oder krank vor Durst ist?«

Doch Vater führte sie zu einem Schrank und deutete auf die leeren Bretter.

»Hier sind ein Krug Wasser, eine Handvoll Datteln und ein paar Mehlfladen, das ist alles, was im Haus ist. Es reicht gerade für dich, bis ich zurück bin, und wenn du anderen etwas gibst, wirst du selbst Hunger und Durst leiden. Denke bitte daran, was du mir versprochen hast. Du darfst niemanden hereinlassen, während ich fort bin.«

Brigid schaute ihrem Vater nach, als er die Kamele über den Innenhof trieb; sie verriegelte die Tür, und zwei Tage lang setzte niemand den Fuß über die Schwelle. Doch in der Nacht vor dem dritten Tag, als Brigid gerade ins Bett gehen wollte, wurde an die Tür geklopft.

»Wer ist da und was wollt Ihr?« rief sie.

»Gott segne dieses Haus!« rief eine Männerstimme aus der Dunkelheit. »Ich bin Josef, Zimmermann aus Arimathia; und Maria, meine Frau, ist erschöpft und kann nicht weiter. Könnt Ihr uns ein Dach über dem Kopf geben?«

»Das kann ich nicht. Ich habe versprochen, niemandem Unterkunft oder zu essen zu geben, bis mein Vater zurück ist. Wäre das nicht so, würde ich Euch beide gerne hereinlassen.«

Da erklang eine Stimme in der Dunkelheit, eine Stimme, die sie erzittern und ihr Herz vor Freude schneller schlagen ließ.

»Hast du mich vergessen, Brigid?« sagte die Stimme.

Brigid öffnete die Luke in der Tür und schaute hinaus. Sie sah einen großen, breitschultrigen Mann, neben ihm stand ein kleiner, grauer Esel, und darauf saß eine Frau, die Brigid den Kopf zuwendete und sie anlächelte. Und das Wunder des Lächelns führte Brigid zum Türriegel.

Sie machte die Tür weit auf und bat die beiden herein. Sie gab ihnen das letzte Wasser, die letzten Datteln und Mehlfladen und sah ihnen zu, wie sie schweigend aßen und tranken. Sie nahm sie mit zum Hinterhof. »Dort ist der Stall, und da ist frisches Stroh; die Tiere sind friedlich. Mein Versprechen habe ich zur Hälfte gebrochen, ich habe Euch zu essen und zu trinken gegeben, aber ein Dach über dem Kopf müßt ihr außerhalb der Herberge finden.«

Sie führte sie zum Stall und ließ sie herein, und dann eilte sie zurück zur Tür, um die wieder zu verriegeln. Und während sie das tat, hörte sie draußen Lärm. Dann sah sie, daß der Vater mit den Kamelen zurückgekommen war. In ihrer Stimme klang große Freude mit, als sie ihn willkommen hieß, aber auch Traurigkeit, weil sie ihr Versprechen gebrochen hatte.

»Seht Ihr«, sagte sie, als sie ihren Vater hereinließ, »ich gebe ihnen nur zu essen und zu trinken, nur zu essen und zu trinken. Sie schlafen im Stall.« Als sie die leergegessenen Schalen wegräumen wollte, waren die wieder mit Datteln und Mehlfladen gefüllt. Und der Krug war wieder voll Wasser.

»Das ist ein Wunder!« sagte Brigid außer Atem. Und während sie sprach, geschah wieder ein Wunder. Draußen war das Geräusch fallenden Regens zu hören, und zwar nicht leise wie ein vorüberziehender Schauer, sondern regelmäßiges Tick, Tick, Tick, wie in der Regenzeit.

»Die Trockenheit ist vorüber«, sagte Doughall Donn, und fügte mit Überraschung in der Stimme hinzu: »Was sind das für Leute? Erinnerst du dich an die Weissagung: ›Der König der Liebe, Herrscher der Welt, wird geboren werden in der ersten Nacht des Regens nach einer langen Periode der Trockenheit; und er wird geboren werden in einem Stall außerhalb der Herberge.‹ Komm, wir gehen schauen.«

Er zog Brigid mit sich über den Hof, und als sie in den Stall kamen, sahen sie Maria auf dem Stroh liegen, und neben ihr das neugeborene Kind.

»Ach, das Kindlein«, flüsterte Brigid und kniete nieder. »Ich glaube, Ihr solltet ein wenig schlafen, Maria. Ich werde mich um das Kind kümmern, während Ihr schlaft.« Und sie streckte die Arme aus nach dem Kind, das sie in den weißen Mantel wickelte, den sie trug.

Die ganze Nacht hindurch wiegte Brigid das Kind, Maria schlief und die Tiere schauten zu. Und als der Tag anbrach, schloß Brigid die Augen und schlief auch ein, denn sie war sehr müde. Beim Rufen des weißen Vogels wurde sie wach. Mit einem Angstschrei sprang sie auf und tastete nach dem Kind, doch das war fort. Und als sie sich umschaut, stand sie am Fuß des Hügels, und um sie herum waren grüne Felder und Weiden voller Schafe, und zu Füßen lagen Vaters Hütte und die blaue Bucht von Iona. »Das war alles ein Traum«, sagte sie überrascht. Und dann sah sie den Mantel, den sie anhatte. Goldene Fäden nach den Umrissen von Vögeln, Tieren und Engeln waren eingewebt. Den Mantel um die Schultern geschlagen ging Brigid ganz langsam nach Hause. Als sie zur Hütte ihres Vaters kam, hörte sie, daß sie ein Jahr und sechs Monate fortgewesen war.

ERNEST CLAES

Von Ochs und Esel

Es war der alte Peer-Sus Haase, der es mir erzählte, als ich klein war. Peer-Sus Haase wohnte in einem Lehmhäuschen hinter dem Klosterfeld. Ich saß neben ihm am Wegrand, und als Bastian Goedertier vorbeizog mit seinem Ochsen – dem Ochsen, dem die Haare auf dem breiten Schädel zu einem weißen Kreuz gewachsen waren –, da sagte Peer-Sus Haase: »Das ist der Ochse aus dem Stall von Bethlehem.« – Ich schaute ihn fragend an. »Ist das eine Geschichte, Ohm Peer-Sus?«

Er schüttelte seinen alten Kopf, und in seine zarten blauen Augen kam wieder der kindliche Glanz, der immer darin lag, wenn er mir seine Geschichten von Hexen und Gespenstern, von Heiligen und Teufeln erzählte.

– »Und auch ein Esel war dabei... Komm, Kerlchen, rück etwas näher zu mir heran...«

Und so erzählte mir Ohm Peer-Sus Haase die Geschichte von Ochs und Esel.

Der Ochs hieß Uba, und der Esel hieß Knix. Das war ein guter Name für einen Esel. Auch das Lasttier von Chelaftan, dem Geflügelhändler, der zweimal im Monat von Etham in den Landstrich von Bethlehem kam, hieß so. Knix war ein geläufiger Name für einen Esel. Aber Uba, so hieß wohl nirgendwo ein Ochse. Den Namen hatte ihm Klein Abner gegeben. Als Misael vom Markt nach Hause kam mit dem Tier und es vor der Haustür anhielt, um es aus dem Holztrog zu tränken und um es Rebna, der Mutter des Kindes, zu zeigen, stapfte Klein Abner wackelnd aus dem kleinen Haus, stützte sich mit einem Händchen am Türpfosten und betrachtete so den Ochsen. Er konnte noch nicht sprechen, der kleine Abner, er stieß undeutliche Töne und halbe Worte hervor, wie Kinder das tun. Und Misael, sein Vater, mußte häufig darüber lachen, ohne daß er sie begriff; aber Rebna verstand sie allemal mit ihrem Mutterherzen. Der Ochse hatte getrunken, er hob seinen Kopf aus dem Trog, das Wasser triefte aus seinen breiten Nüstern, und dann schaute er mit seinen zarten runden Augen das Kind an, das am Türpfosten stand. Klein Abner streckte sein freies Händchen aus, streichelte über das glänzende, nasse Maul, stülpte die Lippen vor und sagte zu dem Tier: »Uba... Uba... Uba...!« Niemand hätte zu sagen gewußt, warum das Kind dieses Wort zum Ochsen sagte oder was es damit ausdrücken wollte. Rebna mußte darüber lächeln, und Misael selber sagte: »Ei ja, Klein Abner, das ist nun Uba.« Rebna streichelte dem Tier über den harten, mageren Kopf, das Kind schlang seine beiden Ärmchen um das Vorderbein, legte die Wange an das warme Fell und stammelte wieder ein paar Liebkosungen in seiner Kindersprache. Misael blickte nieder auf seine Frau und sein Söhnchen, und da kam Freude in sein Herz, weil er diesen Ochsen gekauft hatte und keinen anderen. Es war noch nicht einmal ein besonders schönes Tier. Wohl sah es stark und kräftig und gesund aus; aber es war mager, zu mager, sein Widerrist war zu schmal und seine Vorderfüße standen ein wenig zu sehr nach außen gedreht. Jung war der Ochse auch nicht mehr. Rebna sah das alles gleich. Und Misael merkte wohl, daß sie es sah. Sie sagte nur, ohne Misael anzuschauen: »Das Tier hat so gute Augen«, und sie streichelte ihm wieder über den Nacken. Aber in ihrem Herzen wußte sie, ohne zu begreifen warum, daß Misael diesen Ochsen gekauft hatte, weil auf seinem harten, glatten Schädel die Haare zu einem weißen Kreuz gewachsen waren. Sonst war das Fell des Ochsen gleichmäßig braun. Und weil auch Knix, der Esel, solch ein Kreuz vorne auf seinem Schädel trug. Ja, Rebna wußte, daß es darum war, aber sie sagte es nicht. »Das Tier hat so gute Augen«, sagte sie, mehr nicht.

»Komm, Uba, in den Stall!« sagte Misael und lachte wieder. Er nahm das Leitseil und führte das ermüdete Tier zum Stall, zu Knix, dem Esel, neben dem Holzstapel.

So hieß dann der Ochse von Misael Uba, weil Klein Abner dieses Wort ausgesprochen hatte.

Misael betrieb einen Holzhandel. Er wohnte ein Stück südlich von Bethlehem, am Fuße des Judagebirges, in einem Häuschen, das er, bevor er Rebna zur Frau nahm, selber aufgerichtet hatte, aus Holz und Lehm und mit Schilf gedeckt. Er hatte es mit Kalk gestrichen, und es glänzte weiß und freundlich in der Sonne. Ein junger Rebstock wuchs am Vordergiebel. Es lag am Weg, der von Süden, von Hebron und Etham über Bethlehem nach Jerusalem lief. Wenn er auf den waldigen Berghängen bei der Arbeit war, konnte er bisweilen durch eine Lichtung sein Haus sehen. Mitunter sah er dann seine junge Frau am Giebel, wie sie sich hier und da zu schaffen machte, und Klein Abner war an ihrer Seite. Dann legte er seine Hände wie einen Trichter um den Mund und rief: »U – hu!! U – hu!!«, das über Hänge und Hügel tausendfaches Echo weckte. Rebna hörte es. Sie sah nicht, wo Misael dann war, aber sie wandte ihr Gesicht den Bergen zu, hob Klein Abner in die Höhe, und sie wußte dann, daß Misael es sah. Bei klarem Wetter konnte er über Bethlehem hin die hohen Mauern Jerusalems erblicken und darüber, goldglänzend wie die Sonne, das schimmernde Leuchten des Tempels.

Misael war fromm und den Geboten untertan.

Es war nur ein bescheidener Holzhandel, den er trieb. Er lieferte Brandholz an drei Bäcker in Bethlehem, an Achim, den Töpfer, an zwei Tempeldiener, an den reichen Geizkragen Phinias, den Glasbläser, und noch an ein paar Bewohner des Städtchens. Zweimal in der Woche trabte er an der Seite von Knix, der den Wagen zog, nach Bethlehem, und den Berg hinauf stemmte er seine Schulter gegen das Fahrzeug und drückte mit. Hiermit verdiente er sein mageres Brot, und er war zufrieden. Seine Redlichkeit verschaffte ihm immer mehr Kunden. Er arbeitete vom frühen Morgen bis zum späten Abend. Aber die Fahrt zur Stadt, zweimal, mitunter dreimal in der Woche, wurde zu schwer für Knix. Misael sah es wohl. Das arme Tier ging zurück, trotz der guten Pflege von Rebna. Und als der Möbelschreiner Abiron in der Feldstraße ihm einen großen Auftrag gab, daran er gut verdiente, beschloß Misael, noch einen Ochsen dazuzukaufen. Er ging zum Jahrmarkt in Bethlehem, und Achim, der Töpfer, der mit Rebna verwandt war, begleitete ihn. Als sie über den Markt zogen, an der langen Reihe Ochsen vorbei, die mit einem Strick zwischen den Pflöcken angebunden waren, wies Achim hier und da auf ein Tier, auf seinen guten Bau und sein gesundes Aussehen.

Dann mußte Achim nach Hause zu seiner Arbeit, und Misael schlenderte allein an der Reihe der Zugtiere vorbei. Das eine wie das andere schaute ihn an mit seinen ruhigen, wehmütigen Augen. Und er hielt auf einmal vor einem Ochsen ein, der ein weißes Kreuz auf den Haaren seines Schädels trug. »Wieviel?« fragte er den Mann, der neben dem Tier stand. Dieser fürchtete bereits, er möchte sein mageres Tier mit dem schmalen Widerrist nicht loswerden und nannte darum einen bescheidenen Preis. Misael hatte das Geld in seinem Beutel, sogar mehr als gefordert war. Er feilschte darum nicht und schloß den Kauf. Da sagte der Mann: »Dieses Tier wird dir Glück bringen... Mein Vater, der Herr sei ihm gnädig, sagte, daß das weiße Kreuz auf dem Schädel Segen bedeutet.« Er streichelte seinen getreuen Ochsen noch, bevor er von ihm Abschied nahm. Misael war zufrieden, daß er ihn von einem gottesfürchtigen Mann erworben hatte. Als er das Tier wegführte, sah er die spöttischen Blicke der anderen Ochsenverkäufer. Wie hätte er ihnen sagen können, daß er diesen und keinen anderen Ochsen gekauft hatte, gerade deshalb, weil er das weiße Kreuz auf seinem Kopf trug wie sein Knix, sein Esel? Sie würden noch mehr gelacht haben. Auch er begriff es nicht. Aus dem tiefsten Grund seiner Seele war etwas in ihm aufgestiegen, das ihm sagte, dieses Tier sei für ihn bestimmt, er müsse es kaufen, und es war, als ob ein anderer durch seinen Mund gefragt hätte: »Wieviel?« Wer kennt die Geheimnisse seines eigenen Herzens? Wer kennt die Wege des Herrn?

Und so kam der Ochse, den Klein Abner Uba nannte, in das weiße Häuschen, südlich von Bethlehem.

Als Misael mit Uba in den Stall kam, lag Knix auf dem Boden, den Kopf der Wand vor ihm zugedreht. Das späte Licht des Tages, das durch die offene Tür hineinfiel, zeichnete auf der Wand den Schatten seiner langen Ohren ab, und als diese sich bewegten, schaute Knix gespannt auf das huschende Schattenspiel seiner eigenen Eselsohren. Misael band Uba an dem Querbaum neben Knix fest, holte aus der Stallecke einen Armvoll frisches Gras, legte es vor ihn hin, klopfte dem Tier noch einmal freundlich auf den Nacken und ging.

Nun drehte Knix seinen Kopf zur Seite und blickte zu Uba hin, der aufrecht stand. Uba, das Maul voller Grün, schaute nieder auf den liegenden Knix. So sahen sie einander ein Weilchen an mit ihren dicken Kugelaugen, darin das späte Licht einen feuchten Schimmer legte. Die zwei Kreuze auf ihrem Schädel waren einander zugekehrt. Keine Befremdung oder Furcht stand in ihrem Blick, es war, als ob sie sich schon lange kennten. Denn das war doch Bruder Ochse. Das war doch Bruder Esel.

Als Uba sich auch hinlegte, brummelte er sacht und ließ tief aus seiner Lunge einen Seufzer des Wohlbehagens aufsteigen. Fühlte Uba vielleicht, daß er einen freundlichen Meister gefunden hatte, daß man ihn gut behandeln würde? So war es langsam Nacht geworden. Im Dunkel streckten Knix und Uba die Köpfe einander zu, ihre nassen, kühlen Mäuler berührten sich. Knix bewegte spielend seine langen Ohren. Uba brummelte. Bruder Ochs! Bruder Esel! Die Stalltür stand offen wegen der heißen Nacht. Ein Schatten schlich geräuschlos durch das Mondlicht vor der offenen Tür, eine spitze schnüffelnde Schnauze schnob den warmen Dunst ein von Stall und Tieren. Auf dem Stallsöller gackerten verschreckt die Hühner. Uba und Knix fühlten das fremde Nachtgetier mehr als sie es hörten. Sie drehten beide zugleich den Kopf der Türöffnung zu, und – war es Bruder Fuchs, oder Bruder Schakal, oder Bruder Wolf? – der Schatten glitt lautlos fort in die Nacht. In dem dunklen Stall hatte Bruder Wolf nichts anderes gesehen als die zwei Kreuze, nahe am Boden, auf den Schädeln von Knix und Uba.

Über das heilige Land Judäa gehen die Tage ihren trägen Gang. Knix und Uba schleppen zusammen das Holz am Berghang zu dem weißen Häuschen, wo sich die Stapel nun viel höher türmen, und zwei-, dreimal in der Woche fährt Misael eine Ladung Holz zur Stadt. Wenn er auf den Höhen das Brandholz schlägt oder mit dem Beil einen Baumstamm bearbeitet, rupfen die Tiere das saftige, feuchte Gras zwischen dem niedern Gestrüpp. Wenn Misael neben dem Hause schafft, stehen Knix und Uba jenseits des Weges auf der Weide, die ist wohl dürr und besät mit schweren Steinen, aber hier und da finden sie doch ein grünes Kraut oder eine Distel. Sie wollen sich immer nahe sein. Wo Uba ist, will Knix sein. Wo Knix ist, will Uba sein.

Die weißen Häuser von Bethlehem brennen in der Sonne. Das Laub hängt matt und schlaff an den Zweigen. Und nichts geschieht.

Doch, da geschieht etwas. Und es trägt sich mit Ismael zu, dem alten, kindischen Ismael, der allein in der verfallenen Hütte haust nicht weit vom Stadttor. In seiner Jugend ist ihm ein Stein auf den Kopf gefallen, von einem Haus, das man gerade baute, und seitdem ist sein Geist gestört. Der Herr segne ihn! Er ist ein sanfter, ungefährlicher Kranker, er läuft auf allen Wegen vor der Stadt herum, mit einem kindlichen Lächeln auf dem Gesicht. Er ist gottesfürchtig, und am Sabbat erbaut sein Verhalten. Jeder hilft ihm gern. Wenn er an dem weißen Häuschen vorbeikommt, grüßt er Rebna jedesmal und spricht einen Segen über das Haupt des kleinen Abner. Mit Ismael dem Toren hat sich etwas zugetragen.

Es ist Nachmittag. Rebna schafft im Hause, das Kind schläft. Misael sägt Holz an dem Stapel. Uba und Knix suchen auf der dürren Weide jetzt sicher etwas Schatten. Schon ein paarmal hat Misael leicht den Kopf gehoben, weil ihn dünkt, er höre eine Stimme. Hinter dem Holzstapel... Hinter dem Haus... Eine murmelnde, sanfte Stimme... Aber jedesmal bricht das Geräusch wieder ab, und er sägt weiter. Sieh, da hört er es wieder. Misael geht nachzuschauen, läuft um den Giebel, rund um das Holz... nichts. Er wirft einen Blick über die Straße und will sich bereits zu seiner Arbeit kehren, als er plötzlich starr stehenbleibt. Er ist ganz verdutzt und weiß nicht, ob er lachen oder ernst bleiben soll. Sitzt mir da wahrhaftig auf einem Stein, am Rand der Weide, Ismael der Tor, und vor ihm stehen Knix und Uba, regungslos, den Kopf ihm zugewandt, als ob sie aufmerksam lauschten. Denn Ismael der Tor spricht mit Knix und Uba, er sieht es an den Bewegungen seines Kopfes, es ist eine Flüsterstimme, die Misael bereits die ganze Zeit gehört. Am meisten erstaunlich ist wohl, daß die beiden Tiere da so bewegungslos stehenbleiben, steif auf ihren vier Beinen, den Kopf Ismael zugeneigt. Misael denkt, daß es doch nicht zum Lachen angetan sei.

Was mag er den Tieren wohl erzählen? Behutsam tritt Misael näher. Ismael sitzt ihm mit dem Rücken zugekehrt, und er lauscht. Nun steigt Misaels Verwunderung aufs höchste. Er kann bald seinen eigenen Ohren nicht trauen. Ismael spricht zu den beiden Tieren über die alten Könige und Propheten, er nennt die heiligen Namen von Moses, David und Isaias, ohne zu stocken führt er geweihte Sprüche an, und über den Messias spricht er wahrhaftig, über den Messias, der kommen soll in das Land von Judäa. Und die beiden Tiere stehen wie gebannt, den sanften Blick auf Ismael gerichtet. Entsetzt lauscht Misael. Denn es würde wohl eine große Sünde sein, den Namen des Allerhöchsten vor zwei vernunftlosen Tieren auszusprechen, wäre nicht Ismael verwirrt im Geist. Und als nun der Alte etwas zur Seite blickt, nach Bethlehem hin, als wenn er Knix und Uba dort etwas zeigen wollte, sieht Misael, daß ihm dicke Tränen über das verwitterte Gesicht kullern. Das weiße Kreuz auf dem Schädel von Knix und Uba blinkt im Licht der Sonne. Misael schaut starr auf die zwei Kreuze, seine Augen kann er nicht davon abwenden.

Am Abend sitzen Misael und Rebna auf der Bank vor dem Giebel des Hauses. Sie schweigen und starren in das Dunkel über dem Weg. Im Mondlicht blinkert drüben auf der Weide hier und da ein weißer Stein. Die Grillen zirpen. Sie sind beide müde von dem schweren, heißen Tag. Irgendwo heult ein Schakal.

»Der Bauer...«, sagt Misael auf einmal und schweigt dann. Er hat Rebna nichts erzählt von Ismael dem Toren, und daran denkt er auf einmal. Rebna schaut ihn fragend an. Er sieht die weiße Fläche ihres Gesichts.

»Ja?« fragt sie.

»Der Bauer, von dem ich den Ochsen kaufte, sagte, daß das weiße Kreuz an dem Kopf des Tieres Glück bedeutet.«

Rebna denkt einen Augenblick nach. »Ja«, sagt sie dann, »das mag wohl sein, Misael.«

Es ist im Monat Cheschwan, und die Nächte werden kühler. Rebna geht hinein. Misael steht im Mondlicht vor dem Hause und blickt in die Nacht. Er reckt weit seine Arme. Im Stall nebenan hört er eines der Tiere schwer schnaufen. Der Nachthimmel steht groß und weit über dem Tal und den Bergen. Er denkt wieder daran, was der Bauer über das Kreuz gesagt hat, und im Frieden seines Herzens dankt Misael dem Herrn.

So leben in dem weißen Häuschen, am Fuß der Berge, südlich von Bethlehem, Misael und Rebna mit ihrem Söhnchen Abner und mit Ochs und Esel. Herodes der Idumäer war damals König über Judäa. Misael kauft ein Wäldchen nördlich von Bethlehem, nicht weit von der großen Straße, die von

Jerusalem zum Toten Meer führt. Es lag am Hang eines Berges. Alle seine Sparpfennige hatte er daran gewandt, und er hatte sogar acht Silberlinge leihen müssen von Achim, dem Töpfer. Aber der Busch war reich an gutem Bau- und Möbelholz. Misael regte sich von Morgen bis zum Abend. Er erhielt eine feste Bestellung des Möbelschreiners Abiron, der ihm auch einige Namen gab von Möbelschreinern und Zimmerleuten in Jerusalem, und als er einmal dort war, bot sich Misael Gelegenheit, einen großen Teil des Holzes, das der Busch liefern würde, zu verkaufen. Dann begann Misael mit dem Fällen der Bäume. Es war zu weit, um jeden Abend nach Hause zu kommen, und er mußte nun jede Stunde des Tages nützen. So zog er mit Knix und Uba allein zum Busch. Für sich selber baute er eine Art Hütte, und ganz in der Nähe fand er eine Grotte in einer Bergwand, darin er die Tiere unterbringen konnte. Der Platz wurde von herumziehenden Hirten wohl noch als Stall benutzt. Misael merkte das. Er machte einen Schutz aus Baumzweigen, um damit die Hütte abzuschließen, denn die Nächte waren jetzt kühl. Im Schweiße seines Angesichts schafft Misael. Auch Uba und Knix haben es nun schwer. Sie müssen helfen, die Baumstämme herunterzuschleppen, hierhin oder dorthin, müssen sich selber ihren Weg bahnen zwischen dem niedrigen, dornigen Gestrüpp, die Zweige der fallenden Bäume streifen mitunter peitschend ihr Fell, und die Baumstämme, die sie zur Hütte schleifen, sind schwer. Sie sind jeden Abend sehr müde.

Und wieder einmal ist die Nacht gekommen.

Misael schläft in der Hütte. Hoch am Himmel steht ein kalter Mond, und über dem Tal und über der Bergwand hängt ein weißer Nebel tief über der Erde. Ein paar hohe Gebäude von Bethlehem sind verschwommen sichtbar im Mondlicht, und hier und da flimmert es wie von blinkendem Stahl. Ein Gemisch von allerlei Tönen dringt aus der Stadt herüber, Rufen und Kreischen von Menschenstimmen, Schreien von Tieren, Krachen und Poltern von Wagen, es scheint, als wäre das ruhige Bethlehem ein riesiger Bienenkorb geworden. Auf allen Wegen, die zur Stadt leiten, sind in diesen Tagen Fremde angekommen, auf Wagen, auf Kamelen, Eseln, Pferden, zu Fuß, arm und reich, jung und alt, aus Galiläa, aus Samaria, vom Land am Toten Meer. Es ist wegen der Volkszählung. Wie können in dem kleinen Bethlehem alle diese Leute ein Unterkommen finden? Im Stall liegen Uba und Knix. Misael hat eine dicke Schicht Moos und Blätter auf den Boden gestreut. Er hat die Tiere ein Stück voneinander angebunden, um ihnen Platz zu lassen.

Schlafen Knix und Uba nun? Wie schlafen die Tiere? Schlafen sie aufrecht oder liegend, oder ruhen sie nur so? Und wenn Uba im Dunkeln mit einem zarten Knirschen seiner mahlenden Zähne käut und wiederkäut, schläft Uba dann zu derselben Zeit?

Knix hat eine Weile stehend auf die schwarze Wand vor ihm hingestarrt und hat sich dann hingelegt auf seine rechte Seite, die Beine steif ausgestreckt. Uba ruht auf seinen vier Beinen, wie gewöhnlich, den breiten Rücken Knix ein wenig zugekehrt. Er wendet eben den Kopf zu Knix hin, als dieser sich hinlegt. Uba und Knix, der Ochs und der Esel, zwei sanfte, gutmütige Tiere, die am Tag getan haben, was sie tun mußten, und deren Herz so ruhig klopft wie das Herz der Erde.

Draußen steht die Nacht groß über dem Land von Bethlehem, über Berg und Tal. Und über der Nacht steht der weiße Mond in voller Klarheit, und weiß ist der Nebel, der tief über der Erde hängt. Nur hier und da blinkt ein Stern. Da blökt irgendwo ein verlorenes Schaf. Auch heult im Bergwald ein wildes Tier, gedämpft, ängstlich, und ein Schauern überläuft die Blätter. Und hinten ist ein rotes Licht, dicht am Boden, es ist wohl ein Feuer von Hirten, die bei ihrer Herde wachen. Die Nacht steht so fest wie eine Ewigkeit unter dem endlosen, mondklaren Himmel. Die fernen Geräusche der Stadt sind ausgestorben. Über den Weg ist noch ein später Reisender mit Lasttieren vorbeigezogen. Jetzt ist es unergründlich still.

Uba, schläfst du nun? Schläfst du nun, Knix?

Vor der Tür aus Zweigen und Ästen, welche die Grotte abschließt, ist ein Geräusch, ein Tappen von Füßen. Knix hebt leicht den Kopf, schlägt mit seinen Ohren. Uba zieht die Ohren zurück in seinen Nacken. Viele Gefahren gibt es in der Nacht... Wieder das Geräusch. Eine Hand rückt die Blättertür etwas zur Seite, und nun fragt eine gedämpfte Stimme: »Ist hier jemand?« Knix und Uba lauschen, und Uba brummelt leise. Dann sagt die Stimme zu einem, der draußen steht: »Es ist ein Stall, glaube ich...« Eine andere, zarte Stimme antwortet: »Laß uns nur hineingehen.« Knix und Uba hören, daß die Blättertür weggeschoben wird, sie riechen die Anwesenheit eines anderen Tieres, und auf einmal ist da ein Öllichtchen und sie sehen einen dunklen Mann in einem langen Mantel, der das kleine Licht in der Hand hält, neben ihm eine zarte, schmächtige Frau, auf seinen Arm gelehnt, und ein Eselchen. Mann und Frau schauen auf Knix und Uba, betrachten die Wände der Grotte. Das Eselchen trippelt plötzlich wie selbstverständlich hin zu Knix, schnuppert an seinem Kopf, an seinen Ohren, und da grad vor Knix noch ein Häufchen Gras liegt, beginnt er es gierig zu fressen. Knix findet das wohlgetan. Bruder Esel! Der Mann stellt das Lichtchen auf einen vorspringenden Stein, breitet dann seinen Mantel auf das Moos zwischen die beiden Tiere und hilft der erschöpften jungen Frau sich darauf niederbetten. Dann streckt er sich selber auf dem Moos aus. Die Frau liegt neben Uba, der Mann neben Knix.

Die beiden Tiere wenden den Kopf den Fremdlingen zu. Der Mann schaut auf Uba, dann auf Knix und sagt still: »Sie haben alle beide ein weißes Kreuz auf dem Kopf.« Die Frau blickt wie erschreckt leicht auf, und sie sieht gerade vor sich die großen trüben Augen von Uba und das weiße Kreuz. Dann legt sie ihr müdes Haupt an das warme Fell von Uba.

Die unendliche Nacht steht über dem Land von Judäa. Und über der Nacht steht der blanke Mondschein.

Das Licht leuchtet in der Dunkelheit über den zwölf Stämmen von Jakob dem Erzvater, über der endlos weiten Welt, über den Sternen und über den Planeten. Das Licht leuchtet über der unheimlichen Stille der Wüsten und über den rastlosen Stätten der Menschen, über Bergen und Ebenen, über den ewigen Schneefeldern und den heißen Felsen.

Das Licht glänzt auf den goldenen Zinnen des Tempels von Jerusalem, auf den goldenen Platten, welche die Mauern bedecken, auf den weißen und roten Marmorsäulen und auf den goldenen Schaubroten und Kronleuchtern. Das Licht flammt auf dem goldenen Palast des Landpflegers Pilatus, auf dem goldenen Palast des Königs Herodes und spiegelt sich in den vergoldeten Helmen und Schilden der Wächter auf der Burg Antonia. Das Licht leuchtet auf den matten Gewässern des Toten Meeres und auf den tanzenden Wogen der großen Seen weit hinter der Ebene von Saron. Das Licht fließt auf den Purpursegeln der kaiserlichen Schiffe, die ihre weite Bahn ziehen, und schillert auf den goldenen Adlern der Legionen, die mit dröhnendem Schritt durch die Nächte schreiten, auf allen Wegen der Welt. Und auf den hohen Kapitolen aller Weltstädte flattert im kalten Licht die grausame Standarte des allmächtigen Rom.

Ihr Wächter auf den Zinnen der Tempel, Wächter auf der Höhe der Paläste, Wächter auf den Burgen und auf des Kaisers Schiffen – was seht ihr in der Nacht?

Seit dem Schöpfungstag haben alle Sterne am Himmel ihren festen Stand, den sie für alle Zeiten nicht verlassen sollen. Und die Hand des Vaters der Ewigkeit löst in dieser Nacht einen der Sterne und weist ihm eine neue Bahn über das judäische Land.

Am Fuß des Gebirges, in einer Grotte, wird ein kleines, kleines Kindelein geboren. Zwei Tiere sind dabei. Die blicken mit ihren großen, träumenden Augen in das Dämmerdunkel des Stalles.

Gott, der die Farbe gelegt hat auf das Blatt der Blumen und das Lied in die Kehle der Vögel, der den Sturm und das Feuer und das Licht geschaffen hat, Gott schuf auch das warme, klopfende Herz der guten Tiere. Und was hat sich begeben in dem roten Herzen von Knix und Uba, die ein weißes Kreuz auf ihrer Stirne tragen, in dieser Nacht im Stall? Als Uba zart brummelte, auf seinen vier Beinen liegend, während die Frau mit dem Kind in den Armen ruhte an seinem warmen Fell? Als der fremde Mann sein müdes Haupt sinken ließ auf den Rücken von Knix? Ja, was hat sich da zugetragen in dem ruhig klopfenden Herzen von Knix und Uba, die klar wach liegen, mit ihren ruhigen Augen in die Dämmerung starren und den Schlaf der Frau und des Kindes bewachen? Gott, der die Wunder hat geschaffen vom Blumenblatt, schuf auch das Geheimnis im Herzen der Tiere.

Es brannte ein kleines Öllämpchen in der Grotte. Wieder wird die Tür weggeschoben, und vier Männer kommen herein. Ohne etwas zu sagen, knien sie dicht am Eingang nieder, die Augen auf das neugeborene Kind gerichtet, das die Frau an ihr Herz drückt. Es sind vier arme Teufel; sie tragen ein Schaffell um die Schultern und einen Stock in der Hand, wie ihn die Hirten haben. Ihre magern, scharfen Gesichter sind dem Kind und der Frau zugewandt. Der erste ist ein Greis mit einem langen Bart, und seine Hände zittern, während er stille Worte murmelt. Die Frau ist wach geworden und sieht mit mildem Blick hernieder auf die Hirten. Der Mann erschrickt etwas, als er die vier Fremden da hocken sieht, und fragt: »Ist das wohl euer Stall?«

»Nein«, flüstert einer von ihnen, »das ist der Stall von Misael, dem Holzhändler.«

Die junge Frau scheint über den Besuch nicht verwundert. Sie nimmt behutsam das schlafende Kind in ihre Hände und hebt es hoch, den Hirten entgegen. Und alle vier beugen sie nun ihr Antlitz nieder auf die Erde, als ob große Furcht sie befangen hätte. In der tiefen Stille hört man nur das ruhige Atmen eines der Tiere und das knarpende Kauen des Eselchens neben Knix. Der alte Hirt mit dem weißen Bart flüstert: »Wir haben einen Stern gesehen, und der hat uns hierhin geführt.«

Und alle hier im Stalle hören es auf einmal mit klopfendem Herzen: da ist vor dem Eingang der Grotte und weiter über dem Tal ein geheimnisvolles Rauschen wie von Flügeln, ein kaum hörbares Säuseln wie von Geistern, die flüstern in der Nacht. Nun wendet Uba bedächtig den Kopf, und der alte Hirt sieht dicht über dem Haupt der Frau mit dem Kindchen das weiße Kreuz auf Ubas breitem Schädel.

Misael schlief in dieser Nacht einen unruhigen Schlaf. Allerlei fremdartige Träume hatten ihn gequält, und während er wach liegt in der ersten

Morgenhelle, sinnt er nach, was die Träume wohl bedeuten mögen. Aber er erinnert sich an nichts Bestimmtes mehr und steht auf.

Vor dem Eingang seiner Hütte bleibt er einen Augenblick stehen, schauert etwas vor Kälte, gähnt, und dann denkt er an den schweren Tag, der vor ihm liegt. Er bringt heute seine erste Fuhre Holz nach Jerusalem zum Zimmermann in der Bergstraße, nahe beim Wassertor. Es ist eine weite Fahrt, und es wird heute heiß werden. Misael sieht das am Nebel und an dem sich aufklärenden östlichen Himmel. Bald kommt Rebna ihm das Essen bringen, das er für die Reise nötig hat, und sie bringt Klein Abner wohl mit.

Misael sucht nun etwas trockenes Holz, um ein Feuerchen zu machen. Aber plötzlich steht er still. Aus dem Stall, darin seine beiden Lasttiere stehen, stapft ein fremder Mann mit einem Krug, er geht bis zur Quelle ins Tal hinein, schöpft den Krug voll Wasser und kehrt zurück. Er hat Misael nicht gesehen. Und Misael, so verblüfft er ist, er denkt keinen Augenblick daran, es könnte dies ein Bösewicht sein.

Nein, so sieht der Mann nicht aus. Einen Augenblick bleibt er nachdenklich stehen, dann geht er still zur Stallgrotte und schaut über den Blätterschirm hinein. Er sieht neben Uba eine junge Frau sitzen, die gerade ein neugeborenes Kind versorgt, und neben Knix hockt der fremde Mann auf den Knien und kramt in einem Bündel. Sonst nichts. Aber Misaels Herz beginnt zu klopfen vor wundersamer Rührung. Er ist wie festgewachsen an der Erde, und brennend starren seine Blicke auf Frau und Kind. Ein fremdes Gefühl – ist es Glück oder Furcht? – überkommt ihn, er weiß auf einmal nicht mehr, wo er sich befindet und was um ihn ist, und es gibt nichts anderes mehr als das kleine neugeborene Kind und die Frau.

Der Mann schaut ein wenig auf und sieht Misaels Gesicht vor dem Eingang. Er kommt auf ihn zu und fragt: »Bist du Misael, der Holzhändler?«

»Ja«, gibt er leise zur Antwort, als fürchte er, die Frau zu stören. Er hört an der Sprache des Mannes, daß er von Norden kommt, von Samaria oder Galiläa. Der Fremde erzählt ihm nun, wie sie in der vorigen Nacht in diesen Stall geraten sind, daß sie für die Volkszählung, die der römische Kaiser angeordnet hat, nach Bethlehem kommen mußten, in der Stadt keinen Unterschlupf mehr kriegten und daß sie dann hier im Tal todmüde die Grotte gefunden hätten. »Und hier ist das Kind dann zur Welt gekommen«, sagt er flüsternd. Misael hat stumm zugehört, aber aus jedem Wort klang ihm etwas zu, als ob es aus den alten heiligen Büchern käme. Er merkt an der Stimme und am Blick des Mannes, daß er vor einem Geheimnis steht.

»Bleib ruhig hier, so lange du willst«, sagte er dann, »ich muß heute mit den Tieren nach Jerusalem.«

Er hört Schritte über den Weg und sieht Rebna auf ihn zukommen. Sie hat Klein Abner mit einem Tuch auf den Rücken gebunden, und sie trägt einen Krug mit Milch und ein Bündel mit Eßwaren. Misael geht ihr entgegen, nimmt das Kind auf den Arm und erzählt von den fremden Leuten im Stall und von dem Kindchen, das da geboren ist. Und sieh, als Rebna nun in die Grotte tritt, fällt sie auf die Knie und Misael an ihrer Seite auch. Warum sie das tun, wissen sie nicht. Klein Abner entläuft plötzlich seinem Vater, und er stapft mit holprigen Schrittchen zu der Frau, und die lächelt dem Kinde zu mit ihrem müden, schmalen Gesicht. Sie drückt Abner an sich und an das schlafende Kind. Da laufen Tränen über Rebnas Gesicht. Sie steht auf, füllt einen Holzkrug mit der noch warmen Milch und reicht ihn der Frau.

Uba und Knix wissen nun, daß der Tag anbricht und die Arbeit, und sie stehen beide einträchtig auf. Rebna hilft Misael beim Laden des Wagens. Das Holz ist noch grün und schwer, und der Zimmermann am Wassertor in Jerusalem wird es wohl noch Jahre über Jahre lagern müssen, damit es hart und kräftig wird.

Dann spannt Misael die Tiere vor den Wagen. In der Grotte schläft die Frau mit dem Kindchen an ihrem Herzen, und auch Klein Abner ist neben ihr in Schlaf gefallen. Vorsichtig hat Misael die Tiere hinausgeleitet. Er spricht den Segen über Rebna und Abner und macht sich auf den Weg.

Der Tag klärt sich auf. Die Sonne wird wohl noch eine Stunde hinter den Bergen im Osten bleiben, und auf dem Weg im Tal ist es kühl. Ein heißer Tag wird es werden, ja. Und lang ist der Weg, der von Bethlehem nach Jerusalem führt.

Fuß vor Fuß setzen Uba und Knix, ohne Hast, im gleichen Tritt. Hier im Tal ist der Weg eben und verlangt nicht zuviel von ihren Kräften. Sie bilden hier in der Morgenfrühe einen winzigen Fleck, der sich auf dem grauen Weg weiterschiebt, rechts die hohen Berge, links die weite Ebene und über ihnen der unermeßliche Himmelsraum. Die ruhigen Augen von Uba blicken geradeaus über den Weg. Knix schaut auf die Erde. Und es ist Misael, als ob die Tiere etwas stiller seien als sonst frühmorgens. Ist es nicht, als ob sie vor sich hin grübeln und grübeln...? So trotten Knix und Uba vor dem Wagen mit dem grünen Holz.

Die Umrisse der Berge heben sich deutlich ab gegen die heller werdende Luft, mit Waldflecken hier und kahlen Felsflächen dort. An den Blättern des Laubes baumeln die Tautropfen. Blaue Schatten gleiten über das Tal. Da ziehen zwei Hirten vorbei mit einigen Schafen. Eine Frau kommt Misael entgegen mit einem Krug auf der Schulter.

Schritt für Schritt gehen die ruhigen Tiere. Neben dem Wagen trabt Misael, in Gedanken versunken. Denkt er an den Gewinn, den das Holz abwerfen wird? Denkt er an Rebna und Abner, an das Häuschen, südlich von Bethlehem? Nein darüber grübelt Misael nicht.

Dann schwenkt der Weg nach rechts, quer über den Hügelkamm. Es ist ein langer, steiler Anstieg, bevor sie auf die Spitze kommen, von der aus sie das Kedrontal und Jerusalem erblicken können. Und nun spannen Uba und Knix ihre Muskeln an und recken ihre Sehnen. Ihre Hufe schlagen fest und scharf auf den harten Grund. Ein leichtes Windchen wirbelt etwas grauen Staub über den Weg, und er sticht ihnen in Nüstern und Augen.

So traben sie, Knix und Uba, den Weg nach Jerusalem, und Gott allein weiß, was vorgeht in den Herzen der guten Tiere. Misael schiebt mit am Wagen. Als sie nahezu oben auf den Gipfel gekommen sind, sehen sie die Sonne. Dicht vor ihnen, zwischen zwei Hügeln, steht sie blutrot und flammend am harten Himmel.

Und Knix und Uba spüren den allzu grellen Brand der Sonne. Das weiße Kreuz auf ihrer Stirn steht nun blank und glänzend abgezeichnet auf Osten zu. So stechend ist das scharfe Licht, daß aus ihren großen, wehmütigen Augen das Wasser tropft, dicke, runde Tränen.

Es ist gerade, als ob Knix und Uba vor sich hinweinen.

Denn das Holz auf dem Wagen ist sehr schwer.

Von solcherart Holz macht man die Kreuze für die Verbrecher auf Golgatha.

RUTH SAWYER

Die kleine Weihnachtshütte von Carn-na-ween

Vor hundert Jahren und mehr waren auf der Straße von der Stadt Donegal nach Killybegs Kesselflicker unterwegs, um ihrem Handwerk nachzugehen und um Lämmer zu stehlen. Da sie ein Kind zuviel hatten, ließ der Trupp das Neugeborene auf der Schwelle einer Hütte in Carn-na-ween liegen.

Die Hütte gehörte Bridget und Conal Hegarty. Zwar wünschten sie sich kaum ein weiteres Kind – denn sie hatten genug eigene –; sie konnten aber das kleine Ding auch nicht vor ihrer Tür sterben lassen, noch hatten sie im Sinn, es in die Torfgrube zu werfen. So legte Bridget es mit ihrem eigenen Säugling an die Brust; sie teilte die Wiege zwischen ihnen. Und mit der Zeit liebte sie es wie ihr eigenes und beschützte es, wenn die Nachbarn es als Kesselflickerkind verschrien.

Ich habe beinahe vergessen, daß ich euch noch erzählen muß: das Kind war ein Mädchen, und Bridget nannte es Oona. Es wuchs heran zu der hübschesten, sanftmütigsten Maid im ganzen Land. Bridget tat ihr bestes, die Burschen zu bewegen, ihr den Hof zu machen, indem sie sie immer wieder darauf hinwies, wie geschickt sie war mit der Nadel, wie süß ihre Stimme klang, wenn sie eine Melodie trällerte, wie unübertroffen sie war im Herstellen von Gestenbrot, Suppe oder Marmelade.

Aber die Burschen wollten nichts davon wissen. Sollten sie das Kind von Kesselflickern heiraten? Niemals! Wohl mochte es ihnen in den Füßen jukken, sie zum Tanz mitzunehmen, ihre Arme mochten danach verlangen, sie zu umfangen, aber sie achteten dennoch darauf, daß zwischen ihr und ihnen stets die Breite einer Hütte als Abstand gewahrt blieb. Nein, die Gelegenheit zu heiraten kam für Oona nicht, und so würde sie auch keine Kinder haben und keine Hütte, die sie ihr eigen nennen konnte.

Alle Töchter von Bridget und Conal heirateten; Oona aber blieb, um den Haushalt für sie zu versorgen, sie zu pflegen, als sie krank wurden, sie sanft ins Grab zu betten. Ich glaube, Oona hatte von Anfang an einen Traum – den Traum, daß, wenn sie sich so liebevoll um die Alten gekümmert hätte, jemand ihr schließlich doch eine Hütte überlassen würde, in der sie walten könnte. Bridget zerstörte den Traum, ehe sie starb. »Die Hütte soll Michael bekommen«, sagte sie. »Er und sein junges Weib werden dich wohl nicht haben wollen. Geh zu der Truhe und nimm dir deinen Anteil von dem Linnen heraus. Wer weiß, vielleicht wird doch einmal ein Mann, der seine Frau verloren hat, froh sein, dich als seine zweite zu nehmen. Ich will dich nicht mit leeren Händen zu ihm gehen lassen.«

Oona hielt dennoch an ihrem Traum fest; weder die Jahre noch ein schmerzendes Herz konnten ihn ihr rauben. Stets war sie irgendwo willkommen, wenn man sie anderwo nicht mehr nötig hatte. Von dem Augenblick an, da Oona die Hütte der Hegartys verließ, immer noch ein hübsches Mädchen, kräftig und mit lachenden Augen, bis zu der Zeit, als sie von den MacManuses vor die Tür gesetzt wurde, alt und kaum mehr arbeitsfähig, verläuft ihre Geschichte unscheinbar wie ein Spinnwebfaden. Wer aber Irland kennt und die Leute von Donegal, dem fällt es nicht schwer, das Kesselflickerkind durch all die Jahre zu verfolgen.

Oona ging von Hütte zu Hütte, wo immer Sorge oder Not auftraten. Wo eine junge Mutter nicht aufstehen konnte nach der ersten Geburt, würdet ihr Oona finden, die für das Kind sorgte, als wäre es ihr eigenes. Wo die Kinder herangewachsen und nach Belfast, Dublin oder Amerika fortgezogen waren und die Alten allein zurückgelassen hatten, pflegte sie diese, wie sie ihre eigenen Eltern gepflegt hätte, wären sie ihr bekannt gewesen. Hatte aber ein Mann seine Frau verloren und konnte Haus und Säuglinge nicht allein versorgen – bestimmt war sie da am glücklichsten. Sie bemühte sich, den Kindern eine Mutter zu sein, um die Wunde zu heilen, die der Tod geschlagen hatte, und sie gab sich ihrem Traum aufs neue hin.

Durch ihre Abstammung aber wurde sie an jeder Wende ihres Lebenswegs verraten. Kein Mann wagte, sie zu seiner ersten oder zweiten Frau zu nehmen. Nicht ein einziger von den vielen, denen sie diente und die sie liebte, erriet etwas von dem Verlangen, das mit den Jahren in ihr wuchs: von dem Wunsch nach einer eigenen Hütte. Alle segneten schon zu Lebzeiten ihren Namen; und in den hundert Jahren, seit sie Carn-naween verlassen hat, sind die Geschichten über sie stets lebendig erhalten worden in liebevoller Erinnerung. Die Leute, denen sie diente, achteten darauf, daß sie nie mit leeren Händen fortging. So kamen zu Bridget Hegartys Linnen ein Kuchenblech, Pfannen, Töpfe, Tongefäße, Weidenkörbe und Geschirr hinzu.

Jeder Gegenstand, den sie sich aussuchte, sollte einmal ihr Haus, von dem sie träumte, fröhlich und gemütlich machen. So gingen die Jahre ins Land, und während sie selbst schon wieder kleiner wurde, wuchs das Bündel mit ihren Besitztümern und wurde immer größer. Männer, Frauen und Kinder, die ihr auf der Straße begegneten, wenn sie wieder einmal umzog, blieben stehen, um mit ihr zu schwatzen. Sie zeigten auf das Bündel und sagten: »Es ist schon doppelt so groß wie du. Das nächste Mal, wenn du eine Hütte verläßt, wirst du um Ochsen und Wagen bitten müssen.« Und dann lachten sie. Oder sie sagten: »Du sollst den Marquis bitten, ein großes Schloß für dich zu erbauen neben seinem eigenen. Du wirst ziemlich viel Platz brauchen, um all die Sachen unterzubringen, die du in den vergangenen Jahren angesammelt hast.«

Jedes Mal ging sie auf ihr Geschwätz ein. Denn selbst wenn ihr Traum verblaßte, war sie nicht kleinmütig geworden. »Man kann nie wissen«, erwiderte sie, »vielleicht werde ich doch noch eine winzige Hütte für mich selbst bekommen – eines Tages. Ich sage nicht wie und nicht wann.« Und dann nickte sie so weise und wissend, als ob sie der Zukunft über die Schulter schauen und sehen könnte, was dort wartet.

Sie war in der Hütte der MacManuses, als die große Hungersnot ausbrach. Das Korn vertrocknete auf den Feldern, die Kartoffeln verrotteten in der Erde. Es gab weder für die Menschen Nahrung, noch Futter für die Tiere. Säuglinge verhungerten an der Brust ihrer Mütter, starke Männer wurden schwach wie Kinder und schleppten sich hinaus auf die Felder, um an dem verdorrten Gras zu nagen und unter einer grausamen, sengenden Sonne zu sterben. Überall konnte man das Weinen der Kinder und das Klagen um die Toten hören. Am Anfang teilten die Nachbarn noch miteinander, bis der Tod sich einschlich. Dann sorgte jede Hütte nur noch für sich selbst, und manch einer saß die ganze Nacht wach, die Flinte auf den Knien, um eine letzte Kuh im Stall oder ein letztes Maß Mehl im Kasten zu bewachen.

Als die Zeit der Hungersnot kam, war Oona so alt geworden, daß die Nachbarn ihre Jahre nicht mehr zählen konnten. Sie bewegte sich langsam auf unsicheren Füßen. Ihre Augen wurden matt, ihre Sprache war kaum zu verstehen. Aber sie war immer noch das Dach über dem Kopf wert und das bißchen Essen, das sie brauchte. Sie molk, butterte, trug mit dem ältesten Burschen den Weidenkorb zum Moor und half beim Torfstechen. So lange, als sie Nahrung für alle hatten, behielten die MacManuses sie bei sich und segneten die Jungfrau für ein weiteres Paar Hände zum Arbeiten.

Aber der Hunger kann einen Stein an die Stelle eines Menschenherzens setzen, und der Hunger kann die Zungen spitz machen. Als der Winter kam, sah Oona trotz der Trübheit ihrer Augen, daß die Kinder jeden Krümel, den sie an die Lippen führte, aufmerksam beobachteten. Sie hörte, daß die Stimme der Mutter schärfer wurde, wenn sie die Löffel beim Breiausteilen zählte, die in die Schüssel wanderten. Der Herbst war gekommen und vorübergegangen, und es gab keine Ernte. Die kalten, grausamen Dezemberwinde rüttelten an Türen und Fenstern. Nur eines war im Überfluß vorhanden: Es gab stets Torf im Moor, den man stechen und trocknen konnte, um den Herd warmzuhalten.

Die Kinder in der Hütte weinten vom ersten Hahnenschrei bis zum Verlöschen der Kerze am Abend. Oona wünschte sich, ihre Ohren wären so stumpfsinnig wie ihre Augen. Aber sie verschloß ihr Herz vor dem Weinen, indem sie sich sagte, daß sie das bißchen Nahrung, das sie brauchte, verdient hatte wie auch die gute Wärme für ihren alten Leib. Doch dann kam ein Abend, an dem sie das Weinen nicht mehr ertragen konnte, als der Löffel auf dem Boden der Mehlkiste kratzte und die letzten Kartoffeln mitsamt der Schale aufgegessen waren.

Ohne ein einziges Wort zu sagen, stand sie auf von der Herdbank, wo sie ihre alten Knochen gewärmt hatte, und begann aufs neue, ihre Sachen in ihr Bündel zusammenzupacken. Die MacManuses schauten ihr schweigend zu. Schließlich waren die Ecken des großen Tuches verknotet. Oona legte den Schal über ihre gebeugte Schulter. In der Hütte war es totenstill; die Kinder hatten sich vor Hunger in den Schlaf geweint. Oona zog das Bündel zur Tür; als sie die Klinke niederdrückte, sagte sie:

»Ihr müßt jetzt für euch selbst sorgen. Ihr könnt mich nun nicht mehr gebrauchen.«

»Das ist Gottes Wahrheit.« Es war die Frau, die dies sagte.

Timothy MacManus griff nach ihrer Hand: »Pst! Erinnerst du denn nicht, was für ein Abend es ist?«

»Jawohl, es ist der Weihnachtsabend. Aber was macht das schon? Die Alte hat doch nicht mehr genug Verstand, um das zu wissen. Und in Zeiten wie diesen sind alle Nächte gleich.«

»Dennoch wird ein Fluch auf uns kommen, weil wir sie gehen lassen.«

»Es würde ein Fluch auf sie kommen, wenn sie bliebe.«

»Gott und Maria mögen mit euch sein an diesem Abend«, rief Oona und trat aus der Tür.

»Gott und Maria mögen dich begleiten«, murmelten die beiden zur Antwort.

Draußen hob Oona ihr Bündel auf den Rücken. Woher sie die Kraft dazu nahm, kann ich euch nicht sagen. Oft finden diejenigen eine seltsame, große Kraft, die viel getragen haben und mehr noch tragen müssen. Oona schlug den Weg nach Killybegs und dem Meer ein. Leise fiel der Schnee, der Wind flüsterte sanft. Während sie die Dorfstraße entlangging, hielt sie immer wieder an, um in das erleuchtete Innere einer jeden Hütte hineinzuschauen. Kaum eine, in der sie nicht gelebt hatte; kaum ein Gesicht, dessen Züge sie nicht jahrelang in sich aufgenommen hatte. Ihre Lippen formten einen Segen und ein Abschiedswort vor jeder Tür, an der sie vorüberging.

Als der Weg steiler wurde, hatte Oona alle Hütten hinter sich gelassen. Sie stieg bergan mit einem Gebet auf den Lippen – welches Gebet, weiß ich nicht, aber es erleichterte ihr die Bürde, die sie auf ihrem Rücken und in ihrem Herzen trug, es ebnete ihr den Weg. So kam sie schließlich ans Moor. Es erstreckte sich weit, weiter, als die Augen schauen konnten selbst bei Tageslicht. In der Dunkelheit merkte sie nur, daß es ebener wurde und leichter für die Füße. Sie stolperte vom Weg und fand Schutz unter einem Schwarzdornbusch, der am Rand des Moores wuchs.

»Ich mag es hier«, sagte sie, indem sie das Bündel vom Rücken nahm. »Ich habe es hier immer gemocht. Oft habe ich gesagt: Eines Tages werde ich alles zusammenpacken und den Hügel hinaufsteigen und unter diesem Dornbusch sitzen; dann kann ich den Wind vom Meer spüren und sehen, wie die Sonne darin versinkt und die Sterne es erhellen; und vielleicht kann ich sogar eine Feenflöte hören. Ich bin nicht hergekommen. Ich hatte nie einen ganzen Tag für mich.«

Sie sagte es voller Verwunderung. Hier konnten die Nachbarn sie nicht erreichen, und sie war sicher vor ihnen. Sie fühlte in ihrem Herzen, daß sie nie wieder würde ertragen können, wenn ein Mann oder eine Frau ihr etwas zu essen anboten, das für junge Münder gebraucht wurde. Zu oft hatte sie ermüdete Hände gefaltet, zu oft müde Augen geschlossen, um nicht zu wissen, welch mildes Geleit der Tod den Alten am Ende geben konnte. »Er wird als ein Freund nahen und leise und sehnsüchtig rufen: ›Komm, Oona!‹«

Danach fühlte sie sich ganz leicht im Kopf. Sie verlor alles Gefühl für die Zeit, alles Empfinden für den Raum. Sie spürte keine Kälte und keine Müdigkeit. In ihren Gedanken konnte sie die Jahre zusammensammeln wie Karten in der Hand, sie vermischen und diejenigen hervorziehen, die sie am liebsten mochte. Sie erinnerte sich plötzlich daran, daß sie den Hügel auch deshalb hatte erklimmen wollen, um das Elfenreich zu finden, das irgendwo am Moor lag. Conall von den tausend Liedern hatte in einer Mittsommernacht daneben geschlafen, und als er am Morgen erwachte, war sein Kopf voller Feenmusik, voller Zauberweisen gewesen. Wully Donoghue hatte das Reich spät an einem Maienabend durchquert und gesehen, wie das Elfenvolk vorüberritt. Oft hatte sie selbst ein Schüsselchen Milch und eine Schale voll Brei auf die Hintertreppe der Hütten gestellt, in denen sie gelebt hatte, da sie sich erinnert hatte, daß das Sanfte Volk Milch und Brei gern hatte. Ja, das Sanfte Volk, das Sanfte Volk! Sie hoffte, daß die Hungersnot ihm kein Leid getan hatte. Es wäre schade, wenn die Feen verhungern würden und der Erde verlorengingen.

Sie schlief ein bißchen, erwachte, und schlief wiederum ein. Jenseits des Schlafes bewegten sich ihre Gedanken in einem stillen Strom. Der Schnee bedeckte sie warm. Es war der Weihnachtsabend, an dem niemand hungern oder frieren sollte. Am Morgen würde es eine weiße Weihnacht geben. Die Leute von Donegal pflegten zu sagen, daß an einer weißen Weihnacht das Sanfte Volk seinen Versammlungsort verließ und ausschwärmte, um sich das Wunder anzuschauen. Ja, das war eine schöne Überlieferung. Sie würden einer einsamen alten Frau gute Gesellschaft leisten.

Ihre Beine wurden steif. Sie versuchte, sie zu bewegen, und dabei war ihr, als habe sie etwas umgeworfen. Ihre alten Augen spähten in die Dunkelheit, ihre alten Hände griffen nach dem, gegen das sie gestoßen war. Als sie es vor die Augen hielt, erkannte sie zu ihrem Erstaunen einen Elfenmann, nicht mehr als eine Spanne groß. Sein kleines Gesicht war sorgenvoll gerunzelt. »Hab keine Angst, Winzling«, gluckste sie, »ich wußte nicht, daß du da warst. Wolltest du etwas?«

»Ja, wir wollten dich.«

»Mich?«

»Eben dich. Schau dich um!«

Und dann gewahrte sie, daß es auf dem Boden um sie her wimmelte von Hunderten und Aberhunderten vom Sanften Volk, ihre Gesichter, nicht größer als Knöpfe; und alle schauten zu ihr auf und lachten.

»Worüber lacht ihr?« fragte sie. »Sagt es mir, denn es ist lange, lange her, daß ich selbst ein Lachen auf meinen Lippen hatte.«

»Wir lachen über dich, Kesselflickerkind. Lebt ein Lebenlang in anderer Leute Hütten, dient, hütet Kinder, ersetzt die Mutter, verschenkt Liebe und hat nie eine Hütte oder Menschen, die sie ihr eigen nennen kann.«

»So ist es«, seufzte sie, »es ist wahr.«

»Es ist nicht länger wahr. Bleib, wo du bist, Oona Hegarty, und schlaf ein wenig.«

Sie tat, wie ihr geheißen; aber der Schlaf war so dünn wie der Schnee, der sie bedeckte und hier und dort aufbrach, so daß sie sehen konnte, was um sie herum vorging. Hierhin und dorthin eilte das Sanfte Volk. Sie schleppten Steine und Torf herbei. Sie setzten einen Dachstuhl und deckten ihn. Sie bauten einen Schornstein. Sie hängten Fenster ein und Türen: vorn eine und hinten eine. Während sie arbeiteten, sangen sie, und das Lied, das sie sangen, drang in Oonas Schlaf und blieb bei ihr:

> Eine gemütliche Hütte erbau'n wir heut' nacht,
> die erbau'n wir heut' nacht:
> Die steinernen Mauern mit Torf dicht gemacht,
> ja, mit Torf dicht gemacht.
> Das Stroh auf dem Dach schützt vor Regen und Wind,
> schützt vor Regen und Wind.
> All dein Leid wird im Feuer verbrannt, liebes Kind,
> wird verbrannt, liebes Kind.
> Und das Mehl dort im Topf reicht hinauf bis zum Kinn,
> dir hinauf bis zum Kinn.
> Es wird Weihnachten werden da draußen und drin,
> ja auch Weihnachten drin.
> Hier sind viele Korinthen und Zucker und Tee,
> ja, viel Zucker und Tee.
> Die Gardinen am Fenster sind fröhlich wie je,
> sind so fröhlich wie je.

Das Lied ging noch weiter. Es hörte gar nicht mehr auf, und Oona wußte nicht zu sagen, wo das Lied endete und der Traum begann, so eng ineinander verwoben waren sie beide. Plötzlich fühlte sie eine kleine Hand an ihrem Rock zupfen, und ein helles Stimmchen rief: »Wach auf – wach auf, Oona Hegarty!«

»Ich bin ganz wach«, sagte Oona, indem sie sich aufsetzte und die Augen rieb, »wach und träumend zur gleichen Zeit.«

»Wir holen jetzt dein Bündel herein; und alle Sachen sollen endlich an ihren richtigen Platz kommen.«

Tausend Elfenmännlein hoben das Bündel auf und trugen es hinein, und Oona folgte ihnen. Sie atmete die Luft durch zusammengepreßte Lippen ein, und mit Seufzern der Verwunderung atmete sie aus.

»Ist alles nach deinem Wunsch, meine Dame?« fragte das Elfenmännlein, das von ihr umgeworfen worden war.

Sie schaute sich um und antwortete: »Das Bett steht, wo es stehen sollte. Die Gardinen – so hatte ich sie mir vorgestellt, grün mit einem Hauch von Sonnenschein und einem Hauch von brennendem Torf darin. Die Kommode ist gerade richtig in der Höhe. Wartet, bis ich mein Bündel ausgepackt und die Schätze meiner Lebenszeit verstaut habe.«

Das Sanfte Volk schwirrte umher und half ihr, das Linnen in den feinen Eichenschrank zu legen, das Geschirr auf die Kommode. Der Kessel wurde über den Herd gehängt, die Ofenbank daneben gestellt, der Läufer neben dem Bett ausgebreitet, und das Backblech stand neben dem Feuer bereit – alles an seinem richtigen Ort, wie das Kesselflickerkind es erträumt hatte.

»Ist alles recht so?« rief das Sanfte Volk im Chor.

»Ja, und noch besser. Töpfe und Körbe, wo sie hingehören. Da hängt der schöne kräftige Löffel bereit, den Teig umzurühren, das Messer mit der scharfen Klinge daneben, um das Flachbrot zu schneiden.« Sie wandte sich um und schaute auf den Boden hinab, auf die Hunderte von Männlein, die sich zu ihren Füßen drängten: »Ich frage euch nicht, warum ihr das für mich getan habt in dieser Nacht. Aber ich bitte euch noch um eines. Bringt zu jeder weißen Weihnacht Menschen zu meiner Tür – Alte, die keiner mehr bei sich haben will, Kinder, die nach ihrer Mutter weinen – einen Burschen oder ein Mädel, denen das Leben verlorengegangen ist. Holt sie zu mir, damit ich sie an meinem Herd wärmen und trösten kann.«

»Wir wollen es tun, Kesselflickerkind, wir wollen es tun!« Die Stimmen des Sanften Volkes verklangen, wie der Wind über dem Moor verweht: Eben waren sie noch da – jetzt waren sie vergangen. Ein tiefer Schlaf kam über Oona Hegarty, so daß sie ihre Augen nicht offenhalten konnte. Sie legte sich auf ihr Bett, zog die warme Decke über sich und schloß die Bettvorhänge.

In der nächsten Nacht – der ersten Weihnachtsnacht – trieb der Hunger Maggie, das mittlere Kind der MacManuses, aus der Hütte. Sie lief wie ein kleines wildes Tier, wußte nur von dem schmerzenden Hunger, den sie litt, und der Notwendigkeit, ihn zu stillen. Blindlings kletterte sie den Hügel zum Moorland hinauf. Schwach war sie und stolperte voran, wimmernd wie ein armes, verwundetes Geschöpf. Sie stolperte vom Weg und über die plötzliche Erhebung des Moores, so daß sie fast stürzte. Sie rieb die Augen, und als sie aufblickte, sah sie eine winzige Hütte, wo früher nie eine Hütte gestanden hatte. Durch die Fenster fiel einladendes Licht heraus. Verwundert drückte sie die Klinke nieder und trat ein.

»Komm herein, Maggie, ich habe den ganzen langen Tag nach dir Ausschau gehalten.« Es war Oonas Stimme, die so zu ihr sprach; ja, aber wie verwandelt war diese Oona! Sie kniete am Feuer und wendete das Flachbrot, ihre Augen so blau wie Glockenblumen, ihr Haar so golden wie das reifende Korn. Kartoffeln kochten im Kessel, Tee wartete auf dem Herd. Es gab genug zu essen und zu verschenken. Aber nicht darüber staunte das Kind, sondern über Oona selbst, die jung geworden war und aussah wie eine

Braut. »Mach dir's bequem auf der Ofenbank.« Ihre Stimme hatte den leisen, sanften Klang der Drossel, wenn sie ihre Kleinen ruft. »Du sollst dich satt essen, Maggie, und viele Tage lang keinen Hunger kennen.«

Und ich sage die Wahrheit. Maggie ging zurück und berichtete, was sie erlebt hatte; aber obwohl halb Carn-na-ween ein ganzes Jahr nach der Hütte suchte, konnte keiner sie finden. Bis wieder einmal eine weiße Weihnacht kam. Da starb Seumus MacIntyre, der Flickschuster, und ließ seine Witwe Molly arm und ohne Hilfe zurück. Als sie kamen, um sie ins Armenhaus zu holen an jenem Weihnachtsabend, stieg sie den Weg nach Killybegs und dem Meer hinauf und ward nie mehr gesehen.

Und so gehen die Geschichten weiter – genug, um ein ganzes Buch damit zu füllen. Aber warum sollte ich damit fortfahren? Ihr könnt sie euch selbst erzählen. Eines weiß ich: Wenn es in diesem Jahr eine weiße Weihnacht gibt, werden sich die Armen und Verlorenen und die mit gebrochenem Herzen die Klinke der kleinen Elfenhütte von Carn-na-ween in die Hand geben. Ja, und Oona Hegarty, das Kesselflickerkind, wird das Backblech warm, den Kessel voll und ihre Arme weit offen halten für die Kinder der halben Welt – wenn es eine weiße Weihnacht gibt.

RUTH SAWYER

Schnitzel, Schnatzel und Schnutzel

Vor langer Zeit lebte der König der Tiroler Zwerge auf der Brenner-Alm. So sagen jedenfalls einige, während andere meinen, es war auf der Mitterwalder-Alm. Er hieß Laurin, König Laurin. Sein Königreich lag unter der Erde, und ihm gehörte alles Gold und Silber der Berge. Er hatte eine junge und liebliche Tochter, ganz und gar nicht nach der Art ihres Vaters, der eine Knubbelnase, große Ohren und eine gedrungene Gestalt hatte und der so alt aussah wie die Berge selbst. Sie liebte die Blumen und war traurig, daß in ihres Vaters Reich keine wuchsen.

»Ich möchte einen Rosengarten – mit roten Rosen, rosa Rosen, blühenden Rosen, flammenden Rosen, perlmutternen Rosen, Rosen wie der Sonnenaufgang und der Sonnenuntergang«, sagte sie eines Tages zu ihrem Vater. Und der König lachte und erwiderte, genau einen solchen Garten solle sie haben. Man würde ihn mit Kristall decken, so daß die Sonne in die Tiefen des Reiches hineinströmen könnte, um die Rosen lieblich und duftend wachsen zu lassen. Der Garten wurde angelegt, und jede seltene und auserlesene Rose blühte darin. Und sie verbreiteten soviel Farbe auf den Bergen rings umher, daß der Schnee davon ergriffen wurde und die Sterblichen, die im Tal wohnten, voller Staunen darauf zeigten. »Was macht unsere Alpen so rosig, so glühend?« fragten sie. Und seitdem sprachen sie vom Alpenglühen.

Ich habe euch das erzählt, damit ihr euch ein Bild davon machen könnt, was für ein Zwerg König Laurin war. Er war fröhlich und spielte gerne Streiche und liebte Scherze. Er mochte in den Tälern umhergehen, wo die Sterblichen wohnten, oder in eine Hirtenhütte hineinschneien halbwegs den Berg hinauf. Es gab Menschen, die behaupteten, ihn gesehen zu haben – die kleine gedrungene Gestalt mit der Knubbelnase und den großen Ohren –, wie er an einem Sommertag mit den Ziegen herumtollte. Und jetzt fange ich mit meiner Geschichte an. Es ist eine alte Geschichte, die Tiroler Mütter gern ihren Kindern erzählen.

Vor langer Zeit lebte in einem der Täler ein armer Flickschuster. Seine Frau war gestorben und hatte ihn mit drei Kindern, lauter kleinen Buben, zurückgelassen – Fritzl, Franzl und Hansl. Die Hütte, in der sie lebten, war ganz klein; es gab nur ein einziges Zimmer darin, und da standen die Werkbank des Schusters, ein Kochherd, ein großes Strohbett und an der Wand die Gestelle für das wenige Geschirr, und es gab natürlich einen Tisch mit einer Bank und ein paar Hockern. Sie brauchten nur wenige Töpfe und Pfannen, denn es gab nie viel zu kochen oder zu essen. Manchmal, wenn der Schuster die Sonntagsschuhe eines Bauern geflickt hatte, gab es gute Ziegenmilch zu trinken. Manchmal flickte er die feinen Schuhe eines Bäckers, und dann gab es ein langes, gutes knuspriges Brot zu essen. Und manchmal flickte er die Schuhe des Metzgers, und dann gab es Eintopf: Fleisch, im Topf gekocht, mit Nudeln, Lauch und Kräutern. Wenn der Flickschuster die kleinen Buben am Tisch versammelt hatte und sie mit Beten fertig waren, lachte er, klatschte in die Hände, und manchmal tanzte er gar. »Ha, ha«, rief er dann, »heute gibt es gutes ... was wohl? Ah ... heute essen wir ... Schnitzel, Schnatzel und Schnutzel!«

Damit schwang er den Kessel vom Haken und füllte jeden Teller randvoll, und Fritzl, Franzl und Hansl aßen, bis sie nicht mehr konnten. Ja, das waren gute Tage – die Tage, an denen es Schnitzel, Schnatzel und Schnutzel gab. Natürlich machte der Flickschuster nur Spaß, nichts anderes, aber das Kochfleisch schmeckte so viel besser – wegen des Spaßes.

Dann kam ein Jahr, in dem ein Monat seinem Bruder auf bleiernen Füßen folgte. Die kleinen Buben und der Flickschuster hörten den März hinausmarschieren und den April herein. Sie hörten den Juni hinausmarschieren und den Juli herein. Und jeder neue Monat marschierte mit schwererem Tritt als sein Bruder. Das kam daher, weil wieder einmal Krieg herrschte. Krieg, und die arbeitenden Männer nahmen das Gewehr und ließen die Mütter mit ihren Kindern allein, die sich nun, so gut es ging, selbst versorgen mußten; und das Geld war zu knapp, um auch nur einen armen Flickschuster bezahlen zu können. Das ganze Dorf schlurfte mit losen Schuhsohlen und mit schiefgetretenen Hacken zur Kirche, und die Ösen und Knöpfe und Bänder fehlten ganz.

Im Sommer war es nicht so schlimm. Aber der Winter kam und bedeckte die gute Erde, und da waren die Wurzeln, die Beeren, der Sauerampfer und das Korn verschwunden. Das Marschieren des Novembers, der ging, und des Dezembers, der kam, war besonders laut. Die kleinen Buben waren davon überzeugt, daß die beiden Monate die Hütte ins Wanken brachten, als sie in den Bergen aneinander vorübergingen.

Als Weihnachten immer näher kam, begannen die Buben zu überlegen, ob es für sie wohl ein Fest geben würde, ob ihr lieber Vater wohl durchs Zimmer tanzen, lachen und singen würde: »Ho ho, da es Weihnachten ist heute, gibt es das gute ... was wohl?« Und diesmal, das wußten die Buben, würden sie bestimmt nicht darauf warten, daß ihr Vater es sagte; sie würden selber rufen: »Wir wissen es – es gibt das gute Schnitzel, Schnatzel und Schnutzel!« Ach, wie lange war es her, daß der Vater die Schuhe des Metzgers geflickt hatte. Sicherlich, sicherlich würde es bald wieder nötig sein, jetzt so kurz vor Weihnachten.

Schließlich kam der Heilige Abend. Die kleinen Buben kletterten auf der Brenner-Alm herum und suchten nach Reisig. Die Bäume hatten in diesem Jahr wenig abgeworfen; die Zweige waren noch grün und saßen fest am Stamm, nur einzelne waren abgebrochen, und es war kaum ein Arm voll trockenes, dürres Buschwerk zu finden.

Sie hatten eben ein kleines Feuer angemacht, als ihr Vater eintrat, seine Schnurrbartspitzen von Eistropfen freiblies und die Arme um seinen Körper schlug, um sich wieder aufzuwärmen. »Niemand will heute seine Schuhe geflickt haben. Ich habe alle gefragt. Dennoch gibt es eine gute Nachricht. Die Soldaten marschieren ins Dorf ein. Das Wirtshaus ist voll. Sie haben Stiefel, die geflickt werden müssen, diese Soldaten. Ihr werdet sehen.« Er zwickte jeden Buben in die Backe; er zwinkerte ihnen zu und nickte mit dem Kopf. »Ihr werdet sehen – heute abend komme ich heim mit ... was wohl?«

»Schnitzel, Schnatzel und Schnutzel«, riefen alle drei.

Sie waren so glücklich, sie vergaßen ganz, daß es nichts zu essen gab fürs Abendbrot – keine Brotrinde, keinen Rest kalten Haferbrei, keinen noch so kleinen Schluck Ziegenmilch. »Haben die Soldaten Geld, um dich zu bezahlen?« fragte Fritzl, der Älteste.

»Die Soldaten vielleicht nicht, aber die Hauptleute. Vielleicht ist sogar ein General darunter. Ich werde die Stiefel der Soldaten umsonst flicken, denn schließlich: Was ist morgen für ein Tag! Sie kämpfen für uns, jene Soldaten; wir flicken für sie, ja? Aber ein General – der hat viel Geld.«

Die Buben standen um ihn herum, während ihr Vater all die Werkzeuge und all die Lederstücke in einen Rucksack tat, den Wollschal einmal, noch einmal und noch einmal um den Hals schlang und die Mütze tief ins Gesicht zog. »Die Nacht wird kalt – zum Ohrenabfrieren«, sagte er. »Verriegelt jetzt die Tür hinter mir und haltet das Feuer am Brennen; klettert ins Strohbett und zieht die Decke über euch. Und laßt niemanden herein.«

Weg war er. Sie verriegelten die Tür; dann legten sie ein paar Zweige aufs Feuer, kletterten ins Bett und nahmen Hansl, den Kleinsten, in die Mitte. Sie zogen die Decke über sich; was für eine dünne Decke, um so viel Kälte abzuhalten! Still lagen sie dicht aneinandergerückt und betrachteten den kleinen Lichtflecken, den das Feuer an die Decke warf, und sie schauten ihrem Atem nach, der in kleinen Wolken hinaufstieg. Als die Sonne untergegangen war, erhob sich der Wind. Erst flüsterte er: flüsterte von guten Feuern in großen Kaminen, von den Tannen an den Berghängen, vom Schnee, der sich löste und über die Gletscher hinabglitt. Dann begann er zu blasen: er blies kräftig, er blies kämpferisch, er blies kälter und kälter. Und schließlich heulte er. Er fuhr mit seinem winterkalten Atem durch die Spalten in den Wänden und unter der Tür. Und Fritzl, Franzl und Hansl rückten näher zusammen und zitterten.

Huuu... huuu... bumm... bumm...! Huuu... huuu... bumm, bumm!
»Ist das der Wind, oder klopft jemand?« fragte Franzl.
»Das ist der Wind«, sagte Fritzl.
Huuu... huuu... poch, poch!
»Ist das der Wind, oder klopft jemand?« fragte Hansl.
»Es ist der Wind, und es klopft auch jemand!« sagte Fritzl.

Er rollte aus dem Bett und ging zum Fenster. Das blickte genau auf den Weg zur Tür. »Denk daran, was Vater gesagt hat: mach nicht auf«, sagte Franzl.

Aber Fritzl schaute und schaute. Dicht an der Hütte, vom Wind dagegengedrückt, stand ein kleiner Mann, nicht größer als Hansl. Er hämmerte gegen die Tür. Jetzt konnten sie ihn rufen hören: »Laßt mich ein! Ich sage, laßt mich ein!«

»Oh, nicht, nicht«, schrie Hansl.
»Ich muß es«, sagte Fritzl. »Er sieht ganz durchfroren aus. Der Wind zerrt an ihm wie ein Wolf an einem jungen Lamm.« Und mit diesen Worten zog er den Riegel zurück. Da hüpfte der seltsamste kleine Mann, den sie je gesehen hatten, in die Hütte. Er trug eine große Zipfelmütze, die mit Wildlederriemen am Kopf festgebunden war. Er hatte ein rundes, rotes Gesicht, aus dem eine Knubbelnase hervorragte wie eine dicke Pflaume auf einem Pudding. Seine Ohren waren riesig. Und seine Zähne klapperten so sehr, daß die Hocker anfingen zu tanzen. Er schüttelte die Faust gegen die drei kleinen Buben. »Ah, ihr habt mich warten lassen. Wolltet all das gute Essen und all das gute Feuer für euch behalten? Na, was ist das für eine Art von Gastfreundschaft!«

Er schaute zu dem kleinen Feuer auf dem Herd hinüber, das kaum Wärme in die Hütte verbreitete. Er schaute auf den leeren Tisch, auf dem kein einziger Teller gedeckt war und kein einziger Löffel. Er nahm sich den großen

Topf vor, guckte hinein, drehte ihn um und vergewisserte sich, daß nichts am Boden haftete; dann setzte er ihn mit einem Knall nieder. »So – ihr habt schon alles aufgegessen. Gierige Buben. Aber wenn ihr mir schon kein Essen übriggelassen habt, könnt ihr mich wenigstens wärmen.« Damit kletterte er in das große Strohbett zu Franzl und Hansl, seine Zipfelmütze immer noch unter dem Kinn verknotet. Fritzl versuchte zu erklären, daß sie nicht gierig gewesen wären, daß gar kein Essen dagewesen sei, tagelang schon. Aber er hatte zu große Angst vor dem kleinen Mann, seinen Augen, die so scharf und blau wie Eis waren, und seinem brummigen Mund.

»Rückt zur Seite, rückt zur Seite!« schrie der kleine Mann die beiden im Bett an. »Seht ihr nicht, daß ich keinen Platz habe? Rückt zur Seite und gebt mir meine Hälfte von der Decke.«

Fritzl sah, daß er seine Brüder aus dem Bett stieß. »Na, na«, sagte er und versuchte für Frieden mit ihrem Gast zu sorgen. »Die beiden sind noch klein. Es ist Platz für alle, wenn wir nur still liegen.« Und er wollte selbst ins Bett klettern und vorsichtig ein Stückchen von der Decke zu sich hinüberziehen.

Aber der kleine Mann rollte hin und her und schimpfte: »Macht mir Platz, gebt mir mehr von der Decke. Könnt ihr nicht sehen, daß ich friere? Das nenne ich armselige Gastfreundschaft, einen Fremden einzulassen, ihm nichts zu essen zu geben und ihm dann noch nicht einmal Bett und Decke zu gönnen, um sich warmzuhalten.« Er bohrte seinen Ellbogen dem kleinen dünnen Hansl in die Seite.

»Au«, schrie der Junge.

Fritzl wurde ärgerlich. »Herr«, sagte er, »Herr, ich bitte Sie, seien Sie zart zu meinem kleinen Bruder. Und es tut mir leid, daß wir Ihnen nichts zu essen geben konnten. Aber unser Vater, der Flickschuster, ist fortgegangen, um für die Soldaten Stiefel zu flicken. Wenn er heimkommt, schauen wir nach etwas zu essen. Gewiß, dies ist ein Abend, an dem man feiern und teilen soll. Wenn Ihr also nur ruhig liegen wollt, bis er kommt, so verspreche ich Euch...«

Der kleine Mann drehte sich um und stieß Fritz seinen Ellbogen in die Rippen. »Versprechungen – Versprechungen. Na, was soll gut sein an Versprechungen? Komm, verschwinde aus dem Bett, und mach mir mehr Platz.« Er zog seine Knie herauf, setzte seine Füße mitten auf Fritzls Rücken und stieß ihn kräftig fort. Im nächsten Augenblick drehte sich der Bub durchs Zimmer. »Verschwinde!« lachte der kleine Mann hinter ihm her, »wenn du dich warmhalten mußt, schlag Rad, aber schnell.«

Für einen Moment stand Fritzl verdutzt an dem kleinen Feuer. Er hatte sich weh getan und war sehr böse. Er schaute zum Bett hinüber. Natürlich, der kleine gierige Mann hatte sich in die Decke eingerollt und nur noch eine kleine Ecke für die beiden jüngeren Buben übriggelassen. Er hatte sich mehr als die Hälfte des Strohs genommen, und auch jetzt noch trat und stieß er Hansl. Er sah, daß Franzl sich erhob und den Platz mit ihrem kleinsten Bruder tauschte, um die Stöße einzustecken.

Brr... es war kalt! Ehe er sich's versah, tat Fritzl genau das, was ihm empfohlen worden war: er schlug Rad durchs Zimmer. Er hatte den Tisch umrundet und kam aufs Bett zu, als – plop – plop – plop – etwas aus seinen Taschen fiel, wenn immer seine Füße über seinen Kopf schwangen. Plop – plop – plop! Die beiden jüngeren Buben setzten sich im Bett auf. Ihre Rufe des Erstaunens brachten Fritzl wieder auf die Füße. Hinter sich durchs Zimmer hatte er eine kreisrunde goldene Spur von Apfelsinen gezogen. Apfelsinen – wie zwei Fäuste so groß. Und überall dazwischengestreut lag Konfekt in Gold- und Silberpapier gewickelt. Fritzl stand und bestaunte es mit offenem Mund.

»He du, mach, daß du rauskommst, und halt dich selber warm«, schrie der kleine Mann und stieß Franzl in die Rippen. »Schlag Rad, Bübchen!« Und in der nächsten Minute wirbelte Franzl radschlagend durchs Zimmer. Plop – plop – plop – etwas fiel aus seinen Taschen: Weihnachtskekse, Weihnachtskuchen mit Zuckerguß, mit Pflaumen, mit Anis und Kümmel.

Jetzt boxte der kleine Mann Hansl in die Rippen. »Fauler Bub, gieriger Bub. Meinst wohl, du könntest das Bett jetzt für dich allein haben? Na, na, ich will es haben! Verschwinde!« Und mit seinen Füßen stieß er den kleinen Bub in den Rücken und schubste ihn auf den Fußboden. »Radschlagen...«, begann er; aber Fritzl vergaß für einen Moment sein Erstaunen über das, was sich da ereignete, und rief: »Aber, Herr, er ist zu klein. Er kann sich noch nicht so drehen...«

»Dreht ihn dann um in der Ecke. Man bleibt wärmer, wenn die Hacken höher sind als der Kopf. Bewegt euch. Nehmt jeder ein Bein, und beeilt euch damit.«

Der kleine Mann schien so zornig zu sein, so feuerrot und entschieden, daß Fritzl und Franzl ihren kleinen Bruder eiligst in die Kaminecke führten, jeder ein Bein nahm und ihn so auf den Kopf stellten. Donner und Blitz! Was geschah nun? Kling – klang – klingelingeling! Kling – klang – klingelingeling! Auf den Fußboden prasselte es wie Hagel aufs Dach, und das waren die Silber- und Goldstücke, die aus Hansls Tasche fielen.

Fritzl fing an zu schreien, Franzl fing an zu tanzen. Hansl begann zu rufen: »Laßt mich runter! Laßt mich runter!« Das taten sie, und dann tanzten die drei kleine Buben um den Reichtum herum, hielten sich bei den Händen und sangen: »Tralala«, »Dideldumdei« und »Tralala«, bis sie ganz außer Atem waren und nicht länger tanzen konnten. Sie schauten zum Bett hinüber, und Fritzl machte den Mund auf, um zu sagen: »Jetzt können wir euch etwas Weihnachtliches anbieten, Herr, wenn es euch gefällt...« Aber das Bett war leer, die Decke lag in einem Knäuel auf dem Fußboden. Der kleine Mann war verschwunden.

Die drei kleinen Buben sammelten die Sachen vom Boden auf, taten die Apfelsinen in die große Holzschale, Kekse und Kuchen auf die beiden Platten, die Silber- und Goldstücke in diese und jene Schüssel. Und als sie so beschäfig waren, kam ihr Vater nach Hause, stampfte und schnaufte herein. Er hatte Brot gekauft, er hatte Milch gekauft, er hatte Fleisch gekauft für einen guten Eintopf – und Nudeln.

Welch ein Erstaunen, welch ein Händeklatschen, welch ein Singen, während sie das Weihnachtsfest vorbereiteten! Fritzl begann, die Geschichte von ihrem Weihnachtsgast zu erzählen; Franzl erzählte sie weiter; aber Hansl erzählte das Ende und ließ sich dabei von seinen Brüdern noch einmal auf den Kopf stellen, um zu zeigen, wie es genau dazu gekommen war, daß all die Silber- und Golstücke aus seinen Taschen gefallen waren.

»So, so«, sagte der Flickschuster, »wir sind die Glücklichen. Ich wußte gar nicht, daß es wahr ist; ich hatte immer gemeint, es sei eine Großvatergeschichte für kleine Kinder. Man sagt, daß König Laurin jedes Jahr zu Weihnachten zu einer Hütte kommt – zu einer Familie –, um dort seinen Schabernak zu treiben und von seinen Schätzen auszuteilen.«

»Es war ein ganz häßlicher Mann«, sagte Hansl, »er stieß uns in die Rippen und wollte das ganze Bett für sich allein.«

»Das war der König – das ist die Art, wie er wütend tut. Sprecht: ›Komm, Herr Jesus, und sei unser Gast‹, dann zieht die Hocker heran. Ah ... was gibt es wohl zu essen?«

Die kleinen Buben riefen wie aus einem Mund: »Schnitzel, Schnatzel und Schnutzel!«

RUTH SAWYER

Der Uhrmacher

In Deutschland wohnte einst ein kleiner Uhrmacher, der Hermann Joseph hieß. Er wohnte in einem kleinen Zimmer mit einer Werkbank, einem Schrank für sein Holz und sein Werkzeug, einem Geschirrschrank für seine Teller und ein Bett auf Rollen, das unter seiner Werkbank stand. Daneben stand ein Schemel, und das war alles, außer den Uhren. Davon hatte er mehr als hundert: Kleine und große, verzierte und einfache, manche hatten Zifferblätter aus Holz, andere aus Porzellan, da waren Stutzuhren, Kuckucksuhren, Uhren mit und ohne Glockenspiel; und die hingen alle an der Wand, die fast ganz voll davon war. Im einzigen kleinen Fenster hatte er auf einem Brett seine schönste Uhr ausgestellt. Oft blieben Leute stehen, und einer sagte dann: »Seht, Hermann Joseph hat eine neue Uhr gemacht. Das ist die schönste von allen.« Und wenn jemand eine Uhr haben wollte, ging er hinein und kaufte eine. Wie ich schon sagte: Hermann war ein kleiner Uhrmacher. Das lag daran, daß sein Rücken und seine Beine krumm waren. Aber in der ganzen Stadt gab es kein freundlicheres Gesicht, und die Kinder liebten ihn. Wenn ein Spielzeug zerbrochen war oder eine Puppe einen Arm oder ein Bein oder ein Auge verloren hatte, dann brachte die unvorsichtige Puppenmutter ihren Liebling schnurstracks zu Hermann Joseph.

»Dieses Kindlein muß gesund gemacht werden«, sagte sie dann. »Wirst du das für mich tun?«

Und womit Hermann auch gerade beschäftigt war, er legte seine Arbeit zur Seite, um die zerbrochene Puppe zu reparieren; und er nahm nie einen Pfennig dafür. »Kauf dir etwas Leckeres dafür, oder noch besser, spar das Geld für Weihnachten«, sagte er immer.

Nun war es vor langer Zeit normal, daß die Leute, die in dieser Stadt wohnten, Weihnachten Geschenke für Maria und das Kind in die Kathedrale brachten. Die Leute sparten das ganze Jahr, so daß sie zu Weihnachten etwas besonders Schönes kaufen konnten. Und, so behauptete man, wenn jemand dem Christuskind ein Geschenk brachte, das ihm besser als alles andere gefiel, würde es sich auf Marias Arm vorbeugen, um es anzufassen. Das war natürlich nur eine Legende. Der alte Graf, der älteste Einwohner der Stadt, konnte sich nicht erinnern, daß das je geschehen wäre, und viele Leute lachten schon, wenn sie nur davon hörten. Aber die Kinder redeten oft darüber, und die Dichter schrieben darüber wunderschöne Gedichte. Oft wurden gewaltig teure Geschenke gebracht, und die Spender standen dann und warteten und flüsterten sich selbst zu: »Vielleicht wird nun das Wunder geschehen.«

Die Leute, die keine Geschenke machen konnten, gingen am Heiligabend dennoch in die Kirche und schauten die Gaben der anderen an, lauschten den Liedern und bewunderten die brennenden Kerzen. Der kleine Uhrmacher war einer von ihnen. Oft sprach man ihn an und fragte: »Wie kommt es, daß du nie ein Geschenk bringst?« Einmal fragte sogar der Bischof: »Wo ist dein Geschenk für das Kind? Sogar Menschen, die ärmer sind als du, haben etwas gebracht.« Da hatte Hermann gesagt: »Wartet nur, dann werdet ihr es sehen. Einmal werde ich auch eine Gabe bringen.«

Tatsache war, daß der kleine Uhrmacher das ganze Jahr über alles weggab und zu Weihnachten einfach nichts mehr hatte. Aber er hatte eine großartige Idee. Jede frei Minute, die ihm seine Arbeit als Uhrmacher ließ, arbeitete er daran. Es hatte ihn etliche Jahre gekostet, und nur Trude, die kleine Tochter seiner Nachbarn, wußte etwas davon. Und aus dem kleinen Mädchen Trude war ein Hausmütterchen geworden, da war das Geschenk immer noch nicht fertig.

Es war eine Uhr, die prächtigste, die wunderschönste Uhr, die man je gesehen hatte; und jedes Teilchen war mit Liebe und Sorgfalt angefertigt worden. Das Gehäuse, das Uhrwerk, die Gewichte, die Zeiger und das Zifferblatt, das alles hatte jahrelange Arbeit gekostet. Und nun sah Hermann endlich, daß er sie für diese Weihnacht fertig haben könnte, wenn er sich ein wenig beeilte. Er reparierte immer noch Kinderspielzeug, aber keine normalen Uhren mehr; er verkaufte auch viel weniger, und oft war sein Schrank leer, und er ging mit leerem Magen ins Bett. Aber er wurde nur ein wenig magerer, und sein Gesicht wurde immer freundlicher. Währenddessen wurde die Uhr, die als Geschenk gedacht war, immer schöner und schöner. Es war eine Darstellung der Krippe. Maria kniete neben der Krippe, in der das Jesuskind lag, die Türchen standen offen, und dadurch kamen die Stunden heraus. Da waren drei Könige und drei Hirten und drei Soldaten und drei Engel, und wenn die Uhr die ganze Stunde schlug, knieten sie abwechselnd anbetend vor dem schlafenden Kind, während die silbernen Glöckchen das »Magnifikat« spielten.

»Siehst du«, sagte der Uhrmacher zu Trude, »das bedeutet, daß wir nicht nur an Sonn- und Feiertagen das Christuskind anbeten und ihm Geschenke bringen sollen, sondern jeden Tag, jede Stunde.«

Die Tage vergingen schnell, genauso schnell wie Wolken, die vom Wind fortgetrieben werden, und endlich war die Uhr fertig. Hermann war so stolz darauf, daß er sie ins Fenster stellte, damit die Vorbeigehenden sie sehen konnten. Und da standen dann auch schon bald ganze Gruppen von Menschen und schauten sich die Uhr an und fragten sich, ob dies nun das Geschenk sei, von dem Hermann gesprochen hatte: Sein Geschenk am Heiligabend für das Jesuskind.

Heiligabend kam. Hermann machte seinen Laden sauber, zog alle seine Uhren auf, bürstete seine Kleidung, und um sich zu vergewissern, daß auch alles in Ordnung war, schaute er sich noch einmal seine ganz besondere Uhr an.

Er würde den Vergleich mit all den anderen Geschenken nicht zu scheuen brauchen, dachte er froh. Er war sogar so freudig erregt, daß er sein ganzes Geld, bis auf einen Stüber, einem blinden Bettler gab, der an seinem Haus vorbeikam. Und als ihm einfiel, daß er seit dem Frühstück nichts mehr gegessen hatte, gab er den Stüber für einen Weihnachtsapfel aus, den er zu dem Kanten Brot essen wollte, den er noch im Schrank liegen hatte. Den Apfel legte er in den Schrank; wenn er sich angezogen hatte, würde er ihn essen. Da ging die Tür auf, und herein kam die weinende Trude.

»Kind, was ist denn?« fragte er dann und nahm sie in die Arme.

»Mein Mann hat einen Unfall gehabt, und das ganze Geld, das wir für einen Baum und Süßigkeiten und Spielzeug gespart hatten, habe ich dem Doktor geben müssen. Was soll ich den Kindern sagen? Sie haben die Kerze im Fenster schon angesteckt und warten auf den Weihnachtsmann.«

Der Uhrmacher lachte fröhlich.

»Komm, komm, Kleines. Alles wird gut. Hermann wird für dich eine Uhr verkaufen. Irgend jemand in der Stadt wird ja wohl eine Uhr gebrauchen können. Dann haben wir im Handumdrehen genug Geld, um drei Spielsachen zu kaufen. Geh nur nach Hause.«

Er knöpfte sich den Mantel zu, und nachdem er eine der besten alten Uhren ausgesucht hatte, verließ er das Haus. Zuerst ging er zu den reichen Kaufleuten, aber ihre Häuser waren voller Uhren; dann zu den Handelsreisenden, aber die sagten, seine Uhr sei veraltet. Er stellte sich sogar an Straßenecken und rief: »Eine Uhr, eine gute Uhr zu verkaufen«, aber niemand beachtete ihn. Zum Schluß nahm er all seinen Mut zusammen und ging zum Grafen.

»Möchten Eure Exzellenz eine Uhr kaufen?« Seine eigene Unerschrokkenheit ließ ihn ein wenig erzittern. »Ich wäre mit dieser Bitte nicht zu Euch gekommen, wenn nicht Weihnachten wäre und ich für das Geld ein paar Kindern etwas Glück kaufen möchte.«

Der Graf lachte.

»Ich will wohl eine Uhr kaufen, aber nicht diese. Ich zahle tausend Gulden für die Uhr, die die letzten vier Tage bei dir im Fenster gestanden hat.«

»Aber Exzellenz, das ist unmöglich!« Und nun zitterte der arme Hermann noch viel mehr.

»Pah! Nichts ist unmöglich. Die Uhr oder keine. Geh heim. In einer halben Stunde schicke ich jemanden, um die Uhr zu holen und dir die tausend Gulden zu geben.«

Der kleine Uhrmacher taumelte hinaus.

»Alles, nur das nicht, alles, nur das nicht!« murmelte er auf dem Heimweg immer wieder. Als er am Haus der Nachbarn vorbeikam, sah er im Fenster die Kinder mit der brennenden Kerze und hörte Trude singen.

Und so geschah es, daß der Diener des Grafen kam und die wunderschöne Uhr, die das Geschenk für das Jesuskind sein sollte, mitnahm. Aber der Uhrmacher nahm nur fünf der tausend Gulden als Bezahlung an. Und als der Diener auf die Straße trat, begannen die Uhren der großen Kathedrale zu spielen, und auf den Straßen waren plötzlich sehr viele Menschen zu sehen, die zur Kirche gingen, um dort ihr Geschenk abzugeben.

»Ich bin schon öfter mit leeren Händen gegangen«, sagte der kleine Uhrmacher bekümmert, »dann kann ich es auch noch einmal tun.« So zog er dann wieder den Mantel an. Als er sich zum Schrank umdrehte, um die Tür zu schließen, fiel sein Blick auf den Weihnachtsapfel. Um seine Mundwinkel spielte ein Lächeln, und in seine Augen kam ein Leuchten.

»Das ist alles, was ich habe: Mein Essen für zwei Tage. Das werde ich dem Christuskind geben. Das ist immer noch besser als mit leeren Händen dazustehen.«

Friedlich und schön war die Kathedrale, als Hermann hereinkam. Tausende von Kerzen brannten, und die Luft war erfüllt vom zarten, süßen Geruch des Tannengrüns. Und der Altar vor Maria und dem Kind war voller Geschenke. Darunter waren kostbarere Gaben als je zuvor: Prachtvolle silberne Fahrzeuge der Silberschmiede, goldbestickte Tücher und Seidentücher, die die Kaufleute aus dem Morgenland mitgebracht hatten, Dichter hatten ihre auf Pergament geschriebenen Verse gegeben, Maler hatten Gemälde der Heiligen und der heiligen Familie gebracht, und der König hatte sogar seine Krone und sein Zepter dem Jesuskind zu Füßen gelegt. Und nun kam der kleine Uhrmacher. Langsam ging er den dunklen Mittelgang entlang und hielt seinen Weihnachtsapfel fest in der Hand. Die Leute sahen ihn, und er konnte sie flüstern hören, immer deutlicher und deutlicher: »Eine Schande! Seht ihr, er ist zu geizig, die Uhr wegzugeben. Er behält sie wie ein Geizkragen sein Gold. Seht nur, was er da bringt! Eine Schande ist das!«

Die Worte drangen an Hermanns Ohr, und wie blind taumelte er vorwärts, der Kopf fiel ihm auf die Brust, mit beiden Händen bahnte er sich einen Weg. Zum Altar schien es unendlich weit zu sein. Jetzt wußte er, daß er an der Bank vorbei war, jetzt betraten seine Füße die ersten Stufen, und sieben hatte er zu besteigen, um zum Altar zu kommen. Würden ihn seine Füße hinauf tragen?

»Eins, zwei, drei«, zählte er stumm. Da strauchelte er und wäre beinahe gefallen. »Vier, fünf, sechs.« Er hatte es fast geschafft. Nur noch eine Stufe.

Das Flüstern über die »Schande« erstarb und wich einem Murmeln der Verwunderung. Schon bald konnte er die Worte deutlich verstehen.

»Das Wunder! Das ist das Wunder!«

Die Menschen knieten nieder, der Bischof hob die gefalteten Hände. Und der kleine Uhrmacher, der die letzte Stufe hinauftaumelte, hob den verschleierten Blick und sah, wie sich das Kind in Marias Armen mit ausgestreckten Händen weit vorbeugte, um das Geschenk in Empfang zu nehmen.

ERNST KESSLER

Im Eismeer: Die wandernden Tiere

Auf der Schäre Korvin wohnt der nördlichste Pfarrer unserer Erde. Bei ihm erschien der Lachsfischer Asmus Nissen und sprach: »Hört Ihr meine Hunde bellen, Pfarrer Ramsay? Nun, ich bin seit Wochen unterwegs, bald mit dem Kajak, bald mit dem Schlitten.«

»Was hast du auf dem Herzen, Asmus Nissen?«

»Ich muß Euch erzählen, was ich in der letzten Weihnacht erlebte. Dann sollt Ihr mir sagen, ob mir der heilige Christ begegnete oder nicht.«

»Setz dich, Asmus Nissen; wir stopfen eine Pfeife, dann will ich dich anhören.«

Dem geschah so. Und der Fischer Asmus holte weit aus mit seinen Worten und Gedanken: »Ich wohne, wie Ihr wißt, mit unserm Volk hart an der Eisbarre, es ist kein bequemes Leben. Doch wir ertragen es, und weil die Einsamkeit quält, suchte ich mir ein Weib. Meine Wahl traf auf Nadja, eine liebe Tochter des Baki-Stammes in unserer Nachbarschaft. Nadja mochte mich gern. Aber sie konnte sich schlecht entscheiden. Warum? Ach, Kent Holger liebte sie auch.

Ich nähte für Nadja zwei warme Stiefel, ich brachte ihr sogar eine Jacke aus Seehundfell. Kurzum – ich suchte Kent Holger zu überbieten, und er wiederum strengte sich eifriger an als ich. Darüber gingen Monate hin, und die Sache war noch immer nicht entschieden. Zum Teufel sagte ich mir, in der Weihnacht wirst du sie gewinnen! Für diese Stunde sammelte ich alles Geld, das mir die Dampfer der Norweger für meine Lachsfänge zahlten. Es waren bald sechshundert Kronen. Ist ein Vermögen, Pfarrer Ramsay, ist ein harter Beutel voll. So fand ich mich am Abend des 24. Dezember in Nadjas Hütte ein. Eine gute, eine warme Hütte, Pfarrer Ramsay, wenn sie auch aus Treibholz gezimmert war. Rings war seit Wochen tiefe Nacht.

Nun, ich kroch in Nadjas Hütte. Wer aber war schon vor mir gekommen? Ganz recht, Kent Holger, der Kerl. Mein Kopf dröhnte, mein Herz schlug wie eine Axt. Und kaum dachte ich das, als ich meiner Sinne nicht mehr mächtig wurde: Ich holte meine Axt vom Schlitten! Die Hunde heulten mich an;

und als ich, nur Böses wollend, mit der blanken Waffe nach Nadjas Hütte lief, da trat mir der andere schon entgegen. Schreiend stand das Mädchen im Schnee. Da geschah etwas Seltsames: Am Himmel stand ein Stern. So groß, Pfarrer Ramsay, wie wir alle noch keinen gesehen. Dieser Stern wanderte mit einem langen Schweif, auch verlor er Tropfen aus Feuer.

Nadja sprach in ihrer Angst das rechte Wort: Geht dem Stern nach! Folgt ihm doch! Vielleicht ist er gekommen, um uns zu helfen! Nadjas Worte wären kaum notwendig gewesen, denn sowohl mich als auch den andern hob es vom Fleck, als würden wir angezogen von der seltsamen Fackel über uns. Also gingen wir los, immer gen Norden.

Nach einer Stunde sahen wir Nadjas Hütte nicht mehr, geschweige denn ihre Laterne. Aber vor uns, Pfarrer Ramsay, weit vor uns blieb der Stern plötzlich stehen. Und sein Schweif strich über die fernsten Ufer hin. Es wurde hell, als wäre die Polarnacht zu Ende.

Und was sahen wir? Mein Gott, Pfarrer Ramsay ... wir sahen ganze Pilgerzüge von Tieren. Jawohl, ich hebe meinen Finger dafür: Rentiere, Eisbären, Füchse, Robben, eine breite lautlose Karawane von tausend und mehr Geschöpfen wanderte friedlich wie eine Herde nach Norden. Dorthin, Pfarrer Ramsay, wo der Stern zur Ruhe gekommen war. Auf einmal liefen auch unsere Hunde mit dem Zug, sie waren uns nachgerannt, ohne zu bellen. Und über der schweigenden, obwohl unentwegt schreitenden Herde hingen Wolken von Sturmvögeln und Möwen. Wir hörten keinen Schrei, kein Flattern oder Schwingen. Niemand rührte den anderen an. Die Bären verlangten nicht nach dem Blut der Robben, die sonst so gefräßigen Wolfsfüchse rissen nicht eines von den Kälbern, und die Möwen stießen niemals in die Wasserlücken, einen Fisch zu schlagen oder eine offene Muschel. Kent Holger und ich, wir blieben stehen. Die Knie hatten das Wanken. In den Schläfen pochte das Fieber. Und er, der schonungslose Gesell, er sagte ein Wort zu mir –«

»Welches Wort sagte er, Asmus Nissen?«

»Nun, Pfarrer Ramsay, er sprach das eine: *Bruder!!* – Und ich fragte ihn: Was den Tieren heute gegeben ist, warum sollten wir es nicht können? – Wir gingen zurück, kehrten aber nicht mehr ein bei Nadja. Wir warteten ab, bis unsere Hunde zurückkamen. Dann luden wir die Kajaks auf, spannten die Schlitten und fuhren heim –«

»Was ist aus Nadja geworden, Asmus Nissen?«

»Sie heiratete einen Pelzjäger und ist glücklich.«

»Bist du auch glücklich, Asmus Nissen?«

»Ich bin es, Pfarrer Ramsay, seitdem wir in der Christnacht Brüder wurden.«

RUTH SAWYER

Spielmann, spiel schnell, noch schneller

Sie ist eine eigenartige und verzauberte Insel – unsere Insel Man. Es vergingen mehr als tausend Jahre, bis die Menschen sie entdeckten, denn es ist ja bekannt, daß die Geister des Wassers, der Erde, der Luft und des Feuers einen Zauber über sie gelegt hatten, so daß sie in einer blauen Nebelflamme verborgen und für sterbliche Augen unsichtbar war. Der Nebel bestand aus der Hitze eines großen Feuers und dem Salzhauch des Meeres, und er lagerte über der Insel wie eine Wolkenbank. Dann eines Tages ließen die Geister das Feuer verlöschen, das Meer beruhigte sich, und siehe: Die Insel erschien mit ihren Bergeshöhen und ihrer rauhen Küste, ihren grünen Mooren und ihren rauschenden Wasserfällen. Vorbeifahrende Schiffer bemerkten sie. Und von jenem Tag an kamen die Menschen zu der Insel, und viel von ihrem Zauber ging verloren.

Aber nicht alles. Ihr müßt nämlich wissen, daß sich zu allen Jahreszeiten Geister auf der Insel herumtreiben, die ihren Zauber ausüben und mancherlei Schaden anrichten. Und an der Küste ragt eine große Höhle über das Meer hinaus, die tief in die Erde reicht. Daraus kommt der Teufel hervor, wenn es ihm gefällt, nach eigener Laune auf der Insel umherzuwandern. Ein weiser Inselbewohner geht nicht aus, ohne ein Stückchen Eisen oder einen Klumpen Salz in der Tasche; und wenn es Nacht ist, wird er an seiner Mütze wahrscheinlich einen Ebereschenzweig und ein Wermutreis stecken haben, die Feder von einem Mövenflügel und Haut von einem Seeaal. Denn diese halten die bösen Geister ab; und wer auf der Insel wollte schon dem Bösen begegnen, oder wer wollte sich tölpelhaft seiner Macht ausliefern!

Deshalb sind im Süden auf den Wällen der Burg Rushen die Kanonen auf Steinkreuzen aufgestellt, welche die Burgmauern überragen; und wenn ein Bewohner des südlichen Inselteils an die Tür seines Nachbarn klopft, ruft er nicht: »Bist du da?« Sondern er fragt lieber: »Sind Sünder drinnen?« Denn das Böse ist furchterregend, und wer wollte mit ihm verkehren!

Ich brauche lange, um mit meiner Geschichte zu beginnen, aber es mag einige geben, die wenig von unserer Insel wissen, und ein Geschichtenerzähler kann seine Zuhörer nicht immer auf dem kürzesten Weg an die Geschichte heranführen, die er zu erzählen hat. Diese hier kommt aus dem Süden, wo die Nebel am tiefsten hängen, wo die Hütten aus Torf gebaut und mit Ginster gedeckt sind; dort sind die Kühe klein, es gibt viele Ziegen, und ein Bauer wird euch erzählen, daß seine Herde vom *Fenodyree* in die Hürde getrieben worden ist – einem Kobold, halb Ziege, halb Knabe. Aber das ist eine andere Geschichte.

Laßt mich mit einem alten Wort von der Insel Man beginnen – es sorgt für die richtige Einstimmung: »Wenn ein Armer einem anderen hilft, lacht Gott im Himmel vor Wonne.« Das zeigt euch, daß die Bewohner von Man freundlich zueinander sind, und so ist Gott ihnen nicht fern, selbst wenn der Teufel umhergeht.

Zählt hundert Jahre zurück und dann noch so viele, wie ihr Lust habt, und ihr kommt zu der Zeit, in der meine Geschichte spielt. Außerhalb von Castletown in der Nähe von Kirk Christ Rushen lebte damals ein ganz ungewöhnlicher Bursche; Billy Nell Kewley war sein Name. Der konnte seiner Fiedel süßere Musik entlocken als jeder andere Spielmann der Insel Man. Wenn es Weihnachten wurde, war er der erste, der mit seiner Fiedel umherzog. Er lief die Täler hinauf und über die Moore, spielte für seine Nachbarn und rief, wenn die Nacht zu Ende ging, die Stunden aus und das Wetter, so daß die, welche warm in ihren Streubetten lagen, wissen konnten, was für ein Tag es werden würde, noch ehe der Morgen anbrach. Vor Weihnachten begann er, spielte die halbe Nacht und den halben Tag, spielte dies und das, und an seine Mütze hatte er vorsichtshalber den Ebereschenzweig und den Wermutreis gesteckt, in den Taschen seiner braun-wollenen Kniebundhose trug er Eisen und Salz.

Nun erhebt sich über Castletown auf hochgetürmten Felsen die Burg Rushen. Jenseits davon steht das älteste Kloster der Insel, das seit Hunderten von Jahren verfallen ist: die Abtei Rushen mit ihren zahllosen Ländereien. Durch den Wald von Rushen, das Tal entlang zur Hütte der Quiggans, kam Billy Nell am Vorabend vom Sankt-Thomas-Tag (21.12.); er spielte auf seiner Fiedel und pfiff eine passende Begleitung dazu. Er unterbrach sein Pfeifen, um die Stunde auszurufen: »Zwei Uhr morgens«, sowie das Wetter: »Kalt – mit leichtem Nebel überall«, als er hinter sich im Dunkeln Schritte vernahm.

Schnell wie ein Falke griff er nach dem Zweig an seiner Mütze. Er war verschwunden; als er sich durch das grüne Geäst des Waldes geschlagen hatte, war der Zweig abgerissen worden. Er begann, schneller zu laufen. War es möglich, daß ein *Buggan* hinter ihm her war – ein häßliches, böses Geschöpf, ein Feind des Menschen, der die Sterblichen verflucht und ihnen mit Arglist begegnet, der einen ins Verderben stürzt und dann noch auslacht? Billy Nells Füße rannten schnell, noch schneller.

Doch seine Ohren, nach rückwärts gewandt, vernahmen das Geräusch der anderen Füße; auch sie rannten schnell, noch schneller. Konnte es der *Fenodyree* sein – der Haarige? Dann war es nicht so schlimm. Der *Fenodyree* spielte seine Possen, aber er, der einmal ein Mädchen geliebt hatte, brachte den Menschen nichts Böses. Und er lebte, wenn man den Alten glauben durfte, im Rushen-Tal.

Und dann sagte eine Stimme aus der Finsternis:

»Halte inne, ich befehle es.«

Welche Macht lag in diesen Worten! Billy Nells Füße wurden zum Stehen gebracht, obwohl er eigentlich weiterlaufen wollte. Später besann er sich auf das Salz und das Eisen in seiner Tasche, die er zwischen sich und seinen Verfolger hätte werfen können, als der ihm im Nebel so nahe gefolgt war. Er blieb aber einfach stehen und sagte zu sich: »Billy Nell Kewley, könnte es der *Noid ny Hammey* sein, der dir befiehlt – der Feind der Seele?« Und er stand stockstill in der Dunkelheit, zu ängstlich, um auch nur zu zittern, denn es war der Teufel selbst, an den er dachte.

Der, welcher zu ihm gesprochen hatte, erschien in einem rötlichen Licht, das von überall und nirgends kam, einem Licht, das die Farbe des Fiebers oder des heißen Blitzes oder des Höllenschlunds selbst hatte. Als Billy Nell aber hinschaute, sah er einen schönen Herrn, wie noch keiner auf der Insel Man gesehen worden war – schön und groß, ernst und streng, gut gekleidet in Kniebundhosen mit silbernen Schnallen und Tressen und anderen Verzierungen. Er sprach anmutig und grimmig zugleich: »Billy Nell Kewley von Castletown, ich habe gehört, daß du ein außerordentlich guter Spielmann bist. Es gibt keinen besseren, sagt man.«

»Ich spiele ordentlich«, erwiderte Billy Nell bescheiden.

»Ich möchte, daß du für mich spielst. Schau!« Er griff in die Tasche, und mit einer Hand, so weiß, so schmal, daß es die Hand einer Dame hätte sein können, zeigte er Billy Nell Goldmünzen. In dem rötlichen Licht, das von überall und nirgends kam, konnte Billy ihre eigenartige Prägung erkennen. »Du sollst davon so viele haben, wie du forttragen kannst, wenn du für mich und meine Gesellschaft in der dritten Nacht von heute aufspielst«, sagte der feine Herr.

»Und wo soll ich fiedeln?« fragte Billy Nell Kewley.

»Ich werde dir einen Boten schicken, Billy Nell; halbwegs das Tal hinauf wird er dich treffen. Kurz vor Mitternacht wird er dich erwarten.«

»Ich werde kommen«, sagte der Spielmann, denn er hatte noch nie von soviel Gold gehört – das seines sein sollte, wenn er eine Nacht lang zum Tanz aufspielte. Und da er jetzt nicht mehr halb soviel Angst hatte, begann er zu zittern. In diesem Moment krähte ein Hahn in der Ferne, ein Ast streifte seine Augen, der Nebel umhüllte ihn, und er war allein. Da rannte er, rannte zur Hütte der Quiggans und rief die Stunde aus: »Drei Uhr«, und das Wetter: »Kalt und dichter Nebel«.

Am nächsten Tag zählte Billy Nell Kewley; er zählte die drei Tage und fand heraus, daß die Nacht, in welcher er für all das Gold, das er forttragen könnte, spielen sollte, die Weihnachtsnacht war. Ein Schrecken ergriff ihn. Was für ein Geist war der Feind der Seele? Konnte er denn sein, was immer er sein wollte – ein Teufel in der Hölle oder ein feiner Herr auf Erden? Er lief umher und fragte alle Leute, und jeder gab ihm eine andere Antwort. Er ging zu den Mönchen der Abtei und fand sie im Garten arbeiten. Ihre schwarzen Kapuzen hatten sie zurückgeschlagen, mit nackten Füßen standen sie in der braunen Erde.

Der Abt kam; starr schaute er drein. »Soll ich gehen, Ehrwürden? Soll ich für jemanden aufspielen, den ich nicht kenne? Ist es gutes Gold, das er mir geben will?« fragte Billy Nell.

»Ich kann keine deiner Fragen beantworten«, erwiderte der Abt. »Jene Nacht allein kann die Antwort geben: ob das Gold gut ist oder verflucht, ob der Mann edel oder der Teufel ist. Aber geh. Nimm Salz, nimm Eisen und Giftkapseln mit. Spiel zum Tanz auf und beobachte genau. Spiel aufs neue – und beobachte wieder. Dann spiel ein Weihnachtslied und sieh, was geschieht.«

Kurz vor Mitternacht am Weihnachtsabend stieg Billy Nell Kewley das Tal hinauf. Seine Fiedel hatte er in ein Lammfell gewickelt, um sie vor Feuchtigkeit zu schützen. Nebel, manchmal blau, manchmal rot, hüllte ihn ein, so dicht, daß er seinen Weg mit den Füßen ertasten mußte und immer wieder stolperte.

Er ging dort vorbei, wo die Burg Rushen stehen mußte. Er lief weiter, und ihm war, als ob der Nebel ihn aufnahm und er darin getragen wurde. Er fühlte, daß seine Füße den Pfad verließen, merkte, wie sie ihn wiederfanden. Und dann hob sich der Nebel, verschwand wie Wolken nach einem Sturm, und jetzt bot sich ihm ein solch prächtiger Anblick, wie ihn kein Bursche je vorher gesehen hatte. Ein hell erleuchtetes Schloß mit Hof und Gängen, mit Veranden und hohen Dächern breitete sich vor ihm aus. Fenster und Türen standen weit offen, und mit dem Licht strömte Lachen heraus. Und dort war sein Gastgeber, glänzender als alle anderen, in Samt und Seide gekleidet und mit

Silber und Edelsteinen geschmückt. Um ihn her ergingen sich Gestalten, die Billy Nell für hochgeborene Herren und Damen halten mußte, einige zweifellos von jenseits des Meeres, denn noch nie hatte er ihresgleichen auf der Insel Man gesehen.

In der Mitte des großen Saales stellte er sich auf und packte seine Fiedel aus, stimmte die Saiten, harzte den Bogen ein, lockerte die Finger. Da erstarb das Lachen. Sein Gastgeber rief:

»Spielmann, spiel schnell – noch schneller!«

Nie in seinem Leben und auch später nie mehr hat Billy Nell gespielt, wie er in jener Nacht spielte. Die Musik seiner Fiedel klang wie die Musik von hundert Geigen. Um ihn wirbelten die Tänzer wie wilde Regenbogen: blau und orange, violett und gelb, grün und rot, alles durcheinandergemischt, bis sich ihm der Kopf drehte vor all den Farben. Dennoch hörten sich die Schritte der Tänzer an wie das Wachsen des Grases oder das Reifen des Korns oder das Erröten der Stechpalme – will sagen: sie machten nicht das leiseste Geräusch. Nur die Musik war zu vernehmen und darüber wieder und wieder der Ruf des Gastgebers:

»Spielmann, spiel schnell – noch schneller!«

Noch schneller – noch schneller! Es war, als spielte Billy Nell jetzt wie in einem mächtigen Wind, der die wilde, verrückte Musik seiner Fiedel entlockte. Er spielte Melodien, die er niemals zuvor gehört hatte, Melodien, die schrien und kreischten und heulten und seufzten und schluchzten und weinten vor Schmerz.

»Spiel schneller – noch schneller!«

Er gewahrte, daß jemand bei der Tür stand – ein Mönch in schwarzer Kapuze, barfuß, ein Mönch, der ihn mit tiefen, traurigen Augen anschaute und zwei Finger seiner Hand an seine Lippen hielt, als wolle er die Musik zum Schweigen bringen.

Da erst erinnerte Billy Nell sich daran, was der Abt ihm gesagt hatte. Aber wie kam der Mönch hierher? Und jetzt erinnerte er sich auch daran. Es gab eine Geschicht, so alt und verschlissen vom vielen Erzählen, daß nur Teile von ihr hier und da übrig geblieben waren: Wie vor langer Zeit in der heiligen Weihnachtsnacht ein Mönch die Mitternachtsmesse für die Jungfrau und das neugeborene Christkind verschlafen hatte und wie er beim Abendgebet am Weihnachtstag vermißt wurde und nie mehr gesehen ward. Die Alten sagten, der Teufel habe ihn geholt, jener Feind aller Seelen, er habe seine Seele gestohlen, weil er die Messe verschlafen hatte.

Da fiel aller Schrecken von Billy Nell ab. Er ließ seinen Bogen so schnell über die Saiten gleiten, daß seine Augen ihm nicht mehr folgen konnten.

»Spielmann, spiel schnell – noch schneller!«

»Herr, ich spiele schneller und schneller!« Er wiegte seinen Körper zu der verrückten Musik und bewegte sich durch den Saal zu der Tür, wo der Mönch stand. Die letzten Töne schmetterte er heraus; vor den Füßen des Mönchs warf er Eisen, Salz und Giftkapsel auf den Boden. In die Stille hinein ließ er dann ein Weihnachtslied erklingen – leise und süß stieg es empor:

> Adeste fideles, laeti triumphantes,
> Venite, venite in Bethlehem:
> Natum videte, Regem angelorum:
> Venite adoremus, venite adoremus,
> Venite adoremus – Dominum.

Billy Nells Ohren wurden betäubt von dem Lärm, der über der Musik aufbrandete, Stöhnen und Klagen, die Todesqual verdammter Seelen. Seine Augen erstarrten von dem Anblick, der sich ihm bot: Die Diener verwandelten sich in fleischlose Skelette, die Herren und Damen in heulende Dämonen. Und der barfüßige Mönch mit der schwarzen Kapuze zerfiel in das Gras unter dem schwindenden Schloß – ein Hügel von grauem Staub. In dem Staub aber leuchtete ein kleiner Funke heiligen Lichts – die Seele eines Mönchs, der frei geworden war. Billy Nell nahm den Funken und warf ihn hoch hinauf in den Wind, wie man einen Falken hinaufwirft in den Himmel, daß er frei fliegen kann. Und er folgte ihm mit dem Blick auf seinem schimmernden Weg, bis der Himmel ihn aufnahm.

Billy Nell spielte auf seinem Weg das Tal hinab. Er hielt an, um die Stunde auszurufen: »Drei Uhr an diesem heiligen Weihnachtsmorgen«, er hielt an, um das Wetter auszurufen: »Der Himmel ist klar ... Christus ist geboren.«

PETER ROSEGGER

Einer Weihnacht Lust und Gefahr

In unserer Stube, an der mit grauem Lehm übertünchten Ofenmauer, stand jahraus, jahrein ein Schemel aus Eichenholz. Er war immer glatt und rein gescheuert, denn er wurde, wie die anderen Stubengeräte, jeden Samstag mit feinem Bachsand und einem Strohwisch abgerieben. In der Zeit des Frühlings, des Sommers und des Herbstes stand dieser Schemel leer und einsam in seinem Winkel, nur an jedem Tag zur Abendzeit zog ihn die Ahne etwas weiter hervor, kniete auf denselben hin und verrichtete ihr Abendgebet. Auch an den Samstagen, wenn der Vater am Tisch die Feierabendandacht vorbetete, kniete die Ahne auf dem Schemel.

Als aber der Spätherbst kam mit den langen Abendstunden, an welchen die Knechte in der Stube aus Kienscheiten Leuchtspäne schnitzten und die Mägde sowie auch meine Mutter und die Ahne Wolle und Flachs spannen, und als die Adventzeit kam, in welcher an solchen Span- und Spinnabenden alte Märchen erzählt und geistliche Lieder gesungen wurden, da saß ich beständig auf dem Schemel am Ofen.

Ich hörte von da aus den Geschichten und Gesängen zu, und wenn solche schauerlich wurden und sich meine kleine Seele aufzuregen und zu fürchten begann, rückte ich den Schemel näher zu der Mutter und begann mich ängstlich an ihr Kleid zu halten, und ich konnte gar nicht mehr begreifen, wie die anderen über mich oder über ihre schrecklichen Geschichten noch zu lachen vermochten. Zuletzt, als es zum Schlafengehen kam und mir die Mutter mein Ladbettchen hervorzog, wollte ich schon gar nicht mehr allein in das Bett gehen, und es mußte die Ahne neben mir liegen, bis die fürchterlichen Bilder in mir vergingen und ich endlich einschlief. Aber die langen Adventnächte waren bei uns immer sehr kurz. Bald nach zwei Uhr begann es im Hause unruhig zu werden. Oben auf dem Dachboden hörte man die Knechte, wie sie sich ankleideten und umhergingen, und in der Küche brachen die Mägde Späne ab und schürten am Herde. Dann gingen sie alle auf die Tenne zum Dreschen.

Auch die Mutter war aufgestanden und hatte in der Stube Licht gemacht; bald darauf erhob sich der Vater, und sie zogen Kleider an, die nicht ganz für den Werktag und auch nicht ganz für den Feiertag waren. Dann sprach die Mutter zur Ahne, die im Bett lag, einige Worte, und wenn ich, erweckt durch die Unruhe, auch irgendeine Bemerkung tat, so gab sie mir bloß zur Antwort: »Sei du nur schön still und schlaf!« – Dann zündeten meine Eltern eine Laterne an, löschten das Licht in der Stube aus und gingen aus dem Hause. Ich hörte noch die äußere Tür gehen, und ich sah an den Fenstern den Lichtschimmer vorüberflimmern, und ich hörte das Ächzen der

Tritte im Schnee, und ich hörte noch das Rasseln des Kettenhundes. – Dann wurde es wieder ruhig, nur das dumpfe, gleichmäßige Pochen der Drescher war zu vernehmen, dann schlief ich wieder ein.

Der Vater und die Mutter gingen in die fast drei Stunden entfernte Pfarrkirche zur Rorate. Ich träumte ihnen nach, ich hörte die Kirchenglocken, ich hörte den Ton der Orgel und das Adventslied: Maria sei gegrüßet, du lichter Morgenstern! Und ich sah die Lichter am Hochaltar, und die Englein, die über demselben standen, breiteten ihre goldenen Flügel aus und flogen in der Kirche umher, und einer, der mit der Posaune über dem Predigtstuhl stand, zog hinaus in die Heiden und in die Wälder und blies es durch die ganze Welt, daß die Ankunft des Heilands nahe sei.

Als ich erwachte, strahlte die Sonne schon lange zu den Fenstern herein, und draußen glitzerte und flimmerte der Schnee, und die Mutter ging wieder in der Stube umher und war in Werktagskleidern und tat häusliche Arbeiten. Das Bett der Ahne neben dem meinigen war auch schon geschichtet, und die Ahne kam nun von der Küche herein und half mir die Höschen anziehen und wusch mein Gesicht mit kaltem Wasser, daß ich aus Empfindsamkeit zugleich weinte und lachte. Als dieses geschehen war, kniete ich auf meinem Schemel, betete mit der Ahne den Morgensegen:

> In Gottes Namen aufstehen,
> gegen Gott gehen,
> gegen Gott treten,
> zum himmlischen Vater beten,
> daß er uns verleih
> lieb Englein drei:
> der erste, der uns weist,
> der zweite, der uns speist,
> der dritt, der uns behüt und bewahrt,
> daß uns an Leib und Seel nichts widerfahrt.

Nach dieser Andacht erhielt ich meine Morgensuppe, und nach derselben kam die Ahne mit einem Kübel Rüben, die wir nun zusammen zu schälen hatten. Ich saß dabei auf meinem Schemel. Aber bei dem Schälen der Rüben konnte ich die Ahne nie vollkommen befriedigen; ich schnitt stets eine zu dicke Schale, ließ sie aber stellenweise doch wieder ganz auf der Rübe. Wenn ich mich gar in den Finger schnitt und sofort zu weinen begann, so sagte die Ahne immer sehr unwirsch: »Mit dir ist's wohl ein rechtes Kreuz, man soll dich frei hinauswerfen in den Schnee!« Dabei verband sie mir die Wunde mit unsäglicher Sorgfalt und Liebe.

So vergingen die Tage des Advents, und ich und die Ahne sprachen immer häufiger vom Weihnachtsfest und vom Christkind, das nun bald kommen werde zu den Menschen.

Je mehr wir dem Feste nahten, um so unruhiger wurde es im Haus. Die Knechte trieben das Vieh aus dem Stall und gaben frische Streu hinein und stellten die Barren und Krippen zurecht: der Halterbub striegelte die Ochsen, daß sie ein glattes Aussehen bekamen; der Futterbub mischte mehr Heu in das Stroh als gewöhnlich und bereitete davon einen ganzen Stoß in der Futterkammer. Die Kuhmagd tat das gleiche. Das Dreschen hatte schon einige Tage früher aufgehört, weil man durch den Lärm die nahen Feiertage zu entheiligen glaubte.

Im ganzen Haus wurde gewaschen und gescheuert, selbst in die Stube kamen die Mägde mit ihren Wasserkübeln und Strohwischen und Besen hinein. Ich freute mich immer sehr auf dieses Waschen, weil ich es gerne hatte, wie alles drunter und drüber gekehrt wurde, und weil die Glasbilder im Tischwinkel, die braune Schwarzwälderuhr mit ihrer Metallschelle und andere Dinge, die ich sonst immer nur von der Höhe zu sehen bekam, herabgenommen und mir näher gebracht wurden, so daß ich alles viel genauer und von verschiedenen Seiten betrachten konnte. Freilich war mir nicht erlaubt, dergleichen Dinge anzurühren, weil ich noch zu ungeschickt und unbesonnen dafür wäre und die Gegenstände leicht beschädigen könne. Aber es gab doch Augenblicke, in welchen man im eifrigen Waschen und Scheuern nicht auf mich achtete.

In einem solchen Augenblick kletterte ich einmal über den Schemel auf die Bank und von der Bank auf den Tisch, der aus seiner gewöhnlichen Stellung gerückt war und auf dem die Schwarzwälderuhr lag. Ich machte mich an die Uhr, von der die Gewichte über den Tisch hingen, sah durch ein offenes Seitentürchen in das messingene, bestaubte Räderwerk hinein, tupfte einige Male an die kleinen Blätter des Windrädchens und legte die Finger endlich selbst an das Rädchen, ob es denn nicht gehe; aber es ging nicht. Zuletzt rückte ich auch ein wenig an einem Holzstäbchen, und als ich das tat, begann es im Werk fürchterlich zu rasseln. Einige Räder gingen langsam, andere schneller, und das Windrädchen flog, daß man es kaum sehen konnte. Ich war unbeschreiblich erschrocken, ich kollerte vom Tisch über Bank und Schemel auf den nassen, schmutzigen Boden hinab; da faßte mich schon die Mutter am Röcklein, und die »birkene Liesel« war da. Das Rasseln in der Uhr wollte gar nicht aufhören, und zuletzt nahm mich die Mutter mit beiden Händen und trug mich in das Vorhaus und schob mich durch die Tür hinaus in den Schnee und schlug die Tür hinter mir zu. Ich stand wie vernichtet da, ich hörte von innen noch das Greinen der Mutter, die ich sehr beleidigt haben mußte, und ich hörte das Scheuern und Lachen der Mädchen, und ich hörte noch immer das Rasseln der Uhr.

Als ich eine Weile dagestanden und geschluchzt hatte und als gar niemand kam, der mich wieder in das Haus gerufen hätte, ging ich fort nach dem Pfade, der in den Schnee getreten war, und ich ging über den Hausanger und über das Feld dem Walde zu. Ich wußte nicht, wohin ich wollte, ich bildete mir nur ein, daß mir ein großes Unrecht geschehen sei und daß ich nun nicht mehr in das Haus zurückkehren könne.

Aber ich war noch nicht zum Wald gekommen, als ich hinter mir ein grelles Pfeifen hörte. Das war das Pfeifen der Ahne, wie sie es macht, wenn sie zwei Finger in den Mund nahm, die Zunge spitzte und blies: »Wo willst du denn hin, du dummes Kind«, rief sie, »wart, wenn du so im Wald herumlaufen willst, so wird dich schon die Mooswaberl abfangen, wart nur!«

Auf dieses Wort kehrte ich augenblicklich um, denn die Mooswaberl fürchtete ich unsäglich.

Ich ging aber immer noch nicht in das Haus, ich blieb im Hof stehen, wo der Vater und zwei Knechte gerade ein Schwein aus dem Stall zogen, um es zu stechen. Über das ohrenzerreißende Schreien des Tieres und über das Blut, das ich nun sah und das eine Magd in einem Topf auffing, vergaß ich auf das Vorgefallene, und als der Vater im Vorhaus das Schwein abhäutete, stand ich schon wieder dabei und hielt die Hautzipfel, die er mit einem großen Messer von dem speckigen Fleisch immer mehr und mehr lostrennte. Als später die Eingeweide herausgenommen waren und die Mutter Wasser in das Becken goß, sagte sie zu mir: »Geh weg, sonst wirst du ganz angespritzt!«

Aus diesen Worten entnahm ich, daß die Mutter mit mir wieder versöhnt sei, und nun war alles gut, und als ich wieder in die Stube kam, um mich ein wenig zu erwärmen, stand da alles an seinem gewöhnlichen Platz. Boden und Wände waren noch feucht, aber reingescheuert, und die Schwarzwälderuhr hing wieder an der Wand und tickte. Und sie tickte viel lauter und heller durch die neu hergestellte Stube als früher.

Endlich nahm das Waschen und Scheuern und Glätten ein Ende, im Haus wurde es ruhiger, fast still, und der Heilige Abend war da. Das Mittagmahl am Heiligen Abend wurde nicht in der Stube eingenommen, sondern in der Küche, wo man das Nudelbrett als Tisch und sich um dasselbe herumsetzte und das einfache Fastengericht still, aber mit gehobener Stimmung verzehrte.

Der Tisch in der Stube war mit einem schneeweißen Tuch bedeckt, und vor dem Tisch stand mein Schemel, auf welchen sich zum Abend, als die Dämmerung einbrach, die Ahne hinkniete und still betete.

Mägde gingen leise durch das Haus und bereiteten ihre Festtagskleider vor, und die Mutter tat in einem großen Topf Fleischstücke, goß Wasser dazu und stellte sie zum Herdfeuer. Ich schlich in der Stube auf den Zehenspitzen herum und hörte nichts als das lustige Prasseln des Feuers in der Küche. Ich blickte auf meine Sonntagshöschen und auf das Jöpperl und auf das schwarze Filzhütlein, das schon an einem Nagel an der Wand hing, und dann blickte ich durch das Fenster in die hereinbrechende Dunkelheit hinaus. Wenn kein ungestümes Wetter eintrat, so durfte ich in der Nacht mit dem Großknecht in die Kirche gehen. Und das Wetter war ruhig, und es würde auch, wie der Vater sagte, nicht allzu kalt werden, weil auf den Bergen Nebel lag.

Unmittelbar vor dem »Rauchengehen«, in welchem Haus und Hof nach alter Sitte mit Weihwasser und Weihrauch besegnet wird, hatten der Vater und die Mutter einen kleinen Streit. Die Mooswaberl war dagewesen, hatte glückselige Feiertage gewünscht, und die Mutter hatte ihr für den Festtag ein Stück Fleisch geschenkt. Darüber war der Vater etwas ungehalten; er war sonst ein Freund der Armen und gab ihnen nicht selten mehr, als unsere Verhältnisse erlauben wollten, aber der Mooswaberl sollte man seiner Meinung nach kein Almosen reichen. Die Mooswaberl war ein Weib, welches gar nicht in die Gegend gehörte, welches unbefugt in den Wäldern herumstrich, Moos und Wurzeln sammelte, in halbverfallenen Köhlerhütten Feuer machte und schlief. Daneben zog sie bettelnd zu den Bauernhöfen, wollte Moos verkaufen, und da sie keine Geschäfte machte, weinte sie und verfluchte das Leben. Kinder, die sie ansah, fürchteten sich entsetzlich vor ihr, und viele wurden gar krank; Kühen tat sie an, daß sie rote Milch gaben.

Wer ihr eine Wohltat erwies, den verfolgte sie einige Minuten und sagte ihm: »Tausend und tausend Vergeltsgott bis in den Himmel hinauf.«

Wer sie aber verspottete oder sonst auf irgendeine Art beleidigte, zu dem sagte sie: »Ich bete dich hinab in die unterste Hölle!«

Die Mooswaberl kam oft zu unserem Haus und saß gern vor demselben auf dem grünen Rasen oder auf dem Querbrett des Zaunstiegels (Überstieg über den Zaun), trotz des heftigen Bellens und Rasselns unseres Kettenhundes, der sich gegen dieses Weib besonders unbändig zeigte. Aber die Mooswaberl saß so lange vor dem Haus, bis die Mutter ihr eine Schale Milch oder ein Stück Brot oder beides hinaustrug. Meine Mutter hatte es gern, wenn das Weib sie durch ein tausenfaches Vergeltsgott bis in den Himmel hinaufwünschte. Der Vater legte dem Wunsche dieser Person keinen Wert bei, ob es ein Segensspruch war oder ein Fluch.

Als man draußen im Dorf vor Jahren das Schulhaus gebaut hatte, war dieses Weib mit ihrem Mann in die Gegend gekommen und hatte dabei geholfen, bis einst der Mann bei einer Steinsprengung getötet wurde. Seit dieser Zeit arbeitete sie nicht mehr, und sie zog auch nicht fort, sondern trieb sich umher, ohne daß man wußte, was sie tat und was sie wollte. Zum Arbeiten war sie nicht mehr zu bringen; sie schien geisteskrank zu sein.

Der Richter hatte die Mooswaberl schon mehrmals aus der Gemeinde gewiesen, aber sie war immer wieder zurückgekommen. »Sie würde nicht immer zurückgekommen sein«, sagte mein Vater, »wenn sie in dieser Gegend nichts gebettelt bekäme. So wird sie hier verbleiben, und wenn sie alt und krank ist, müssen wir sie auch hegen und pflegen; das ist ein Kreuz, welches wir uns selbst an den Hals gebunden haben.«

Die Mutter sagte nichts zu solchen Worten, sondern sie gab der Mooswaberl, wenn sie kam, immer das gewohnte Almosen, und heute etwas mehr, zu Ehren des hohen Festes.

Darum also war der kleine Streit zwischen Vater und Mutter, der aber alsogleich verstummte, als zwei Knechte mit dem Rauch- und Weihwassergefäß in das Haus kamen.

Nach dem Rauchen stellte der Vater ein Kerzenlicht auf den Tisch, Späne durften heute nur in der Küche gebrannt werden. Das Nachtmahl wurde schon wieder in der Stube eingenommen. Der Großknecht erzählt während desselben wundersame Geschichten.

Nach dem Abendmahl sang die Mutter ein Hirtenlied. So wonnevoll ich sonst diesen Liedern lauschte, heute dachte ich immer nur an den Kirchgang, und ich wollte durchaus schon das Sonntagskleidchen anziehen. Man sagte, es sei noch später Zeit dazu, aber endlich gab die Ahne meinem Drängen doch nach und zog mich an. Der Stallknecht kleidete sich sehr sorgsam in seinen Festtagsstaat, weil er nach dem Mitternachtsgottesdienst nicht nach Hause gehen, sondern im Dorf den Morgen abwarten wollte. Gegen neun Uhr waren auch die anderen Knechte und Mägde bereit und zündeten am Kerzenlicht eine Spanlunte an. Ich hielt mich an den Großknecht, und meine Eltern und meine Großmutter, welche daheim blieben, um das Haus zu hüten, besprengten mich mit Weihwasser und sagten, daß ich nicht fallen und nicht erfrieren möge.

Dann gingen wir.

Es war sehr finster, und die Lunte, welche der Stallknecht vorantrug, warf ihr rotes Licht in einer großen Scheibe auf den Schnee und auf den Zaun und auf die Steinhaufen und Bäume, an denen wir vorüberkamen. Mir kam dieses rote Leuchten, das zudem noch durch die großen Schatten unserer

Körper unterbrochen war, grauenhaft vor, und ich hielt mich sehr ängstlich an den Großknecht, so daß dieser einmal sagte: »Aber hörst, meine Joppe mußt du mir lassen, was tät ich denn, wenn du mir sie abrissest?«

Der Pfad war eine Zeitlang sehr schmal, so daß wir hintereinander gehen mußten, wobei ich nur froh war, daß ich nicht der letzte war, denn ich bildete mir ein, daß dieser unendliche Gefahren wegen der Gespenster ausgesetzt sein müsse.

Eine schneidende Luft ging, und die glimmenden Splitter der Lunte flogen weithin, und selbst als sie auf die harte Schneekruste fielen, glommen sie noch eine Weile fort.

Wir waren bisher über die Blößen und durch Gesträuch und Wälder abwärts gegangen, jetzt kamen wir zu einem Bach, den ich sehr gut kannte, er floß durch die Wiese, auf welcher wir im Sommer das Heu machten. Im Sommer rauschte dieser Bach sehr, aber heute hörte man ihn nur murmeln und gurgeln, weil er überfroren war. Auch an einer Mühle kamen wir vorüber, an welcher ich gar heftig erschrak, weil einige Funken auf das Dach flogen; aber auf dem Dach lag Schnee, und die Funken erloschen. Als wir eine Weile durch das Tal gegangen waren, verließen wir den Bach, und der Weg führte aufwärts durch einen finstern Wald, in welchem der Schnee sehr seicht lag und keine so feste Kruste hatte wie auf den Blößen.

Endlich kamen wir zu einer breiten Straße, wo wir nebeneinander gehen konnten und wo wir dann und wann ein Schlittengeschelle hörten. Dem Stallknecht war die Lunte bereits bis zu der Hand herabgebrannt, und er zündete nun eine neue an, die er vorrätig hatte. Auf der Straße sah man nun auch mehrere andere Lichter, große rote Fackeln, die heranloderten, als schwämmen sie in der schwarzen Luft, und hinter denen nach und nach ein Gesicht und mehrere Gesichter auftauchten, von Kirchgehern, die sich nun auch zu uns gesellten. Und wir sahen Lichter von anderen Bergen und Höhen, die noch so weit entfernt waren, daß wir nicht erkennen konnten, ob sie standen oder sich bewegten.

So gingen wir weiter. Der Schnee knirschte unter unseren Füßen, und wo ihn der Wind weggetragen hatte, da war der schwarze Fleck des nackten Bodens so hart, daß unsere Schuhe an ihm klangen. Die Leute sprachen und lachten viel, aber mir war, als sei das in der heiligen Christnacht gar nicht recht; ich dachte nur immer schon an die Kirche und wie das doch sein werde, wenn mitten in der Nacht Musik und ein Hochamt sei.

Als wir eine lange Weile auf der Straße fortgegangen und an einzelnen Bäumen und Häusern vorüber und dann wieder über Felder und durch einen Wald gekommen waren, hörte ich auf den Baumwipfeln plötzlich ein leises Klingen. Als ich horchen wollte, hörte ich es nicht, aber bald darauf hörte ich es wieder und deutlicher als das erstemal. Es war der Ton des kleinen Glöckleins vom Turm der Kirche. Die Lichter, die wir nun auf den Bergen und ihm Tal sahen, wurden immer häufiger, und nun merkten wir es auch, daß sie alle der Kirche zueilten. Auch die kleinen, ruhigen Sterne der Laternen schwebten heran, und auf der Straße wurde es immer lebhafter. Das kleine Glöcklein wurde durch ein größeres abgelöst, und das läutete so lange, bis wir fast nahe zur Kirche kamen. – Also war es doch wahr, wie die Ahne gesagt hatte: Um Mitternacht fangen die Glocken zu läuten an und läuten so lange, bis aus den fernen Tälern der letzte Bewohner der Hütten zur Kirche kommt.

Die Kirche steht auf einem mit Birken und Tannen bewachsenen Hügel, und um sie liegt der kleine Friedhof, welcher mit einer niederen Mauer umgeben ist. Die wenigen Häuser stehen im Tal.

Jetzt klang auf dem Turm in langsamem, gleichmäßigem Wiegen schon die große Glocke. Aus den schmalen, hohen Kirchenfenstern fiel heller Schein. Ich wollte in die Kirche, aber der Großknecht sagte, es habe noch Zeit, und blieb stehen und sprach und lachte mit anderen Burschen und stopfte sich eine Pfeife.

Jetzt klangen alle Glocken zusammen, in der Kirche begann die Orgel zu tönen, und nun gingen wir hinein.

Das sah ganz anders aus als an den Sonntagen. Die Lichter, die auf dem Altar brannten, waren hellweiße, funkelnde Sterne, und der vergoldete Tabernakel strahlte gar herrlich zurück. Die Amel des Ewigen Lichtes war rot. Der obere Raum der Kirche war so dunkel, daß man die schönen Verzierungen des Schiffes nicht sehen konnte. Die dunklen Gestalten der Menschen saßen in den Stühlen oder standen neben denselben; die Weiber waren sehr in Tücher eingeschlagen und husteten. Viele hatten Kerzen vor sich brennen und sangen aus ihren Büchern mit, als auf dem Chor das Tedeum ertönte. Der Großknecht führte mich durch die zwei Reihen der Stühle gegen einen Nebenaltar, wo schon mehrere Leute standen. Dort hob er mich auf einen Schemel zu einem Glaskasten empor, der, von zwei Kerzen beleuchtet, zwischen zwei aufgesteckten Tannenwipfeln stand und den ich früher, wenn ich mit den Eltern in die Kirche kam, nie gesehen hatte. Als mich der Großknecht auf den Schemel gehoben hatte, sagte er mir leise ins Ohr: »So, jetzt kannst das Krippel anschauen.« Dann ließ er mich stehen, und ich schaute durch das Glas. Da kam ein Weiblein zu mir herbei und sagte leise: »Ja, Kind, wenn du das anschauen willst, so muß dir's auch jemand auslegen.« Und sie erklärte mir die kleinen Gestalten.

Ich sah die Dinge an. Außer der Mutter Maria, welche über den Kopf ein blaues Tuch geschlagen hatte, das bis zu den Füßen hinabging, waren alle Gestalten, welche Menschen vorstellen sollten, so gekleidet wie unsere Knechte oder wie ältere Bauern. Der heilige Joseph selbst trug grüne Strümpfe und eine kurze Gamslederhose.

Als das Tedeum zu Ende war, kam der Großknecht wieder, hob mich von dem Schemel, und wir setzten uns in einen Stuhl. Dann ging der Kirchenmann herum und zündete alle Kerzen an, die in der Kirche waren, und jeder Mensch, auch der Großknecht, zog nun ein Kerzlein aus dem Sack und zündete es an und klebte es vor sich auf das Pult. Jetzt war es so hell in der Kirche, daß man auch die vielen schönen Verzierungen an der Decke genau sehen konnte. Auf dem Chor stimmte man Geigen und Trompeten und Pauken, und als an der Sakristeitür das Glöcklein klang und der Pfarrer in funkelndem Meßkleid, begleitet von Ministranten und rotbemäntelten Windlichtträgern, über den purpurroten Fußteppich zum Altar ging, da rauschte die Orgel in ihrem ganzen Vollklang, da wirbelten die Pauken und schmetterten die Trompeten.

Weihrauch stieg auf und hüllte den ganzen lichterstrahlenden Hochaltar in einen Schleier. – So begann das Hochamt, und so strahlte und tönte und klang es um Mitternacht. Beim Offertorium waren alle Instrumente still, nur zwei helle Stimmen sangen ein liebliches Hirtenlied, und während des Benediktus jodelten eine Klarinette und zwei Flügelhörner langsam und leise den Wiegengesang. Während des Evangeliums und der Wandlung hörte man auf dem Chor den Kuckuck und die Nachtigall wie mitten im sonnigen Frühling.

Tief nahm ich sie auf in meine Seele, die wunderbare Herrlichkeit der Christnacht, aber ich jauchzte nicht auf vor Entzücken, ich blieb ernst, ruhig, ich fühlte die Weihe.

Aber während die Musik tönte, dachte ich an Vater un Mutter daheim. Die knien jetzt um den Tisch bei dem einzigen Kerzenlichtlein und beten, oder sie schlafen gar, und es ist finster in der Stube, und nur die Uhr geht, sonst ist es still, und es liegt eine tiefe Ruhe über den waldigen Bergen, und die Christnacht ist ausgebreitet über die ganze Welt.

Als endlich das Amt seinem Ende nahte, erloschen nach und nach die Kerzlein in den Stühlen, und der Kirchenmann ging wieder herum und dämpfte mit seinem Blechkäppchen an den Wänden und Bildern und Altären die Lichter aus. Die am Hochaltar brannten noch, als auf dem Chor der letzte freudenreiche Festmarsch erscholl und sich die Leute aus der weihrauchduftenden Kirche drängten.

Als wir in das Freie kamen, war es trotz des dichten Nebels, der sich von den Bergen niedergesenkt hatte, nicht mehr ganz so finster wie vor Mitternacht. Es mußte der Mond aufgegangen sein; man zündete keine Fackeln mehr an. Es schlug ein Uhr, aber der Schulmeister läutete schon die Betglocke zum Christmorgen.

Ich warf noch einen Blick auf die Kirchenfenster; aller Festglanz war erloschen, ich sah nur mehr den matten, rötlichen Schein des Ewigen Lichtes.

Als ich mich dann wieder an den Rock des Großknechtes halten wollte, war der Knecht nicht mehr da, einige fremde Leute waren um mich, die miteinander sprachen und sich sofort auf den Heimweg machten. Mein Begleiter mußte schon voraus sein; ich eilte ihm nach, lief schnell und an mehreren Leuten vorüber, auf daß ich ihn bald einhole. Ich lief, so sehr es meine kleinen Füße konnten, ich kam durch den finsteren Wald, und ich kam über Felder, über welche scharfer Wind blies, so daß ich, wie warm mir sonst war, von Nase und Ohren fast nichts mehr fühlte. Ich kam an Häusern und Baumgruppen vorüber, die Leute, die früher noch auf der Straße gegangen waren, verloren sich nach und nach, und ich war allein, und den Großknecht hatte ich noch immer nicht erreicht. Ich dachte, daß er auch hinter mir sein könne, doch ich beschloß, geradewegs nach Hause zu eilen. Auf der Straße lagen hie und da schwarze Punkte: die Kohlen der Spanfackeln, welche die Leute auf dem Kirchweg abgeschüttelt hatten. Die Gesträuche und Bäumchen, die neben dem Weg standen und unheimlich aus dem Nebel emportauchten, beschloß ich gar nicht anzusehen, ich fürchtete mich davor. Besonders in Angst war ich, sooft ein Pfad quer über die Straße ging, weil das ein Kreuzweg war, an dem in der Christnacht gern der Böse steht und klingende Schätze bei sich hat, um arme Menschenkinder dadurch mit sich zu locken. Der Stallknecht hatte zwar gesagt, er glaube nicht daran, aber geben mußte es denn doch dergleichen Dinge, sonst könnten die Leute nicht so viel davon sprechen. – Ich war aufgeregt, ich wendete meine Augen nach allen Seiten, ob nicht irgendwo ein Gespenst auf mich zukomme. Endlich nahm ich mir vor, gar nicht mehr an solches Zeug zu denken, aber je fester ich das beschloß, desto mehr dachte ich daran.

Nun war ich zum Pfad gekommen, der mich von der Straße abwärts durch den Wald und in das Tal führen sollte. Ich bog ab und eilte unter den langästigen Bäumen dahin. Die Wipfel rauschten stark, und dann und wann fiel ein Schneeklumpen neben mir nieder. Stellenweise war es auch so finster, daß ich kaum die Stämme sah, wenn ich nicht an dieselben stieß, und daß ich den Pfad verlor. Letzteres war mir ziemlich gleichgültig, denn der Schnee war sehr seicht, auch war anfangs der Boden hübsch glatt; aber allmählich begann er steil und steiler zu werden, unter dem Schnee war viel Gestrüpp und hohes Heidekraut. Die Baumstämme standen nicht mehr so regelmäßig, sondern zerstreut, manche mit aufgerissenen Wurzeln an anderen lehnend, manche mit wild und wirr aufragenden Ästen am Boden liegend. Das hatte ich nicht gesehen, als wir aufwärts gingen. Ich konnte oft kaum weiter, ich mußte mich durch das Gesträuch und Geäst durchwinden. Oft brach der Schnee ein, das steife Heidekraut reichte mir bis zur Brust heran. Ich sah ein, daß ich den rechten Weg verloren hatte, aber war ich nur erst im Tal und beim Bach, dann ging ich diesen entlang aufwärts, und da mußte ich endlich doch zur Mühle und zu unserer Wiese kommen.

Schneeschollen fielen mir in das Rocksäcklein, Schnee legte sich an Höschen und Strümpfe, und das Wasser rann mir in die Schuhe hinab. Zuerst war ich durch das Klettern über das Gefälle und das Kriechen im Gesträuch müde geworden, aber nun war auch die Müdigkeit verschwunden; ich achtete nicht auf den Schnee, und ich achtete nicht das Heidekraut und Gesträuch, das mir oft rauh über das Gesicht fuhr, sondern ich eilte weiter. Oft fiel ich zu Boden, aber ich raffte mich schnell auf. Auch alle Gespensterfurcht war weg; ich dachte an nichts als an das Tal und an unser Haus. Ich wußte nicht, wie lange ich mich so durch die Wildnis fortwand, aber ich fühlte mich kräftig und lebendig, die Angst trieb mich vorwärts.

Plötzlich stand ich vor einem Abgrund. In dem Abgrund lag grauer Nebel, aus welchem einzelne Baumwipfel emportauchten. Um mich hatte sich der Wald gelichtet, über mir war es heiter, und am Himmel stand der Halbmond. Mir gegenüber und weiter im Hintergrund waren nichts als seltsame kegelförmige Berge.

Unten in der Tiefe mußte das Tal mit der Mühle sein; mir war, als hörte ich das Tosen des Baches, aber es war das Rauschen des Windes in den jenseitigen Wäldern. Ich ging rechts und links und suchte einen Fußsteig, der mich abwärts führte, und ich fand eine Stelle, an welcher ich mich durch Geröll, welches vom Schnee befreit dalag, und durch Wacholdergesträuche hinablassen zu können vermeinte. Das gelang mir auch eine Strecke, doch noch zur rechten Zeit hielt ich mich an einer Wurzel, fast wäre ich über eine senkrechte Wand gestürzt. Nun konnte ich nicht mehr vorwärts. Ich ließ mich aus Mattigkeit zu Boden. In der Tiefe lag der Nebel mit den schwarzen Baumwipfeln. Außer dem Rauschen des Windes in den Wäldern hörte ich nichts. Ich wußte nicht, wo ich war. – Wenn jetzt ein Reh käme, ich würde es fragen nach dem Weg, vielleicht könnte es ihn mir weisen, in der Christnacht reden ja Tiere menschliche Sprache!

Ich erhob mich, um wieder aufwärts zu klettern; ich machte das Geröll locker und kam nicht vorwärts. Mich schmerzten Hände und Füße. Nun stand ich still und rief, so laut ich konnte, nach dem Großknecht. Meine Stimme fiel von den Wäldern und Wänden langgezogen und undeutlich zurück.

Dann hörte ich wieder nichts als das Rauschen des Windes.

Der Frost schnitt mir in die Glieder.

Nochmals rief ich mit aller Macht den Namen des Großknechtes. Wieder nichts als der langgezogene Widerhall. Nun überkam mich eine fürchterliche Angst. Ich rief schnell hintereinander meine Eltern, meine Ahne, alle Knechte und Mägde unseres Hauses. Es war vergebens.

Nun begann ich kläglich zu weinen.

Bebend stand ich da, und mein Körper warf einen langen Schatten schräg abwärts über das nackte Gestein. Ich ging an der Wand hin und her, um mich etwas zu erwärmen, ich betete laut zum heiligen Christkind, daß es mich erlöse.

Der Mond stand hoch am dunklen Himmel.

Ich konnte nicht mehr weinen und beten, ich konnte mich auch kaum mehr bewegen, ich kauerte mich zitternd an einen Stein und dachte: Nun will ich schlafen, das ist alles nur ein Traum, und wenn ich erwache, bin ich daheim oder im Himmel.

Da hörte ich plötzlich ein Knistern über mir im Wacholdergesträuch, und bald darauf fühlte ich, wie mich etwas berührte und emporhob. Ich wollte schreien, aber ich konnte nicht, die Stimme war wie eingefroren. Aus Furcht und Angst hielt ich die Augen fest geschlossen. Auch Hände und Füße waren mir wie gelähmt, ich konnte sie nicht bewegen. Mir war warm, und mir kam vor, als ob sich das ganze Gebirge mit mir wiegte. –

Als ich zu mir kam und erwachte, war noch Nacht, aber ich stand an der Tür meines Vaterhauses, und der Kettenhund bellte heftig. Eine Gestalt hatte mich auf den festgetretenen Schnee gleiten lassen, pochte dann mit dem Ellbogen gewaltig an die Tür und eilte davon. Ich hatte diese Gestalt erkannt – es war die Mooswaberl gewesen.

Die Tür ging auf, und die Ahne stürzte mit den Worten auf mich zu: »Jesus Christus, da ist er ja!«

Sie trug mich in die warme Stube, aber von dieser schnell wieder zurück in das Vorhaus; dort setzte sie mich auf einen Trog, eilte dann hinaus vor die Tür und machte durchdringende Pfiffe.

Sie war ganz allein zu Hause. Als der Großknecht von der Kirche zurückgekommen war und mich daheim nicht gefunden hatte, und als auch die anderen Leute kamen und ich bei keinem war, gingen sie alle hinab in den Wald und in das Tal und jenseits hinauf zur Straße und nach allen Richtungen. Selbst die Mutter war mitgegangen und hatte überall, wo sie ging und stand, meinen Namen gerufen.

Nachdem die Ahne glaubte, daß es mir nicht mehr schädlich sein konnte, trug sie mich wieder in die warme Stube, und als sie mir die Schuhe und Strümpfe auszog, waren diese ganz fest zusammen- und fast an die Füße gefroren. Hierauf eilte sie nochmals ins Freie und machte wieder ein paar Pfiffe und brachte dann in einem Kübel Schnee herein und stellte mich mit bloßen Füßen in diesen Schnee. Als ich in dem Schnee stand, fühlte ich in den Zehen einen so heftigen Schmerz, daß ich stöhnte, aber die Ahne sagte: »Das ist schon gut, wenn du Schmerz hast, dann sind dir die Füße nicht erfroren.«

Bald darauf strahlte die Morgenröte durch das Fenster, und nun kamen nach und nach die Leute nach Hause, zuletzt aber der Vater, und zuallerletzt, als schon die rote Sonnenscheibe über der Wechselalpe aufging und als die Ahne unzählige Male gepfiffen hatte, kam die Mutter. sie ging an mein Bettlein, in welches ich gebracht worden war und an welchem der Vater saß. Sie war ganz heiser.

Sie sagte, daß ich nun schlafen sollte, und verdeckte das Fenster mit einem Tuch, auf daß mir die Sonne nicht in das Gesicht scheine. Aber der Vater meinte, ich solle noch nicht schlafen, er wolle wissen, wie ich mich von dem Knecht entfernt habe, ohne daß er es merkte, und wo ich herumgelaufen sei? Ich erzählte sofort, wie ich den Pfad verloren hatte, wie ich in die Wildnis kam, und als ich von dem Mond und von den schwarzen Wäldern und von dem Windrauschen und von dem Felsenabgrund erzählte, da sagte der Vater halblaut zu meiner Mutter: »Weib, sagen wir Gott Lob und Dank, daß er da ist, er ist auf der Trollwand gewesen!«

Nach diesen Worten gab mir die Mutter einen Kuß auf die Wangen, wie sie nur selten tat, und dann hielt sie ihre Schürze vor das Gesicht und ging davon.

»Ja, du Donnersbub, und wie bist denn heimkommen?« fragte mich der Vater. Darauf sagte ich, daß ich das nicht wisse, daß ich nach langem Schlafen und Wiegen auf einmal vor der Haustür gewesen und daß die Mooswaberl neben mir gestanden. Der Vater fragte mich noch einmal über diesen Umstand, aber ich antwortete, daß ich nichts Genaueres darüber sagen könne.

Nun sagte der Vater, daß er in die Kirche zum Hochgottesdienst gehe, weil heute der Christtag sei, und daß ich schlafen solle.

Ich muß darauf viele Stunden geschlafen haben, denn als ich erwachte, war draußen Dämmerung, und in der Stube war es fast finster. Neben meinem Bett saß die Ahne und nickte, und von der Küche herein hörte ich das Prasseln des Herdfeuers.

Später, als die Leute beim Abendmahl saßen, war auch die Mooswaberl am Tisch.

Auf dem Kirchhof, über dem Grabhügel ihres Mannes, war sie während des Vormittagsgottesdienstes gekauert, da trat nach dem Hochamt mein Vater zu ihr hin und nahm sie mit in unser Haus.

Über die nächtliche Begebenheit brachte man nicht mehr von ihr heraus, als daß sie im Wald das Christkind gesucht habe; dann ging sie einmal zu meinem Bett und sah mich an, und ich fürchtete mich vor ihren Blicken.

In dem hinteren Geschoß unseres Hauses war eine Kammer, in welcher nur altes, unbrauchbares Gerät und viel Spinngewebe war.

Diese Kammer gab mein Vater dem Mooswaberl zur Wohnung und stellte ihr einen Ofen und ein Bett und einen Tisch hinein.

Und sie blieb bei uns. Oft strich sie noch in den Wäldern umher und brachte Moos heim, dann ging sie wieder hinaus zur Kirche und saß stundenlang auf dem Grabhügel ihres Mannes, von dem sie nicht mehr fortzuziehen vermochte in ihre ferne Gegend, in der sie wohl auch einsam und heimatlos gewesen wäre wie überall. Über ihre Verhältnisse war nichts Näheres zu erfahren, wir vermuteten, daß das Weib einst glücklich und sicher und bei voller Vernunft gewesen war und daß der Schmerz über den Verlust des Gatten ihr den Verstand geraubt hatte.

Wir hatten sie alle lieb, weil sie ruhig und mit allem zufrieden lebte und niemandem das geringste Leid zufügte. Nur der Kettenhund wollte sie immer noch nicht sichern, der bellte und zerrte überaus heftig an der Kette, sooft sie über den Anger ging. Aber das war von dem Tiere anders gemeint; als einmal die Kette riß, stürzte der Hund auf das Weib zu, sprang ihm winselnd an die Brust und leckte ihre Wangen.

Da kam einmal in den Spätherbsttagen, an welchen die Mooswaberl fast ununterbrochen auf dem Grabhügel saß, eine Zeit, in welcher unser Kettenhund, statt lustig zu bellen, stundenlang heulte, so daß meine Ahne, die indes schon mühselig geworden war, sagte: »Schau, jetzt wird in unserer Gegend herum bald einmal wer sterben, weil der Hund gar so heent (jammert, jault); tröste ihn Gott!«

Und nach kurzer Zeit wurde die Mooswaberl krank, und als die Winterszeit gekommen war, starb sie.

In ihren letzten Augenblicken hielt sie noch meinen Vater und meine Mutter an der Hand und sprach die Worte: »Vergelt's euch Gott zu tausend- und zu tausendmal, bis in den Himmel hinauf!«

PETER ROSEGGER

Der liebe kleine Gott geht durch den Wald

»Der liebe Gott geht durch den Wald!« – so singt ein altes Lied, aber eine alte Erfahrung zeigt, daß er im Walde nicht jedem begegnet. Die Rehe und Hirsche vielleicht sehen ihn, fürchten ihn aber nicht – er geht ohne Büchse herum. Der Pecher-Lenz, im Walde geboren und den Wald seit vierzig Jahren durchstreichend, ist, wie er meint, dem lieben himmlischen Waldgänger noch nicht ein einzigesmal begegnet, wohl aber manchem, vor dem er fluchend ausgerufen: »Ei, der Teufel noch einmal!« Und doch! Auch der Lenz hat's erfahren: »Der liebe Gott geht durch den Wald.«

Sein – des Pechers – Haus steht im Walde; alles ringsum strebt in wilden Büschen und hohen Stämmen himmelwärts, und auf den Wipfeln klingt die Lust – nur das Haus kriecht auf dem Sande, und seine Kammern sind dunkel. Bis ins dreißigste Jahr war der Lenz ein armer Pechersbursche gewesen; dann nahm er sich ein Weib und war nun der arme Pechersmann geheißen. So groß war der Unterschied.

Seinem Vater ist's nicht viel besser ergangen. Der ist Waldhüter gewesen, aber von dem hochgelobten Walde war nur das Bitterste sein eigen – das Pech (Harz). Doch ließ sich's dabei leben; die Pecher, wohlgemerkt die ledigen, pfeifen beim Baumschaben heitere Liedeln, und die Terpentiner haben mitunter so schlecht nicht gezahlt. Das Handwerk ernährt seinen Mann – aber nur den Mann, nicht etwa auch noch Frau und Kinder.

»Bei Euch in der Waldhütte sollte der Zölibat sein«, sagte einst ein fremder Jäger zum Pecher-Lenz.

»Was ist denn das für ein Ding?« fragte der Lenz. »Ist's was zum Essen oder zum Anlegen?«

Als sich der Fremde näher erklärte, wurde der Lenz fast aufgebracht. Sein ganzes Glauben, Lieben und Hoffen geht auf Weib und Kind. Er selber ist so viel als Bettelmann. Wenn er im Walde ein grünes Reis auf seinen Hut steckt – es ist fremdes Gut. Die Hütte, in der er wohnt, steht auf dem Boden des Herrn Gallheim und ist gebaut aus dem Holze des Herrn Gallheim. Nur Weib und Kind sind sein eigen. Gallheim ist ein flinker Jäger und fröhlicher Lebemann, und ein kleiner Scherz mit der drallen, biederen Pecherin – warum nicht? Anderer Meinung ist der Lenz; der hat dem Gutsherrn darüber etwas Grobes gesagt. Grobsein aber ist nichts für einen armen Teufel; der muß allemal Süßwurzeln kauen, wenn er mit dem »gnädigen Herrn« spricht.

Nun, der Lenz hat eben getan, wie er getan hat – wie ich auch täte, an seiner Stelle – und so ist ihm eines Tages ein großer Brief ins Haus gekommen. Der Lenz kann nicht lesen, aber sein Weib hat die unselige Kunst gelernt; er knittert mit Mühe das feine Zeug auseinander; das Blatt bleibt kleben an seinen harzigen Fingern! »Alte, geh, schau, was da drauf steht.«

Da drauf stand solches:

»An Lorenz Hackbretter im Kesselwald. Demselben diene zur Kenntnis, daß von nun ab forstwirtschaftlicher Rücksicht wegen das Pechschaben nicht mehr gestattet ist. Dawiderhandelnde verfallen der Strenge des Gesetzes. Der Oberförster im Auftrage des Herrn von Gallheim, Gutsbesitzer.«

So hatte das junge Weib gelesen.

»Nanu?« sagte der Lenz, »und sonst nichts mehr? Der paar Worte wegen das viele Papier?«

Er steckte die Hände in die Hosentaschen, ging in den Wald und brummte. »Nicht mehr gestattet! Forstwirtschaftlicher Rücksichten wegen, oder wie das Zeug heißt! Nun ja, die Sach' muß einen Namen haben! Allfort hab' ich acht gegeben auf den Stamm; dieser schöne Wald, wie er heute dasteht, unter der Pechschabe ist er aufgewachsen. Und jetzt auf einmal ist's ein Verderben. Sakra, was heb' ich jetzt an!«

Gelernt hat er nichts. Wurzeln und Kräutergraben ist noch das einzige; aber wenn er des Abends heimkehrt von seinen Gängen, ist er oft trotzig und launisch, und unwirsch stößt er sein Kind, das Magdale, von sich, wenn es zu ihm herankommt und in Kindlichkeit fragt, was das Reh mache draußen im Walde.

Das Reh draußen im Walde? Das bringt den Lenz auf neue Gedanken. Und eines Tages nimmt er den alten Kugelstutzen aus dem modernen Schranke hervor, schleicht damit hinaus, stellt sich an und siehe, harmlos kommt ein prachtvoller Hirsch mit hohem Geweih herangeschritten. Der Mann fährt mit dem Gewehr zur Wange – da sieht er in den Schaft eingegraben das Herz, aus dem ein Kreuz wächst. Das ist das liebe, traute, alte Zeichen, welches sein Vater so gern in Stab und Stiel seiner Werkzeuge eingegraben hatte.

Ein Kreuz – der Vater ist arm gewesen; ein Herz – er ist treu geblieben. Das Gewehr entsinkt dem Manne, und der Hirsch läuft flink über die Matte hin.

Ein Herz und ein Kreuz! Er hat Weib und Kind und wird sie mit Kräuter- und Wurzelgraben in Gottes Namen ernähren.

Was geschah? Die Hirten taten sich zusammen und verklagten den Wurzelstecher, daß er den Grasboden verwüste. So wurde ihm auch dieses untersagt, und er ging verloren in den Wäldern umher und wußte nicht, was beginnen.

Ihr fragt, ob ihm nicht doch der liebe Gott begegnet sei mit einem guten Gedanken? Was helfen gute Gedanken dem, der sie nicht ausführen kann! Wohl aber ein anderer Geist trat ihn bisweilen an, der flüsterte: Lenz, bist ein Mensch, hast ein Recht an die Welt; hast die Pflicht der Erhaltung gegen die Deinen, aber keine gegen Gallheim, keine gegen die reichen Bauernhöfe draußen, keine gegen den Wanderer, der durch den Wald muß.

»Hinweg!« rief der Mann in solchen Augenblicken und schlug mit der Faust in die Luft hinein, »ein ehrlicher Mann will ich bleiben. Sakra, das will ich sehen, ob ich's nicht durchsetz'!«

Ein Raucher war er. Für all seine Mühe und Arbeit war der persönliche Lohn stets ein Pfeifel. Dieweil er nun keinen Tabak mehr kaufen konnte, beizte er Buchenblätter in Harz und wundert sich schließlich, wie der Arbeitsmensch so viel Geld ausgebe für ein Ding, das er selber bereiten kann.

Magdale gedieh. Sie war nun sieben Jahre alt, war fleißig und brav, und als Weihnachten herankam, hoffte sie auf eine Gabe vom Christkind. Vater und Mutter lächelten bitter. Das Christkind kommt zu den braven Kindern nicht alle Jahre! –

Der Lenz hatte an dem Tage draußen beim Klausenwirt wohl eine Semmel und etliche Äpfel erstanden, um damit die Ehre des heiligen Christ zu retten. Aber auch ein Tannenbäumchen soll da sein, und Lichteln dran. So war's früher stets gewesen, und so wurde es erwartet.

Der Lenz ist am selben Tag wieder nicht daheim. Er streift im Walde herum. Der Boden ist hart gefroren, das Moos knistert unter den Füßen, die Äste hängen, von Eisnadeln des Nebelfrostes belastet, tief herab. Der Lenz wandelt zwischen den Bäumen. Vor manchem jungen Tannenwipfel bleibt er stehen. »Es wäre schon das rechte«, murmelt er, »aber – darf ich denn? – Ich dürfte freilich nicht, aber heute schickt mich das Christkind, das diesen Wald hat wachsen lassen. Mein seliger Vater hat viel tausend Bäume gepflanzt und gehütet – so kann's doch nicht soweit gefehlt sein, wenn ich mir ein Stämmel davon heimtrage für mein klein Dirndl.« Mit Hast fährt er nach seinem Taschenmesser, ein kräftiger Schnitt, und eine zarte Tannenkrone ist geknickt. In diesem Augenblick gellt ein Fluch. Zwei Männer mit Jagdgewehren stehen vor dem Lenz: Gallheim und sein Förster.

»Haben wir dich endlich, du verdammter Waldfrevler!« rief der Förster. »Schon seit lange werden von boshafter Hand in unseren Wäldern die Bäume geknickt. Dieser Lump da tut's?«

»Ho ho«, brummte der Lenz, »nicht not, daß Ihr mich so anknurrt! Ich bin kein Lump, ihr Herren!«

»Was denn?« sagte Gallheim.

»In böser Absicht hab' ich mein Lebtag kein Zweigl vom Ast gebrochen.«

»So? Und dieser Wipfel, der weder einen Spatenstiel, noch ein Stück Brennholz gibt?«

»Zu Gnaden, Herr – fürs Kind ein Christbäumel.«

»Die Ausrede ist nicht übel«, lachte Gallheim, »aber einen Dieb und Waldfrevler läßt man nicht laufen. Förster, nehmt mir den Lungerer fest; die sichere Kammer wird ihm über die Festtage wohlbekommen.«

Der Lenz zerstampfte den Moosboden. »Schau, du großer, gestrenger Herr«, sagte er knirschend, »das Moos ist auch nicht mein eigen, und ich zertrete es doch. Klag mich! Die Luft ist auch nicht mein eigen, und die ich ausatme, mußt du vielleicht wieder einatmen – gnädiger Herr, du armer Schelm!«

Damit machte er es nicht besser, aber in ihm kochte Trotz und Wut. Einerseits sah er's, er war ein Dieb; andererseits fühlte er's, es geschah ihm Unrecht. Finster grub er seinen Blick in den Boden, ließ sich fesseln und davonführen.

Und das Tannenbäumchen blieb liegen auf dem frosterstarrten Boden, und statt der Christlichter glitzerten Eiskörner an den Zweigen.

Da hat sich an jenem Tage etwas zugetragen, das ganz so aussah, als hätte sich das Christkind für den armen Wäldler ins Mittel legen wollen; das liebe Christkind, welches den Reichen wohl glänzende Gaben bescheren mag, es heimlich aber doch lieber mit den Armen hält.

Im Arrest hatten seit langem schon die Spinnen ihre Webstühle aufgerichtet. An diesem Weihnachtsabend nun wurden sie durch den Pecher-Lenz ein wenig gestört. Der Lenz zerriß sich seinen Bart vor Schmerz und Wut. Er dachte an sein schutzloses Heim, in welchem ihn heute die Seinen vergeblich erwarten würden: das Weib in Furcht und Angst; das Kind schluchzend, bis es einschläft – das ist ihre Weihnacht. Und er, der Lenz, der geachtet hat sein Leben lang, daß er ein ehrlicher Mann verbleibe, sitzt im Gefängnis, wo vor ihm der Räuber saß, wo nach ihm der Strolch sitzen wird. Das ist seine Weihnacht!

Zornig ob des Waldfrevlers und befriedigt zugleich, denselben erwischt zu haben, kehrt Gallheim in sein Herrenhaus zurück. Dort war Wirrnis und Jammer.

Theobald, der zehnjährige Sohn des Herrn, war, wie gewöhnlich, am Nachmittage auf seinem Schimmel ausgeritten. Das Haus stammte aus dem sechzehnten Jahrhundert und besaß eine Waffenkammer, in welcher sich mancherlei Rüstzeug befand. Nun war es heute dem Knaben eingefallen, derlei vom Reitknecht glätten und putzen zu lassen, daß es glänzte, und an sich zu hängen. So war er mit Blechwams und Helm und Schwert ausgezogen. Ein junger Ritter, dachte er an die Turniere und an die Burgfräulein, die er begehren und erstreiten wollte – und das feurige Roß trabte hinaus in den finsteren Wald.

Die übliche Reitstunde ging vorüber – Theobald kehrte nicht zurück. Es begann zu schneien, es begann zu dämmern – er kehrte nicht zurück. Als der Hauswart im Hofe die Laternen anzündete, rannte der Schimmel schnaubend und mit hochfliegender Mähne zum Tore herein. Aber auf dem Rosse saß kein Reiter.

Jetzt ging das Entsetzen an. Die Mutter fiel in Ohnmacht. Der Vater schoß planlos umher. Die Dienerschaft stob verwirrt durcheinander; das Gesinde jammerte über den »lieben, guten, jungen gnädigen Herrn«. Die Knechte sprengten auf Pferden zum Tore hinaus. Der Wächter läutete in seiner Kopflosigkeit die Sturmglocke.

Die Frau des Hauses war die erste, welche wieder zur Besinnung kam. Sie eilte in den Schnee, in die Nacht hinaus; laut und hell rief sie ihr Kind, bis die Stimme versagte. Durch Heide und Wald irrte sie, und wo ein Kreuzbild stand, da sank sie auf die Knie und rang die Hände.

Herr Gallheim hastete wie ein gehetztes Wild über Berg und Tal; das Reh und der Edelhirsch, nach denen er sonst so gierig sein Feuerrohr gerichtet, flohen erschreckt und lugten aus Verstecken hämisch auf ihn hin. In der Finsternis stolperte Galheim über ein gebrochenes Bäumchen. Der Tannenwipfel war's, weswillen der Pecher-Lenz im Gefängnisse lag. »Auch dieser Mann hat ein Kind!« so rief es in ihm. Er eilte weiter und stieß in sein Horn.

Die ganze Bewohnerschaft des Herrenhauses irrte im Walde. Der Pecher-Lenz war zu dieser Stunde fast der einzige Bewohner im großen Gebäude.

»Das ist eine schlimme Weihnacht!« sagten die Suchenden zueinander. »Wir werden morgen einen traurigen Christtag haben!« Und sie stießen ins Horn und lauschten; sie feuerten Schüsse ab und horchten vergebens auf ein Gegenzeichen. Wohl, sie vernahmen Schreie, aber das waren die anderen Sucher. Keiner hatte eine Spur, keiner wußte Rat. Endlich begann ein wildes Gestöber; der Sturm rüttelte in den Stämmen und erstickte den Schall der Hörner. Die Schneeflocken tanzten wie rote Sternchen um die

Pechlunten; da sagte einer: »Der Herrgott legt schon das Bahrtuch darüber.«

»Das ist eine schlimme Weihnacht!« So seufzte auch das Weib des Lenz im Waldhause. Sie ging von einem Fenster zum andern, eilte bei jedem Geräusch an die Tür – aber er kam nicht.

»Der Vater wird noch zum Christkind zu spät kommen«, meinte das kleine Magdale. »Weiß Gott«, antwortete die Mutter halb für sich, »zu spät für das Christkind wird er nicht kommen. Aber so lange ist er noch nie ausgeblieben. Mir ist heute den ganzen Tag bange. Geh ins Bett, Magdale.«

Jetzt klopfte es ans Fenster.

»Gottlob! Gottlob!«

Aber er war's nicht. Ein verspäteter Holzhauer ging vorbei, der rief durch die Scheibe herein: »He, Muhme, was hat er denn angestellt?«

»Wer?«

»Er!«

»Ich weiß nicht, was Ihr meint«, sagte das Weib.

»Die Muhme wüßte es gar nicht? Na, so sage ich auch nichts. Das beste wird sein, die Muhme laßt mich heut in ihr warmes Stübel hinein.«

»Ich laß niemand ein. Mann! Lenz!« rief sie gegen den Ofenwinkel hin.

»Tue sich die Muhme nicht foppen«, lachte der Holzknecht draußen, »der Lenz ist heute nicht daheim – das weiß ich recht gut – und kommt auch nicht heim.«

Sie stürzte zum Fenster hin: »Wißt Ihr was? Wo ist er denn?«

»Mir sind sie begegnet«, berichtete der Holzer, »er hat den Hut im Gesicht gehabt, aber ich habe ihn doch erkannt. Die Hände sind ihm gebunden gewesen.«

Das Weib tat einen Aufschrei. Der Holzhauer ging weiter.

Und so ist anstatt des Christkindes im Waldhause der Jammer eingekehrt. Vielleicht als Vorbote nur.

»Geh schlafen jetzt!« sagte die Mutter.

Magdale blickt verwundert auf. War denn nicht Christabend? Das Weib hielt ihr Weinen zurück, das einzige, was sie ihrem Kinde tun konnte. Immer und immer wieder blies sie in die Glut des Herdes, und es wollte nicht brennen; so oft der Span verlosch, war es dem Mädchen, als hörte es irgendwo ein Schluchzen. Dann fragte es wieder nach dem Vater.

»Sei still!« gab das Weib endlich unwirsch zur Antwort; bald setzte sie weicher hinzu: »Der Vater sucht das Christkind und hat sich im Walde ein bissel verirrt.«

»Er wird es schon finden«, meinte das Magdale, »der kleine Gott geht durch den Wald, das Christkind hat gewiß ein goldenes Röckel an. Das tut schon leuchten.«

»Freilich«, sagte die Mutter.

Tiefer und tiefer ging es in die Nacht hinein. Draußen rauschte der Wind, und die Fensterwinkel waren vollgestopft von frischem Schnee. Im weiten Lande ist Glanz und Freude in dieser heiligen Nacht...

Das Weib des Pechers zündete eine rote Kerze an. Mehrmals hatte die Kerze schon geleuchtet – es war ein trüber Glanz. Als der Vater des Lenz gestorben war, da hatte sie gebrannt; als in einer wilden Gewitternacht die Lawine vom Schollberge niederfuhr und das große Wasser gegen dieses Haus tobte, hatte sie gebrannt. Die rote Kerze sollte brennen, wenn einstmals nach diesem Leben der Lenz und sein Weib das Auge schließen müßten im Waldhause. Es war die Sterbekerze. Und jetzt, da des Hauses ältester Bewohner, der ehrliche Ruf, gestorben war, jetzt brannte sie wieder.

Das Weib kniete vor dem Lichte nieder und betete zum Jesuskinde.

Sie betete nicht in wilder Leidenschaft wie die vornehme Frau, sie betete mit Ergebung: »Ich lege, du heiliges Kind, mein Anliegen in deine Hände. Böses kann er nichts getan haben; es ist ja meine tägliche Bitt', daß ihn sein Schutzengel nicht sollt' verlassen. Aber mit gebundenen Händen! Hätte er denn doch gewildert, um dir zu Ehre, du heiliger Christ, einmal ein Stückel Fleisch heimzubringen? Armut und Sorge, o Gott, wie gern erträgt man's, nur nicht Schand und Schmach!«

»Jetzt sind sie draußen«, flüsterte das Magdale plötzlich. Und wahrhaftig, es war nicht das Klopfen des Windes – das war ein Pochen an der Tür.

Sogleich erfaßte das Weib die Kerze und eilte, zu öffnen.

Ein fremder Knabe stand vor ihr. Ein seltsamer Knabe; er hatte ein leuchtendes Kleid an. Die langen Locken waren voll Eis, die Augen voll Wasser. Vor Frost zitterte er und bat um Obdach.

»Ist denn kein Mensch bei dir?« rief das Weib. »Bist du allein? So komm, so komm nur!« Und sie fächelte den Schnee von seinen Kleidern, aber die Brust blieb leuchtend.

»Du liebes Christkind«, lispelte das Mädchen voller Andacht, »da setz' dich zum Ofen und wärme dich.«

Und immer wieder fragte das Weib, wo er herkäme, wer er wäre?

»Ich bin Theobald Gallheim«, antwortete endlich der Knabe. »Ich bin ausgeritten; da sind Wildhühner aufgeflogen, das Pferd ist scheu geworden und hat mich abgeworfen. Ich bin herumgegangen, bis es finster geworden ist. Dann ist der Wind und der Schnee gekommen, und ich habe gar nichts mehr gehört und gesehen und bin gefallen. Bin doch wieder weitergegangen lang und lang, und dann habe ich das Licht gesehen. Laßt mich liegen in Eurem Hause, und tut mir nichts Böses! Mein Vater wird schon kommen!«

Das Fieber schüttelte ihn, als er das sprach. Das Weib hatte Mühe, ihm die Schuhe von den Füßen zu bringen; sie waren schier angefroren. Der Knabe ächzte vor Schmerz; die Pecherin legte ihm kaltes Grubenkraut auf die froststarren Hände und Füße, dann brachte sie heiße Milch und führte den Löffel selbst zu seinem Munde.

Das Magdale war ein wenig zutraulich geworden. Und doch furchtsam schlich es spähend um den Knaben herum, schaute seine zarten Locken und seine weißen Wangen an und seine glänzende Brust und seine Augen. »Du armes Christkind, ist es doch richtig wahr, daß du so viel Kälte leiden mußt!«

Das Weib trug von allen drei Betten, die in der Stube standen, die Kissen zusammen und baute damit auf der Ofenbank dem kleinen Gaste sein Lager. Theobald legte sich hin, dann fielen ihm auch schon die Augen zu.

Dem geängstigten Weibe war leichter ums Herz geworden. Ihr war dieser Knabe, der in der Christnacht hilflos zu ihr gekommen, ein gutes Vorbedeuten. Das Magdale, das gar nicht schlafen wollte, zerstreute sie mit alten Weihnachtsliedern.

»Ach, wie friert das göttliche Kind,
Wie geht nicht aus und ein der Wind –
Es liegt auf Heu und Stroh.
Ei, wenn ich nur das Häuserl hätt',
Das dort unt' im Dörferl steht,
Wie wär' ich doch so froh!
Ich nähm' die Mutter mit dem Kind,
Tät's führen in mein Häuserl g'schwind!«

Dabei unterbrach sich die Sängerin und horchte auf den Atem des Schlummernden; und das Magdale saß daneben und faltete die kleinen Hände…

Gellender Waldhornschall draußen! Dem Weibe blieb das Lied in der Kehle stecken. Draußen schwere Tritte, die Tür geht auf, über und über beschneite Männer treten herein, unter ihnen eine schöne Frau.

Die Pechnerin tat einen scheuen Blick auf die polternden Ankömmlinge, legte den Finger auf den Mund und wies auf den schlafenden Knaben. Kaum erblickte diesen die eintretende Frau, als sie mit einem Freudenschrei auf den Schläfer zustürzte. Der Knabe fuhr empor und blickte um sich. Und sah in dieser Hütte sich und seine Mutter.

Sogleich wurde auf dem nahen Feldhügel das Zeichen geblasen: Gefunden! Gefunden! –

Da kam auch Herr Gallheim. Alle kamen sie hier zusammen, und noch nie hatte das kleine Haus im Walde so viele und so fröhliche Gäste gesehen als in dieser Nacht.

Dem reichen Manne barst schier das Herz. Da sah er seinen Sohn so liebevoll gehalten von der Familie dessen, den er heute – –

Den schnellsten Reiter sandte er nach dem Herrenhause, um die eiserne Tür zu öffnen.

Sie waren alle noch beisammen, als der Lenz in einem vornehmen Wagen, bespannt mit zwei Rappen, angefahren kam.

Zur Stunde ging schon der Morgen auf.

»Verzeiht mir! Verzeiht mir alle drei! Ich will es gutzumachen trachten!« rief Gallheim. »Das Pechhacken, Lenz, das tut Euch schlecht und den Bäumen nicht gut. Aber die Försterstelle wird frei, und zu Christbäumen für Eure Nachkommenschaft haltet von heute an dreißig Joch Waldgrund als Euer eigen.«

Na also, Magdale! Da wird der liebe kleine Gott ja noch oft durch den Wald gehen!

WILLEM BRANDT

Die Kerze

Ach nein, eine Weihnachtsgeschichte ist dies eigentlich nicht. Es ist nicht einmal eine Geschichte, es ist ein Bericht, ein ganz normaler Bericht von einem ganz normalen Ereignis, das irgendwo geschah. Und dann fehlt ihm auch noch die Aktualität, die normalerweise das Kennzeichen eines Berichtes zu sein pflegt. Denn was berichtet wird, das ist vor mehr als dreißig Jahren geschehen. Und wen interessiert das noch? Aber die Weihnachtsgeschichte, die wirkliche Weihnachtsgeschichte, war ja schließlich auch keine beliebige Geschichte. Und die ist auch eine alte Neuigkeit, vor fast zweitausend Jahren geschehen. Kommt es da noch auf die dreißig Jahre an?

Übrigens gibt es noch eine eigenartige Übereinstimmung, wenn Ihnen die auch ein wenig an den Haaren herbeigezogen zu sein scheint. Das Ereignis, von dem die Weihnachtsgeschichte erzählt, spielte sich in einem Stall ab, und das nun dreißig Jahre zurückliegende Ereignis ebenfalls. Nun ja, es war kein richtiger Stall, aber doch etwas Ähnliches. Es war ein düsterer, dunkler Schuppen. Darin herrschte fast immer Halbdunkel oder Dunkelheit. Aber draußen strahlte das Licht sehr hell und prachtvoll, und zwar sowohl am Tage als auch am Abend und in der Nacht. Der Schuppen stand nämlich in einem tropischen Land, unter glühender, brennender Sonne. Aber auch unter phantastischem Sternenhimmel. Und unter einem Mond, der viel größer zu sein schien, als man ihn hier im Westen zu sehen bekommt. Es wohnten Menschen in dem Schuppen. »Wohnen« ist ein wenig übertrieben. Sie waren dort untergebracht. Denn etwas weiter, draußen, ließen Sonne und Mond kleine Funken aus dem Stacheldraht sprühen, jedenfalls so weit der im Laufe der Jahre nicht schon verrostet war. Denn es waren nun schon Jahre, oder vielleicht sogar Jahrhunderte? Das wußte man schon gar nicht mehr. Man war zu müde und zu krank und zu schwach, darüber nachzudenken, die Stunden und die Tage zu zählen. Das hatte man zu Beginn getan. Nun war das schon lange vorbei. Man wurde mehr mit der Ewigkeit konfrontiert als mit dem Tag oder der Stunde. Denn es starben so viele, nebenan und gegenüber, vor Hunger, an der Ruhr, an anderen tropischen

Krankheiten; oder auch einfach nur, weil sie nicht mehr leben wollten, das letzte Fünkchen Hoffnung erloschen war.

Wir versuchten, es noch ein wenig auszuhalten in dem japanischen Konzentrationslager. Warum? Ach, das wußte man eigentlich schon nicht mehr. Ans Ende des Krieges, an Befreiung, konnte man schon lange nicht mehr glauben. Man lebte fast gewohnheitsmäßig weiter, in einer Art Betäubung, abgestumpft, und mit nur noch einem Verlangen, das einem hin und wieder wie ein wildes Tier an die Kehle sprang: Essen, essen, egal was. Doch das gab es nicht, wir wurden systematisch ausgehungert. Doch ab und zu fing jemand eine Schlange oder ein anderes Tier, zum Beispiel eine Ratte. Glaubt mir, niemand, der das überlebt hat, redet gern darüber.

Im Lager war ein Mann, der noch etwas Eßbares besaß. Eine Kerze. Eine gewöhnliche Wachskerze. Natürlich hatte er die seinerzeit nicht mitgenommen oder aufgehoben, um sie aufzuessen. Ein normaler Mensch ißt kein Kerzenfett, obwohl man sich erzählt, die Kosaken wären früher verrückt danach gewesen. Auf alle Fälle: Es ist Fett, das darf man nicht unterschätzen, wenn man nur ausgezehrte Figuren um sich herum sieht und in ihnen auch sich selbst erkennt.

Wenn die Qual des Hungers überhaupt nicht mehr auszuhalten war, nahm er die Kerze, die er in einem zerbeulten Koffer gut aufbewahrt hatte, und nagte daran. Aber er aß sie nicht auf. Er betrachtete die Kerze als seine letzte Rettung. Dereinst, wenn ein jeder wahnsinnig vor Hunger sein würde (und das konnte nicht mehr lange dauern), würde er die Kerze essen. Ich hoffe nicht, daß Sie das verrückt oder eklig finden. Ich, der ich sein Kamerad war, fand das in jener Zeit ganz normal. Er hatte mir übrigens ein kleines Stückchen von der Kerze versprochen. Es wurde meine Lebensaufgabe, meine ständige Sorge, daß er die Kerze später doch nicht alleine aß. Ich spionierte ihm nach, belauerte ihn und sein Köfferchen Tag und Nacht. Vielleicht blieb ich auch darum am Leben, weil ich eine so wichtige Aufgabe zu erfüllen hatte.

Nun, eines Tages kamen wir zu der Entdeckung, daß Weihnachten war. Ganz zufällig hatte das jemand herausbekommen, und zwar nach langen Berechnungen anhand kleiner Einkerbungen in einem Balken. Er erzählte es jedem. »Nächstes Jahr Weihnachten sind wir zu Hause«, fügte er ziemlich matt und tonlos hinzu. Wir nickten oder reagierten überhaupt nicht. Das hatten wir nun schon ein paar Jahre gehört. Dennoch gab es einige, die sich daran klammerten. Man kann ja nie wissen.

Und dann sagte einer, vielleicht nur so dahin, vielleicht auch nicht, das habe ich nie erfahren: »Weihnachten brennen Kerzen und läuten Glocken.«

So etwas zu sagen war sehr sonderbar. Es klang wie schwaches, kaum hörbares Läuten in unendlicher Ferne, in tiefer, tiefer Vergangenheit, wie etwas absolut Unwirkliches.

Ich muß allerdings sagen, daß diese Bemerkung den meisten von uns nichts sagte, sie war ja völlig gegenstandslos, sie bezog sich auf etwas, was mit unserer Existenz überhaupt nichts zu tun hatte, daß sie aber die sonderbarsten und unerwartetsten Folgen hatte. Als es schon spät am Abend war und alle sich auf die Bretter niedergelegt hatten, jeder allein mit seinen Gedanken, oder auch ohne jeden Gedanken, wurde mein Freund unruhig. Er krabbelte zu seinem Koffer und holte die Kerze zum Vorschein. Ich konnte sie in der Dunkelheit sehr gut sehen, die weiße Kerze. Er ißt sie auf, dachte ich, wenn er dabei nur an mich denkt. Und ich belauerte ihn durch die Wimpern. Er legte die Kerze auf seine Pritsche, und dann sah ich ihn hinausgehen, wo ein kleines Feuer schwelte. Er kam mit einem brennenden Span zurück. Wie ein Spuk irrte die kleine Flamme durch die Baracke, bis sie seinen Platz erreicht hatte. Dann geschah das Seltsame: Er zündete seine Kerze an.

Die Kerze stand auf seiner Pritsche und brannte.

Ich weiß nicht, wie alle das so plötzlich bemerkten, aber es dauerte nicht lange, da schob sich auch schon ein Schatten nach dem anderen heran, halbnackte Kerle, deren Rippen man zählen konnte, mit hohlen Wangen und brennenden Hungeraugen. Schweigend bildeten sie einen Kreis um die brennende Kerze. Einer nach dem anderen kamen sie heran, die nackten Männer, auch der Pastor und der Priester. Sie waren nicht als Pastor oder Priester zu erkennen, sie waren auch nur abgemagerte Skelette, aber wir wußten es zufällig.

Der Priester sagte mit heiserer Stimme: »Es ist Weihnachten. Und das Licht scheint in der Finsternis.«

Und dann sagte der Pastor: »Und die Finsternis hat's nicht ergriffen.«

Das ist, wenn ich mich nicht irre, aus dem Johannes-Evangelium. Man kann es in der Bibel finden, aber in jener Nacht um diese Kerze war es kein vor Jahrhunderten geschriebenes Wort. Es war die lebendige Wirklichkeit, eine Botschaft für diese Stunde und für uns, für jeden von uns.

Denn das Licht schien in der Finsternis. Und die Finsternis ergriff es nicht. Das konnte man damals noch nicht so genau erklären, das war, was sie fühlten, schweigend um das Kerzenlicht herum, um die spitze Flamme.

Damit hatte es etwas ganz Besonderes auf sich. Die Kerze war weißer und schlanker als ich später in der bewohnten Welt jemals eine gesehen habe. Und die Flamme. Das war eine Kerzenflamme, die bis in den Himmel reichte, und darin sahen wir Dinge, die nicht von dieser Welt sind. Das kann ich nie nacherzählen. Keiner von uns, der heute noch lebt. Das war ein Geheimnis. Ein Geheimnis zwischen uns und dem Christkind. Denn wir wußten damals sicher, daß es da war, daß es lebte unter uns und für uns. Wir sangen schweigend, wir beteten wortlos, und ich habe auch gehört, wie die Glocken zu läuten begannen und ein Engelchor Lieder anstimmte. Ja, das weiß ich ganz genau, und ich habe über hundert Zeugen, von denen die meisten nicht mehr reden können, sie sind nicht mehr unter uns. Aber trotzdem wissen sie es noch ganz genau. Dort, tief in den Dschungelsümpfen, sangen klare Engelstimmen Weihnachtslieder für uns und dröhnte Bronze von tausend Glocken. Woher das kam, auch das bleibt ein Geheimnis. Die Kerze brannte höher und höher, spitzer und spitzer, bis in den höchsten dunklen Winkel der Baracke, und dann hindurch, bis zu den Sternen, und alles wurde gleißend hell von ihrem Licht. Soviel Licht hat später niemand wieder gesehen. Und wir fühlten uns frei und stolz und kannten keinen Hunger mehr. Die Kerze hatte nicht meinen Freund und mich gesättigt, sie hatte uns alle gesättigt und stärker gemacht.

Das Licht nahm kein Ende.

Und als jemand sagte: »Nächstes Jahr sind wir Weihnachten zu Hause«, glaubten wir es diesmal uneingeschränkt. Denn das Licht hatte uns die Botschaft überbracht, es stand in feurigen Buchstaben in der Kerzenflamme geschrieben; Sie können es mir glauben oder nicht, ich habe es selbst gesehen.

Die ganze Nacht hat die Kerze gebrannt. Es gibt in der ganzen Welt keine Kerze, die so lange und so hoch brennen kann. Als es Morgen war, sangen ein paar von uns. Das war schon seit Jahren nicht mehr vorgekommen. Die Kerze hat vielen von uns das Leben gerettet, denn nun wußten wir, daß es sich noch lohnte, weiter zu gehen, wohin auch immer: Wir wußten, daß irgendwo am Ende auf jeden von uns ein Zuhause wartete.

Und so war es.

Manche sind nach Hause gegangen, noch vor dem nächsten Weihnachtsfest. Sie stehen nun wieder in diesem Leben, in Holland. Für sie sind die Kerzen an unseren Weihnachtsbäumen nur klein, viel zu klein. Sie haben ein größeres Licht gesehen, das brennt immer noch.

Die meisten anderen sind auch nach Hause gekommen, bevor es wieder Weihnachten wurde. Ich habe selbst geholfen, sie in die Erde hinter unserem Lager, einem trockenen Fleckchen im Sumpf, zu betten. Aber als sie starben, waren ihre Augen nicht so dumpf wie früher. Das war das Licht der sonderbaren Kerze. Das Licht, das die Finsternis nicht ergriffen hatte.

EDZARD SCHAPER

Stern über der Grenze

Weit vor den großen Wäldern in der Blöße der Moore wohnte Semjon mit den Seinen. Früher einmal war er Waldhüter gewesen, und die Wälder hatten sich hier erhoben, wo jetzt das Moorwasser unter jedem Schritt aufquoll; aber zu jener Zeit war der Fluß nahe seinem Haus noch nicht die Grenze gewesen zwischen zwei Ländern, still und langsam war er damals durch die gewaltigen Wälder geströmt, still und langsam, wie heute durch das Moor; aber ob er jetzt im Hochsommer schrumpfte oder sich im Frühjahr weit in die Ufer zur Rechten und zur Linken fraß – seit einigen Jahren war seine langsam und blasig strömende Mitte die Grenze, und wieviel Wasser auch fließen mochte: die Grenze blieb sie zum roten Rußland. Grenze war auch die Eismitte zu Winterzeiten. Erst als es für Semjon zu spät war, um noch einmal anderswo heimisch zu werden, hatte man den Fluß als Grenze erkoren und die Wälder, die Semjon bis dahin gehütet, hüben und drüben zu fällen begonnen. Da war der schon morastige Grund zum offenen Moor geworden, und Semjon hatte angefangen, den schlechten Torf in der Flußniederung zu stechen. Weit in der Runde verfiel alles der Axt, aber sein kleines Haus hatte man nicht gefällt. Es stand da auf der Blöße allein und wuchs nicht, wie das nachwuchernde Erlengestrüpp, sondern versank allmählich tiefer und tiefer und verfaulte wie die letzten Baumstümpfe und hatte neue, seltsame Nachbarn bekommen. Hüben standen im Abstand von einigen Kilometern kleine Blockhäuser für die Grenzwacht-Soldaten, die bei Tag und bei Nacht am Fluß entlang Kundschafter-Gänge machten, und drüben im roten russischen Reich waren kleine Türme aus der Einöde gewachsen, mit einem Scheinwerfer darauf, Fernsprecher und Blinklicht und einer beständigen Wache am Maschinengewehr.

Kein Sturm, der über das leere Moor fegte, hatte Semjons Hütte bislang wegzutragen vermocht, kein Hochwasser sie fortschwemmen, kein Eisgang sie von ihren Fundamenten reißen können. Aber so manches Mal war es nahe daran gewesen, daß ein Federstrich im Kriegsrat des Reiches sie meilenweit landeinwärts entführt hätte. Man sah das einsame Haus am Grenzfluß nicht gern, man wünschte keine Herberge für Spione; nur der Ruf, in dem Semjon stand, soweit es bei der Menschenleere weit und breit einen Ruf für ihn gab, hatte ihn bis jetzt vor der Zwangsumsiedlung bewahrt: er war unter den Verlockungen vom jenseitigen Ufer nicht schwankend geworden und war gottesfürchtig und fromm. So, wußte man, würde er kaum Böses tun gegen seine eigene Heimat und nicht denen anhangen, die Gott verleugneten.

Semjon hatte vor ein paar Jahren seine Frau verloren und saß mit vier Kindern allein im Moor, vom Morgen bis zum Abend bei seiner harten Arbeit. Des Sommers und bis tief in die Frostzeit hinein stach er den Torf, und zu Winterzeiten zog er ihn wie ein zottiger, keuchender Gaul auf einem breiten Schlitten in die fernen Dörfer, wenn er nicht mit Marfa und Kyrill, den ältesten Kindern, Moosbeeren unter dem Schnee hervorsuchte und damit einen armseligen Handel trieb. Fische im Fluß fing er auch, für die Grenzwacht-Soldaten.

Nun war es auch in der Mooröde Weihnacht geworden, und gerade im Dämmern des Christtages kam Semjon von solch einer Fahrt in die Dörfer nach Hause. Auf dem breiten Schlitten, den er ächzend, daß ihm der Schweiß unter der Pelzmütze hervorquoll, durch den hohen Neuschnee zog, hatte er einen kleinen Tannenbaum gebunden und einen dicht verschnürten Pakken, von dem er bald die Kinder, die bei seinem Nahen neugierig schnüffelnd wie junge Hunde herangestürzt kamen, mit gutmütigem Schelten wegtrieb. Was der Pack barg, wußten sie nicht zu erraten; aber den Tannenbaum ließ Semjon sie losbinden und in die Hütte hineintragen, in der er bald wie im Walde stand: denn auch in Semjons Hütte lag Schnee, den der zischende Wind durch die vielen Ritzen und Spalten der Wände bis an den Ofen heranjagte, und es war kalt, als stünden die Mauern der Hütte nicht mehr.

Semjon, den Pack unter dem Arm, schnupperte schon an der Schwelle und sah verwundert den Ofen an, befühlte gar noch, als er sich die Fäustlinge ausgezogen, die Steine und faßte dann seine Kinder ins Auge: Marfa, die Zwölfjährige, Kyrill, zwei Jahre jünger, und endlich Polja und Natascha, die Kleinsten, die sich an Marfas Kittel schmiegten – mit blauen Gesichtern sie alle und frostweißen Nasen, wenn auch eine flüchtige Freudenröte ihre Wangen jetzt überhaucht hatte.

»Warum ist der Ofen kalt, Marfa?« fragte Semjon niedergeschlagen.

Marfa schwieg betreten, die Kleinsten verkrochen sich hinter den Tannenbaum, den man im Dämmern kaum sah. Semjon ging vor das Heiligenbild in der Ecke, um sich zum Eintritt zu bekreuzigen – aber da gewahrte er, daß auch das Ewige Licht vor dem Bildnis des Wundertäters erloschen war.

»Gib Streichhölzer, Marfa!« sagte er und wollte schnell Feuer anmachen, denn er dachte, das Mädchen wäre nur säumig gewesen; doch da gestand ihm Marfa, sie hätte kein Hölzchen mehr. Semjon suchte in seiner Tasche nach den eigenen, aber auch nicht einmal ein Spänchen fand er dort. »Irgendwo werden schon welche sein«, tröstete er sich und die Kinder, und dann begannen sie alle zu suchen: auf dem Ofen, auf dem sie schliefen, und hinter dem Ofen, in allen Kleidern und allen Kisten! Aber nein, nirgends war etwas, woraus sich Feuer schlagen ließ. Semjon steckte seinen Kopf in den Ofen und stocherte in der Asche herum, ob nicht doch noch irgendwo ein Fünkchen Glut zu sehen wäre, aber nein, der Ofen war kalt. Da fiel ihm ein, daß er von alter Zeit her ein Feuerzeug haben müßte, aber wo, das wußte er nicht. Gleichwohl begann er mit allen Kindern zu suchen, nur war es inzwischen beinahe dunkel geworden. Nicht viel fehlte, und er hätte die Dielenbretter losgerissen, um nachzusehen, ob nicht unter ihnen das Feuerzeug liege.

Am Ende merkte er, daß er anfing zu frieren, und so zog er den Pelz wieder an und ließ auch die Kinder in die dicksten Kleider kriechen. Nun galt es zu überlegen, was sie anfangen sollten.

Weihnachten feiern, den Lichterbaum anzünden, ja, ja. Aber kein Licht brennt, ohne daß es angezündet wird! Essen wollten sie alle, ja, ja, aber Brot und kaltes Wasser sind keine festliche Speise! Sie konnten sich doch auch zuschanden frieren, wenn der Ofen nicht heizte. Und gerade auf den Lichterbaum hatten sich die Kinder über die Maßen gefreut! Es war der erste ihres Lebens, früher hatten sie ihn nicht gekannt, denn einen Baum zu haben, war bei ihnen nicht Sitte. Und jetzt den ersten, aber kein Streichholz, kein Fünkchen im Herde, um daran die Kerzen anzuzünden.

Semjon hockte auf der Ofenbank und stützte den Kopf in die Hände. Der Wärme wegen zog er auch die Fäustlinge wieder an. Und nach und nach krochen die Kinder vom Ofen herunter und kauerten sich eng an den Vater.

»Wie kommt es«, fragte Semjon, »daß wir keine Streichhölzer haben? Warum sendet Gott uns an diesem Tage solch ein Unglück?« Die Kinder schwiegen; Semjon hatte die Frage wohl auch nicht an sie gerichtet. »Wie kann das sein?« grübelte er halblaut und dachte an den Bösen, aber weil es ihn reute, seiner an diesem Abend überhaupt gedacht zu haben, bekreuzigte er sich und wollte zum Heiligenbild aufblicken... Vom Dunkel und von Marfas blassem Gesicht neben seiner Schulter blieb es verborgen.

»Vater...«, sagte die kleine Polja, ohne etwas anderes damit zu wollen, als sich in Erinnerung zu bringen, wie es Kinder tun, die dem Vater nur bis an die Knie reichen. »Marfa, wie kann das sein, wo sind unsere Streichhölzer geblieben?« fragte Semjon, aus einem Traum von Hunger und Müdigkeit erwachend.

Keins der Kinder antwortete, sie schmiegten sich nur noch dichter an ihn. Schuldbewußt! durchzuckte es Semjon auf einmal, und vor Hunger und Kälte und Niedergeschlagenheit wurde er sogar ein wenige zornig. »Nun, sag, wo sie sind!« drängte er heftig in das Mädchen, bereute es aber gleich und legte ihm die schwere Hand im Fäustling auf den Kopf, um den sie sich gegen die Kälte ein Tuch gebunden.

Marfas Augen füllten sich mit Tränen, und stockend, an dem Vater vorbei zum Fenster blickend, durch das ein bleicher Widerschein von Schnee fiel, berichtete sie. Semjon schlief beinahe ein bei dem leisen, dünnen Stimmchen und unterbrach sie nicht ein einziges Mal...

Vor drei Tagen war der Vater in die Dörfer gefahren, und bis gestern morgen war es warm in der Hütte gewesen. Aber gestern, noch bevor sie das Feuer im Ofen angezündet hatte, war ein Grenzwächter gekommen und hatte um ein Streichholz gebeten, weil er sich eine Pfeife anzünden wollte, und der hatte im Versehen die ganze Schachtel mitgenommen. Erst als der Mann schon lange wieder gegangen, war ihr eingefallen, daß diese Schachtel die einzige im ganzen Hause gewesen. Von da an wäre es kalt bei ihnen gewesen, denn der Ofen war bei dem starken Winde bis zum letzten Glutpünktchen erloschen. Den ganzen Tag lang hätten sie Wache am Fenster gehalten, um aufzupassen, ob nicht jemand vorbeikäme, aber niemand, niemand war gekommen. Und hinauszugehen und auf einen Wachtrupp zu warten, um bei den Soldaten ein paar Streichhölzer zu erbitten – das hätten sie nicht gewagt, denn sie wären des Vaters Befehl eingedenk gewesen; sich wegen der Wölfe niemals weit von der Hütte zu entfernen. Vom Hause aus aber hätten sie keinen Menschen zu Gesicht bekommen; ja, wohl einmal einen Soldaten am jenseitigen Ufer, aber den hätten sie natürlich nicht herüberrufen können. Sie hätten sich auch darauf vertröstet, daß der Vater bald kommen und sicherlich Streichhölzer bei sich haben würde...

»Jajaja...« murmelte Semjon vor sich hin. Er wollte nicht schelten; niemand hatte hier schuld. Und gefroren hatten die Kinderchen also seit gestern morgen und seit vorgestern nichts Warmes mehr zu essen bekommen, ja-ja... Er rührte sich nicht und schwieg.

Und als er lange Zeit so still gesessen hatte, nahm er die Hände vom Gesicht und schloß, nach rechts und links greifend, die ganze kalte kleine Schar in seine Arme, hörte die Herzen schlagen, die Körper atmen, zart hauchte es ihn aus ihren Gesichtern an. »Wißt ihr was?« fragte er mit einemmal und lächelte verstohlen in seinen Bart, »wißt ihr, was der Vater jetzt tut? Er geht und sucht einen Soldaten, und wenn er auch bis zum nächsten Blockhaus laufen müßte, und holt Feuer! Und wenn er wiedergekommen ist, dann zünden wir die Lichter am Baum an und heizen den Ofen und feiern Weihnachten wie alle anderen Menschen zu dieser Zeit auch.«

»Ja, Vater…«, seufzten die Kinder um ihn herum, glückselig, als könnten sie es nicht ganz fassen, und nachdem Semjon ihnen noch einmal eingeschärft, nicht hinauszugehen und nach ihm Ausschau zu halten, wenn es etwas länger dauern sollte, machte er sich auf den Weg.

Doch schon auf der Schwelle kehrte er noch einmal um. Er dachte: Ich könnte jemand treffen, der mir nicht mehr als ein Streichholz geben will, und dann wäre der Gang vergebens gewesen! Darum steckte er einen Lichtstumpf in die Tasche, den konnte er anzünden und damit das Feuer nach Hause tragen. Die Nacht war ganz windstill, und eine Kerze brennend zu bewahren, das hatten sie schon als Knaben auf so mancher Lichterprozession geübt. Sein Licht löschte ihm kein Wind so leicht aus!

Es blieb still in der Hütte, als Semjon die Tür hinter sich schloß und lauschte: ins Haus hinter ihm, in die Nacht hinaus, in der es zuweilen flackerte, nur in einem Widerschein am Himmel sichtbar, weil die Lichtquelle fern und verborgen blieb. Das Grenzufer in diesem Abschnitt lag still. Der Fluß war vom Eise bedeckt, grenzenlos dehnte sich der Schnee, der Himmel ließ Licht leuchten über Gerechte und Ungerechte und schickte seine Gaben, ohne der Grenzen zu achten, die die Menschen erfunden. Wohl hatten die Soldaten auf dem Fluß mit Reisigbündeln die Mitte gekennzeichnet, aber der Neuschnee hatte die kleinen Besen längst wieder begraben und alle Grenzen getilgt.

Still war es hinter Semjon im Haus. Er hatte die Kinder auf den Ofen geschickt, bis er wiederkäme. Dort oben, dicht unter der Decke, war es immer noch am wärmsten, und Marfa konnte ihnen ein Märchen erzählen, damit die Zeit schneller verging oder der Schlaf eher kam.

Still war es vor ihm, weit und breit. Der Himmel hatte eine seltsame Helligkeit in sich, als stünde der Mond hinter den dichten Wolken. Benommen und verwirrt machten ihn nur die tanzenden Schneekörnchen in der Luft. Das glänzte und flimmerte in allen Regenbogenfarben und zauberte ihm unaufhörlich Lichter vor die Augen, wo gar keine waren.

Semjon faßte einen Entschluß, welche Richtung er einschlagen wollte, und stapfte nicht mehr gerade leichtfüßig los. Die Soldaten, dachte er noch, die haben es gut! Wie die Geister schlurften sie im Winter auf Schneeschuhen umher, von ihren weißen Mänteln und Kapuzen dem weißen Moor angeglichen, wie Schneehasen, daß man sie kaum noch erkannte. Nur das Gewehr, dieser schräge, schwarze Kreuzbalken über der Schulter, der ließ einen auf sie aufmerksam werden.

Längst war das Haus hinter Semjon versunken, als er bei sich dachte, es hätte doch keinen Zweck, nur immer drauflos zu stapfen. Umsehen müßte er sich, denn vielleicht bekam er schon vor dem Blockhaus einen Soldaten zu Gesicht. Aber als er stehenblieb und in die eisige Stille hineinhorchte und die flimmernde Dunkelheit zu erkennen versuchte, merkte er, wie todmüde er war... Und müder noch wurde er vom Schauen ins Dunkel, müder von jedem flimmernden Schneekorn, das ihm wie eine Sternschnuppe vor den Augen tanzte. Nichts war zu sehen, nichts... und er stapfte weiter. Manchmal paßte er sogar nicht einmal mehr auf, in welche Richtung er ging. Wie die Kälte das Wasser tiefer und tiefer einschlürft und ein Bach bis auf den Grund gefrieren kann, so raubte die eisige Stille alle Vorsätze, welchen Weg er einschlagen wollte, und alle Berechnungen, wo am ehesten ein Soldat zu treffen wäre.

Zuweilen blieb er tief aufatmend stehen und wischte sich den Schweiß von der Stirn und blickte zum Himmel, der so wenig dunkel wie hell war. Ach! dachte er, das sieht aus, als schaue man durch ein beschlagenes Fenster in einen Festsaal hinein. Man merkt: da drinnen ist es hell und heiter, und doch sieht man nichts von allem. Ob da hoch droben nicht auch heute die Engel schwebten und sangen? Und er, wie alle Menschen auf der weiten Erde, sah es nicht und ahnte es nur an dem seltsamen Glanz in den Wolken... Als er ein nächstes Mal stehenblieb, starrte er mit hämmerndem Herzen in die Runde, in der alles Ferne nahe schien und alles Nahe gleich fern. Der Schnee weit und breit, aus dem sich hier und da ein verkrüppeltes Bäumchen reckte – alles sah so selbstvergessen aus.

Es lebt noch, ja, aber es lebte nicht dort, wo das Auge es sah. Ganz ähnlich hatte er selbst die Hütte vergessen und wußte es nicht. Auch er lebte noch, aber nicht dort, wo er sonst gelebt hatte.

Es waren wohl der Hunger, die Mattigkeit der Glieder, die einsinkenden Knie, die ihn wieder daran erinnerten, daß zu Hause ein schöner Pack mit nahrhaften Sachen liege, und ehe Semjon es recht wußte, hatte er den Kerzenstumpf aus der Tasche hervorgeholt und ein Ende von dem weichen, duftenden Kirchenwachs abgebissen. Doch die eisige, dunkle Nachtstille hatte seine Überlegungen schon bis beinahe zum Grunde ausgefroren; wie ein dünnes Rinnsal sickerten auf dem Grunde seines Selbst noch ein paar verschwommene Mutmaßungen über seinen Weg dahin; und auch sie versickerten oder wurden zur gläsernen Stille seltsamer Träume, zu einer Stille von der Art, in die das murmelnde Wasser des Winterbaches eingeht. Er setzte sich in den Schnee, um ein wenig auszuruhen, und gleichsam sich selbst zu Mahnung, hielt er den Kerzenstumpf in der rechten Hand. Licht wollte er doch holen! dachte er noch und schloß die Augen, weil der Schnee ihn förmlich anzuglühen schien, und dann wollte er Torf in die Stube tragen und den Ofen heizen und Grützbrei kochen. Ganz heimlich könnte er Feuer anmachen, während sie schliefen. Ach, warm, warm würde es zu ihnen hinauf auf den Ofen wehen! Und verstohlen, ganz sachte, Kerze um Kerze, könnte er den Baum anzünden. Ein Lichtlein..., ein zweites Lichtlein..., ein drittes... »Vater?« würde es da auf dem Ofen fragen – und sieh, Polja gähnte und reckte sich. »Vater, was ist das?« fragten jetzt alle, und er würde neben dem Tannenbaum stehen, der schon viele brennende Lichter trug, und hinauflachen zu ihnen, hinaufgehen zu ihnen, gerade wie die Wärme aus den Steinen... Unten stand der Baum und strahlte und strahlte, wie der liebe Erlöser selbst. Aber damit nicht genug! »Hier, nimm, Marfa, der Herr hat's gegeben!« könnte er sagen – und hielt da nicht Marfa ein Paar neue Strümpfe in den Händen, Polja ein Tuch, Kyrill neue Stiefel und Natascha zu allem hinzu eine Puppe? Der Herr hat es gegeben, ihr gesegneten Kinder, der Herr, in dieser Nacht in der er auf die Welt gekommen ist! Der Herr auch gab das Licht, der Herr ist das Licht, die Flamme für unser kaltes Dunkel. Und davon, seht, brennt das Feuer im Ofen, brennen die Lichter am Baum, brennt unser Herz... Mit uns ist Gott! würde er sagen, das Festgebet der heiligen Kirche beten, und den Wölfen würden sie einen Knochen vor die Tür werfen, der unerlösten Kreatur, denn auch sie harrt ihres Erlösers, wie die Menschen. Gesegnete Nacht, gesegnete Nacht!

Semjon hockte im Schnee, den Kerzenstumpf in der kalten Hand. Es sah aus, als betrachte er ihn, aber seine Augen waren längst geschlossen. Und jetzt, da er all dies gedacht, hatte die eisige Stille das letzte Rinnsal denkenden Lebens in ihm erstarren lassen. Wie in einem Eiskristall das eigene Licht vielfarbig aufglüht, so spiegelte sich in ihm mit Träumen, was rund um ihn her geschah.

Nicht weit von ihm flammte ein Scheinwerfer auf, und sein Lichtstrahl glitt über die Öde, manchmal verweilend, manchmal verstört zur Seite greifend, näher und näher dem kauernden Manne – bis er voll und blendend auf ihm verweilte, sich rings um ihn schloß: eine riesige Hand, die nicht mehr loslassen wollte, was sie einmal gepackt, und sich dann plötzlich, in finsterster Finsternis erlöschend, zurückzog. Semjons Lider zitterten, als der

Strahl auf ihm ruhte. Für Sekunden war es sogar, als blinzelte er, aber dann fielen die Augen ihm wieder zu. Das Licht erlosch, aber es war in ihn gedrungen, ein einsamer Strahl, wie in ein tiefes Verlies, und leuchtete dort weiter mit überirdischem Glanz...

Was, was...träumte er, was ist das? Der Schnee brennt! Ist das alles Feuer? Ich will doch mein Licht anzünden, mein Licht...! Ach nein, ach nein, er hatte sich getäuscht. Dunkel war es, stockdunkel. Aber nach einer Weile schritt jemand aus der Finsternis auf ihn zu: eine hohe Gestalt, wie von Flammen umsprüht. Ruhig wandelte sie über die höchsten Schneewehen, ganz wie auf Wellen... Das ist der Herr, es ist der Heiland! dachte Semjon. Er kommt! Er kommt! Es ist ja auch seine Nacht, die heilige Nacht...! Ihm wollte er sich zu Füßen werfen, sobald er ihn, Semjon, gesehen hatte, und ihn ehrfürchtig um Feuer bitten. Aber sah er ihn denn...?

Semjon richtete sich auf und versuchte, die erstarrten Arme zum Himmel zu erheben, ehe er lautlos vornüber fiel. Ja, er sah ihn, der Gottessohn. Aber Semjon konnte ihn nicht anschaun, denn als wäre der Schnee in Brand geraten, so rein umloderte ihn das Feuer, aus so klarem Leuchten war sein himmlischer Leib, und aus seinem Antlitz strahlten die Augen wie Wintersterne. Licht und hehr wandelte er auf den Daliegenden zu...nun stand er gar vor ihm... Semjon preßte den Kopf in den Schnee.

»Semjon, Kyrills Sohn, suchtest du mich?« fragte er aus der Höhe, und nun, hörte Semjon, nun sangen die Engel wie einstmals bei Bethlehem über den Hirten.

»Ja. Herr, du weißt, daß ich dich suchte«, hauchte Semjon in den Schnee, und eine seltsame Wärme küßte seine bärtigen Lippen.

»Semjon, Kyrills Sohn, suchtest du wirklich mich?« fragte es abermals und hallte durch die ganze Welt.

Semjon preßte sich noch tiefer in den Schnee. »Herr, Herr«, flüsterte er endlich, »ich suchte dich wohl; heute ging ich zwar aus, Licht für meine Hütte zu holen, für die Kerzen am Baum, Feuer für den Ofen, Wärme für meine Kinder, sie frieren...« Und da, mit einemmal kam ihm neuer Mut.

Er hob den Kopf und streckte die Hand mit dem Lichtstumpf aus. »Herr!« sagte er leise in das große Leuchten hinein, »spende doch du mir das Feuer, du Wohltäter der Menschen. Darf ich nicht meine Kerze an deinen lodernden Mantel halten? Es brennt ja doch das Geringste an dir!«

»Nimm dir Licht!« sagte da gütig und freundlich der Heiland, »nimm dir Licht, mein Knecht, nimm ruhig von mir! Nähre die Flamme damit, auf daß sie leuchte und wärme.«

»Ja, Herr...« seufzte Semjon und tauchte seine Hand mit der Kerze in die große Flamme. So warm ward es ihm, so wundersam warm! Tränen des Glücks rannen ihm in den Bart... »Sie werden sich freuen, die Meinen, Herr...« stammelte er.

»Nimm, Semjon, nimm soviel du brauchst von meinem Licht! Es wird darum nicht weniger!« kam von oben die Stimme.

Vor Semjons Augen brannte nun die Kerze unbewegt in der Nacht, während hinter ihrem süßen Schimmer das größere Leuchten um den Heiland selbst langsam verblaßte und in den zwielichten Himmel stieg. Nun hatte er das Feuer! Semjon starrte glückselig in die goldene Flamme und barg sie behutsam in der hohlen Hand. Aber wurde es jetzt nicht Zeit, daß er nach Hause ging? Sonst war das Wachs gar verbraucht, ehe er damit das Feuer im Ofen anzünden konnte! O, wie würden die Kinder sich freuen!

Ja, nun mußte er aufstehen, so steif er auch schon geworden war! Nur achtgeben auf die Kerze!

Der Stiefel eines russischen Grenzwachtsoldaten, der vom nahen Scheinwerferturm ausgeschickt worden war, um zu untersuchen, was der Lichtstrahl vorhin entdeckt, stieß Semjon, der zusammengekauert vornüber im Schnee lag, in die Seite. Da kam noch einmal Leben in den fast Erstarrten. Etwas vor sich hinlallend, was der Soldat nicht verstand, und die Hände zusammenpressend, als bewahrte er darin etwas, richtete Semjon sich stöhnend auf und versuchte, eilig davonzugehen.

»Halt!« schrie der Soldat, aber Semjon hörte es nicht. Stolpernd und strauchelnd lief er durch den Schnee, ohne eine Richtung einzuhalten, denn schon trugen ihn seine Beine kaum mehr.

»Halt!« schrie der Soldat, und riß das Gewehr hoch, dem Davontaumelnden folgend.

Jetzt gilt es, sich zu sputen! träumte Semjon. Ach, wie werden die Kinderchen schon warten! Doch es war, als würden ihm seine Beine unter dem Leib weggezogen. Daß nur sein Licht nicht verlösche! Schon flackerte es vor seinen Augen, das Licht, und manchmal verlor er es aus dem Blick, wie einen fernen, kleinen Stern am Himmel... Den Ofen mußte er heizen, Essen kochen, Kyrill endlich die Stiefel geben und Marfa die Strümpfe... Da rann ihm eine feurige Lohe über den Rücken, und zugleich gewahrte er, wie sein Licht erlosch. Dahinter aber – dahinter erschien wieder das große Leuchten um die Gestalt des Heilands. Die Kerzenflamme, so klein sie war, hatte es ihm verborgen gehalten. Der Herr! Lob und Preis! Er war ihm unbemerkt vorausgeschritten...

Semjon brach in die Knie. Ihm war, als stürzte er in die Nacht hinein, in den Himmel, der schon vor seinen Augen begann; und zwischen den Sternen, die wie ein feuriger Regen in die Tiefe sprühten, loderte die reine Flamme um den Heiland aller Welt...

»Herr, Herr!« stöhnte Semjon und reckte die Hand mit dem erloschenen Licht nach vorn, »es ist ausgelöscht! Herr, habe Gnade und zünde es mir noch einmal an!« In Semjons Ohren brauste nur der Himmel von den Weltenwinden um Gott des Vaters Thron. Vor ihm aber, der im Schnee lag, stand der Sohn, dem diese Nacht auf Erden gehörte, und blickte Semjon an, daß dem die Sinne schwanden. »Gib mir das Licht!« sagte leise der Heiland, und Semjons Hand mühte sich durch den Schnee zu ihm. »Gib es!« sagte noch einmal und leiser der Heiland, »ich will es dir wieder anzünden, aber nicht hier, hier brennt es nicht mehr.«

»Dank, du Wohltäter!« stöhnte Semjon ein letztes Mal und weinte in unermeßlichem Glück vor dem großen Leuchten, und langsam, wie eine Welle am Ufer verrinnt, streckte sich ein Arm aus und gab den Lichtstumpf zurück und damit auch das letzte Fünklein Leben. Ehe der Soldat herangekommen war, seinen Körper umdrehte und ihm ins Gesicht starrte, das jetzt zum Himmel emporgewandt lag...

Die Grenze, diese Wunde: im Schnee verharscht und verwachsen mit Eis, brach in dieser Nacht wieder auf und blutete, wie sie niemals verheilen wird und nie sich ganz schließen. In den Männern, die am jenseitigen Ufer an Scheinwerfern und Maschinengewehren auf den Türmen hockten, lebte wohl eine ungeheure Angst, es könnte der Heiland aller Erde in dieser seiner Nacht heimlich in ihr abtrünniges Reich eindringen, denn kaum war die Nachricht von dem Tod des Grenzläufers das Ufer entlanggeeilt, da tasteten von allen Türmen Scheinwerferhände und suchten die Einöde Meter für Meter ab. Und als die Grenzsoldaten an den Blockhäusern jenseits des Flusses angesichts der feindlichen Türme Weihnachtsbäume im Freien anzündeten und sangen, kläffte von allen Maschinengewehrständen ein wütendes Schießen gegen den frommen Gesang, wie um auch keinen Ton und kein Wort der frohen Botschaft über den Fluß hinüber zu lassen, wo Semjon gleichwohl eben der Heiland begegnet war.

Gegen Mitternacht fiel die heimliche Kriegsfront in Ruhe, und es wurde, bis auf einen vereinzelten Gewehrschuß am anderen Ufer, wieder ganz still. Nur die Scheinwerferstrahlen tasteten nimmermüde von allen Türmen, gleichsam um Christus zu fangen. Der aber war schon zur Herberge in vielen Herzen, ohne daß die Wächter es wußten, und manche Kerze ward verstohlen an seinem Licht entzündet.

Um diese Zeit aber waren auch Semjons Kinder schon vom Ofen herabgestiegen. Marfa war die erste gewesen, ihr folgte der Bruder Kyrill, und endlich kamen die Jüngsten zu ihnen, die nach dem Vater, nach Essen und dem Lichterbaum verlangten. Marfa tröstete sie, so gut sie es vermochte, und drückte sie in der Kälte an sich; sie alle standen am westlichen Fenster und hielten unverwandt Ausschau. Stunde um Stunde verging, und der Vater kam nicht. Bisweilen war es Marfa, als müßte sie förmlich aufwachen unter dem Blick des Bruders, der es müde geworden war, in die Nacht hinauszuspähen, und ratsuchend seine Augen nicht von ihr ließ. Dann versuchte Marfa zu lächeln, damit Kyrill nicht den Mut verlöre, und sagte seufzend, als sei das Warten nur ärgerlich: »Ach, warum kommt er nicht!« – Das Lächeln blieb auf ihrem Gesicht, als gefröre es dort, und Kyrill, der Bruder, zuckte die Achseln, grub das Kinn tiefer in den Kragen und fing wieder an, hinauszuspähen. Müde vom Warten und vom Stehen, seufzte Marfa und blickte hinaus. Wenn sie doch nur schlafen könnte! dachte sie und beneidete Polja und Natascha, die unter dem Tuch mit regelmäßigen Atemzügen gegen ihre Brust hauchten. Dann begann das Maschinengewehrfeuer, und Marfa und Kyrill zuckten zusammen. Sie waren es gewohnt, daß draußen bei Tag und bei Nacht Schüsse fielen, aber so heftig wie heute hatten sie es niemals gehört. Sie zitterten und atmeten schnell wie Vögel und blickten scheu zur Wand, denn weil die Nacht sehr kalt war, schmetterten die Salven, als würden sie hinter dem Hause abgefeuert. Das Hämmern der Maschinengewehre zerschliß und zerfetzte die Stille, und dazu tauchten die Scheinwerferstrahlen ins Dunkel. In Bündeln strahlten sie, in Garben standen sie still, unwirklich schimmernd über dem Schnee, und wie bislang verborgen gebliebene Sterne begannen die in der Luft flimmernden Kristalle aufzuglühen, so daß vor dem Fenster ein Sprühen und Funkeln anhob.

Polja und Natascha krochen, vom Gewehrfeuer geweckt, unter dem Tuch hervor und starrten schlaftrunken hinaus, die Wangen an Marfas Brust gepreßt, die Hände an sie geklammert, Marfa sah aus dem Fenster wie immer.

»Ist der Vater noch nicht gekommen?« fragte eine der Kleinen, aber Marfa hörte es nicht im Knallen der Schüsse, Marfa wollte es gar nicht hören, um nicht antworten zu müssen.

Als stünde hoch über der Hütte ein Sämann und streute Licht in die Finsternis, so flogen die Scheinwerferstrahlen hin und her. Sie jagten sich, als sei Korn ausgeworfen und fiele mit leuchtenden Spuren zur Erde. Und das ganze Moor vor dem Fenster funkelte in Regenbogenfarben, der

Schneestaub flimmert: grüne, rote, goldene Samen, die aus einem unerschöpflichen Körnertuch rieselten. Die Schüsse knallten so schnell hintereinander, als fiele prasselnd zur Tiefe, was eben noch geleuchtet. Aber dieses alles war ein furchterregender Saatgang, in dem die Kinder beieinander Zuflucht suchten. Mit schreckhaft aufgerissenen Augen starrten sie in den Brodem, der die ehedem lautlose und unbewegte Nacht erfüllte, wie in einen von Blitzen blutenden Gewitterhimmel. Wenn ein Hagelwetter sie des Sommers beim Beerensuchen auf dem Moor überraschte, hatten sie sich so geduckt wie jetzt: nichts als Angst, unaussprechliche Angst; jede Überlegung hatten die Eiskörner damals so aus ihnen herausgeprügelt wie jetzt in der Christnacht die feurige Saat...

»Der Vater!« schrie mit einemmal Polja laut auf.

»Wo? wo?« riefen sie alle laut durcheinander und beugten sich noch weiter vor. »Wo, Polja, wo siehst du ihn?«

Die Augen des kleinen Mädchens standen überweit offen. »Da, da...« stammelte sie halb weinend, halb lachend und hob langsam den Finger und zeigte zum Fenster hinaus. »Da, da...« stammelte ihr kleiner Mund unentwegt, »o! er winkt, er kommt, er hat noch jemand mitgebracht...!«

Das Gewehrfeuer war verstummt mit einem Schlag; nur irgendwo in der Ferne hämmerte noch ein Maschinengewehr. Die Kinder hatten vorher eng beisammen gestanden, aber bei Poljas Ruf waren sie auseinandergefahren und hatten sich über die ganze Breite des Fensters verstreut.

»Da, da...!« stammelte Polja noch immer glückselig, und weil es mit einemmal so still war, brauste es ihnen in den Ohren davon. Hell und strahlend wie ein blühender Garten lag jetzt das Schneefeld vor ihnen, und gleich einem Blütenregen sanken langsam die Flocken herab. Mitten darin...»da! da!« stammelte Polja und zeigte mit dem Finger – ja, mitten darin, so war ihnen allen, stand der Vater: groß, heiter, leuchtend von Licht. Und neben ihm, Polja hatte ganz recht, neben ihm stand jemand, den er mitgebracht: ein anderer, den alle Scheinwerfer zu beleuchten schienen, denn er war ganz in Licht gehüllt. Und wie in einem weißglühenden Birkenscheit die Kohle auch nur zu ahnen ist als ein dunkler Kern in der schneeigen Glut, so war in Licht und Leuchten auch die Gestalt des Fremden nur zu vermuten. Man konnte denken, es hätte ein Wirbelwind dort eine Schneesäule errichtet, wie man sich manchmal auf den Mooren sieht...

Was sie nun taten, geschah, als träumten sie es: halb schauten sie sich selbst bei allem zu, und wiederum handelten sie emsig – alle aus einem seltsam geeinten Wollen, geeinten Schauen, fast aus einem einzigen Leib, so vollkommen waren ihre Sinne vereinigt.

Marfa lief zur Tür und trat bis auf die Schwelle. Vergessen war Vater Semjons Geheiß, auch wenn es länger dauern sollte, nicht hinauszugehen, denn denn... der Vater selbst rief sie ja!

Kaum stand Marfa draußen, da waren auch die Geschwister bei ihr, und sie alle schauten ein und dasselbe: Mitten in der von Lichtern erhellten Nacht standen der Vater und der Fremde, der Vater so merkwürdig groß, als schwebte er über dem Schnee, und jung und strahlend wie nur des Samstags, wenn er aus der Badstube kam. Und als wollte der Vater gar nicht mehr bis zur Hütte kommen, lächelte er sie an und winkte ihnen: sie sollten doch kommen. Marfa, Kyrill, Polja und Natascha – sie plapperten vor sich hin von allem, was sie sahen, verständiger die einen und stammelnd die andern, aber sie alle sahen ein und dasselbe.

»Kommt!« sagte Marfa seufzend und nahm Polja bei der Hand. »Kyrill, nimm du Natascha, der Schnee ist tief!« befahl sie dem Bruder. »Gehen wir zum Vater...« Und da geschah es, daß in dieser von Lichtern durchzuckten Stille die Kinder zu gehen begannen. Jedes der älteren führte eins der kleineren an der Hand. Aber bald schon blieben sie alle still wie die Schlafwandler stehen, und als Kyrill sah, daß Marfa die kleine Polja aufhob, dieses Bündel von Tüchern und Lumpen, machte er es ebenso mit Natascha und trug sie weiter auf seinem Arm. Und so gingen sie zum Vater: vier Kinder, mitten in der großen Nacht, zwischen allen vier Winden, zwischen dem hohen Himmel und dem tiefen Schnee, im Labyrinth der Lichtstrahlen, die sich kreuzten und verschlangen und wie Bündel und Garben lagen und standen. Und doch war es nicht schwer, den Weg zu finden; leicht ihn zu halten. Sie waren todmüde, und die Augen fielen ihnen zu, aber auch noch durch einen Spalt gewahrten sie, daß der Vater, vereint mit dem Fremden, vor ihnen herging. Er wartete nicht auf sie, und das war traurig. Aber jedesmal, wenn eins von ihnen, Kyrill oder Marfa, in die Knie brach – jedesmal blieb der Vater stehen und wartete, bis der Gefallene wieder Fuß gefaßt; und jedesmal schaute er sich um, lächelte und machte ihnen Mut für den schweren Weg. Der wurde leichter, je weiter sie gelangten, und wenn eins von ihnen fiel, geschah es wie im Traum, wo der Fall so sanft ist wie ein Schweben, so schmerzlos, so lautlos. Was rund um sie war, sie wußten es nicht. Sie gingen wie in einer tiefen, finsteren Schlucht dahin. Die Wände rechts und die Wände links – alles verzehrte sich in Finsternis. Nur das Licht über dem Spalt, das sahen sie, nur den Vater vor ihnen, und seinen Spuren setzten sie Schritt um Schritt nach, ihre Geschwister im Arm. »Vater!« seufzte Marfa glücklich, und Kyrill wagte ein paar unvorsichtig weite Schritte, ehe er umsank. Aber auch im Schnee liegend, die Schwester in seinem Arm vor der

Kälte bewahrend, ließ er keinen Blick von allem, was geschah. Vater Semjon, der lange geduldig gewartet hatte, kam zurückgeschritten. Leicht, als sei der Schnee eine ebene Tenne, wanderte er auf seine Kinder zu, während sein Begleiter in der Ferne verharrte. Näher und näher fühlten die Kinder ihn kommen, sie fühlten es mehr, als daß sie es sahen; sie schlossen die

Augen und sahen ihn doch. Fremd war ihnen der Vater, wie er da kam; so fremd wie früher, wenn er vom Sakrament in der Kirche andächtig gestimmt nach Hause gekommen war und noch eine Weile vor dem Bild in der Stube gekniet hatte. Es schien, als käme er nur zu Besuch und ginge gleich wieder; aber wo er ging, war es hell, und warm war es um ihn, wie unter der Sonne. Kyrill, der noch im Schnee lag, fühlte sein Nahen, als würde es Sommer und als läge er mit geschlossenen Augen am Moorbach in der heißen Sonne. Er war so klar, der Vater, sein Angesicht so hell wie von Eis und Schnee, und seine Stimme kam wie ein Säuseln gütig zu ihnen. Eine Lichtsäule schwebte heran, ein Sonnenstrahl wanderte weiter, aber gesprochen hatte es, daß ihnen die Ohren klangen: all ihre Namen wie ein Ruf.

Was sollten sie tun? Marfa und Kyrill fühlten es dunkel werden und kalt wie zuvor, und schlugen die Augen auf. Es war ihnen, als hätten sie lange geschlafen. Die Schwestern in ihrem Arm waren wohl aufgewacht, denn sie mühten sich, die Köpfe aus den Tüchern hervorzustrecken, und als es ihnen gelang, riefen sie nach dem Vater. Marfa und Kyrill erhoben sich eilends. »Ja, ja, der Vater...« sagten sie begütigend zu den Kleinen und stapften weiter. »Da, da...« stammelte Polja, als träumte sie immer noch von allem, was in der Hütte geschehen war.

Der Vater mit seinem leuchtenden Begleiter war wieder dicht vor ihnen, aber je mehr sie in ihrer wachsenden Sehnsucht versuchten, ihn einzuholen, um so undeutlicher wurden ihnen die strahlenden Wanderer. Das große Licht um sie herum zerstob in viele golden funkelnde Sternchen, und zwischen den Sternen grünte der Wald. Ach! sie mußten wohl schon weit gewandert sein, wenn sie den Wald erreicht hatten. Betroffen blieben sie stehen und dachten zurück. Wie weit war es nun schon bis nach Haus? Weit, sehr weit. Und bis zum Vater? Marfa und Kyrill strengten die Augen an, aber dessen hätte es gar nicht bedurft: in großem, geeintem Glanz standen der Vater und sein Gefährte ganz nahe bei ihnen, und rund um sie her funkelten die Sterne, in denen sie ehedem verschwunden gewesen waren. Sie hatten sich umgedreht, die beiden, als wollten sie die Kinder nun für immer erwarten und gemeinsam mit ihnen weitergehen. Den Fremden verbarg ihnen sein großes Leuchten, aber eins sahen sie deutlich genug: er hielt einen Kerzenstumpf in der Hand, solch einen, wie ihn der Vater mitgenommen hatte, und wie seinen liebsten Freund hielt er den Vater umschlungen. Der, da er jetzt seine Kinder so nahe sah, schien traurig zu sein; aber er lächelte und winkte ihnen zu, und sich zärtlich ein letztes Mal umschauend, winkte er noch, als er vor ihren Augen mit seinem Begleiter zwischen grünen Tannen und Sternen verschwand. Sie waren stehengeblieben, die Kinder, als sie dem Vater so nahegekommen waren; aber jetzt schritten sie weiter. Kein Auge ließen sie von der Stelle, wo er verschwunden: sie wollten das Tor nicht verlieren, das es dort geben mußte, wollten selber auch den verborgenen Eingang finden. Gut, daß der Schnee mit einemmal nicht mehr so tief zu sein schien, die Erde wie blankgefegt, denn so kamen sie schneller und sicherer vorwärts und konnten hoffen, daß es ihnen gelingen würde, die Entschwundenen doch noch einzuholen.

Die Grenzwächter im Bezirk westlich der Moorhütte erzählten, daß in der Christnacht, als sie um ihren Weihnachtsbaum vor dem Blockhaus standen, mit einemmal zwei Kinder in ihren Kreis getreten wären: ein Knabe und ein Mädchen, die auf ihren Armen zwei jüngere Geschwister trugen. Lautlos, ohne daß sie, die auch nicht besonders wachsam gewesen wären, es vorher bemerkt, hätten die beiden plötzlich vor dem Weihnachtsbaum gestanden: mit halb geschlossenen Augen, wie Schlafwandler. Und hinter ihnen, dicht vor dem Haus, lagerte ein Rudel Wölfe, das ihnen bis hierher gefolgt war. Ohne die Umstehenden zu gewahren, wären der Knabe und das Mädchen auf den Tannenbaum zugegangen. Erst dicht vor ihm, von den erschreckten Rufen wie aus einem Traum geweckt, in dem dieser Baum für sie wohl gestrahlt haben mußte, seien sie zur Wirklichkeit erwacht. Wie schwer, unter wieviel Zittern und Tränen – daran werden die Soldaten sich zeitlebens erinnern. Nicht nur, daß die vier halb verhungert und erfroren waren und aus Schwäche umsanken, sie stürzten in die Wirklichkeit wie der Schlafwandler in eine gähnende Tiefe. Solange nur ihre Augen den Christbaum sehen konnten, starrten sie, als wären sie aus einer anderen Welt gekommen, in das Licht seiner Kerzen. Nichts von allem, was sie stammelnd erzählten: vom Vater, wie er ausgegangen war, Licht zu holen, seinem strahlenden Begleiter, und wie die beiden in den Tannen – wohl dieser Weihnachtstanne – verschwunden waren, konnten die Soldaten verstehen. Sie sahen nur, daß halb verhungerte und erfrorene Kinder zu ihnen gekommen waren und labten sie und wärmten sie, als wären es ihre eigenen.

Am andern Tage mußten sie doch erkennen, daß Wunderbares die vier zu ihnen geführt. Nicht eins von ihnen hätte in der Moorhütte noch den Morgen erlebt, denn in jener Nacht setzte eine Kälte ein, als sollte alles, was zwischen Himmel und Erde Odem besaß, erfrieren. Aber da die Nachricht von Semjons Tod zu ihnen drang, erinnerte sich mancher der verworrenen Erzählungen der Kinder und ward inne, daß in dieser Nacht Christus in den verlassenen Mooren geweilt und die geführt hatte, derer das Himmelreich ist.

AN RUTGERS VAN DER LOEFF-BASENAU

Lumpen-Lars sucht das Christkindlein

Mit freundlichen Falten im Gesicht schaute der alte Pastor den Kindern nach. Es war ein sonderbarer Pastor, der alte Hansson, und die Kinder waren auch sonderbar.

Sie lebten in einer der ärmsten ländlichen Gegenden, hoch oben im Norden. Der Pastor trug eine alte, mit Schaffell gefütterte Lederweste, und die sah nicht sehr sauber aus. Seine Beine waren mit großen Streifen einer alten Wolldecke umwickelt, die auch schon bessere Jahre gesehen hatte. Aber wenn man den Pastor sah, schaute man eigentlich nur in seine leuchtenden, lebendigen blauen Augen hinter der kleinen, altmodischen Stahlbrille, die auf der Nase von einem hellblauen Wollfaden zusammengehalten wurde. Die Augen waren so gütig und so ernst und schauten einen so durchdringend an, daß es einen eigentlich immer wunderte, warum der Pastor nie etwas Wichtigeres sagte als zum Beispiel, daß es schönes oder abscheuliches Wetter wäre, aber morgen würde es dann bestimmt wieder schön sein.

Nein, er war kein Mann der vielen Worte, der alte Pastor, und auf der Kanzel war er auch nicht ganz am richtigen Platz. Eigentlich war er auch schon zu alt für seinen Beruf, aber die Kirchenführung hatte es gutgeheißen, daß er seine Stelle in dieser armen ländlichen Gegend so hoch im Norden behielt, weil er sich bereit erklärt hatte, seine Arbeit unentgeltlich zu tun und weil man nur schwerlich einen anderen finden konnte. Die Bauern waren froh darüber, sie waren an ihn gewöhnt, die meisten hatten in jungen Jahren bei ihm Konfirmandenunterricht gehabt und waren auch von ihm konfirmiert worden, und wieviele hatten ihn nicht in schweren Stunden an ihrer Seite gefunden. Ohne viele Worte, aber stets mit den gütigen Augen und kleinen unbedeutenden Sätzen, die trotz allem auf das Gute im Leben hinwiesen.

Die Kinder, die aus nah und fern, manchmal nach stundenlangem Fußweg, zu ihm zum Konfirmandenunterricht kamen, liebten ihn, ohne genau erklären zu können, warum. Sie stapften gern ein paar Stunden durch den hohen Schnee, auch wenn ihre Fahllederstiefel nicht die besten waren und sie sich nasse und kalte Füße holten und dauernd die Fausthandschuhe vor den Mund halten mußten, damit ihnen die Nase nicht erfror – ja, sie taten es gern, um den Pastor eine seiner Geschichten erzählen zu hören. Der Pastor erzählte sehr einfach, und es waren auch stets Geschichten, die sie schon gehört hatten, denn er kannte nicht viele, aber dennoch war es immer wieder fein, ihm zuhören zu dürfen.

Auch jetzt hatten alle Kinder des Konfirmandenunterrichts ihm wieder mit offfenen Ohren und Augen zugehört, und auch jetzt waren sie durch den hohen Schnee zu ihm gekommen, denn es war mitten im Winter. Es war kurz vor Weihnachten. Es war drei Uhr nachmittags, aber schon fast dunkel, und der alte Pastor mußte seine Augen zusammenkneifen, um den Kindern, die sich auf dem Feldweg in zwei Richtungen teilten, nachschauen zu können. Er sah all die Rücken, große und kleine, gerade und gebeugte, gut oder weniger gut gekleidet, und dann blieb sein Blick auf dem kleinsten von allen hängen, dem schüchternsten und ärmlichsten von allen. Der Pastor hatte den Rücken des kleinen Lumpen-Lars im Blick.

Der Junge trottete hinter den anderen her. Ganz am Wegrand, den Kopf gesenkt. Seinen Spitznamen hatte er verdient, der kleine Lumpen-Lars, denn er hatte wirklich nichts anderes als Lumpen am Leibe. Er konnte nichts dafür, und er hatte sich auch schon lange daran gewöhnt. Seine Mutter war sehr arm, und der kleine Lars hatte es nie erlebt, ein heiles Kleidungsstück zu besitzen. Lars und seine Mutter wohnten sehr weit weg in einer kleinen Holzhütte, die gegen die Kälte innen mit Zeitungspapier ausgeklebt war und in der mittendrin unter dem weiten alten Rauchfang ein schwarzgeräucherter Herd stand. Sie waren sehr arm und konnten sich nur selten an dem groben, selbstgebackenen Brot satt essen, aber dennoch lebten Lars und seine Mutter, die in der ganzen Gegend Dünne Trina hieß, sehr zufrieden miteinander. Sie hieß Dünne Trina, weil sie so mager war, und vielleicht war sie so mager, weil sie so schwer arbeitete. Im Sommer jätete sie für die Bauern Unkraut, im Winter sammelte sie im Wald Reisig und half manchmal den Männern beim Holzhacken.

Besonders in letzter Zeit hatte sie wieder schwer gearbeitet, um doch ein wenig extra für die Weihnachtszeit zu verdienen. Sie wollte die Hütte für Lars und sich doch so gern ein wenig feierlich herrichten. Plätzchen hatte sie gebacken, aus Wasser und Mehl, und sogar mit ein bißchen Zucker darin. Sie hatte im Dorfladen rotes Papier gekauft, daraus würde sie alle möglichen Figuren schneiden und die in das Bäumchen hängen, das sie selbst im Wald gefällt hatte. Jetzt, in der letzten Woche, mußte das Haus saubergemacht werden, und sie wollte auch alle Wände wieder mit frischen Zeitungen bekleben.

Während sie so dasaß und darüber nachdachte, was sie alles tun wollte, um Weihnachten so feierlich wie möglich zu gestalten, sah sie durchs Fenster Lars ankommen. Was ging der Junge doch langsam, und warum hielt er den Kopf immer so gesenkt? War er wieder gehänselt und ausgelacht worden? Oder dachte er so angestrengt darüber nach, was der Pastor im letzten Konfirmandenunterricht vor Weihnachten gesagt hatte?

Ja, Lars dachte wirklich ganz tief darüber nach, was der Pastor gesagt hatte. Er war auf dem schmalen Weg schon zweimal über ein paar umgewehte Bäume gestolpert, die verräterisch mit Schnee bedeckt waren, von denen er aber genau wußte, wo sie lagen, daß er sicher nicht hätte stolpern müssen, wenn er nicht so in Gedanken versunken gewesen wäre.

Der Pastor hatte etwas sehr Verrücktes gesagt. Er hatte gesagt, jeder, der es nur wollte, könnte beim Weihnachsfest das Christkind bei sich haben. Wenn man nur gut suchte, dann fände man das Christkind auch.

Was der Pastor sagte, das stimmte, daran zweifelte Lumpen-Lars nicht einen Augenblick. Aber so richtig begreifen konnte er es dennoch nicht. Das Christkind war doch schon lange tot. Schon sehr, sehr lange. Nein, der Pastor hatte gesagt, es wäre nicht tot, es lebte immer noch, jedenfalls am Heiligabend. Tja, Lumpen-Lars seufzte, dann stimmte es wohl, wenn der Pastor es sagt, aber wie sollte das Christkind bei allen Menschen gleichzeitig sein können? Und doch ist das möglich, und darüber müßt ihr einmal richtig nachdenken, hatte der Pastor zum Schluß gesagt. Lumpen-Lars dachte nach und verstand es nicht. Die einzige Möglichkeit, das herauszubekommen, meinte er, wäre dann wohl, das Christkind ganz angestrengt zu suchen. Er wußte, daß Mutter für Heiligabend allerlei vorbereitete, aber vom Christkind hatte er noch nichts gehört. Für Mutter wäre es wohl eine große Überraschung, aber er fürchtete, es würde ihm nicht gelingen. Er hatte nur noch eine Woche Zeit, und das Christkind konnte überall sein. Er wußte nicht, wo er anfangen sollte zu suchen. Außerdem würde das Christkind bestimmt alle anderen lieber besuchen als ausgerechnet sie, Dünne Trina und Lumpen-Lars. Zum Glück richtete Mutter das Haus ein wenig her, und er würde bei seiner Suche nach dem Christkind auf alle Fälle auch ein bißchen auf sein Äußeres achten. Nicht auszudenken, wenn das Kind die Einladung des kleinen Lumpen-Lars ablehnen würde!

Am nächsten Morgen zog sich Lars also so adrett wie möglich an. Über seine dicken, schmutzigen Wintersachen zog er einen sauberen Sommerkittel. Der saß zwar etwas unbequem und sah auch ein bißchen komisch aus, aber Lars meinte, davon würde das Christkind ja doch nichts verstehen. Seine Mutter bat er um ein Stückchen Speckschwarte, um seine alten, geflickten Stiefel zu putzen, und außerdem wusch er sich das Gesicht mit Seife, bis es wie ein Spiegel glänzte. Dünne Trina schaute überrascht zu. Das hatte sie von ihrem kleinen Sohn noch nie gesehen. Was kostete es sie jeden Sonntagmorgen Mühe, ihn für den Kirchgang zur Sauberkeit anzuhalten!

Aber in dieser Woche hatte Mutter Trina noch viel öfter Grund, sich zu wundern. Jeden Morgen wiederholte sich die Wäsche, jeden Morgen kleidete Lars sich ordentlich, und dann ging er los, ohne zu sagen wohin und warum, und er blieb den ganzen Tag weg, um erst zum Abendessen müde und hungrig heimzukommen. Hoffnungsvoll begann er jeden Tag, aber abends war sein kleines, mageres Gesicht so enttäuscht und traurig, daß Mutter Trina tatsächlich Mitleid mit ihm bekam. Was war nur mit dem Jungen los? Er wollte nichts sagen. Anfangs hatte er geheimnisvoll getan und etwas von einer Überraschung gesagt. Aber das tat er jetzt nicht mehr, und mit jedem Tag wurde er betrübter. Mutter Trina war wirklich viel zu beschäftigt, darüber nachzudenken. Von morgens bis abends half sie auf einem der größeren Bauernhöfe ziemlich weit weg beim Backen der Weihnachtsbrote und Stopfen der Würste und Kerzenmachen. Sie bemerkte also nicht viel von den langen Wanderungen ihres Sohnes durch die Wälder und über die Feldwege. Sie wußte nicht, daß ihr Junge auf dem Friedhof stundenlang zusammengekauert und frierend auf einem Grabstein sitzen konnte, weil er hoffte, in der Nähe der Kirche dem Christkind am ehesten zu begegnen. Sie wußte auch nicht, daß Lars auf Zehenspitzen beim Pastor durchs Fenster geschaut hatte, um zu sehen, ob das Jesuskind da womöglich auf Besuch war. Aber er hatte nur den Pastor gesehen, der mit tränenden, kurzsichtigen Augen eine seiner alten, zerschlissenen Hosen flickte.

Ja, es sah allmählich hoffnungslos aus, und als der Tag des Heiligabends angebrochen war und Lars sich zum letzten Mal angekleidet hatte, um doch noch einmal das Christkind suchen zu gehen, hatte er eigentlich schon allen Mut fahren lassen. An jenem Tag suchte er schon nicht mehr so angestrengt. Es fror sehr stark, und dauernd hielt er sich beim Gehen die Fausthandschuhe vors Gesicht. Sein Atem war eine eisige Wolke in der kalten, klaren Luft. Der Himmel war strahlend blau, und die Erde war weiß. Der alte Pastor wird es genossen haben, aber der kleine Lumpen-Lars hatte keinen Blick dafür. Wenn er an den Heiligabend dachte, war ihm gar nicht wohl zumute. Mutter hatte sich so große Mühe gegeben, aber er würde bestimmt nicht richtig froh werden können, denn wie sollte es ein glückliches Weihnachtsfest werden, wenn er das Christkind nicht hatte finden können. Mittags, als

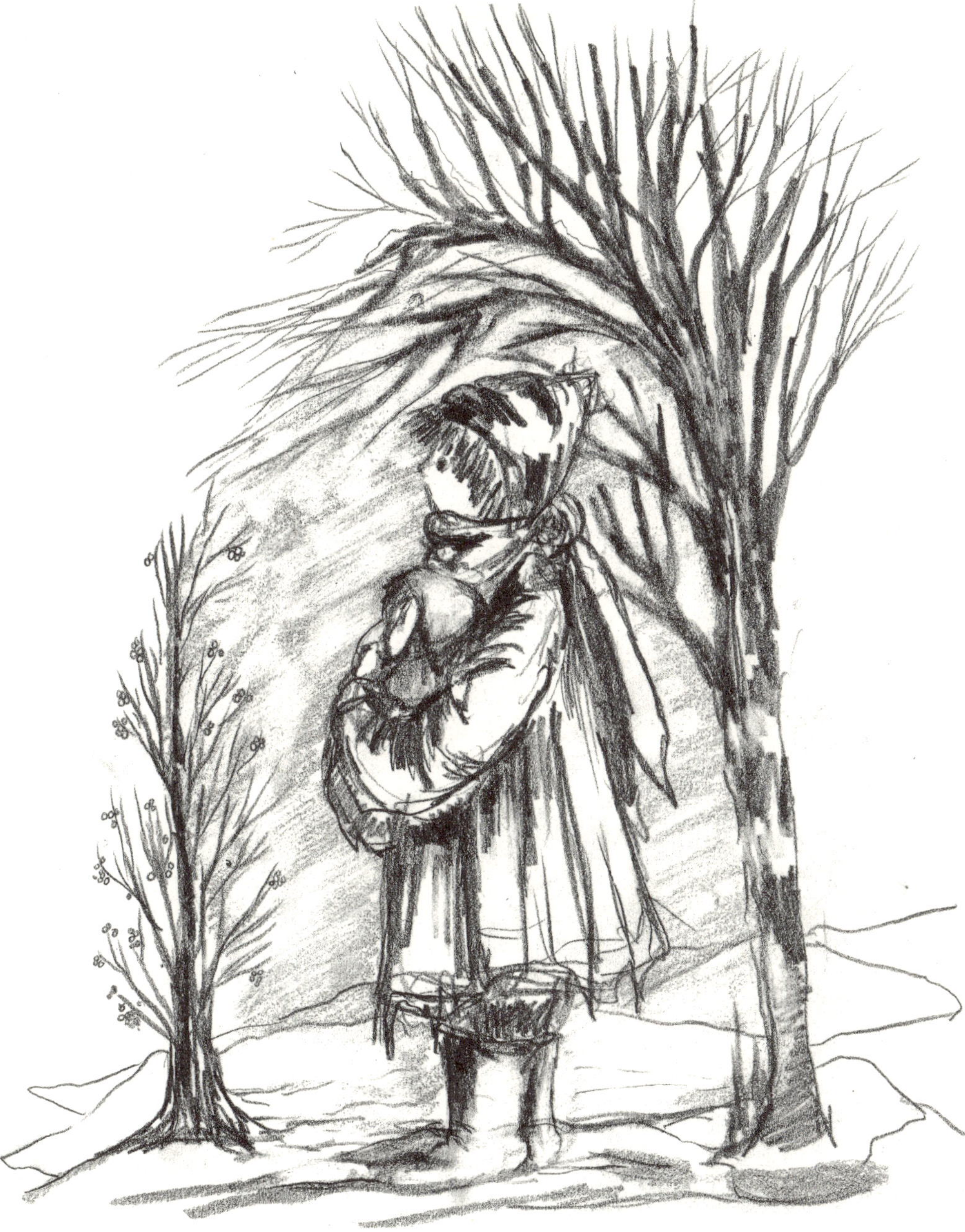

es schon fast dunkel war, ging er noch einmal auf den Friedhof und setzte sich dort dicht beim großen Eingang auf einen Stein. Man konnte ja nie wissen, ob das Christkind nicht doch noch durch das Tor käme. Er blieb lange sitzen. Es war eiskalt, und die Tränen, die er weinte, froren ihm fast auf den Wangen. Endlich hielt er es nicht länger aus. Er sehnte sich nach Hause und nach der Mutter und dem brennenden Bäumchen im Fenster und dem Feuer in der Herdstelle. Und da stand Lumpen-Lars auf und begann zu laufen. Ihm wurde wieder ganz warm und die Tränen versiegten. So kam er an den Zaun von Petterssons Hof. Im Halbdunkel sah er fast nichts, aber er wußte genau, wie er aussah. Es war ein hoher Eisenzaun mit goldenen Knöpfen, der einzige Eisenzaun in der ganzen Gegend. Aber Pettersson war ja auch sehr reich und konnte sich so einen Zaun leisten. Die Leute sagten, Petterssons Zaun wäre fast mit seinem Herzen zu verwechseln. Vergoldet, aber mit scharfen Spitzen und hart und unbeugsam.

Mutter Trina arbeitete manchmal für Pettersson, aber nicht mit Vergnügen. Oh nein! Die Frau war blaß und schnippisch, der Bauer war gierig und verlangte viel, die Söhne waren grobe, brutale junge Kerle. Knechte und Mägde blieben nie lange auf diesem Hof. Wenn sie nicht fortgejagd wurden, liefen sie von allein weg. Im letzten Sommer noch die nette, junge Kuhmagd...

Der Junge ging zum Zaun, denn dann konnte er unter den dunklen Schatten der verschneiten alten Birken hindurch gerade den Dachfirst sehen. Schwarz stach das große Bauernhaus vom grauen Himmel ab. Nein, Pettersson hatte tatsächlich keine Weihnachtsgarbe aufs Dach gestellt. Daß es so etwas gab? Kalt, weiß und verlassen lag der gorße Hof in der Dunkelheit.

Lars wollte zurück zum Hauptweg. Er war zum Glück schon bald zu Hause. Da sah er plötzlich seitlich vom festgetretenen Pfad, der vom Eisenzaun zum großen Weg führte, einen dunklen Fleck im Schnee. Was konnte das sein? Lumpen-Lars ging darauf zu, erst eilig, aber schon bald zögernd. Eigentlich hatte er allein in der Dunkelheit auf dem verschneiten einsamen Weg ein bißchen Angst. Das schwarze Etwas könnte ja ein Tier sein. Aber es lag so bewegungslos still, daß Lumpen-Lars endlich all seinen Mut zusammennahm, hinging und sich bückte. Es fühlte sich wollig an. Es schien ein Schal zu sein, ein dunkles Frauenschultertuch. Er zerrte daran, aber das Tuch war fest um etwas herumgewickelt. Lumpen-Lars kniete sich hin und untersuchte seinen Fund genauer. Er wickelte das Tuch ab und dann eine alte Decke, dann etwas aus Wolle, voller Löcher, von dem er nicht hätte sagen können, was es war, und dann ... ja, da fühlte er plötzlich etwas kleines und warmes Lebendiges ... es war ein Kind. Es schlief und atmete ruhig.

Lumpen-Lars lag vor Bewunderung auf den Knien. Dies war das Kind, und es war so schön und lieb und zart und warm. Gottlob begriff er, daß er das Kind so schnell wie möglich wieder in all die Sachen einwickeln mußte. Und dann nach Hause.

Das war durch den hohen Schnee gar nicht so einfach, aber behutsam trug er seine Last bis vor die Tür der Hütte, die er mit letzter Kraftanspannung auftrat, bevor er triumphierend rief: »Ich habe das Christkindlein, Mutter, ich habe das Christuskind!«

An jenem Heiligabend waren in Dünne Trinas Hütte drei Menschenwesen beieinander. Eine Mutter, ein Sohn und ein Christkindlein. Das Christkindlein war eigentlich ein Findelkind, doch das durfte Lars erst am nächsten Morgen erfahren.

Es war auch nicht sicher, daß Lumpen-Lars das Kind finden sollte, aber Dünne Trina wußte nicht genau, ob das kleine Mädchen, das am Heiligabend vor Bauer Petterssons Hof ausgesetzt worden war, es in ihrer mit Zeitungen ausgeklebten Hütte nicht besser haben würde als hinter dem Eisenzaun des Bauern, der nicht einmal eine Weihnachtsgarbe für die Vögel auf sein Dach gesetzt hatte. Und in sein eisernes Herz würde das Kind sicher nie eindringen, und wenn es dort noch so viel Recht auf ein Plätzchen hätte.

Der Heiligabend war schön und wunderbar. Das Bäumchen mit den roten Figuren darin brannte auf dem Tisch am Fenster, und Lars und seine Mutter saßen daran und aßen dampfende Wurst, die Trina von dem Großbauern Axel Stjärn geschenkt bekommen hatte, und sie tunkten große Brocken Bauernbrot in die Kochbrühe und schauten hinüber zum Backtrog, in dem, eingepackt in warme Zeitungen und ein Wolltuch, das Christkindlein von Lumpen-Lars ruhig schlief.

JAKOB STREIT

Rösli von Stechelberg

Familie von Allmen

Es war vor mehr als hundert Jahren, da noch kein Telefon die Dörfer der Höhen mit den Dörfern der Tiefe und den Städten verband. Im Lauterbrunnental fiel der erste Dezemberschnee. Hinten im Stechelberg stapfte Vater von Allmen den verschneiten Weg aufwärts seiner Hütte zu. Ein schwerer Ballen Heu beugte seine hagere Gestalt, und er dachte: Gut, daß ich es heute aus der Talscheune geholt habe. Wenn's so weiterschneit, könnte ich morgen keine solche Bürde den Hügelweg hinauftragen. Nun haben unsere zwei Ziegen Futter bis Weihnachten.

Als er die Anhöhe erstiegen, tönten Kinderstimmen von der Hütte her:
»Ätti, Ätti! Du hast einen riesigen Heuballen, fast so groß wie unser Häuschen!« Schon war er von den Kindern umringt, die mit ihren Ärmchen am Heufuder mittrugen.

»Kommt aus dem Schnee!« rief jetzt die Mutter durch die offene Haustüre. »Eure Schlarpen werden ganz naß! Fritz hat Holzschuhe an, der kann Vater abladen helfen!«

Fritz, der Älteste, öffnete dem Vater die Türe zur Heubühne. Rösli schlug seinen kleineren Geschwistern mit Tannenzweigen den Schnee von den Hausschuhen, die aus wenig kunstvoll zusammengenähten Lappen bestanden und eher einem Mäusenest als Schuhen glichen.

»Kommt essen!« rief jetzt die Mutter aus der Küche.

»Rösli, deck den Tisch!« Ja, der war bald gedeckt: neun Löffel und für den Vater ein Messer. Wie alle um den Suppentopf saßen, sprach die Mutter den Segen, und jedes fuhr mit dem Löffel in die Schüssel, wie es eben seit alten Zeiten Brauch war in den Bergen. Womit hätte man auch bei von Allmens acht Suppenteller bezahlen wollen? Jetzt schnitt Vater jedem Kind eine Scheibe Brot. Die Mutter legte ihm auf das seine ein Stück Käse; er mußte ja alle Tage ins Holz, schwer arbeiten gehen. Als Vaters Blick zufällig durchs kleine Küchenfenster in den dämmernden Abend hinauswanderte, heftete er sich an eine dunkle Stelle am nahen Waldrand: eine Gemse, die dort etwas knabberte! Schon einige Male war sie in letzter Zeit gegen Abend hier erschienen, und immer war Vater von Allmen derselbe Gedanke gekommen: Wenn ich das Wild schießen würde, könnten Frau und Kinder wieder einmal Fleisch essen und nicht nur Brei alle Tage oder Wassersuppe.

Die Kinder guckten nun auch durchs Küchenfenster hinaus: »Ist es wohl der Gemsvater oder die Mutter?« fragte Rösli.

»Der Vater geht gerne seinen Weg allein durch Wald und Flur«, erläuterte von Allmen Ätti. Nach diesen Worten begab er sich rasch in die Wohnstube. Mutter folgte ihm nach. Drinnen langte er vom Kleiderschrank sein verstaubtes Militärgewehr herab, und aus dem Schrank holte er eine kleine Blechschachtel hervor. Erschrocken legte Mutter von Allmen ihrem Mann die Hand auf die Achsel und sprach: »Hans, du willst doch nicht etwa die Gemse...«

»Doch, ich will, laß mich! Es dauert mich lange schon, daß unsere Kinder nie ein bißchen Fleisch bekommen. Glaubst du, es freue mich, alle Tage allein mein Stück Käse zu essen? Einige Male Gemsfleisch gäbe uns allen Kraft, den Winter gut duchzuhalten.«

Doch die Mutter wehrte ab: »Du weißt doch, Hans, daß es verboten ist und streng bestraft wird, wenn einer wildert. Laß das Tier leben!«

Aber von Allmen entgegnete: »Du hast es mir schon mehrmals ausgeredet. Ich sehe keine Sünde darin, wenn man hungrige Kinder hat und der liebe Gott einem das Fleisch vor den Fenstern herumlaufen läßt.«

Indes sie diese Worte wechselten, verschwand die Gemse wieder zwischen den Tannen. Mutter atmete auf. Vater von Allmen verließ etwas unwirsch die Stube durch die Hintertüre. Flinte und Patronen trug er auf den Heuboden. Es dunkelte rasch, und Mutter brachte vorab die kleineren Kinder zu Bett. Das jüngste, erst einige Wochen alt, schlief schon im Korbe in der Schlafkammer. Vater kam nach einer Weile wieder in die Stube und schnitzte mit dem Messer an einigen Hölzern, die wohl eine Wiege geben sollten. Doch seine Gedanken kehrten immer wieder zu Gewehr und Gemse zurück.

In der Dämmerung des folgenden Abends, als in der Stube schon die Petroleumlampe brannte, ertönte hinter dem Hause ein lauter Knall, der in den Flühen weiterdonnerte und erst nach und nach im Echo verklang. Mutter von Allmen, die an einer Flickarbeit nähte, zuckte zusammen und stach sich mit der Nadel in den Finger. Wie die Kinder hinausstürmen wollten, befahl sie barsch: »Es geht mir keines hinaus!« – »Mutter, was hat geknallt? Hat der Ätti geschossen? Hat er den Gemsvater erschossen?« so wirbelten die Kinderstimmen durcheinander. Die Stirnen an die Scheiben gedrückt, spähten sie hinaus zum Waldrand, wo eben Ätti etwas Dunkles auf die

Schulter hob und nun mühsam den Steilhang entlang durch den hohen Schnee dem Hause zutrug. Keines sagte ein Wort, und auch die Mutter, die den gestochenen Finger zwischen ihre Lippen preßte, starrte stumm gebannt hinaus.

Man hatte aber auch im Dörfchen den Schuß vernommen. Gertsch Peter, ihr nächster Nachbar, der unten am Hügel eine Hütte allein bewohnte, hatte deutlich bemerkt, woher er gekommen. Er war am Holzsägen vor dem Haus. Rasch legte er jetzt die Säge aus der Hand und schlich den Hügel hinauf gegen von Allmens Hütte. Oben hielt er sich in Deckung hinter Haselstauden. Er konnte gerade noch wahrnehmen, wie von Allmen mit der geschossenen Gemse im Keller verschwand. Gertsch Peter war stets ein grämlicher Nachbar, war neidisch auf von Allmens tüchtige Frau und auf die muntere Kinderschar, ja sogar auf das Lachen und Jauchzen, das zeitweilig zur Sommerzeit vom Hügel herunterschallte. Und jetzt erlaubte sich dieser von Allmen, in den Tagen vor der heiligen Weihnachtszeit zu wildern! Das mußte gemeldet sein! Mit dieser Absicht stapfte Gertsch Peter den Hügel hinab, vertauschte zu Hause seinen Arbeitskittel mit einem besseren, zündete sich eine Pfeife an und lenkte seine Schritte gegen die Dorfwirtschaft.

Am andern Tag, es ging gegen Mittag, erschien von Lauterbrunnen her der Landjäger. Auf sein Klopfen an von Allmens Küchentür öffnete die Mutter. Vor Schreck erblaßte sie, als der Landjäger mit rauher Stimme nach von Allmen fragte. Mit viel Mühe preßte sie hervor: »Fritzi, geh, ruf Vater hinten im Schopf.« Dann ließ sie sich in der Küche auf einen Stuhl nieder. Ihre Beine zitterten. Fritzi aber meinte zum Fremden: »Ich rufe Ätti gleich! Wißt, er ist im Schopf und schleift Messer.«

Die anderen Kinder drängten zur Tür und schauten den dunklen, bärtigen Mann mit der weiten blauen Pelerine scheu an. Nur der kleine Werni fragte: »Bist du Sankt Nikolaus? Bringst du was?«

Der Landjäger überhörte die Frage und wendete sich dem Schopfe zu, wohin Fritzi verschwunden. Mit finsterem Blick trat jetzt von Allmen ins Freie, schob den Schopfriegel vor und fragte: »Was gibt's?«

Mittlerweile hatte die Mutter sich wieder gefaßt und die Kinder alle in die Stube geschickt. Voll Bangen hörte sie, wie der Landjäger die Kellertüre öffnete. Da hielt sie es nicht mehr in der Stube. Sie eilte die Treppenstufen hinunter, stand vor dem Keller neben ihrem Mann und legte ihm die Hand auf die Schulter, wie um zu sagen: Ich steh zu dir und trag's mit dir!

Der Landjäger trat bald wieder heraus und sprach:

»Diese Gemse gehört dem Staat, von Allmen. Es tut mir leid für dich, aber ich muß meine Pflicht tun. Nimm einen Schlitten hervor und bring mir das Tier nach Lauterbrunnen. Wir werden zusammen noch weiter müssen. Das Gericht ist in Interlaken.«

Schlag auf Schlag hämmerten diese Worte aufs Herz von Mutter von Allmen. Wenn nur Hans nicht plötzlich etwas Unbesonnenes tut, zitterte es durch ihre Gedanken. Sie faßte ihn einen Moment am Handgelenk ob der geballten rechten Faust und sprach: »So geh, Hans! Nimmst wohl den kleinen Schlitten. Vergiß die Mütze nicht!«

Eine Weile später starrten Mutter und Kinder dem Vater nach, wie er die in einem Sack aufgebundene Gemese auf dem Schlitten talaus zog. Der Mann im blauen Mantel stapfte hinterher. Mutter erklärte: »Seht, Vater muß die Gemse bis weit nach Interlaken hinausschlitten; sie brauchen sie dort.«

Rösli fragte: »Brauchen sie den Ätti auch in Interlaken?«

»Ja, eine Weile wohl.«

Rösli jammerte: »Aber jetzt ist bald Weihnachten, Mutter, da brauchen wir den Ätti auch hier bei uns zu Hause, und die Wiege für meine Puppe muß er auch noch fertigzimmern.«

Erst jetzt bemerkte Rösli, daß der Mutter die Tränen an den Wangen niederliefen. Es umklammerte sie heftig und fing laut an zu schluchzen. Da huben auch die andern zu weinen und zu rufen an: »Der Ätti geht fort! Der blaue Mann nimmt uns den Ätti! Er soll wiederkommen!« So hallte es klagend durch die niedere Stube. Alle faßten sie nach der Mutter, hielten sie an Schürze, Bein und Armen. Selbst das Kleine im Korbe weinte. Aus dem Knäuel wand sich Mutter sachte los und tröstete: »Schreit doch nicht so! Der Vater muß jetzt dem blauen Mann etwas helfen gehn. Sie brauchen ihn in Interlaken. Er kommt schon wieder zu uns!«

Zehn Tage waren vergangen. Von Ätti kam keine Kunde nach Stechelberg. Fritzi fütterte und molk die Ziegen. Stiller war es im Häuschen bei von Allmens geworden. Nicht mehr hörte man frohes Spiel und Lachen. Mutter sang nicht mehr. Es war, als ob jemand Liebes im Hause gestorben wäre. Rösli und die Kleinen standen oft stundenlang am Fenster und starrten talaus, besonders gegen Abend, wenn es zu dunkeln begann. Schon ging es gegen den zwanzigsten Dezember. Weihnachten stand vor der Türe. Am meisten hatte Rösli es sich zu Herzen genommen, daß Ätti fort war. Mutter frug es nicht mehr, seit es bemerkt hatte, wie traurig sie jedesmal wurde, wenn es sich nach Ätti erkundigte und sie nichts anderes zu sagen wußte als: »Sie brauchen ihn wohl noch ein paar Tage.« In der Nacht schlief es unruhig, wachte öfters auf. Und dann kam ihm der Gedanke, Ätti könnte draußen in der Welt vergessen, daß es hier im Tal bald Weihnachten sei. Wer weiß, vielleicht wußte man dort, wo nur große Häuser und Hotels waren und keine Bergtannen, überhaupt nicht, was rechte Weihnacht sei, wo ein Tannenbaum in der Stube leuchtet, wo Vater erzählt und aus der Bibel liest, wo man mit Mutter schöne Lieder singen darf, vom Baume etwas Süßes pflücken, einmal im Jahr, weil zu Bethlehem in dieser Nacht die Engel den Hirten erschienen und den Weg zur Krippe zeigten. Rösli schlüpfte leise von seinem Strohsack unter der Decke hervor und schlich ans Fenster. Draußen war Sternenschein. Wie es talaus schaute, schien ihm, ganz in der Ferne leuchte ein schwaches Lichtlein. Kommt vielleicht Ätti mitten in der Nacht mit einer Laterne heim? Es blieb eine Weile am Fenster stehen und bohrte seinen Blick in die Ferne, aber das Licht kam nicht näher und erlosch plötzlich. Die Kälte zwang es wieder zu Bett, doch in seine Gedanken wob sich der Entschluß: Ich muß Ätti heute heimholen gehen! Ich muß ihm sagen, daß es hier Weihnachten wird. Der Mann mit dem blauen Mantel muß ihn mir zurückgeben. Ohne Ätti können wir keine Weihnachten feiern.

Die Flucht

Am nächsten Morgen, als Fritzi die Ziegen gemolken hatte, Milch und Brot gefrühstückt war, sprach Rösli zur Mutter: »Ich gehe mit dem Besen vom Weg den Schnee kehren, der heute morgen gefallen ist.« Also schlüpfte sie in die Holzschuhe, zog die Kappe über die Ohren und legte Handschuhe an. Vom Haus weg begann es hin und her zu fegen, den Pfad abwärts. Wie es hinter das Haselgebüsch kam, warf es den Besen hinein. Einen Augenblick zauderte es: Soll ich Mutter fragen? Aber da kam die Angst in sein Herz: Nein, Mutter würde mir nicht einmal erlauben, nach Lauterbrunnen zu gehen und erst recht nicht nach Interlaken; das soll ja noch viel weiter sein. Das Herz hämmerte Rösli bis in den Hals hinauf: Ich muß Ätti holen! Mutter ist sicher froh und singt wieder, wenn ich ihn heimbringe.
    Plötzlich rannte es wie ein aufgescheuchtes Reh den Hang hinunter und erreichte den verschneiten Weg, der talaus führte. Nicht ein einziges Mal wagte es, rückwärts zu blicken, aus Furcht, man könnte es zurückwinken. Die Kappe zog das fliehende Mädchen noch fester über die Ohren, um ja keinen Ruf zu vernehmen. Aber niemand winkte und rief zurück. Unbemerkt blieb ihre Flucht.
    Der Weg war an diesem frühen Wintermorgen menschenleer, daher ganz ungebahnt und das Schneestampfen beschwerlich für dünne Beinchen mit schweren Holzschuhen. Leise fielen immerzu Schneeflocken. Als Rösli nach

einer halben Stunde endlich wagte, rückwärts zu blicken, sah es weder vom Dörflein noch von ihrem Hause eine Spur. Ein Flockenvorhang verhüllte, was hinter ihm lag. Plötzlich vernahm es, kurz vor Lauterbrunnen, die Glöcklein eines Pferdeschlittens, der ihm entgegenfuhr. Der Schreck fuhr ihm in die Glieder, als es bedachte, man könnte es aufladen und nach Stechelberg zurückbringen. Husch, verkroch es sich hinter einem Schneegebüsch, das wenige Schritte seitab des Weges stand. Der Schlitten fuhr vorbei, und die Glöcklein verklangen. Wie Rösli im Weiterlaufen den Blick gegen die gewaltige Felswand erhob, wo im Sommer der Staubbach niederschleiert, gewahrte es Türme von glänzendem Eis an die Felsen gebaut. Oh, der Eispalast der Winterzwerge, dachte die Kleine, blieb eine Weile stehen, die hundert Zacken und Säulen zu bewundern. Hätte sein Herz nicht so drängend nach Ätti gerufen, es wäre gerne hinauf zum Eispalast gestiegen. Je näher es dem Dörflein Lauterbrunnen kam, um so banger war ihm zumute. Wie, wenn jemand es aufhalten würde und wieder nach Hause zurückschicken? Als es mit raschen Schritten bei der Dorfbäckerei vorübereilte, öffnete sich die Türe. Eine Stechelbergerfrau trat heraus und rief verwundert: »Eh Rösli, wo willst du hin? Bist du allein ins Dorf gekommen?« Flüchtig rief es zurück: »Den Ätti will ich heimholen gehen!« und fort war es. Als es die letzten Häuser hinter sich hatte, senkte sich der Weg dem tieferen Talboden zu. Da einige Holzschlitten darauf gefahren waren, hatte sich Gleiteis gebildet. Nun rutschte und glitt Rösli, Holzschuh fahrend, abwärts und war in heller Freude, wie rasch man vorwärts kam. Die Schneeflocken fielen jetzt etwas größer und nasser. Als es zum Verschnaufen einmal anhielt und sich an eine Wegmauer lehnte, fühlte es, wie sein Kleidchen besonders auf Schultern und Rücken durchnäßt war und die Kälte durchs Tuch drang. Einen Mantel hatte es nie besessen. Also mußte es wiederum springen; das gab warm. Es mochte um die Mittagszeit herum gehn, als der Weg plötzlich in den Wald hineinführte. Wie würde jetzt ein warmer Teller von Mutters Mehlsuppe gut tun! Bei einer Tanne, die am Wege stand, wischte es mit den durchnäßten Handschuhen Schnee von einer Wurzel und setzte sich einen Augenblick hin. Doch kaum ruhte es stille, schlugen ihm die Zähne wieder aufeinander vor Kälte und Frieren, so daß es zu neuer Eile ansetzte. »Hatte Ätti wohl ein warmes Stübchen in Interlaken? Gab's dort auch warme Mehlsuppe? Vielleicht hatte er sogar einen Sitzofen, wo man Kleider trocknen konnte.« Langsamer wurden Röslis Schritte, schwerer die Schuhe. Nur einmal, als ihm ein Holzschlitten entgegenfuhr, beschleunigte es seinen Gang. Der Holzknecht drehte den Kopf nach ihm und fragte sich wohl, warum dieses kleine, frierende Menschlein so mutterseelenallein durch den

Winter wanderte? Zeitweise lichtete sich der Wald und gab verschneite Matten frei. Da gewahrte es nicht weit seitab vom Weg eine kleine Scheune mit Stall. Da sind gewiß Tiere drin, dachte es, da könnte ich mich wärmen. Es lenkte seine Schritte dahin, und sachte schob es den Holzriegel vor. Drinnen im niederen Stall lagen zwei Kühe und ein Kälblein. Eine wohlige Wärme schlug ihm entgegen. Leise zog es die Stalltüre hinter sich zu und tastete sich zum Kälblein hin, das auf reichlich viel Stroh gebettet war. Die Kühe ließen sich in ihrem Wiederkäuen nicht stören, und Rösli kniete sorgsam neben dem Kälblein nieder, daß auch dieses nicht aufstehe. Es kraulte ihm hinter den Ohren, redete auch zu ihm und legte den Arm zutraulich über seinen Rücken. Wie herrlich warm war es da drinnen! Hier wollte es sich ausruhen. Es deckte einige Arme voll Stroh über sich, wovon nebenan reichlich vorhanden war. Vom stundenlangen Weg war das Mädchen so erschöpft, daß es schon nach kurzer Zeit einschlief, den Rücken ans Kälblein geschmiegt.

Plötzlich erwachte Rösli, als ihm etwas über das Gesicht fuhr. Wo war es? Wer hatte es gestreichelt? – Es war das Kälbchen, das seine Wangen beleckt hatte. »Zum Vater, zum Vater!« drängte wiederum die innere Stimme. Nachdem es sich vom Stroh befreit, das Kälbchen noch ein wenig getätschelt hatte, schlüpfte es wieder zur Stalltür hinaus in die nasse Kälte. Gottlob, es war noch heller Nachmittag. Der kurze Schlaf hatte seine Kräfte gestärkt, und tapfer folgte es der Straße Richtung Interlaken.

In Interlaken

Es mochte gegen vier Uhr rücken, als Rösli erfuhr, daß es jetzt in Interlaken sei. Ja, da waren auch die großen Häuser; aber fast alle hatten die Fensterläden geschlossen. Schliefen die Leute hier auch am Tage? Schlief wohl gar auch sein Ätti? Es mußte fragen. Eine Frau, die einen schweren Korb trug, hielt es an: »Können Sie mir bitte sagen, wo mein Ätti ist?«

»Ja was für ein Ätti? Wer bist du?«

»Ich bin Rösli von Allmen. Ich sollte meinen Ätti haben; wir brauchen ihn.«

»Das weiß ich nicht, wo dein Ätti ist, frag drinnen im Dorf.«

Und weiter wackelte die Frau mit ihrem Korbe.

Rösli kam es seltsam vor, daß hier jemand nicht wußte, wo sein Ätti weilte. Im Dorfe sprach es einen älteren Mann an, denn Mutter hatte einmal gesagt, wenn man älter werde, wäre man gescheiter.

»Können Sie mir sagen, wo ich meinen Ätti finde? Er hilft hier dem Mann mit dem blauen Mantel.«

»Gutes Kind, woher bist denn du?« fragte der Alte freundlich, so daß Rösli ganz zutraulich wurde.

»Ich bin von Allmens Rösli aus Stechelberg und muß hier in Interlaken meinen Ätti holen. Wir müssen ihn für Weihnachten zurückhaben.«

Der alte Herr schüttelte fragend seinen Kopf und meinte:

»Ja was arbeitet dein Ätti hier in Interlaken?«

»Er hilft dem Landjäger mit dem blauen Mantel; er hat ihm die geschossene Gemse hergeschlittelt.«

Der Alte wurde nicht viel klüger; aber weil das Mädchen etwas von einem Landjäger sagte, zeigte er jetzt gegen ein großes Haus neben der Kirche und sprach: »Geh dort zu jenem hohen Hause, zum Schloß; dort wohnt ein Landjäger. Der kann dir vielleicht sagen, wo dein Ätti ist.«

Obwohl es todmüde und elend war, leuchtete jetzt die Freude aus Röslis Augen.

»Tausend Dank, lieber Mann!« rief es und eilte dem hohen Hause neben der Kirche zu. Je näher es kam, um so langsamer wurden des Kindes Schritte. Das Haus sah so vornehm aus. Ein Schloß war es, hatte Türmchen und so merkwürdig große Fenster und Türen und viele Kamine auf dem Dach. Wohnte wohl gar ein König drin? Wenn Mutter Geschichten von Schlössern erzählte, wohnten immer ein König drin und die Prinzessin. So vornehm wohnte jetzt sein Ätti! Bei welcher Türe sollte es wohl anklopfen? Es hatte so viele. Zögernd trat es zu einer hin, hob den eisernen Klopfer und ließ ihn fallen. O Schreck, wie laut dröhnte es durchs hohe Haus! Schritte wurden hörbar, und eine Magd öffnete das Tor.

»Wohnt hier mein Ätti? Wir sollten ihn haben für die Weihnacht!«

»Wer bist du, und woher kommst?«

»Ich bin Rösli von Allmen von Stechelberg, und heute bin ich nach Interlaken gekommen, um unseren Ätti beim Landjäger zu holen. Ist er nicht da?«

Die Tränen traten dem Mädchen in die Augen, und die Kälte durchzitterte sein erschöpftes Körperchen.

»Komm herein!« sagte jetzt die Magd ganz lieb und zog es an der Hand ins Haus hinein. »O je, wie bist du naß und kalt! Komm schnell zum warmen Herd in der Küche.«

Nachdem sie das Mädchen auf einen Küchenstuhl zum Feuer gesetzt hatte, holte die Magd ihre Meisterin, die Frau Gerichtspräsident, denn an deren Tür hatte Rösli geklopft. Rösli wiederholte nun auch der Frau Präsident sein Anliegen und verschwieg auch die Sache mit dem Landjäger im blauen Mantel und der Gemse nicht. Jetzt dämmerte den Schloßleuten, wer der Ätti von Rösli war, und Frau Präsident meinte: »Doch, doch, ich glaube, dein Ätti ist bei uns, nur im hinteren Hause. Aber bevor du zu ihm kannst, mußt du etwas Warmes essen und trockene Kleider anziehen; du bist ja durch und durch naß!«

Da wurde Suppe gewärmt, Brot und Käse geschnitten. Ein warmes Wolltuch bekam Rösli über den Rücken gelegt, und dankbar stillte es seinen Hunger. Indes wühlte Frau Präsident in einem Kleiderschrank und suchte von ihrer längst erwachsenen Tochter deren Kinderkleider hervor. Bald wurde Rösli drinnen auf dem warmen Trittofen ordentlich getrocknet und gekleidet wie eine Prinzessin. Es wußte nicht, wie ihm geschah. Ja sogar Strümpfe und handgemachte Lederschuhe erhielt es. Eine wohlige Wärme durchrieselte seine Glieder, daß es alle Müdigkeit vergaß. Die Stubentür ging auf, und der Herr Präsident trat herein. Durch seine Frau hatte er von dem seltsamen Besuch vernommen.

»Soso, Kleine«, grüßte er freundlich, »von Stechelberg bist du zu Fuß gekommen, deinen Ätti zu holen?«

»Ja! Darf ich jetzt zu ihm, daß ich ihm sagen kann, er müsse heimkommen, weil doch bald Weihnacht ist!«

»Wir wollen ihn hierher bringen lassen!« antwortete der Herr Präsident, schrieb auf einen Zettel einige Worte und schickte die Magd damit ins Hinterhaus. Zu Rösli gewendet meinte er: »Bleibe nur auf dem Ofen, bis alle deine Zehen schön warm haben!« Frau Präsident setzte sich jetzt zu Rösli und löste die nassen Zöpfe, breitete sein blondes Haar zum Trocknen auf ein Tuch, das sie ihm um die Schultern legte. Wohl zwanzig Jahre war es her, daß ihr eigenes Mädchen in diesem blauen Kleidchen gesteckt und neben ihr auf dem Ofen gesessen hatte. Nun erzählte Rösli von zu Hause, von Mutter, von den sieben Geschwistern, von der täglichen Mehlsuppe, von ihren zwei Ziegen im Stall, von der Puppenwiege, die Vater fast fertig gearbeitet hatte, und wie es schwer zu ertragen sei, daß Ätti in Interlaken sei und nicht daheim, wo Mutter jetzt oft weine.

Rösli hielt inne mit Plaudern, denn im Hausflur dröhnten feste Schritte. Die Türe öffnete sich. Herein trat die Magd, der Ätti und mit ihm noch ein fremder Mann. Da flog vom Ofen herunter der blaue Engel an Ättis Brust und rief: »Jetzt hab ich dich wieder! Ätti, lieber, lieber Ätti! Warum kommst du nicht heim? Hast du denn vergessen, daß bald Weihnachten ist? Du wolltest mir doch noch die Puppenwiege fertigarbeiten. Gelt, jetzt kommst!«

Was war mit Ätti? Er brachte eine Weile kein Wort hervor und hielt seine Kleine im Arm. Endlich stotterte er leise hervor: »Rösli, Rösli, was machst du für Geschichten!«

»Wir sollten dich haben, Ätti, darum bin ich gekommen.«

»Und Mutter hat dich gehen lassen, oder hast du ihr nichts gesagt?«

»Glaube mir, Ätti, es ist mir schwergefallen, so wegzulaufen, ohne etwas zu sagen; aber Mutter hätte mich nie gehen lassen, und dann hätten wir dich vielleicht ganz verloren! Gelt, du bist mir nicht böse?«

Dem Vater traten die Tränen in die Augen. Er schloß die Kleine fester in seine Arme und sprach leise: »Nein, nein, ihr hättet mich nicht verloren! Ich komme schon wieder zu euch.«

Nun begab sich der Herr Präsident mit dem Gefangenenwärter in den Hausflur, die ungewohnte Situation zu besprechen. Die Frau Präsident hieß von Allmen auf den Ofen zu Rösli sitzen. Als nach einer Weile der Präsident wieder mit dem Wärter eingetreten, sprach er zu Rösli: »Eigentlich hätten wir deinen Vater noch etwa zehn Tage brauchen sollen; da nun der Heilige Abend vorher ist, kann er auf Weihnachten heimkommen. Das verspreche ich dir! Und dann darfst du ihn immer behalten; wir brauchen ihn dann nie wieder. Sicher ist aber deine Mutter in großer Sorge um dich. So wird dich nach einer kleinen Weile ein Landjäger mit Schlitten und Roß heim nach Stechelberg fahren. Sag zu Hause: Ätti kommt in vier Tagen auf Weihnachten heim; oder sagen wir in drei Tagen, damit er deine Puppenwiege noch fertig kriegt. Bis dahin bleibt er noch da.«

Rösli nickte und meinte: »So will ich meine Kleider wieder anziehen fürs Heimfahren.«

»Nein« fiel Frau Präsident ein, »was du angezogen hast, schenke ich dir fürs Christkind.«

Da schaute Rösli andächtig an seinem blauen Röcklein hinunter und meinte: »In diesem Kleide werde ich nicht in den Kuhstall liegen.«

»Wieso Kuhstall?« fragte verwundert Frau Präsident.

»Als ich heute so todmüde war, bin ich unterwegs bei Zweilütschinen in einen Stall zu den Tierlein gegangen, um mich zu wärmen, und das war fast so schön wie bei euch hier im Schloß. Das Kälbchen hat mich wachgeleckt, sonst würde ich vielleicht noch jetzt dort schlafen.«

Nun mußten aber alle herzlich lachen, sogar Ätti. Indes war der Gefangenenwärter fortgegangen, die Sache mit Schlitten und Pferd zu regeln. Frau Präsident packte mit der Magd draußen in der Küche allerhand Eßwaren in ein Körbchen, suchte auch ein Mäntelchen hervor, das Rösli auf der kalten Fahrt wärmen sollte. Da man keine Zeit verlieren wollte, saß eine Viertelstunde später Rösli gut eingewickelt im Schlitten, neben ihm ein Kutscher in blauem Mantel, mit jungen, fröhlichen Augen und ohne Bart. Dann klangen die Glöcklein, Hände winkten, und die blaue Prinzessin fuhr heim.

Heimfahrt

Der Mond schien hell über dem Lauterbrunnental, als der Schlitten am Staubbach-Eispalast vorbeifuhr. In den Eistürmen spiegelte sich das Mondlicht; aber Rösli sah nichts vom Glitzern der Nacht. Schlafend lehnte es sich an den blauen Kutscher, der sorglich einen Arm um die in Decken gehüllte Prinzessin geschlungen hatte, damit sie nicht vom Schlitten falle. Mit der andern Hand hielt er die Zügel lose und ließ das Pferd in freiem Trabe gehen, wie es ihm behagte. Als das Gefährt in Stechelberg ankam, waren fast in allen Häusern die Leute zu Bett gegangen. Bei der ersten Hütte hielt der Landjäger an. Rösli schlummerte tief. Er aber klopfte an ein Fenster, aus dem ein schwacher Lichtschimmer drang. Er erkundigte sich nach der Familie, wohin das Mädchen gehörte. Unten am Hügel, drüben beim alten Gertsch, brannte noch Licht. Darauf fuhr er zu. Gertsch Peter hatte die nahenden Glöcklein vernommen und stand schon draußen mit der Laterne, als der Schlitten vor seinem Hause anhielt. Sofort war ihm klar, wer da gebracht wurde. Er kam heran und zündete dem schlafenden Mädchen ins Gesicht: »Gott sei Dank! Rösli ist wiederum da!« Er half dem Landjäger das Roß in seinen Stall führen und eine warme Decke über seinen dampfenden Rücken breiten.

Dann leuchtete er ihm mit der Laterne voran, damit er das schlafende Mädchen sicherer den Hügel hinauftragen konnte. Auch nahm er das Körbchen mit, das ihm der Landjäger in die Hand gegeben. Als das Licht gegen von Allmens Häuschen schwankte, brach plötzlich die Haustüre auf, und mehrere aufgeregte Stimmen riefen: »Habt ihr das Rösli? Bringt ihr es zurück?«

»Ja!« rief der Alte mit der Laterne, »wir bringen es heim.«

Erst als die Mutter schluchzend ihr Kind in die Arme schloß, erwachte es, schaute erstaunt einen Augenblick um sich und tröstete: »Mutter, weine doch nicht! Ätti kommt! Nur noch dreimal schlafen, dann ist er wieder da.«

Da jubelten die Kinder alle. Dem alten Gertsch aber wurde es so eigen zumute. Das Blut schoß ihm in den Kopf. Am liebsten wäre er in den Boden versunken. Da das aber nicht zu machen war, stützte er sich mit der einen Hand aufs Treppengeländer, damit er mit der andern um so sicherer die Laterne halten konnte, das vornehm blaugekleidete Kind zu beleuchten, das sich jetzt aus braunen Decken schälte. Der Landjäger reichte der Mutter das Körbchen hin, das Peter auf eine Treppenstufe gestellt hatte, und sprach: »Dies schickt Euch die Frau Präsident. Leert es bitte, so kann ich es wieder zurückbringen.«

Als der Landjäger mit Peter Gertsch wieder abwärts pilgerte, lud dieser den jungen Kutscher vor der Heimfahrt zu einem warmen Trunke ein und stellte ihm Brot und Bergkäse auf. So erfuhr Peter, was von der sonderlichen Reise Röslis zu erzählen war, und daß man im Interlakener Schloß so einen armen Familienvater mit vielen Kindern wohl begreife, aber trotzdem das Gesetz schützen müsse. Peter verschwieg, daß er es war, der von Allmen verklagt hatte und schuld war, daß die Kinder ihren Vater hatten hergeben müssen.

Vater kommt heim!

Am 23. Dezember vormittags sah man bei von Allmens Hüttchen auf dem Hügel immer wieder Kinderköpfe an den Stubenfenstern ihre Näschen an die Scheiben drücken. Talaus spähten ihre Augen. Besonders Rösli war nicht wegzubringen. Schon einige Male hatte es seiner hölzernen Puppe die Kleider an- und abgezogen und zwischendurch immer wieder den Blick durchs Fenster geworfen. Mutter hatte ihm erlaubt, heute zum Empfang des Vaters das blaue Röcklein vom Interlakener Schloß anzuziehen. Draußen lag hoher Schnee. Fritz, der Älteste, hatte Erlaubnis erhalten, den Weg vom Hause gegen das Dorf hinunter mit der Schaufel besser gangbar zu machen. Eifrig warf er den Schnee nach links und rechts, damit der Vater gut gehen könne. An steileren Stellen hackte er mit der Schaufel Tritte. Als er gegen Gertsch Peters Haus kam, an dem der Zuweg vorbeiführte, trat dieser aus der Türe und näherte sich dem Knaben. Er reichte ihm eine Handvoll gedörrter Birnenschnitze und meinte: »Nimm und iß, die machen dich stark!« Fritz hielt die unerwartete Gabe ganz verdutzt in der nassen Hand. Noch nie hatte Gertsch Peter ihm etwas geschenkt. »Mußt sie essen und nicht angaffen!« verdeutlichte der Alte. Nun erkundigte er sich, ob wohl Vater bald heimkäme, ob sie Neuigkeiten von Interlaken hätten. Fritz ließ sich die Schnitze gut schmecken, und im Kauen gab er Bescheid: »Ja, heute kommt Ätti, darum bin ich am Schaufeln.«

Nach der Mittagspause ertönte der Ruf: »Ätti kommt, Ätti kommt!«

Alle sprangen ans Fenster. Er war schon um die Haselecke in aller Nähe. Aber wie sah er aus! Ein großer, schwerer Sack beugte ihn vornüber. Den Schlitten zog er hinterher, und darauf war ebenfalls ein Sack aufgebunden, und was steckte Grünes darauf? – Ein Tannenbäumchen! Jetzt rumpelte es im von-Allmen-Hüttchen. Türen flogen auf, Jauchzer schallten, und zwölf Hände halfen Ätti den Sack vom Rücken abladen. Mutter stand mit dem Wickelkind auf dem Arm im Türrahmen und lächelte. Ätti konnte keinen Schritt weitergehen, so war er von Kindern behangen an Armen, Rücken und Beinen. Der kleine Sämi aber rief: »Auspacken, auspacken!« Mit vereinten Kräften schleppte man den Sack in die Stube. Den andern band man vom Schlitten und trug ihn auch hinein. Indes hatte Vater der Mutter das Kleinste abgenommen und setzte sich mit ihm auf den warmen Trittofen. Fritz kam mit einer Schere daher, die Säcke von ihrem Inhalt zu befreien. Da rief Ätti lachend: »Halt! Das besorgen Mutter und ich. Frau Präsident hat mit zu viel Mühe und Sorgfalt eingepackt, als daß wir jetzt alles in den Hühnerhof werfen. Nur den großen Rucksack, den dürft ihr plündern!« Der pralldicke Rucksack wurde gleich umringt, und Fritzi zog die Schnüre locker. Hei, wie kugelten feuerrote Bernerrosenäpfel auf den Boden! Bald verstummten sämtliche Jubelrufe in der Andacht des Genießens der seltenen, wunderbaren Speise. Vater gab Rösli die Kleine auf den Schoß, ging hin und griff in die Tiefe des einen Sackes. Er brachte etwas Eingewickeltes zum Vorschein: »Das ist vom Präsidenten selber.« Der Geruch des geräucherten Schinkens verbreitete sich, und die Kinder wußten zunächst gar nicht, was das sei.

»Das werdet ihr zum Nachtessen erfahren!« sagte Ätti und blinzelte Mutter zu. Als nun Vater und Mutter nach und nach die Säcke auspackten, da ging jubelndes A und O durch die Stube, die vor Tagen so viel Seufzer und Schluchzen gehört hatte. Da kamen in einem der Säcke Kleider, Tuch, Schuhe, Strümpfe und Hemden in allen Größen zum Vorschein und im andern Eßwaren, Brot und Würste, Zucker, Mehl und sogar Baumkerzen. Mutter konnte es gar nicht fassen und sagte immerzu: »So reich sind wir; so reich sind wir!« Ätti erklärte: »Frau Präsident hat ihren Bekannten von Röslis Besuch im Schloß erzählt, und da hat sie von allen Seiten diese Herrlichkeiten für uns erhalten.«

»Ja, ja«, meinte Rösli, »es sind gute Leute, die Interlakener. Aber Ätti, vergissest du meine Puppe nicht?«

»Ach ja, deine kleine Wiege! Das soll meine erste Arbeit sein zu Hause, denn du, liebes Rösli, hast uns ja all diese Schätze beschert!«

»Nein!« protestierte Rösli. »Das hat der heilige Christ getan, der macht in dieser Zeit die Herzen der Menschen gut!«

Eine kleine Weile später hörte man den Vater hinten im Schopf hantieren, und Mutter übte mit den Kindern drinnen in der Stube die Lieder zum Heiligen Abend.

HANS CHRISTIAN ANDERSEN

Der Tannenbaum

Draußen im Wald stand solch ein hübsches Tannenbäumchen; es hatte einen guten Platz, Sonne konnte es bekommen, Luft war genug da und rings herum wuchsen viele größere Kameraden, Tannen und Föhren; aber der kleine Tannenbaum war so erpicht darauf zu wachsen; er dachte nicht an die warme Sonne und die frische Luft, er machte sich nichts aus den Bauernkindern, die gingen und schwatzten, wenn sie draußen waren, um Erdbeeren oder Himbeeren zu sammeln; oft kamen sie mit einem ganzen Topf voll oder hatten Erdbeeren an einen Strohhalm aufgereiht, dann setzten sie sich an den kleinen Baum und sagten: »Nein! wie hübsch klein der ist!« Das mochte der Baum gar nicht hören.

Im Jahr darauf hatte er einen ordentlichen Schuß getan, und wieder im Jahr darauf einen noch viel größeren; denn bei einem Tannenbaum kann man immer an den vielen Absätzen, die er hat, erkennen, wie viele Jahre er gewachsen ist.

»O, wäre ich doch solch ein großer Baum wie die anderen!« seufzte der kleine Baum, »dann könnte ich meine Zweige ringsum so weit ausbreiten und mit der Spitze in die weite Welt hinaus schauen! Die Vögel würden dann Nester in meinen Zweigen bauen, und wenn es wehte, könnte ich so vornehm nicken, gerade wie die anderen dort!«

Er hatte gar keine Freude am Sonnenschein, an den Vögeln oder den rötlichen Wolken, die morgens und abends über ihn hinsegelten.

War es nun Winter, und der Schnee ringsum lag funkelnd weiß, dann kam oft ein Hase gesprungen und setzte gerade über den kleinen Baum hinweg, – o, das war so ärgerlich! – Aber zwei Winter gingen hin, und im dritten war der Baum so groß, daß der Hase um ihn herum laufen mußte. O, wachsen, wachsen, groß und alt werden, das war doch das einzig Herrliche in dieser Welt, dachte der Baum.

Im Herbst kamen immer Holzhauer und fällten einige der größten Bäume; dies geschah jedes Jahr, und der junge Tannenbaum, der jetzt ganz gut herangewachsen war, zitterte dabei, denn die großen, prächtigen

Bäume fielen mit Krachen und Prasseln zur Erde; die Zweige wurden ihnen abgehauen, sie sahen ganz bloß, lang und schmal aus; sie waren fast nicht wiederzuerkennen, aber dann wurden sie auf Wagen gelegt, und Pferde zogen sie aus dem Wald hinaus von dannen.

Wo sollten sie hin? Was stand ihnen bevor?

Im Frühling, als die Schwalbe und der Storch kamen, fragte sie der Baum: »Wißt ihr nicht, wo sie hingeführt wurden? Seid ihr ihnen nicht begegnet?«

Die Schwalben wußten nichts, aber der Storch sah nachdenklich aus, nickte mit dem Kopf und sagte: »Doch, ich glaube wohl! Ich bin vielen neuen Schiffen begegnet, als ich von Ägypten wegflog; auf den Schiffen waren prächtige Mastbäume; ich möchte sagen, daß die es waren, sie rochen nach Tanne; ich kann vielmals grüßen, die tragen den Kopf hoch, die tragen den Kopf hoch!«

»O, wäre ich doch auch groß genug, um über das Meer hinzufliegen! Wie ist es eigentlich, dies Meer, und wonach sieht es aus?«

»Ja das ist so weitläufig zu erklären!« sagte der Storch, und dann ging er.

»Freu dich deiner Jugend!« sagten die Sonnenstrahlen, »freu dich deines frischen Wachstums, des jungen Lebens, das in dir ist!«

Und der Wind küßte den Baum, und der Tau weinte Tränen darüber hin, aber das verstand der Tannenbaum nicht.

Wenn es auf Weihnachten ging, dann wurden ganz junge Bäume gefällt, Bäume, die oft nicht einmal so groß oder in gleichem Alter wie dieser Tannenbaum waren, der weder Rast noch Ruhe hatte, sondern immer auf und davon wollte; diese jungen Bäume, und es waren gerade die allerschönsten, behielten immer all ihre Zweige, sie wurden auf Wagen gelegt, und Pferde zogen sie aus dem Wald hinaus von dannen.

»Wo sollen sie hin?« fragte der Tannenbaum. »Sie sind nicht größer als ich, da war sogar einer, der war viel kleiner; warum behalten sie all ihre Zweige? Wo fahren sie hin?«

»Wir wissen es! Wir wissen es!« zwitscherten die Sperlinge. »Wir haben drunten in der Stadt zu den Fensterscheiben hineingeguckt! Wir wissen, wo sie hin fahren! O, sie kommen zur größten Pracht und Herrlichkeit, die man sich vorstellen kann! Wir haben zu den Fenstern hineingeguckt und gesehen, daß sie mitten in der warmen Stube aufgepflanzt und mit herrlichen Sachen geschmückt werden, vergoldeten Äpfeln, Honigkuchen, Spielzeug und vielen hundert Kerzen!«

»Und dann –!« fragte der Tannenbaum und bebte an allen Zweigen. »Und dann: Was geschieht dann?«

»Ja, mehr haben wir nicht gesehen! Es war unvergleichlich!«

»Ob ich wohl auch dazu geboren bin, diesen glänzenden Weg zu gehen?« jubelte der Baum. »Das ist noch besser als über Meer zu fahren! Wie ich vor Sehnsucht leide! Wenn es doch Weihnachten wäre! Jetzt bin ich hoch und stattlich wie die anderen, die voriges Jahr weggeführt worden sind! – O, wäre ich erst auf dem Wagen! Wäre ich doch in der warmen Stube mit all der Pracht und Herrlichkeit! und dann –? Ja, dann kommt etwas noch Besseres, noch Schöneres, wozu sollten sie mich sonst so herausputzen? da muß etwas noch Größeres, noch Herrlicheres kommen –! aber was? O, ich leide! ich sehne mich! ich weiß selber nicht, wie mir ist.«

»Freu dich an mir!« sagten die Luft und das Sonnenlicht, »freu dich deiner frischen Jugend draußen im Freien!«

Aber er freute sich gar nicht; er wuchs und wuchs, winters und sommers stand er grün; dunkelgrün stand er ; wer ihn sah, sagte: »Das ist ein schöner Baum!« und um die Weihnachtszeit wurde er als erster von allen gefällt. Die Axt hieb tief ins Mark, der Baum fiel mit einem Seufzer zu Erde, er fühlte einen Schmerz, eine Ohnmacht, er konnte gar keinen Gedanken an Glück haben, er war betrübt, von der Heimat zu scheiden, von dem Fleck, wo er hervorgesprossen war; er wußte ja, daß er niemals mehr die lieben, alten Kameraden sehen werde, die kleinen Büsche und Blumen ringsum, ja vielleicht nicht einmal die Vögel. Die Abreise war ganz und gar nicht angenehm.

Der Baum kam erst wieder zu sich, als er im Hof, abgeladen zusammen mit den anderen Bäumen, einen Mann sagen hörte: »Der ist prächtig! Keinen anderen nehmen wir!«

Nun kamen zwei Diener in vollem Staat und trugen den Tannenbaum in einen großen, herrlichen Saal. Rings an den Wänden hingen Porträts, und neben dem großen Fliesenkachelofen standen große chinesische Vasen mit Löwen auf den Deckeln; da gab es Schaukelstühle, seidenbezogene Sofas, große Tische, voll mit Bilderbüchern und Spielzeug für huntermal hundert Reichstaler – wenigstens sagten die Kinder das. Und der Tannenbaum wurde in einen großen, mit Sand gefüllten Bottich eingepflanzt, aber niemand konnte sehen, daß es ein Bottich war, denn er wurde rundum mit grünem Tuch behängt und stand auf einem großen, bunten Teppich. O, wie der Baum bebte! Was würde wohl jetzt geschehen? Sowohl Diener als Fräuleins machten sich daran und schmückten ihn. An die Zweige hängten sie kleine, aus Buntpapier ausgeschnittene Netze; jedes Netz war mit Zuckerwerk gefüllt; vergoldete Äpfel und Walnüsse hingen, als ob sie festgewachsen wären, und über hundert rote, blaue und weiße Lichtlein wurden an den Zweigen festgesteckt. Puppen, die leibhaftig wie Menschen aussahen –

so etwas hatte der Baum nie früher gesehen – schwebten im Grünen, und zu alleroberst hoch droben an der Spitze wurde ein großer Stern aus Flittergold angebracht; es war prächtig, ganz unvergleichlich prächtig.

»Heut abend«, sagten sie alle miteinander, »heut abend wird er strahlen!«

»O!« dachte der Baum, »wenn es doch Abend wäre! Wären nur die Kerzen erst angezündet! Und was dann wohl geschieht? Ob Bäume aus dem Wald kommen und mich anschauen? Ob die Sperlinge an die Fensterscheiben fliegen? Ob ich hier festwachse und winters und sommers geschmückt stehen werde?«

Ja, er wußte gut Bescheid; aber er hatte ordentlich Rindenweh vor lauter Sehnsucht, und Rindenweh ist für einen Baum ebenso schlimm wie Kopfweh für uns andere.

Nun wurden die Kerzen angezündet. Welcher Glanz, welche Pracht, der Baum bebte dabei an allen Zweigen, so daß eine der Kerzen das Grün abbrannte; es sengte ordentlich.

»Gott bewahre!« riefen die Fräuleins und löschten es in aller Eile.

Nun getraute sich der Baum nicht einmal zu beben. O, es war grauslich! Er war so ängstlich, etwas von all seinem Staat zu verlieren; er war ganz benommen von all dem Glanz, – – und jetzt gingen beide Flügeltüren auf, und eine Menge Kinder stürzten herein, als ob sie den ganzen Baum umwerfen wollten; die älteren Leute kamen bedächtig hintennach; die Kleinen standen ganz stumm, – aber nur einen Augenblick lang, dann jubelten sie wieder, daß es nur so widerhallte; sie tanzten um den Baum herum, und ein Geschenk nach dem anderen wurde abgepflückt.

»Was machen sie doch da?« dachte der Baum. »Was wird geschehen?« Und die Kerzen brannten gerade bis auf die Zweige hernieder, und wenn eine niedergebrannt war, löschte man sie aus, und dann erhielten die Kinder die Erlaubnis, den Baum zu plündern. O, sie stürzten auf ihn los, daß es in allen Zweigen knackte; wäre er nicht mit Spitze und Goldstern an der Decke festgebunden gewesen, dann wäre er umgestürzt.

Die Kinder tanzten mit ihrem prächtigen Spielzeug herum, keiner blickte nach dem Baum außer dem alten Kindermädchen, das ging und zwischen die Zweige guckte, aber das geschah nur, um zu sehen, ob nicht noch eine Feige oder ein Apfel vergessen worden war.

»Eine Geschichte! eine Geschichte!« riefen die Kinder und zogen einen kleinen, dicken Mann zum Baum hin, und er setzte sich genau darunter, »denn dann sind wir im Grünen«, sagte er, »und dem Baum kann es ganz besonders gut tun, mitzuhören; aber ich erzähle nur eine Geschichte. Wollt ihr die von *Ivede-Avede* hören oder die von *Klumpe-Dumpe, der die Treppe hinunterfiel und doch auf den Ehrenplatz kam und die Prinzessin erhielt?*«

»*Ivede-Avede!*« schrien einige, »*Klumpe-Dumpe!*« schrien andere; es war ein Rufen und Schreien, nur der Tannenbaum schwieg ganz still und dachte: »Soll ich gar nicht mit dabei sein, gar nichts tun!« Er war ja mit dabei gewesen, hatte getan, was er tun sollte.

Und der Mann erzählte von »*Klumpe-Dumpe, der die Treppe hinunterfiel und doch auf den Ehrenplatz kam und die Prinzessin erhielt*«. Und die Kinder klatschten in die Hände und riefen: »Erzählen! Erzählen!« Sie wollten auch *Ivede-Avede* haben, aber sie bekamen nur die Geschichte von *Klumpe-Dumpe*. Der Tannenbaum stand ganz still und gedankenvoll, nie hatten die Vögel im Walde so etwas erzählt. »*Klumpe-Dumpe* fiel die Treppe hinunter und bekam doch die Prinzessin! Ja, ja, so geht es zu in der Welt!« dachte der Tannenbaum und glaubte, es sei wirklich, weil es so ein netter Mann war, der erzählte. »Ja, ja wer kann es wissen! Vielleicht falle ich auch die Treppe hinunter und bekomme eine Prinzessin!« Und er freute sich darauf, am nächsten Tag mit Kerzen und Spielzeug, Gold und Früchten bekleidet zu werden.

»Morgen werde ich nicht zittern!« dachte er. »Ich will mich in all meiner Herrlichkeit recht freuen. Morgen werde ich wieder die Geschichte von *Klumpe-Dumpe* hören und vielleicht auch dazu die von *Ivede-Avede*«. Und der Baum stand die ganze Nacht still und gedankenvoll.

Am Morgen kamen Knecht und Magd herein.

»Jetzt fängt der Staat von neuem an!« dachte der Baum, aber die schleppten ihn aus der Stube heraus, die Treppe hinan auf den Boden, und dort, in einen dunklen Winkel, wo kein Tag schien, stellten sie ihn hin. »Was soll das bedeuten!« dachte der Baum. »Was soll ich wohl hier zu schaffen haben? Was werde ich wohl hier zu hören bekommen?« Und er lehnte sich an die Mauer und stand und dachte und dachte. – – Und er hatte ausgiebig Zeit, denn Tage und Nächte gingen; keiner kam dort hinauf, und als endlich einer kam, so geschah es, um ein paar große Kisten in den Winkel zu stellen, der Baum stand ganz verborgen, man sollte glauben, er sei rein vergessen worden.

»Jetzt ist es Winter draußen!« dachte der Baum. »Die Erde ist hart und mit Schnee bedeckt, die Menschen können mich nicht auspflanzen; deshalb soll ich wohl bis zum Frühjahr hier in Geborgenheit stehen! wie wohlbedacht das ist! wie gut sind doch die Menschen! – Wenn es hier nur nicht so dunkel und so schrecklich einsam wäre! – Nicht einmal ein kleiner Hase! – Das war doch so vergnüglich draußen im Walde, wenn der Schnee lag, und der Hase sprang vorbei; ja sogar, als er über mich hinweg sprang, aber das mocht ich damals nicht leiden. Hier oben ist es doch schrecklich einsam!«

»Piep, piep!« machte eine kleine Maus in diesem Augenblick und huschte hervor; und dann kam noch ein kleine. Sie schnüffelten am Tannenbaum und schlüpften zwischen seine Zweige.

»Das ist eine grausliche Kälte!« sagten die kleinen Mäuse. »Sonst ist's paradiesisch hier zu sein! Nicht wahr? du alter Tannenbaum?«

»Ich bin gar nicht alt!« sagte der Tannenbaum, »es gibt viele, die viel älter sind als ich!«

»Wo kommst du her?« fragten die Mäuse, »und was kannst du erzählen?« Sie waren nun einmal so grauslich neugierig. »Erzähl uns doch vom schönsten Fleck auf Erden! Bist du dort gewesen? Bist du in der Speisekammer gewesen, wo die Käse auf dem Gestell liegen und Schinken unter der Decke hängen, wo man auf Talgkerzen tanzt und mager hineingeht und fett herauskommt!«

»Die kenne ich nicht«, sagte der Baum, »aber den Wald kenne ich, wo die Sonne scheint und wo die Vögel singen!« und dann erzählte er alles aus seiner Jugend, und die kleinen Mäuschen hatten nie früher so etwas gehört, und sie hörten eifrig zu und sagten: »Nein, was hast du viel gesehen! wie glücklich du gewesen bist!«

»Ich!« sagte der Tannenbaum und dachte darüber nach, was er selbst erzählte; »ja, im Grunde waren es ganz vergnügliche Zeiten!« – aber dann erzählte er vom Weihnachtsabend, als er mit Kuchen und Kerzen geschmückt war.

»O!« sagten die kleinen Mäuse, »wie glücklich du gewesen bist, du alter Tannenbaum!«

»Ich bin gar nicht alt!« sagte der Baum, »es war ja doch in diesem Winter, daß ich aus dem Wald gekommen bin! Ich bin in meinen allerbesten Jahren, ich bin nur gesetzt im Wuchs!«

»Wie herrlich du erzählst!« sagten die kleinen Mäuse, und in der nächsten Nacht kamen sie mit vier anderen kleinen Mäusen, die den Baum erzählen hören sollten, und je mehr er erzählte, desto deutlicher erinnerte er sich selbst an alles und fand: »Es waren doch ganz vergnügliche Zeiten! Aber die können wiederkommen, die können wiederkommen! *Klumpe-Dumpe* fiel die Treppe hinunter und bekam doch die Prinzessin, vielleicht kann ich auch eine Prinzessin bekommen«, und dann dachte der Tannenbaum an solch eine kleine, hübsche Birke, die draußen im Walde wuchs, das war für den Tannenbaum eine wirklich herrliche Prinzessin.

»Wer ist *Klumpe-Dumpe?*« fragten die kleinen Mäuse. Und dann erzählte der Tannenbaum das ganze Märchen, er konnte sich an jedes einzelne Wort erinnern; und die kleinen Mäuse waren daran, vor lauter Vergnügen bis in die Spitze des Baums zu springen. In der nächsten Nacht kamen viel mehr Mäuse, und am Sonntag sogar zwei Ratten; aber die sagten, die Geschichte sei nicht lustig, und das betrübte die kleinen Mäuse, denn jetzt gefiel sie auch ihnen weniger gut.

»Können Sie nur die eine Geschichte?« fragten die Ratten.

»Nur die eine!« antwortete der Baum, »die habe ich an meinem glücklichsten Abend gehört, aber damals dachte ich nicht daran, wie glücklich ich war!«

»Das ist eine überaus erbärmliche Geschichte! Können Sie keine mit Speck und Talgkerzen? Keine Speisekammer-Geschichten?«

»Nein!« sagte der Baum.

»Ja, dann bedanken wir uns dafür!« antworteten die Ratten und verschwanden nach Hause.

Die kleinen Mäuse blieben zuletzt auch weg, und da seufzte der Baum: »Es war doch ganz nett, als sie um mich herumsaßen, die munteren Mäuschen, und hörten, was ich erzählte! Nun ist auch das vorbei! – aber ich werde daran denken, mich zu vergnügen, wenn ich nun wieder hervorgeholt werde!«

Aber wann geschah das? – Doch! es war in einer Morgenstunde, da kamen Leute und rumorten auf dem Boden. Die Kisten wurden beiseite geschoben, der Baum wurde hervorgzogen; sie warfen ihn gewiß etwas hart auf den Fußboden, aber gleich schleppte ihn ein Knecht nach der Treppe hin, wo der Tag hereinschien.

»Nun beginnt das Leben wieder!« dachte der Baum; er fühlte die frische Luft, den ersten Sonnenstrahl, – und jetzt war er draußen im Hof. Alles ging so geschwind, der Baum vergaß ganz, sich selbst anzuschauen, es gab rundum so viel zu sehen. Der Hof stieß an einen Garten, und alles blühte darin; die Rosen hingen so frisch und duftend über das kleine Gitter, die Linden blühten, und die Schwalben flogen umher und sagten: »Quirrevirre-vit, mein Mann ist gekommen!« aber es war nicht der Tannenbaum, den sie meinten.

»Nun werde ich leben!« jubelte er und breitete seine Zweige weit aus; ach, die waren alle welk und verdorrt; im Winkel zwischen Unkraut und Nesseln – da war es, wo er lag. Der Stern von Goldpapier saß noch oben in der Spitze und glänzte im klarsten Sonnenschein.

Im Hof spielten ein paar der lustigen Kinder, die Weihnachten um den Baum herumgetanzt und so froh darüber gewesen waren. Eines der kleinsten fuhr drauf los und riß den Goldstern ab.

»Sieh, was da noch an dem ekligen, alten Weihnachtsbaum sitzt!« sagte es und trampelte auf den Zweigen, daß sie unter seinen Stiefeln knackten.

Und der Baum sah all die Blumenpracht und Frische im Garten, er sah sich selbst an, und er wünschte, er wäre in seinem dunkeln Winkel auf dem Boden geblieben; er dachte an seine frische Jugend im Walde, an den lustigen Weihnachtsabend und an die kleinen Mäuse, die so froh der Geschichte von *Klumpe-Dumpe* gelauscht hatten.

»Vorbei! Vorbei!« sagte der arme Baum. »Hätte ich mich doch gefreut, als ich es konnte! vorbei! vorbei!«

Und der Knecht kam und hackte den Baum in kleine Stücke, ein ganzes Bündel lag da; herrlich loderte er auf unter dem großen Wasserkessel; und er seufzte so tief, jeder Seufzer war wie ein kleiner Schuß; deshalb liefen die Kinder beim Spielen herein und hockten sich vors Feuer, sahen hinein und riefen: »Piff! Paff!« aber bei jedem Knall – es war ein tiefer Seufzer – dachte der Baum an einen Sommertag im Walde, eine Winternacht draußen, wenn die Sterne schienen; er dachte an Weihnachtsabend und *Klumpe-Dumpe*, das einzige Märchen, das er gehört hatte und erzählen konnte –, und dann war der Baum ausgebrannt.

Die Knaben spielten im Hof, und der kleinste hatte den Goldstern auf der Brust, den der Baum an seinem glücklichsten Abend getragen hatte; nun war der vorbei, und mit dem Baum wars vorbei und mit der Geschichte dazu; vorbei, vorbei, und so geht es mit allen Geschichten!

C. E. POTHAST-GIMBERG

Eine Weihnachtsgeschichte aus den Bergen

Ungeduldig fummelte Sepp an der Holzfigur herum, die er gerade schnitzte. Endlich legte er sie mutlos zur Seite.

»Das wird nichts. Ich weiß nicht, wie ich das Gesicht hinkriegen soll, und mit den Händen habe ich auch immer Schwierigkeiten.« Sein Vater schaute nachdenklich vom Kochtopf auf, in dem er mit einem großen Holzlöffel den Brei rührte.

Solange Sepp sich erinnern konnte, und er war nun schon vierzehn Jahre alt, war es Vater gewesen, der das Essen kochte, den Fußboden fegte und seine Kleider flickte und stopfte. Sepps Mutter war schon sehr lange tot. Und nun wohnte er mit seinem Vater in dem kleinen Holzhaus, das auf halber Höhe an den Berghang gebaut war. Im Sommer hüteten sie gemeinsam die Kühe und Ziegen des Dorfes. Dann blies Sepp schon morgens früh um sechs Uhr in der schmalen Dorfstraße auf seinem Kuhhorn. Dann öffneten sich überall die Stall- und Scheunentore und fügten sich die Tiere zu der ständig anwachsenden Herde.

Frohgemut zogen sie gemeinsam zur Bergweide hoch über ihrem Häuschen, wo zwischen den Felsbrocken üppig die Alpenrosen blühten und wo der Enzian dunkelblaue Kissen zwischen büscheligem Alpengras bildete.

Da bimmelten die Kuhglocken und Ziegenglöckchen hell und jodelten Vater und er einen Wechselgesang, dessen Echo weit durch die Berge schallte.

Aber noch mehr liebte Sepp den Winter mit seinen unübersehbaren weißen Flächen, in die seine Schneeschuhe eine einsame Spur zogen. Er genoß es, wenn ihm der Wind um die Wangen pfiff, bis sie herrlich warm waren, und wenn er den dicken Anorak ausziehen mußte, weil die Sonne ihm mit ihren kräftigen Strahlen einheizte. Und abends war es dann zu Hause so gemütlich. Da brannte in der Ecke der hohe Kachelofen, und sie saßen auf der Bank, die direkt an den Ofen gebaut war. Gemeinsam schnitzten sie Holzlöffel und kleine Tiere, die sie in den Hotels an die Wintersportler zu verkaufen suchten.

Das Dach knarrte manchmal unter der dicken Schneelast, und dann mußten Vater und er sich beeilen, die Lage schnell runterzuräumen. Es ging auf Weihnachten zu. Links und rechts von ihrem Häuschen, so weit man blicken konnte, lag der Berg unter einer weißen Flockendecke. Immer wieder türmte sich der Schnee so hoch, daß sie ein paar Stunden brauchten, um die Tür und die Fenster freizuschaufeln.

Aber drinnen schnurrte der Ofen und blies der Wind jaulend durch den Schornstein, daß die Flammen immer wieder hoch auflöderten.

Biene, die Ziege, steckte den Kopf über die Absperrung, die ihren Stand vom Zimmer trennte, und der ganze Raum war erfüllt vom Geruch des Breis aus frischer Ziegenmilch.

Doch heute konnte Sepp all die Behaglichkeit nicht genießen. Vor ein paar Tagen hatte er zu seinem Vater gesagt: »Ich will die heilige Familie schnitzen. Josef und Maria und das Kind. Die Hirten müssen auch dabei sein, und der Ochse und der Esel.« Dann hatte er sofort mit den Tieren begonnen. Die waren schon fertig: Ein Esel mit gesenktem Kopf, und der treue Ochse, der gutmütig vor sich hin starrte. »Aber die Menschen, Vater, ihre Hände und ihre Gesichter, die machen mir Schwierigkeiten.«

»Du mußt dir Zeit lassen, mein Junge«, sagte der Vater nur. »Ein Menschengesicht ist etwas anderes als nur zwei Wangen mit Augen darin und einer Nase dazwischen.«

Da sagte der Vater genau das, was Sepp meinte: So ein Puppengesicht konnte er wohl fertigbringen, aber gerade das wollte er nicht. Er betrachtete Vaters alten, sorgenvoll über den Kochtopf gebeugten Kopf. Und unverhofft fiel ihm auf, wie tapfer und stark Vaters Gesicht mit den kurzen, grauen Haaren und der blühenden Farbe eines Menschen, der viel im Freien ist, eigentlich war. Er sah die hellen, blauen Augen, die es gewöhnt waren, in der Ferne von der Herde abgekommene Kühe und Ziegen zu suchen. Und er sah die tiefen Furchen auf der Stirn, die von einem Leben mit vielen kleinen und großen Sorgen erzählten.

Was zerbreche ich mir nur den Kopf, dachte er plötzlich. Ich habe doch direkt vor mir, was ich suche. Er konnte kaum warten, bis der Brei aufgegessen war. Seine Hände schienen vor Verlangen nach der Arbeit zu zittern. Und während Vater ruhig an den Edelweißzweigen im Stiel eines Kochlöffels weiterarbeitete, fuhr das Messer des Jungen schnell und nun auf einmal sicher durch das Holz.

Der Vater warf ab und zu unbemerkt einen Blick auf die Arbeit des Sohnes. Sepp konnte mehr als er, das stand fest. Sepp konnte, was er immer so gern gewollt hatte: Eine menschliche Gestalt schnitzen.

»Fertig«, sagte der Sohn endlich und stellte die Holzfigur vor sich auf den Tisch. Ganz kurz glitt sein Blick über das Gesicht des Vaters und dann über seine Schnitzarbeit. Es war nicht das Ebenbild seines Vaters, aber es ähnelte ihm doch, wie er auf dem Berg seine Herde hütete.

Vater nahm die kurze Pfeife aus dem Mund, wies damit auf die Holzfigur und sagte nur: »Das ist ein Hirte.«

Da wußte Sepp, daß seine Arbeit gut war.

Er schnitzte drei, und alle drei unterschiedlich: Einer stützte sich auf seinen Stab, einer kniete, und der dritte stand in gebückter Haltung.

Jetzt mußte er mit dem Engel beginnen, und dann waren Josef und Maria dran. Das Jesuskind wollte er als letztes machen.

Den ganzen folgenden Tag versuchte er, sich das Gesicht eines Engels vor Augen zu holen. Abends, als Vater und er wieder am großen Ofen saßen, begann er sofort wieder mit seiner Schnitzarbeit.

Aber er hatte gerade erst angefangen, als er aufsprang: »Vater, ich höre die Kirchenglocken, glaube ich!«

Sie liefen beide zur Tür. Und tatsächlich, düster klang das Läuten der Alarmglocke durch den Abend. Überall waren schon Lichter zu sehen, die eilig den Berghang hinaufglitten: Eine Rettungsmannschaft.

Kurt, einer der besten Bergführer des Dorfes, sauste an ihnen vorbei, bepackt mit einem Bergpickel und Seilen, und rief ihnen zu: »Tourist an der Nordwand abgestürzt.«

Unwillkürlich drehten Vater und Sohn die Köpfe dem Berg zu. Und dann nahm der Vater seine Ausrüstung, und Sepp wußte, welche Aufgabe er zu Hause zu erfüllen hatte: Er mußte für warmes Wasser und für Trinken sorgen, denn ihr Häuschen war von der Nordwand am schnellsten zu erreichen.

Er schaute seinem Vater nach, der wieselflink über den Schnee glitt, um die anderen einzuholen. Eintönig und dumpf klang das Glockenläuten in der dunklen Abendstunde.

In großen Kesseln schmolz Sepp auf dem warmen Herd Schnee. Dann molk er Biene, die schon unruhig den Kopf über die Absperrung reckte.

Durch das kleine Fenster sah Sepp eine lange Reihe brennender Fackeln den Berg hinaufziehen. Wie gern wäre er mitgegangen, aber Vater meinte, er sei noch zu jung.

Sepp lehnte am Türpfosten und hörte nun in der Ferne immer wieder eintönig den Ruf eines Kuhhorns. Von allen Seiten des Berges wurde das Signal beantwortet. So hielten die Männer die Verbindung zueinander aufrecht.

Endlich, spät am Abend, kam ein Bergführer in schwungvollem Bogen vor die Haustür.

»Gefunden«, sagte er kurz. »Bewußtlos und Beinbruch.«

Bald darauf kam die Tragbahre den Berg hinunter. Schweigend trugen die Retter ihre Last ins kleine Zimmer. Einige warfen ihr Überkleidung ab und versuchten sofort alles Mögliche, den Verletzten wieder zu Bewußtsein zu bringen. Das gelang schon bald, aber dann mußten sie so schnell es ging ins Dorf, wo ein Arzt das Bein schienen mußte.

Der junge Mann lag blaß und still auf dem Fußboden. Um seine Mundwinkel spielte ein Lächeln, eine Locke, die unter der Pudelmütze hervorgerutscht war, lag leicht auf der hohen, blassen Stirn.

Oh, dachte Sepp. Und wieder war ihm, als ginge ihm ein Licht auf. So muß mein Engel aussehen! Und als die Männer mit dem jungen Alpinisten ins Dorf hinuntergegangen waren und Vater sich auf seinen Strohsack legte, bearbeitete Sepp mit seinem Messer in fieberhafter Verzückung das willige Holz. Im spärlichen Licht gestaltete er ein ruhiges, ebenmäßiges Gesicht mit Augen, die mehr sahen als nur die Dinge dieser Welt.

Weihnachten kam immer näher. Die Hotels im Dorf waren voller Wintertouristen, die zum Skilaufen oder Rodeln gekommen waren. Sepps Nachbarin Liese ging jeden Abend zum Abwaschen in eines der größten Hotels. Sie war arm und hatte sechs Kinder. Ihr Mann verdiente im Winter nicht viel mit seiner Holzschnitzerei. Heute morgen hatte Liese Sepps Vater zu ihrem jüngsten Kind gerufen, einem Küken von zwei Jahren, das ernsthaft krank war. Sepps Vater kannte viele Heilkräuter, die er im Sommer auf der Alm sammelte.

Mit besorgtem Gesicht kam er vom Krankenbesuch zurück.

»Schwer krank«, sagte er, und beide dachten sofort daran, daß Liese den ganzen Abend nicht zu Hause wäre. Zu der Zeit da Liese meistens hinunter ins Dorf ging, schnallte sich Sepp die Ski unter und nickte seinem Vater zu: »Ich gehe an Lieses Stelle ins Hotel zum Abwaschen.« Schon bald hatte er sie eingeholt. »Geht nur nach Hause, Nachbarin, ich mach das heute abend für dich.«

Mehr Worte waren nicht nötig. Die Frau legte ihm kurz eine Hand auf die Schulter, drehte sich dann um und glitt schnell durch den Schnee zurück zu ihrem Kind. Sepp hatte gerade noch ganz kurz ihr Gesicht mit dem sorgenvollen, aber nun auch dankbaren Ausdruck gesehen, und ihr glattes, in der Mitte gescheiteltes Haar. Er fühlte den leichten Druck ihrer Hand auf seiner Schulter, die ihm einen Augenblick lang ein unbekanntes Gefühl der Geborgenheit gegeben hatte.

Und mit Händen, die vom Abwaschwasser noch ganz weich und runzelig waren, schnitzte er an jenem Abend ein Frauengesicht mit gütigem, sorgenvollem Ausdruck in den feinen Gesichtszügen und einer weiten Kapuze auf dem Kopf, die aber noch in der Mitte gescheitelte und über die Ohren nach hinten fallende Haare erkennen ließ: Das war die Maria seiner Weihnachtskrippe. Sie saß auf einem Schemel und hatte einen breiten, mütterlichen Schoß. Darin mußte das Christkind gebettet werden. Aber wie sollte er so ein Heiligenfigürchen machen? Und morgen war Heiligabend, da mußte er das Kindlein doch fertig haben!

Josef hatte er auch schon: Einen alten Mann mit großem Bart und stark zerfurchten Händen, die er nach dem Kind ausstreckte. Am Morgen des vierundzwanzigsten Dezember stellte er seine Figuren auf ein Brett an die Wand. Vater nahm ab und zu eine in die Hand, um sie zu betrachten, und dann nickte er anerkennend. An jenem Vormittag schnitzte Sepp ein kleines, nacktes Kind, aber das Gesicht arbeitete er noch nicht heraus.

Das Figürchen paßte sehr gut auf Marias Schoß. Ein Händchen hatte es erhoben, das andere lag in den Falten ihres Rockes. Josef schaute auf die beiden herab, und die Hirten standen ehrerbietig daneben. Der Engel, mit einem Fädchen an der Decke befestigt, schwebte über ihnen. Am Nachmittag räumten Vater und Sohn ihre kleine Wohnung ein wenig auf. Sepp schnitt einen schönen Tannenzweig mit ein paar schlanken Tannenzapfen und befestigte den hinter seiner Weihnachtskrippe. Dazwischen stellte er einige Kerzen. Außerdem klebte er auf dem rohen Holztisch ein paar Kerzen mit ihrem eigenen Wachs fest. Im Ofen ging langsam der Christstollen auf. Noch einmal nahm Sepp sein Jesuskindlein in die Hand. »Es wird nicht mehr fertig, Vater«, sagte er mißmutig. »Ein Christkind muß doch zum Heiligabend fertig sein.« »Vielleicht heute abend nach der Kirche«, tröstete der alte Mann.

Gemeinsam gingen sie ins Dorf, wo die Häuser festlich erleuchtet waren und wo ihnen aus jeder geöffneten Tür der Geruch von Tannengrün und Gebäck entgegenwehte. Fröhlich gingen die Leute zur Kirche, und von allen Seiten hörten sie immer wieder ein herzliches »Grüß Gott!«

Die kleine Kirche mit der schlanken verwitterten Turmspitze war mit Tannenzweigen geschmückt, zwischen denen überall weiße Kerzen brannten. Die Orgel spielte ein altes Weihnachtslied und der Priester erzählte die schöne Weihnachtsgeschichte: »Josef und Maria beugten sich ergeben über die kleine Krippe, in der das Kindlein Jesus lag. Der Esel rieb seine weichen Lippen an der Kinderhand und der Ochse starrte in verträumter Zuneigung über den Krippenrand. Und die Hirten, von den Engeln gerufen, das Kind anzubeten, standen einen Augenblick zögernd in der Tür des kleinen Stalles in dem das Kindlein, arm und beinahe nackt, lag. ›Soll das unser König sein?‹ fragten sie sich ein wenig enttäuscht und ungläubig. Aber in eben diesem Moment schlug Jesus die Augen auf und sah sie an. Die armselige Krippe mit den in Andacht verharrenden Gestalten darum herum strahlte so viel überirdischen Frieden aus, daß die Hirten nähertraten. Da umfing das Kindlein sie mit seinem glänzenden Blick, und sie wurden erfüllt mit so großer Freude und neuem Glauben, daß sie auf die Knie fielen und den König der Welt aus ganzem Herzen anbeteten.«

Sepp lauschte hingerissen, und während er da in der kleinen Kirche mit den weißen Mauern saß und sah, wie das Flackern der Kerzen die erhobenen Gesichter der Menschen freundlich beleuchtete, war ihm, als könnte er nun plötzlich den Gesichtsausdruck des Christkindes schnitzen.

Nach dem Gottesdienst unterhielt sich sein Vater noch kurz auf dem Kirchplatz. Aber Sepp hatte es eilig, nach Hause zu kommen. Er brannte vor Verlangen, sein Christkind fertigzumachen. Gegen den kalten Wind und die Steigung kam er nur langsam vorwärts. Seine Laterne gab nur spärliches Licht. Doch endlich war er in der letzten Biegung vor ihrem Haus.

Was hörte er da?! Er lauschte angestrengt. War das das Klagegeschrei eines Kindes? Der Wind verwehte die Klänge für einen Augenblick. Aber da war es wieder, viel deutlicher nun. Das war der Schrei eines Tieres in Not!

Ratlos schaute er sich in der Einsamkeit um. Und mit plötzlichem Entsetzen begriff er: Das mußte Biene sein, ihre Ziege! So schnell er konnte stürmte er vorwärts. Da war er auch schon um die Biegung...

Er sah eine rote Feuerwand vor sich, und dicker Rauch drang ihm in die Nase. Ihr Haus!

Sepp schrie vor Schreck: »Vater! Vater! Unsere Biene!«

Aber Vater war noch weit hinter ihm und die Ziege schrie in Todesnot.

Wie konnte er zu ihr kommen? Das Jammern der Ziege übertönte das Prasseln des Feuers. Verzweifelt schaute Sepp sich um. Vater müßte gleich hier sein, aber dann war es für das Tier zu spät. Und er ... wagte er es nicht ...?

Auf einmal rannte Sepp los, durch den Qualm, hin zu Bienes Verschlag. Er spürte das Feuer nicht, merkte nicht, daß ihm die Haare versengten, die Flammen an seinen Händen leckten; er band das Tier los, das wild um sich trat. Dann ergriff er es beim Kopf und zerrte es durch die Tür, deren Pfosten bereits brannten. Und da ... Gott sei Dank ... da war Vater, der ihn auffing. Die Ziege drückte sich an sie. Wie durch ein Wunder hatte sie kaum etwas abbekommen.

Erst jetzt fühlte Sepp seine Hände: Die Haut war schwarzverbrannt und einige Nägel hatten sich geworfen und waren gerissen. Vater nahm eine Handvoll Schnee. Das kühlte ein wenig. Sepp biß die Zähne zusammen, um nicht vor Schmerzen und Kummer zu weinen. Aber mit Rücksicht auf seinen Vater, der mit zusammengekniffenen Augen auf seinen kleinen, vernichteten Besitz starrte, beherrschte er sich. Zum Glück war Biene nichts passiert. Es war gar nicht daran zu denken, noch etwas zu retten. Das Holzhäuschen war den Flammen eine leichte Beute. Aber Sepp hatte dringend Hilfe nötig. Sie konnten hier nicht länger in der Kälte herumstehen.

Schweigend gingen sie langsam zur Hütte der Nachbarin Liese. Dort wurden Sepp die Hände verbunden und bekam Biene einen Platz neben der Ziege der Nachbarin.

Nach ungefähr einer Stunde gingen Vater, Sepp und der Nachbar wieder hinauf zum Häuschen. Verdrossen starrten sie in den verkohlten Schutthaufen, der einmal ihr Haus gewesen war. »Und meine Weihnachtskrippe«, sagte Sepp leise mit tränenerstickter Stimme.

Vater bückte sich und hob ein verkohltes Stückchen Holz auf. Das war der nicht mehr vollständige Schoß von Maria, und darin lag ein halbverbranntes Kindlein.

Überrascht streckte Sepp die verbundenen Hände aus. Gerührt bogen die drei Männer sich über das Kindergesicht, das von den letzten brennenden Balken im Haus sonderbar beleuchtet wurde. Mit ihren launischen Schatten warfen die sterbenden Flammen einen überidischen Ausdruck auf das Kindergesicht und beseelten es mit einem Glanz, den Sepps Messer nicht schöner hätte schaffen können.

In Vaters Händen lag eine kleine, verkohlte Holzpuppe, die sie einen Augenblick lang liebevoll anzuschauen schien und damit doch etwas des weihnachtlichen Friedens in ihre Herzen brachte.

Die Männer senkten die Köpfe. Einsam standen sie da am Berghang, über sich den funkelnden Sternenhimmel, der sich über die mächtigen Berge und den Schutthaufen ihres ärmlichen Besitzes wölbte.

Der gleiche Wind, der vor kurzem wahrscheinlich einen verhängnisvollen Funken aus dem Ofen geblasen hatte, trug nun die Klänge der Weihnachtsglocken aus dem Dorf zu ihnen hinauf, und das Kindlein lag da und schaute sie strahlend an.

Endlich sagte der Nachbar ruhig: »Du hast einem Tier geholfen, Sepp. Nun ist es, als wollte Christus dir sagen: ›Was du dem geringsten meiner Brüder getan hast, das hast du auch mir getan.‹«

Und plötzlich fühlte sich Sepp vollkommen getröstet und wußte, daß seine Arbeit an der Weihnachtskrippe nicht umsonst war.

Was er durch aufmerksame Beobachtungen seiner Umgebung hatte machen können, das bewahrte er in seinem Herzen, und was noch über seine Kräfte ging, war ihm wie durch ein Wunder geschenkt worden.

Gemeinsam saßen sie an diesem Heiligabend bei der gastfreundlichen Liese um den Ofen, aßen und sangen die alten Weihnachtslieder.

»Gemeinsam werden wir schon durch den Winter kommen«, sagte Liese herzlich, und während sie ehrfurchtsvoll die kleine Holzfigur betrachtete, die auf dem Tisch lag, fuhr sie fast betend fort: »Schließlich ist Christus mit uns.«

OLOF BAKER

Jimmy Bunces Weihnachtsbaum

Hell klangen die Beilschläge in der klaren Winterluft. Ein alter, grauer Timberwolf, der auf seinem Weg zum südlichen Teil des Sugwashkreeks unter einer Reihe blauer Kiefern dahinschlich, blieb stehen und lauschte. Dann drehte er sich so, daß er unter dem Wind stand, der den Klang der Beilschläge herantrug. Er nahm die Witterung auf. Und seine Ohren und seine Nase gaben ihm auf unterschiedliche Art das gleiche Signal: Ein Mensch.

Doch unbeeindruckt begann er sich auf das Geräusch zuzubewegen. Plötzlich verstummte es. Aber er hatte den Geruch nun deutlich in der Nase und lief weiter. Jetzt war er nahe herangekommen, und schon erfaßte er mit einem Blick seiner funkelnden, grausamen Augen die Situation. Eine kleine Kiefer lag auf der Erde, und zwei Gestalten standen daneben. Keine großen Gestalten, eine war sogar sehr klein. Das war Jimmy Bunce, der neunjährige Sohn des Schlingensteller Jack Bunce. Der andere, der zwölfjährige Ben Turner, war einen ganzen Kopf größer. Jimmy war für sein Alter besonders klein, aber mit dem Verstand war er dem anderen weit überlegen, und was er sich in den Kopf gesetzt hatte, das setzte er auch durch.

Und jetzt hatte Jimmy sich einen Weihnachtsbaum in den Kopf gesetzt. Im Lager hatte noch nie jemand einen Weihnachtsbaum gehabt. Das lag nicht etwa daran, daß es nicht genug Bäume gab, sondern an den fehlenden Kerzen. Bäume brauchte man sich nur aus dem Wald zu holen, da gab es Millionen und Abermillionen, aber Kerzen wurden dutzendweise verkauft, und damit mußte man sehr sparsam sein. Aber Jimmy Bunce hatte seit Weihnachten vergangenen Jahres alle Kerzenstummel gesammelt und in einer Dose verwahrt. Und heute war Heiligabend, also hatte er morgens Ben Turner überredet, von seinem Vater ein Beil zu leihen.

Jimmy hatte nicht nur Kerzenstummel gespart, sondern auch seinen Baum gekennzeichnet. Er hatte aus fünfhundert Millionen Bäumen auf nordamerikanischer Erde wählen können, und obwohl er sie sich nicht alle angesehen hatte, hatte er doch sehr sorgfältig ausgesucht. Manche waren zu groß, andere zu klein. Manche hatten an der Nordseite nicht genug Zweige, andere zu viele an der Westseite. Und wenn ein Baum genau die richtige Größe und genügend Zweige hatte, stimmte etwas nicht mit seiner Spitze, was ihn ungeeignet machte. Doch endlich hatte Jimmy einen Baum gefunden, der in jeder Hinsicht vollkommen war, und er lag nun vor ihnen im Schnee, und das Beil von Ben Turners Vater lag daneben.

Keiner der beiden Jungen vermutete, daß sie von einem grauen Timberwolf belauert wurden, der sie mit seinen grausamen Augen gierig verschlang. Wäre Jimmy Bunce alleine gewesen, wäre er wohl nie lebend zurück ins Lager gekommen, aber der Timberwolf hatte keine große Lust, zwei Menschen anzufallen, denn einer könnte ja so ein Ding bei sich haben, aus dem Feuer und Rauch kam und das so schrecklich knallte. Einmal war der Wolf von so einem Ding getroffen worden. Davon hatte er immer noch ein Loch im linken Ohr, und niemals würde er das Ding vergessen, und auch nicht den scharfen Pulvergeruch, der mit dem Menschengeruch einherging.

Als die beiden Jungen den Baum wegschleppten, folgte ihnen der alte Wolf dicht am Boden kriechend, wie ein über den Schnee gleitender Schatten, in einem Abstand von ungefähr hundert Metern. Aber hätten die beiden Jungen sehen können, was einige Meilen entfernt durch den Wald immer näher kam – großgewachsene Indianer auf dem Kriegspfad, die ebenfalls unhörbar von Baum zu Baum schlichen –, hätten sie sich noch viel mehr erschrocken. Am Abend, als die Dämmerung fiel, wußte das ganze Lager, daß etwas Besonderes geschehen würde: Weihnachten würde unter einem Weihnachtsbaum gefeiert werden, und das war Jimmy Bunce zu verdanken.

Jimmy Bunce ging selbst im Lager herum und lud die Leute ein; ohne anzuklopfen trat er in die Wohnzimmer der Lagerbewohner und kündigte mit seiner etwas hohen Stimme an: »Heute abend um neun ist bei uns eine Feier. Kommt alle und bringt etwas zu essen mit.«

Das war ziemlich ungewöhnlich, was er da tat, aber Jimmy war ziemlich beliebt und die Leute lachten und versprachen zu kommen.

Punkt neun kamen die ersten, und um Viertel nach neun war die Blockhütte rappelvoll. Alle waren in fröhlicher Stimmung, und alle hatten etwas zu essen mitgebracht, aber nun zeigte sich, daß nicht genug Teller da waren. Doch das machte die Stimmung noch ausgelassener.

In einer Ecke der Hütte stand etwas, das mit Laken abgedeckt war. Die Leute ahnten nicht, was das sein konnte und stellten unzählige Fragen. Aber niemand erriet, was es wirklich war, und wenn Jimmy gefragt wurde, tat er so, als wüßte er es auch nicht. Erst als die Mahlzeit beendet und alles abgeräumt war, rückten Ben Turner und er die Kisten weg, die drumherum standen und schleppten es langsam in die Raummitte.

Es war einer der größten Augenblicke in Jimmy Bunces Leben, als er die Nadeln aus dem Laken zog und der Weihnachtsbaum zum Vorschein kam.

Da stand er, von unten bis oben geschmückt mit buntem Papier und voller Kerzenstummel, die Jimmy das ganze Jahr über so fleißig gesammelt hatte. Und Geschenke gab es auch, lustige kleine Päckchen aus Papier, Federn und Siegellack, die Jimmy geschickt zusammengebastelt hatte und die verteilt werden sollten, wenn die Kerzen runtergebrannt waren.

Die ganze Gesellschaft staunte, und dann begann jemand zu jubeln. Natürlich stimmten alle ein, und Jack Blake, der große Holzfäller, ergriff Jimmy plötzlich, setzte ihn sich auf die Schulter und trug ihn im Triumph durch die Blockhütte.

Und nun kam der feierliche Augenblick, in dem die Kerzen angezündet werden sollten. Selbstverständlich machte das Jimmy, der sich schon die ganze Zeit sehr wichtig vorkam.

Als alle Kerzen brannten und Jimmy aus einiger Entfernung sein Werk bewunderte, entstand plötzlich eine Stille, die sich niemand erklären konnte. Alle Lampen wurden gelöscht, so daß die Hütte nur noch vom Weihnachtsbaum erleuchtet wurde. Da stand der Baum, groß und stolz und wunderbarlich, und die gelben Kerzenflammen flackerten leicht in der Zugluft.

Draußen war die Nacht von einem seltsamen Licht erhellt. Es war weder Mond- noch Sternenlicht. Es kam aus dem Norden. Dort hinten, jenseits der endlosen Wildnis, jenseits der sich über unzählige Meilen bis zum Pol ausstreckenden Schneefläche, war es ein flackerndes Licht, ständig in Bewegung, sich immer wieder verändernd: Das Leuchten des Nordlichtes, des geheimnisvollen Feuertanzes.

Aber die Schatten, die sich flink zwischen den Kiefern und Fichten und geräuschlos über den gefrorenen Boden bewegten, das waren nicht die Schatten des Nordlichtes. Ihre Unsichtbarkeit und Unhörbarkeit waren trügerisch, denn es waren Schatten, die man anfassen konnte, und es war eine Geräuschlosigkeit, die schon den Schrei in sich trug, den Schrei, der plötzlich erklingen sollte als fürchterlicher Kriegsschrei der Indianer.

Die Indianer schlichen sich immer näher an das Lager der gehaßten Bleichgesichter heran, die sie umzubringen beschlossen hatten. Es war schrecklich, daß sie für ihren blutrünstigen Überfall den Heiligabend gewählt hatten, wenn Friede auf Erden herrschen sollte.

Als sie den Waldrand erreicht hatten und die ersten Häuschen des Lagers sehen konnten, hielten sie Kriegsrat. Einige waren dafür, das Lager sofort zu überfallen, andere meinten, sie sollten warten, bis ganz bestimmt alle

Bleichgesichter schliefen. Um beide Parteien zufriedenzustellen, schickten die Häuptlinge drei Kundschafter aus, die ihnen melden sollten, was im Lager vor sich ginge.

Sofort traten drei tapfere Krieger vor und schlichen sich an die Häuschen heran. Niemand sah sie angekrochen kommen, nur ein alter Timberwolf, der an der Lagergrenze hockte und sich dann davonschlich. Es war der Wolf, der am Morgen Jimmy und seinem Freund gefolgt war und sich den ganzen Tag auf der Suche nach Nahrung in der Nähe des Lagers herumgetrieben hatte.

Plötzlich blieben die Kundschafter stehen, als erstarrten sie zu bewegungslosen Körpern im Schnee. Sie hörten Stimmen aus Bunces Hütte. Als sie sich wieder bewegten, hätte man sie für eng an den Boden geschmiegte Wölfe halten können. Nur der Timberwolf, der unter einer Fichte stand und sie mit gesträubtem Nackenfell beobachtete, wußte es besser. Sie krochen bis dicht an die Blockhütte heran. Aus den beiden Fenstern links und rechts von der Tür fiel Licht heraus. Vorsichtig schlichen sie an der Wand entlang und schauten dann hinein. Sie sahen etwas, was sie verblüffte.

Mitten im Raum stand eine große Kiefer. Vor ihren erstaunten Augen schien sie dort aus der Erde gewachsen sein. Und in den Zweigen, sogar in der hohen Spitze züngelten gelbe Flammen. Sie blieben stehen und warteten darauf, daß der ganze Baum entflammte und verbrannte. Aber obwohl die kleinen gelben Flammen hin und her flackerten, geschah das nicht. Und um den Baum herum hatten sich die Bleichgesichter schweigend versammelt, als bewunderten sie ein Heiligtum.

Völlig geräuschlos schlichen die Kundschafter verängstigt zurück. Als sie ihren Stammesgenossen Bericht erstatteten, wurde gewissenhaft beraten. Einige schlugen vor, sich sofort zurückzuziehen, denn die Bleichgesichter wären offensichtlich dabei, ihrem großen Feuergeist ein Opfer zu bringen. Es wäre zu riskant, die Bleichgesichter anzugreifen, während sie ihren Feuergeist in ihrer Mitte hätten. Wenn es stimmte, was die Kundschafter meldeten, daß der Baum voller Flammen war und doch nicht verbrannte, dann mußte es der Medizinbaum ihrer Toten sein. Aber andere wollten den Kundschaftern nicht glauben und wollten mit eigenen Augen sehen, was da wirklich los war. Da der oberste Häuptling selbst auch gern den Wunderbaum sehen wollte, wurde der Kriegsrat beendet und das allgemeine Vorrücken gegen das Lager befohlen. Innerhalb weniger Minuten hatten die Indianer Bunces Blockhütte umzingelt. Die Menschen im Lager hatten keine Ahnung, daß ihr Leben von der Gnade der Indianer abhing, die nur auf ein Zeichen zum Angriff warteten. Die Lagerbewohner waren völlig wehrlos, denn sie hatten ihre Gewehre zu Hause gelassen, und hätten die Indianer sie überfallen, wäre nicht einer mit dem Leben davongekommen.

Plötzlich drangen die Klänge eines Weihnachtsliedes nach draußen, erst zögernd und gedämpft, aber als immer mehr Stimmen einfielen, wurde das Singen lauter und klarer, bis es anschwoll zu einem feierlichen Gesang, der die Wände der Blockhütte zum Erzittern zu bringen schien.

Die Indianer lauschten und spürten eine seltsame Beklemmung. Noch nie hatten sie so etwas gehört. Während der Gesang anschwoll und wieder abfiel, empfanden sie immer deutlicher, daß die Bleichgesichter mit ihrem Feuergeist in der Mitte ein Zauberlied sangen. Und wer den Kundschaftern erst nicht geglaubt hatte, der sah nun den Baum und hörte den Gesang. Und die gelben Flammen in den Zweigen schienen im Rhythmus des Liedes zu tanzen.

Als die Gäste endlich gegen Mitternacht durch den Schnee nach Hause gingen, war kein Indianer mehr zu sehen. Die waren schon weit weg, unterwegs zu ihrem Lager. Und niemand hat je erfahren, daß Jimmy Bunces Weihnachtsbaum das Lager vor totaler Vernichtung bewahrt hatte, denn kein Sterblicher hatte die Indianer kommen oder gehen gesehen, bis auf den alten Timberwolf, der im Schatten der Kiefer saß.

JAKOB STREIT

Der erste Weihnachtsbaum

Nahe der Stadt mit der großen Kirche lebte vor Zeiten ein armer Korbmacher mit seiner Familie. Da es nun Winter war, die Bauern alle Früchte geerntet hatten, ging sein Gewerbe gar schlecht. Niemand wollte ihm seine Körbe abkaufen. Die Kinder des Korbmachers waren noch klein. Franz, der Älteste, an die neun Jahre alt. Weihnachten stand vor der Türe, als die Frau des Korbmachers in aller Armut ein Kindlein zur Welt brachte. Man nahm einen der unverkauften Körbe, gab etwas Stroh hinein und legte den Neugeborenen darauf. Vater schnitt ein altes Tuch zurecht und deckte damit das Kind zu. Franz sah den Kleinen am Tag des Heiligen Abends zum erstenmal. Er dachte: »Hätt' ich doch nur ein wenig Geld, um meinem Brüderchen ein weißes Wickeltuch zu kaufen, wie ich es letztes Jahr zu Weihnachten in der großen Kirche gesehen habe; das Krippenkind war damit zugedeckt.« Und wie er seine Mutter bleich im Bette liegen sah, kam ihm der Gedanke: »Mutter soll von mir eine große Flasche Milch kriegen. Die soll sie ganz alleine trinken. Milch macht rote Backen.« Nun sann der kleine Franz auf nichts anderes, als wie er zu einem Wickeltuch und zu Milch kommen könnte. Er hatte vernommen, daß man in der Stadt in manchen Häusern für die heiligen Nächte immergrüne Zweige von Tannen, Stechpalmen und Misteln aufstecke und solches Grün kaufe. Damals war der Weihnachtsbaum noch unbekannt. Franz überlegte: »Der nahe Wald gehört dem Schloßherrn. Da darf ich kein Bäumchen schlagen. Die Stechpalmen sind tief verschneit, und Misteln finden sich schwer in schneebehangenen Bäumen.« Traurig trat Franz zum Korbe des neugeborenen Brüderchens und schaute in sein schlafendes Gesichtchen. Die alte Großmutter hatte ihm einst erzählt, daß die Heiden früher glaubten, bevor ein kleines Kind zur Welt komme, schlafe seine Seele draußen im Felde unter dem großen Heidensteine. Oft hatte er dort bei dem uralten Steine gelauscht, der von Gebüsch und Steinen umgeben war. Da kam Franz plötzlich der Gedanke: »Dort hat es ja kleine Tännchen; dort kann und darf ich eines holen! Das Heideland gehört niemand.

Bald stapfte Franz durch knietiefen Schnee hinaus zum Heidenstein. Als er ihm nahte, flogen schwarze Raben auf, krächzten laut und verschwanden über dem Feld. Er drängte durch Gebüsch und Dornhecke zum Steine vor und fand richtig zwei kleine Tännchen nahe beieinander stehn. Er rüttelte den Schnee aus ihren Ästen. Mit seinen fast erstarrten Händen mühte er sein rostiges Messer durch die dünnen Stämme. Nun lud er die Zwillingsbäumchen auf den Rücken und beeilte sich, vor der Dämmerung in die Stadt zu gelangen.

Der Weg schien ihm heute recht weit. Der tiefe Schnee behinderte das Gehen. Doch wacker stapften seine Beine voran. Sein Atem keuchte lebhaft, bis er endlich auf die Landstraße kam. Ein vornehmer Pferdeschlitten sauste ihm von der Stadt her entgegen. Er mußte an den Wegrand weichen, glitt aus und rutschte mit den Bäumchen die Straßenböschung hinab. Der Schnee war in seine Kleider gedrungen. Auch die Bäumchen waren wieder über und über mit Schnee bedeckt. Mühsam kroch er aufwärts. Hätte er nur eine Schnur mitgenommen. Auf allen vieren, in den Fäusten das untere Ende der Bäumchen wie Stöcke benutzend, kroch er wieder zur Straße hinauf. Oben stellte er sich an den Wegrand und zog einige Tannennadeln aus den Handflächen, die durch das feste Zupacken sich in die Haut eingespießt hatten. Da er keine Handschuhe besaß, waren ihm die Finger fast erstarrt. Er hauchte fest in die Fäuste und schlug die Arme um den Leib, wie er es von Vater gelernt hatte, sie wieder zu erwärmen. Als er so dastand und sich abmühte, bald Schnee- und Eiskrusten von seinen Kleidern abzukratzen, bald seine Hände noch besser zu wärmen, nahte gemächlich ein Bauernschlitten, den ein alter Gaul zog. Er war mit Reisigwellen beladen. Obenauf saß der Bauer, der eine Bestellung Brennholz in die Stadt führte. Der Schlitten hielt neben Franz und mit einer winkenden Gebärde deutete der Fuhrmann: hinten aufsteigen! Rasch kletterte Franz hinauf, klemmte beide Bäumchen zwischen die Beine, die nun wieder würdig ihre Wipfel hoch trugen. Kein Wort verlor der Bauer, auch nicht als sie durchs Stadttor einfuhren. Er hielt plötzlich an, winkte, den Daumen abwärts gewendet: absteigen! Die leisen Dankesworte des Knaben hörte er kaum; seine Pelzmütze war zu tief über die Ohren gezogen.

Franz schlang beide Arme um die Bäumchen, damit er die Hände in die Rocktaschen stecken konnte, und schlenderte langsam dem Platze vor der großen Kirche zu, wo er sich auskannte. Hin und wieder versuchte er scheu, einen Menschen anzusprechen: »Kaufen Sie Weihnachtsgrün? Kaufen Sie ein Tannenbäumchen?« Einzelne der Angesprochenen schüttelten den Kopf, andere wichen zur Seite und hasteten vorüber. Eine Dame, die mit ihrem Manne Arm in Arm daherkam, zeigte fragend auf den Knaben mit den Bäumchen; aber der Herr zog sie zur Seite und bemerkte: »Die sind ja häßlich, ganz einseitig gewachsen!« Erschrocken prüfte Franz seine Bäumchen. Ja, wirklich, es war so. Da sie ganz neben- und ineinander aufgewachsen waren, bildete jedes eigentlich nur die Hälfte *eines* Tannenbäumchens. Immer seltener und leiser sprach Franz sein Sätzchen: »Kaufen Sie Weihnachtsgrün? Kaufen Sie ein Tannenbäumchen?« Niemand wollte eines haben. So kam Franz in Nähe der Kirche vor einen Bäckerladen zu stehen. Müde lehnte er sich an die Hauswand. Ein herrlicher Duft von Weihnachtsgebäck wehte ihn an. Wie schön war es, ihn einzusaugen! Wenn nur seine Füße nicht so kalt wären! Es dunkelte merklich, und leise Flocken wirbelten durch die Luft.

Auf einmal gewahrte Franz, daß durch die farbigen Kirchenfenster ein schwacher Lichtschein drang. Er überlegte: »Vielleicht könnte der Kirchendiener etwas Tannenreisig brauchen fürs Krippenkind. Man könnte ja den Bäumchen die Äste abschneiden.« Derweil sich Franz darüber Gedanken machte, war der Kirchendiener daran, im Chor der Kirche die Weihnachtskrippe zu richten. Eben holte er aus einer großen Truhe die hölzernen Figuren: Engel, Hirten, Maria, Joseph und die Könige. Er blies den Staub aus ihrem Gewand; dann schüttete er gelbes Stroh in eine kleine, gezimmerte Krippe. Wohl an die fünfzig Jahre schon richtete er auf diesen Abend die Heilige Familie und begrüßte mit freundlich murmelnden Worten jede Figur, die er aus der Truhe hob und behutsam an ihren Ort stellte. Fast zuunterst im Kasten kam das Jesuskind zum Vorschein. Es war noch mit demselben weißen Linnen umwickelt, darin er es vor einem Jahr versorgt hatte. Wie er es ausschüttelte, klirrte etwas zu Boden. Eine Münze war es. Im Halbdunkel tastete der Kirchendiener nach ihr, hob sie auf, ohne sie näher zu betrachten und steckte sie ein. Er brummte: »Ist wohl letztes Jahr dem Kind in der Krippe geopfert worden und hat sich in eine Falte des Wickeltuches verschlüpft.« – Als die Figuren alle in Würde dastanden, streute er einige Efeublätter und Tannenreiser zwischen die Krippenleute, daß es aussah wie grünes Feld. Noch einmal überschaute der Kirchendiener wohlgefällig seine Gruppe und hob wie zufällig den Blick aufwärts zum Glasfenster, das über der Krippe ins Chor aufstrebte. Es war das Fenster des Paradieses, darinnen Adam, Eva und die beiden Bäume: der Baum des Lebens und der Baum der Erkenntnis. Unterhalb wand sich die böse Schlange und suchte Eingang. Oberhalb leuchtete eine weiße Taube. »Ist doch heute am 24. Dezember Adam- und Eva-Tag«, murmelte der Kirchendiener. »Richte schon so viele Jahre die Krippe unter dem Paradiesfenster und habe nie bemerkt, wie gut das zusammengeht. Heißt es doch im alten Kirchenlied: ›Wie durch Adam alle sterben, werden in Christo alle leben.‹ – Aber die weiße Taube? Was soll die Taube über den Bäumen? Muß einmal den Herrn Pfarrer fragen.« So sprach der Alte mit sich selber, indem er zur Kirchentür hinaustrat. Erstaunt bemerkte er draußen auf der Treppe einen frierenden Knaben, der zwei kleine, verwachsene Tännchen unter seinen Armen hielt. Fragte der Kirchendiener: »Was willst mit den Bäumchen hier auf der Treppe?« Schüchtern antwortete der Knabe: »Kauft Ihr Tannenreiser fürs Krippenkind? Man kann die Äste abschneiden.« Schon wollte der Kirchendiener ihn mürrisch abweisen, er habe Äste genug und schönere, da sah er zwei leuchtend bittende Augen. Zögernd meinte er: »Stell sie da hinten an die Kirchenmauer!« Er griff in die Tasche und schenkte dem Knaben die Münze, die er eben gefunden hatte. »Wozu brauchst's Geld?« fragte der Alte. Der Knabe versetzte: »Hab heute ein klein Brüderchen bekommen. Möcht ihm ein Wickeltuch besorgen, denn es liegt fast nackt im Korbe.« Der Kirchendiener senkte einen Augenblick den Kopf, brummte wieder etwas vor sich hin, nahm den Kleinen bei der Hand und kehrte mit ihm in die Kirche zurück. Er trat zur Krippe, hob sachte das hölzerne Christkind heraus, wickelte das weiße Linnen ab, schüttelte den Staub daraus, legte es in Falten und gab es dem Knaben auf den Arm. Das Jesuskind deckte er reichlich mit Stroh zu, daß nur Händchen und Gesicht hervorguckten. Verwundert stand der kleine Franz da und starrte auf das Tuch auf seinem linken Arm. Jetzt kehrte der Alte sich wieder ihm zu und sprach: »Geh heim und bring's deinem Brüderchen!« Nach diesen Worten schob er den Knaben durch die Kirchentür ins Freie. In einer Hand die Münze, in der andern das Linnen eilte Franz durch die Straßen der Stadt vors Tor hinaus. In der Dunkelheit konnte er die Menschen nicht mehr erkennen, die ihm begegneten. Immer noch fielen leichte Kristallflocken. Vor der Stadt kam er an einem Bauernhofe vorbei. Eben trug die Bäuerin einen Eimer Milch aus dem Stall in die Küche. Trat Franz zu ihr, streckte seine Münze hin und redete sie an: »Bitte, gebt mir für dies Geld etwas Milch. Mutter hat heute früh ein Kind bekommen.« Im Laternenschein erkannte die Bäuerin den Korber-Franz und meinte: »Am Heiligen Abend verkaufe ich keine Milch ins Wochenbett. Nimm hier das Krüglein, kannst es jeden Abend bei mir füllen lassen, solange es Winter ist und Schnee draußen liegt. Dein Vater kann mir auf Frühjahr einen großen Korb flechten.« Sie goß nach diesen Worten aus ihrem Eimer Milch in den bereitgestellten Krug und reichte ihn dem Knaben.

Franz mäßigte nun seine Schritte, daß er die Milch nicht verschütte, trat aber bald darauf in einen Bäckerladen, der am Wege lag. Für seine Münze wollte er einen Weihnachtswecken kaufen. Der Bäcker nahm sie in die Hand, drehte und wendete sie unter dem Licht und rief verwundert aus: »Woher hast du dieses Geldstück, Bube?« »Der Kirchendiener hat mir's gegeben.« Franz mußte dem Bäcker alles genau berichten und ihm das weiße Tuch zeigen. Endlich sagte er: »Ein pures Goldstück ist es! Für diese Münze kannst du bis Ostern jeden Tag ein Brot bei mir holen. Und hier hast du den Weihnachtswecken.« Franz wußte nicht, wie ihm geschah. Hatte er recht gehört? »Jeden Tag ein Brot bis Ostern?« Beinah hätte er mit dem Milchkrug einen Luftsprung gemacht. Mit Wickeltuch, Milch und Wecken machte er sich eilig auf den Heimweg.

Draußen hatte es aufgehört zu schneien. Die hellen Weihnachtssterne funkelten, als Franz zur ärmlichen Hütte kam. Von der Stadt her tönten die Glocken von allen Türmen. Es war ihm, als klinge aus ihren Tönen das Lied, das Großmutter ihn voriges Jahr auf Weihnachten gelehrt hatte: »In dulci jubilo, nun singet und seid froh...«

Bei der großen Kirche in der Stadt blieben die zwei Tannenbäume unbeachtet bei der Mauer liegen, bis die beiden Buben des Friedhofgärtners sie dort beim Einnachten erblickten. Einer meinte: »Die stecken wir hinter der Kirche auf den Schneehügel, den wir gebaut haben. Das sieht bestimmt gut aus; das ist unser Bergwald.« So haben die Gärtnersbuben es getan. Danach begaben sie sich nach Hause, um drinnen bei Licht und Wärme weiterzuspielen.

Gen Mitternacht füllte sich die Kirche mit all den Menschen, die zur feierlichen Christmette kamen. Der Kirchendiener entzündete Lichter bei der Krippe, daß es zu Bethlehem hell werde. Wie der festliche Gesang anhob, setzte er sich unter die Kanzel, etwas verborgen an eine Säule hin. Er war müde vom langen Tagwerk. – Wie die Kunde des Evangeliums von Christi Geburt zu den Gläubigen kam, schlief der Alte friedlich ein. Im Traume jedoch sah er plötzlich wieder den armen Korbmacher-Knaben. Er trug die beiden Tännchen in die Kirche herein und stellte sie neben die Krippe. Der Kirchendiener wollte es ihm wehren. Da deutete der Knabe auf das Krippenkind. Siehe, es richtete sich auf, ergriff die beiden Tännchen und schwebte mit ihnen ins Paradiesfenster hinauf. Als es sie dort oben zu den zwei Paradiesbäumen stellte, erblühten rote Rosen auf den Tannenästen. Jetzt schwebte das Jesuskind noch höher bis zu der weißen Taube hinauf, rupfte ihr einige Federn aus und steckte sie auf die grünen Zweige. Da glänzten sie als helle Lichter auf. Und da sang und klang es in der Weite, und die Lichterbäume brannten so wundersam, daß der Kirchendiener wähnte, im Himmel bei den Engeln zu weilen.

Wie er erwachend wieder zu sich kam, war in der Kirche von Chor und Orgel das Gloria längst verklungen, und die Leute verließen eben die Kirche. Er fuhr mit der Hand über die Augen und schaute hinüber zum Paradiesfenster. Es war völlig dunkel, nur darunter bei der Bethlehem-Gruppe brannten die Lichter. Als die letzten Schritte verhallt waren, machte er seine gewohnte Runde, die Kirchen- und Altarlichter zu löschen.

Die Glocke schlug eins, als der Alte den großen Kirchenschlüssel zu seinem nahen Sakristeihäuschen trug.

Am Weihnachtsmorgen fand der Kirchendiener die beiden Tannenbäumchen aufrecht auf dem Schneehügel hinter der Kirche. Sie standen genau hinter dem Paradiesfenster des Chores, als ob sie von oben heruntergefallen und im Schnee eingesteckt wären. Er stieg über ihre Zweige und murmelte: »Ihr sollt heute abend in meiner Stube mit hellen Lichtern brennen, wie ihr sie in der Christnacht im Paradies erhalten habt.« So trug er die Bäumchen in sein Haus. Heimlich befestigte er einige Opferkerzen auf ihren Ästen. Niemand sollte sein Geheimnis kennen, bis am Abend in der Stube seine Kinder und Kindeskinder, die auf Besuch gekommen waren, sich zum Weihnachtsmahl versammelten. Plötzlich trug der alte Vater die Tannenbäume herein und entzündete ihre Lichter zu aller Freude. Er stimmte alsbald ein Lied an zu Ehren der Geburt Christi, das alle mitsangen. Danach aber kam eine wunderbar frohe und feierliche Stille über alle, die die hellen, wärmenden Lichter am Baume betrachteten. Auf einmal stand der alte Vater auf und sprach: »Seht, Kinder, den einen Baum hab' ich entzündet für die armen Hirten. Das ist der Hirtenbaum. Sein Licht ist die Liebe und erwärmt Menschenherzen. Der andere Baum gehört den Königen. Das ist der Königsbaum. Sein Licht ist die leuchtende Weisheit. Alle beide sind sie dereinst im Paradies gestanden, und sie werden uns durch das Licht Christi zu neuem Leben erweckt.« Über diese Worte wunderten sich alle sehr, denn es war nie der Brauch des alten Vaters gewesen, in Worte zu bringen, was er in seiner Seele trug.

Von dieser Zeit an haben Jahr um Jahr immer mehr Menschen den neuen Paradiesbaum im Weihnachtsbaume entzündet, und immer mehr Menschen freuten sich an den Lichtern, die Herzen erwärmen und vom Frieden der Himmel auf Erden künden.

JEANNA OTERDAHL

Der Troll, der Mensch werden wollte

Es war einmal ein kleiner Troll. Er war häßlich anzusehen: Seine Haut war dunkel, das Haar zottelig, die Augen waren rotumrändert und die Ohren behaart. Wie die anderen Trolle hielt er sich in der Tiefe des Waldes auf, wo verkümmerte kleine Tannen um kleine sumpfige Waldseen standen, deren Wasser wie böse Augen blickten, und wo Steingeröll und Windbruch die Menschen den Weg nicht finden ließen. Wenn der Sturm durch die Baumwipfel fuhr, heulte und lachte er wie andere Trolle, er fügte Schaden zu wie sie, und je mehr Böses er tun konnte, desto mehr schien er sich zu freuen. Aber dennoch war er nicht völlig wie die anderen. Nicht völlig.

Sonst hassen die Trolle die Menschen. Pfui! Ein Mensch ist das Übelste, was es gibt! Je klarer der Blick eines Menschen ist, desto weniger mögen ihn die Trolle. Alles Lichte ist ihnen zuwider, denn ihre Macht kommt von Nacht und Finsternis, und wo das Licht siegt, haben sie verloren.

Aber dieser junge Troll fand ein seltsames Gefallen an den Menschen. Er wagte es nicht zu zeigen, nicht davon zu sprechen. Denn wenn jemand von seiner Sippe erfahren hätte, was da los war, wäre es mit ihm ausgewesen. Deshalb fauchte keiner so wütend wie er, wenn das Wort Mensch genannt wurde, und keiner verhöhnte die Menschen und ihre Taten mit solcher Bosheit. Er war in dieser Hinsicht ein sehr hoffnungsvoller junger Troll.

Aber tief in seinem kleinen finsteren Trollherzen hegte er den höchst seltsamen Wunsch, selbst den Menschen ähnlich zu werden. Der Mensch war gerade und hochgewachsen. Der Mensch hatte eine klangvolle Stimme und einen federnden Gang. Der Mensch war unerschrocken und freimütig. Er besiegte die wilden Tiere und machte sich zum Herrn über Wald und Moor. Beim Menschen gab es noch mehr Dinge, die er nicht begriff und die man in der Trollsprache nicht sagen konnte. Er kannte nichts so Beneidenswertes wie einen Menschen.

Deshalb schlich er sich, soweit er es nur irgend wagen konnte, auf das Gebiet der Menschen vor. Er kletterte zwischen den riesigen bemoosten Steinen des alten Herrenhofes empor, wo man ihn gar nicht sah, – denn er war selbst einem bemoosten Steinblock nicht unähnlich – und spähte mit funkelnden Augen den Weg entlang. Sie glichen von weitem einem Paar Körner von glänzendem Katzengold. Aber wer sich die Mühe gemacht hätte, tiefer in sie hineinzusehen, der hätte eine so heftige Sehnsucht darin lesen können, daß er sicher alles hätte tun müssen, um dem armen kleinen Kerl zu helfen.

Aber niemand bekam ihn zu sehen. Ein paar Köhler und Fuhrknechte im Winter, hin und wieder ein altes Reisigweiblein im Frühling oder ein paar Kinder auf der Beerensuche im Sommer, das war, was der Trolljunge meistens zu sehen bekam, aber ihn sahen sie nie.

Oft mußte er lange dort sitzen, ohne andere Lebewesen zu sehen zu bekommen als Eichhörnchen oder Vögel oder Wiesel, die im Gemäuer hausten.

Manchmal drang vom Dorf her ein wunderlicher Klang herauf, der das Herz des Trolls in wildem, seltsamen Takt schlagen ließ. Das waren die Kirchenglocken. Er wußte nicht, ob er sie haßte oder liebte. Es schien ihm, als hätten sie Macht, ihn zu töten. Und doch wäre es besser gewesen, unter ihrem feierlichen Dröhnen zu enden, als den gewöhnlichen Trolltod zu sterben, das heißt: allmählich zu erstarren und zu verstummen und eins mit Berg und Moor zu werden oder nur in den Erdboden zu sinken und zu verschwinden, wenn man zu alt und gebrechlich geworden war. Zwei- oder dreimal hatte er sich ins Dorf geschlichen, wenn es zum Abendgottesdienst läutete. Es war Winter und dunkel, und er kam im Sternenlicht geschlichen wie ein kleiner furchtsamer Schatten, der weiß, daß er auf unerlaubten Wegen ist. Wenn er zu der kleinen weißgekalkten Kirche gekommen war, reckte er sich zu einem der Fenster hinauf, die freundliches Licht durch ihre grünen Scheiben dringen ließen. Viel hatte er nicht sehen können, denn das Glas war ziemlich vereist. Aber er fing doch einen Schimmer von dem einen oder anderen Gesicht auf, das still und feierlich leuchtete, und etwas von dem Gesang und Orgelbrausen drang zu ihm heraus. Was die da drinnen vorhatten, wußte er nicht, und es war niemand da, der es ihm erklären konnte. Aber aus seinen kleinen häßlichen Augen tropften Tränen in den Schnee hinunter und gefroren dort gleich zu Eisperlen. Einsam und mißmutig schlich er sich wieder in den Trollwald zurück und heulte im nächtlichen Sturm mit den anderen, während das Verlangen, wie ein Mensch zu werden, in seinem armen Herzen schmerzte. An einem Herbstabend, als es in den Wipfeln stürmte und wildes Gewölk über den Wald hinzog, kauerte er vor der Köhlerhütte, in welcher der Köhler-Matthes auf der Pritsche saß und mit seinem Enkel sprach, der ihm das Essen von daheim gebracht hatte.

Der Köhler-Matthes war ein alter Mann mit zerfurchtem Gesicht und klugen Augen unter der breiten Stirn. Der Junge, der ihm gegenübersaß, hörte aufmerksam auf das, was er zu sagen hatte.

»Denn so ist es«, sagte Köhler-Matthes und schnitt sich eine dicke Scheibe Roggenbrot ab, » aus wem etwas werden soll, der muß lernen, mehr an andere als an sich zu denken. Wer sich nicht darum kümmert, wie es anderen geht, und wer nicht für andere sorgt, aus dem wird nie ein richtiger Mensch.«

»Das ist ganz dasselbe, was Mutter sagt, Großvater«, erwiderte der Junge.

»Nimm es dir recht zu Herzen«, sagte der alte Mann und begann sich Butter aufs Brot zu streichen. » Siehst du, Erik, es ist sicher so: Das Geheimnis Mensch zu sein, besteht darin, sich um andere zu kümmern. Die das nicht lernen, aus denen wird nichts anderes als Trollpack.«

Der Junge nickte. Trollpack wollte er nicht sein, das war einmal sicher.

Der junge Troll da draußen wurde bedenklich. Er wagte es kaum zu glauben. Aber saß nicht der Alte da drinnen und lehrte ihn, wie man sich benehmen mußte, um wie ein Mensch zu werden? Einen größeren Dienst hätte ihm niemand erweisen können!

Aber schwer war es. Daß es ihm nicht viel nützte, sich um seine eigenen Verwandten zu kümmern, das begriff er. Die verstanden sich nicht auf dergleichen und würden ihn bitten sich wegzuscheren, so weit wie möglich. Nein, wenn er jemand helfen und für jemand sorgen wollte, so mußten dies schon Menschen sein. Wie das zugehen sollte, konnte er sich nicht denken. Denn so sehr er sich auch danach sehnte, wie die Menschen zu werden, hatte er dennoch mehr Angst vor ihnen als vor irgend etwas anderem. Nie würde er es wagen, sich in seiner ganzen Scheußlichkeit den Menschen zu zeigen.

Es arbeitete in seinem Kopf, daß er glaubte, er müsse zerspringen. Er wollte alles tun, wenn er nur gewußt hätte, wie er es anfangen sollte. Eines Tages kauerte er wie gewöhnlich zwischen den Steinblöcken der alten Mauer und spähte nach Menschen aus. Es war klares Wetter, der Himmel blaute über den Waldwipfeln, und die Sonne spielte auf dem Moos. So war es nicht zu verwundern, daß an einem solchen Tag drei kleine barfüßige Preißelbeerpflücker in den Wald gegangen waren. Sie pflückten die Beeren in Blechgefäße und leerten sie dann in Körbe, die sie auf dem Moos abgestellt hatten. Wenn der kleine Troll von gewöhnlicher Trollart gewesen wäre, so hätte es ihm Spaß gemacht, den Korb umzuwerfen und den Kindern einen gewaltigen Schreck einzujagen. Aber nun war er ja nicht, wie Trolle meistens sind, und als er sich über ihre hellen Augen und roten Bak-

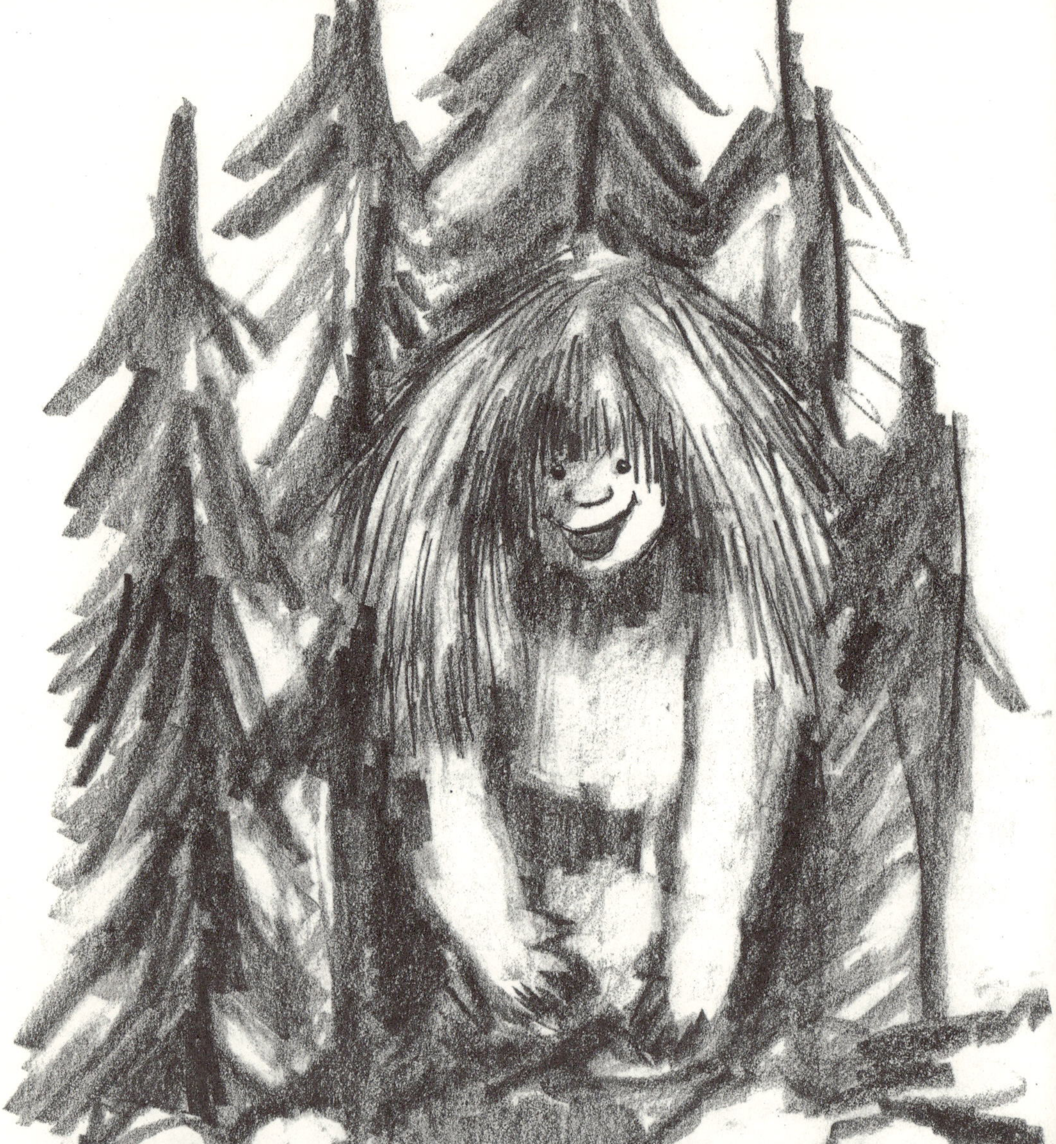

ken freute, fiel ihm ein, daß er jetzt den Rat des alten Köhlers befolgen müsse. Sobald er sicher war, daß die Kinder ihn nicht sahen, schlich er sich hin, riß Rinde von einem Birkenbaum und formte sie zu einer Schale. Dann füllte er sie mit den schönsten Preißelbeeren, die er finden konnte. Diese leerte er in die Körbe. Das älteste von den drei Kindern kraulte sich bedenklich in seinem flachsblonden Haar; seine Augen waren rund und blank geworden. »Da hat uns jemand geholfen, und wir wollen ihm danken, wer es auch ist!«

»Danke, danke!« riefen die beiden anderen Kinder. Und der Trolljunge, der wieder auf seinem alten Platz zwischen den Steinen saß, freute sich wie noch nie. Noch nie zuvor hatte jemand danke zu ihm gesagt.

Von da an galt es als glückbringend, in den Wald dort oben zu gehen. Alle, die dort eine Arbeit zu verrichten hatten, sei es mit Kohlenbrennen, Holzschlagen oder -fahren oder Beerenpflücken, erhielten auf irgendeine Weise Hilfe, doch immer so, daß sie nicht dahinterkamen, wer ihnen geholfen hatte. Der Wald wurde weit umher bekannt, und es kamen mehr Menschen dorthin als je zuvor. Und je länger er es tat, desto rascher ging dem jungen Troll das Helfen von der Hand, desto gewandter wurde er und desto mehr Freude machte es ihm.

Aber drinnen im Wald, wo er sein Heim hatte, ging es ihm nicht gut. Nicht daß er gewagt hätte, den anderen ein Wort von dem zu sagen, was er vorhatte. Aber sie witterten trotzdem Unrat.

»Was ist mit dir?« riefen sie und kniffen ihn. »Du wächst so schrecklich. Du bist größer, als ein Troll sein darf, und viel schlanker. Fast wie ein Mensch, pfui! Das Haarige fängt an, bei dir abzugehen, du Wechselbalg! Und deine Augen rinnen nicht, wie es alle anständigen Trollaugen tun müssen.«

Er ließ sich kneifen und sich drehen und winden. Aber innerlich lachte er laut. Wenn es wirklich wahr sein sollte, daß er begann, ein Mensch zu werden, wollte er gerne alles erleiden.

So vergingen viele Sommer, und schließlich kam sein schönstes Erlebnis. Da kam ein Mädchen in den Wald, öfter als andere. Über den Rücken hingen ihr hellblonde Flechten, und ein Paar treuherzige Augen hatte sie, die klarsten, die er je gesehen. Sie hatte viel zu tun. Bald kam sie mit Essen zu einem, der dort oben arbeitete, bald pflückte sie Blumen, Linneablüten und Nachtviolen, bald kam sie wegen der Blaubeeren oder Preißelbeeren oder der Pilze. Sie pflegte beim Pflücken zu singen, und der Troll glaubte, noch nie etwas so Liebliches gehört zu haben. Seine eigene Stimme war rauh und heiser. Doch die ihre hatte den Klang von einem Wasserstrahl, wenn er im Winter zwischen dünnes, klares Eis fällt. Keinem von den Menschen, die er gesehen, hatte er so eifrig gedient wie ihr jetzt. Er lernte so lautlos zu schleichen, wie eine Schlange vorwärtsgleitet, und wie ein Schatten verschwinden. So konnte er ständig in ihrer Nähe sein, sie dorthin locken, wo die Blumen am reichsten blühten und wo Beeren und Pilze am dichtesten standen. Auch füllte er ihre Körbe, ehe sie sich's versah. Sie begriff wohl, daß eine freundliche Macht ihr half; denn sie verließ nie den Wald, ohne danke zu sagen, und oft sparte sie auch etwas von ihrem Mittagsmahl auf als Gegengabe für ihren unsichtbaren Freund.

»Wer du auch bist«, sagte sie, »ein Bissen wird dir schon gut tun. Und machst du dir nichts daraus, so gibt es genug Vögel und andere Tiere, die darauf achten.«

Manchmal glaubte sie, eine heisere Stimme, eine undeutliche Antwort flüstern zu hören. Aber das konnte ebensogut ein Rascheln im Gebüsch oder ein Stein gewesen sein, der vom Berg herabglitt. Daß sie einen unsichtbaren Helfer hatte, wußte sie jedoch sicher. Denn mehr als einmal war sie wilden Tieren oder anderen Gefahren ausgesetzt gewesen, aber es war ihr nie etwas geschehen. Im letzten Augenblick war der Bär in einer anderen Richtung davongetrottet, und die vertrocknete Föhre, die sie in ihrem Fall zu zerschmettern drohte, war zur Seite geschleudert worden, so daß sie unbeschadet wegschlüpfen konnte. Doch sah sie trotz eifrigen Spähens keine Spur von ihrem Retter.

Dann kam ein Herbsttag, da wußte sie, daß sie das letztemal in diesem Jahr im Wald war. Ihr Korb war bis zum Rand mit braunglänzenden und schneeweißen Pilzen gefüllt. Gleich Goldstücken fiel das Laub von den Bäumen und legte sich ihr auf Kopf und Schultern. Meisen und Finken zwitscherten um sie herum, während sie auf einem bemoosten Stein saß, und die Sonne spielte auf ihrem weißen Leinenhemd und dem groben Rock.

»Lieber Helfer, wer du auch bist«, sprach sie, »wenn du dich mir nur zeigen und mir sagen wolltest, wie ich dir am besten danken soll. Niemand hätte mir besser helfen können.«

Dem Troll gab es vor Freude einen Ruck, aber hervorzukommen wagte er nicht. Wie hätte er es übers Herz bringen können, sie zu erschrecken!

»Wenn du nicht von Menschenaugen gesehen werden willst, so könntest du doch wenigstens mit mir sprechen. Niemand möchte doch so viel Hilfe entgegennehmen, ohne einen Gegendienst dafür leisten zu dürfen. Bitte mich um etwas! Ich möchte gern alles für dich tun, was ich kann.«

Da glaubte das Mädchen von irgendwoher, von wo, wußte es nicht, ein Flüstern zu hören.

»Hauche bei der nächsten Weihnachtsmesse auf das Nordfenster der Kirche! Hauche, bis das Eis schmilzt!«

›Das ist eine seltsame Bitte‹, dachte das Mädchen. »Ja, wenn du weiter nichts willst, so ist das leicht getan«, antwortete sie. »Aber wenn wir uns einmal begegnen sollten, so möchte ich dich gern erkennen. Nimm mein kleines silbernes Kreuz, das bringt Glück, und es ist das Beste, was ich zu geben hab.«

Damit erhob sie sich, um zu gehen, und der Troll blickte ihr nach, bis sie dort, wo sich der Wald lichtete, verschwunden war. Dann schlich er hin und nahm die Gabe, die sie auf den Stein gelegt hatte.

Es war ein armseliges, abgeschlissenes Kreuzchen aus dünnem Silber, nichts Wertvolles, und ein Troll, der so viel Gold und Edelsteine besitzen kann, wie er nur will, würde wohl nichts danach gefragt haben. Aber für den Troll, der Mensch werden wollte, war es die größte Kostbarkeit. Behutsam strich er mit dem Finger darüber, hielt es in die Sonne, so daß es glitzerte, und berührte es mit den Lippen, wie Menschen es tun mit etwas, das sie lieben. Schließlich hängte er es sich an dem schmalen blauen Band, an dem es befestigt war, um den Hals und schob es vorsichtig in die Pelzjacke. Von dem Tag an verdoppelte sich seine Sehnsucht, menschliches Wesen zu bekommen. Wenn er anderen nicht helfen konnte, stand er den Tieren im Wald bei, den kleinen wie den großen, am meisten den ganz kleinen und schutzlosen. Er glaubte zu wissen – wie, konnte er sich nicht denken –, daß das Silberkreuz, das er auf der Brust trug, das Zeichen für das Menschlichste in der Welt war. Manchmal hatte er das Gefühl, als brenne es ihn, gleichsam um ihn daran zu erinnern, in seinem Streben und Hoffen nicht zu ermüden. Aber die Trolle, seine Verwandten, wurden ihm von Tag zu Tag mehr gram.

Denn so wie er jetzt geworden, war es ihm unmöglich, auch nur so zu tun, als sei er den anderen noch gleich. Er vermochte nicht mehr, wie sie zu heulen, Menschen und Tieren zu schaden und sie zu ärgern; es ging ganz und gar nicht. Als er es einmal versuchen wollte, um die anderen hinters Licht zu führen, da schmerzte ihn das silberne Kreuz auf seiner Brust wie brennendes Feuer. Es war ein Schmerz, so groß, daß man ihn nicht ertragen konnte. Lieber alles andere! »Du bis ja kein Troll mehr!« brüllten die anderen und packten ihn mit ihren scharfen Krallen. »Du bekommst eine helle Haut wie ein Mensch. Pfui! Deine Augen leuchten wie Menschenaugen. Fort mit dir! Du gehörst nicht zu uns!« Und sie jagten ihn weg mit Dolchstichen und Steinwürfen. Er mußte in der grimmigen Winternacht um sein Leben laufen. Daß er noch nicht Mensch war, wußte er gut. Aber jetzt war er auch kein Troll mehr. Als Grenzbewohner zwischen der Welt der Trolle und der Menschen mußte er leben, bis er es vermochte, ein richtiger Mensch zu werden, oder bis er wieder ein Troll geworden war. Aber das wollte er nicht, nein, nein!

Er fror, daß es ihn schüttelte. Solange er ein Troll gewesen war, hatte er die Kälte nie gefühlt. Das mußte Menschenähnlichkeit bedeuten. Die Menschen hatten es vielleicht schwer auf ihre Weise. Aber mit Freuden würde er ertragen, was es auch sein mochte, wenn er nur zu ihnen gehören durfte.

Frierend und blutend irrte er im Wald umher und kam dem Dorf immer näher. Schließlich konnte er nicht mehr, er fiel in den Schnee, der die blutigen Spuren seiner Schritte zeigte.

›Nun sterbe ich‹, dachte er. ›Nun versinke ich im Schnee und löse mich in Nichts auf, bevor ich noch an der Herrlichkeit des menschlichen Lebens teilgenommen habe.‹

Dort lag er eine Weile und war schon nahe daran, in eine Betäubung zu versinken, als fernes Glockengeläute zu ihm drang. Er hob den Kopf.

›Das sind die Kirchenglocken‹, dachte er. ›Es läutet zur Weihnachtsmesse.‹ Und er erhob sich und begann auf das Dorf zuzulaufen, obwohl seine Glieder steif vor Kälte waren und der Frost in der Wunde schmerzte. In weiter Ferne sah er die Kirchenbesucher mit Fackeln in den Schlitten. Die Schlittenglocken klangen durch die Nacht, und dort oben funkelten die Sterne. Von dem silbernen Kreuz auf seiner Brust breitete sich eine milde Wärme aus, und er wußte, wenn er es nur aushielt, würde er durch das Kirchenfenster sehen und die Freude der Menschen teilen können.

In der kleinen niedrigen Kirche aber stand das Mädchen mit dem hellen Haar und hauchte auf das Fenster. Das Eis wuchs in dicken, funkelnden Blättern über die kleinen Scheiben. Hauchen half nichts, sie mußte ihre beiden warmen Hände, ihre Wangen daranlegen, um es zum Schmelzen zu bringen.

»Was machst du da, Kind? Komm, setzt dich auf die Bank!« mahnte die Mutter.

»Ich lasse das Weihnachtslied für die da draußen scheinen, Mutter«, antwortete das Mädchen und fuhr mit ihrer Arbeit fort.

Jetzt begann die Orgel zu spielen, und das Lied ertönte. Immer noch stand das Mädchen dort, und das Eis schmolz und rann an der Scheibe herunter. Die ganze Zeit sang sie mit heller Stimme.

›Vielleicht‹, dachte sie, ›wird der vom Wald leichter herfinden, wenn er meine Stimme hört.‹

Der Pfarrer stand vor dem Altar, und die Mutter wandte sich wieder dem Mädchen zu.

»Was tust du da, Kind? Komm setzt dich auf die Bank!«

»Ich lasse Weihnachten hinausleuchten zu denen, die im Dunkel sind, Mutter«, sagte sie. Und während sie den heiligen Worten lauschte, zwang sie die letzten Eisblumen, sich in klares Wasser zu verwandeln.

Der Pfarrer war schon auf die Kanzel gestiegen, und jetzt wurde die Mutter böse.

»Kind, du entehrst uns ja vor der ganzen Gemeinde. Komm sofort her und setz dich auf die Bank!«

Aber das Mädchen antwortete nicht. Sie sah ein Antlitz an die Scheibe gedrückt, ein Antlitz mit zwei dunklen Augen voller Sehnsucht und Trauer. Eine Hand hob das abgeschlissene Silberkreuz zu ihr empor; sie sah und begriff.

»Waldbewohner, Waldbewohner«, flüsterte sie, »sei willkommen!«

Oben auf der Kanzel stand der Pfarrer mit jungen, leuchtenden Augen und sprach milde, starke Worte von der Barmherzigkeit aus der Höhe. Seine Stimme drang durch das Fenster hinaus, und je nachdem der da draußen hörte und verstand, leuchteten seine Züge.

›Schäm dich‹, dachte das Mädchen, ›daß du hier drinnen in der warmen Kirche stehst, während ein anderer selbst am Weihnachtsmorgen draußen im Schnee friert. Mag er sein, wer er will, Troll oder Heide, ich werde ihn in die Kirche führen.‹

»Kind, Kind!« schalt die Mutter, »hast du den Verstand verloren?« Aber die Tochter eilte, ohne auf sie zu hören, den Gang entlang und durch die Tür hinaus.

Wieder stand der Pfarrer vor dem Altar, und die Weihnachtslichter strahlten in mildem Glanz. Da wurde die Tür geöffnet, und das Mädchen trat wieder ein. Ihr Haar leuchtete wie ein Glorienschein um ein Heiligenbild. An der Hand führte sie einen Fremdling, den noch keiner gesehen hatte. Es war ein schlanker junger Mann, ganz in Fell gekleidet, mit einem kräftigen Duft von Harz und Waldmark an sich. Straffes schwarzes Haar fiel um sein bleiches, bebendes Gesicht, und die Augen leuchteten in seltsamem Glanz. Manche grauten sich und flüchteten so weit wie möglich in die Bank; denn es war etwas an ihm, das von Wildheit und Heidentum kündete. Aber in der Rechten hielt er hoch erhoben ein kleines Kreuz aus Silber, und das strahlte einen so starken Glanz aus, daß man schließlich nichts anderes mehr sah.

Das Mädchen leitete den Fremdling zum Chor hin, und als sie dort angekommen waren, fielen beide auf die Knie. Aber als der Fremde das Gesicht des Pfarrers sah, bedeckte er sein eigenes mit den Händen und beugte sich zitternd tief zur Erde.

Der Pfarrer trat aus dem Altarring, und die ganze Gemeinde erhob sich, um zu sehen und zu hören. »Wer bist du, Fremdling?« fragte er. Der Fremde beugte sich tiefer hinab und antwortete nicht.

Da trat der Pfarrer näher und legte seine Hand auf den dunklen Kopf. »Fürchte dich nicht, dir soll nichts Böses geschehen«, sagte er. »Wer bist du?«

Der Fremdling sah auf. Es arbeitete in seinem Gesicht, als wollte er antworten und vermöcht es nicht.

Aber der Pfarrer ergriff die Hand, die das kleine silberne Kreuz hielt, und wiederholte seine Frage zum dritten Mal.

»Im Namen des Kreuzes, das du in der Hand trägst, wer bist du?«

Da rief der Fremde laut, mit einer Stimme voll Tränen und Verlangen: »Ich bin als ein Troll geboren, aber ich möchte ein Mensch werden. Deshalb bin ich von meinen Verwandten vertrieben worden!«

Der Pfarrer aber beugte sich hinab, hob ihn empor und hielt ihn in seinen Armen vor der ganzen Gemeinde.

»Wenn dem so ist, so sei willkommen! sprach er. »Willkommen in der Welt der Menschen! Hier siehst du deine Verwandten. Du bist uns allen gleich, denn die Sehnsucht, Menschen zu werden, ist es, was uns alle verbindet.

HANS CHRISTIAN ANDERSEN

Der letzte Traum der alten Eiche

Im Walde, hoch an dem steilen Ufer, hart an der offenen Meeresküste, stand eine alte Eiche. Sie war gerade dreihundertfünfundsechzig Jahre alt, aber die lange Zeit war dem Baum nicht mehr, als es ebenso viele Tage uns Menschen sind. Wir wachen am Tag, schlafen in der Nacht und haben dann unsere Träume; mit dem Baum ist es anders, er durchwacht die drei Jahreszeiten, erst zum Winter kommt sein Schlaf. Der Winter ist seine Ruhezeit, ist seine Nacht nach dem langen Tag, welcher Frühjahr, Sommer und Herbst heißt.

An manchem warmen Sommertag hatte die Eintagsfliege rings um seine Krone getanzt, gelebt, geschwebt und sich glücklich gefühlt, und ruhte es dann aus, das kleine Geschöpf, einen Augenblick in stiller Glückseligkeit auf einem der großen, frischen Eichenblätter, dann sagte der Baum stets: »Arme Kleine! Dein ganzes Leben ist nur ein einziger Tag! Wie so gar kurz! Es ist doch traurig!«

»Traurig? Was meinst du damit?« antwortete dann stets die Eintagsfliege; »um mich her ist's ja wunderbar hell, warm und schön, das macht mich froh!«

»Aber nur einen Tag, dann ist alles aus!«

»Aus!« wiederholte die Eintagsfliege. »Was heißt aus? Bist du auch aus?«

»Nein, ich lebe vielleicht Tausende von deinen Tagen, und mein Tag ist ganze Jahreszeiten lang. Das ist etwas so Langes, daß du es gar nicht ausrechnen kannst!«

»So ist's, denn ich verstehe dich nicht! Du hast Tausende von meinen Tagen, aber ich habe Tausende von Augenblicken, in denen ich fröhlich und glücklich sein kann! Hört denn alle Herrlichkeit dieser Welt auf, wenn du stirbst?«

»Nein«, sagte der Baum, »die währt gewiß viel länger, unendlich viel länger, als ich zu denken vermag.«

»Aber dann haben wir ja gleich viel, nur daß wir verschieden rechnen!«

Und die Eintagsfliege tanzte und schwang sich in der Luft umher, freute sich über ihre feinen, kunstvollen Flügel, ihren Flor und Sammet, freute sich über die warmen Lüfte, die voll waren vom würzigen Duft des Kleefeldes und der wilden Rosen, des Flieders und Geisblattes, der Gartenhecke, des Waldmeisters, der Schlüsselblumen und Krauseminze; es duftete so stark, daß die Eintagsfliege fast berauscht war. Der Tag war lang und schön, voll Freude und süßen Gefühls, und als dann die Sonne sank, fühlte die kleine Fliege sich recht angenehm ermüdet von all jener fröhlichen Lust. Die Flügel wollten sie nicht mehr recht tragen, und leise und langsam glitt sie hinab auf den weichen, wogenden Grashalm, nickte mit dem Kopf, wie sie eben nicken konnte, und schlief ein, süß und fröhlich – das war der Tod.

»Arme kleine Eintagsfliege!« sagte die Eiche, »das war doch ein gar zu kurzes Leben!«

An jedem Sommertag wiederholte sich derselbe Tanz, dieselbe Rede und Antwort und dasselbe Einschlafen; es wiederholte sich dies alles für ganze Geschlechter von Eintagsfliegen, und alle fühlten sich gleich glücklich, gleich fröhlich.

Die Eiche stand wach da an ihrem Frühlingsmorgen, Sommermittag und Herbstabend; bald näherte sich ihre Ruhezeit, ihre Nacht. Der Winter kam heran.

Schon sangen die Stürme ihr »Gute Nacht, gute Nacht!« Hier fiel ein Blatt, dort fiel ein Blatt. »Wir rütteln und schütteln! Schlaf ein! Schlaf ein! Wir singen dich in Schlaf, aber nicht wahr, es tut den alten Zweigen wohl? Sie knacken dabei vor lauter Wonne! Schlaf süß! Schlaf süß! Es ist deine dreihundertfünfundsechzigste Nacht, eigentlich bist du doch nur ein Guck-in-die-Welt! Schlaf süß! Die Wolke streut Schnee herab, es gibt eine ganze Decke, schützend warm um deine Füße! Schlaf süß und – angenehme Träume!«

Und die Eiche stand da, all ihres Laubes entkleidet, um zur Ruhe zu gehen für den ganzen langen Winter und manchen Traum zu träumen, immer etwas Erlebtes, wie in den Träumen der Menschen.

Der große Baum war auch einmal klein, ja, eine Eichel war einst seine Wiege gewesen; nach Menschenrechnung lebte er nun im vierten Jahrhundert; er war der größte und beste Baum der Welt, mit seiner Krone überragte er weithin alle anderen Bäume und wurde fern von der See aus gesehen, diente als Wahrzeichen den Seeleuten; er ahnte nicht, daß gar viele Augen ihn suchten. Hoch oben in seiner grünen Krone baute die Waldtaube ihr Nest, und der Kuckuck ließ seinen Ruf von hier ertönen, und im Herbst, wenn die Blätter aussahen wie gehämmerte Kupferplatten, kamen die Zugvögel und rasteten hier, bevor sie über die See dahinflogen; doch jetzt war es

Winter, der Baum stand entblättert da, man sah richtig, wie krumm und verbogen die Zweige vom Stamme aus wuchsen. Krähen und Dohlen kamen und setzten sich abwechselnd dorthin und sprachen von den harten Zeiten, die herannahten, und davon, daß es im Winter gar schwer sei, sich zu ernähren.

Es war gerade um die heilige Weihnachtszeit, da träumte der Baum seinen schönsten Traum.

Der Baum fühlte das Festliche dieser Zeit, ihm war, als hörte er die Glocken ringsum von allen Kirchen läuten, obendrein war es mild und warm wie an einem herrlichen Sommertag. Frisch und grün breitete er seine mächtige Krone aus, die Sonnenstrahlen spielten zwischen Blättern und Zweigen, die Luft war erfüllt mit dem Duft von Kräutern und Blüten; bunte Schmetterlinge haschten sich, die Eintagsfliegen tanzten, als sei alles nur dazu da, damit sie tanzen könnten und sich vergnügen. Alles, was der Baum Jahre hindurch erlebt hatte und was um ihn her geschehen war, zog an ihm vorüber wie in einem festlichen Aufzug. Er sah aus alten Zeiten Ritter und edle Frauen hoch zu Roß, mit wallenden Federbüschen am Hut, den Falken auf der Hand, durch den Wald reiten; das Jagdhorn ertönte, und die Hunde bellten; er sah feindliche Krieger in bunten Gewändern mit blanken Waffen, mit Spieß und Hellebarde, Zelte aufschlagen und wieder abbrechen; das Wachtfeuer flammte, und man sang und schlief unter dem Geäst des Baumes; er sah Liebesleute in stillem Glück sich an seinem Stamm im Mondschein begegnen und von ihren Namen den ersten Buchstaben in die graugrüne Rinde schneiden. Zither und Äolsharfe waren einst, ja, es lagen lange Jahre dazwischen, in den Zweigen der Eiche von reisenden, fröhlichen Gesellen aufgehängt worden, jetzt hingen sie wieder dort, jetzt klangen sie wieder mit wunderbaren Tönen. Die Waldtauben gurrten, als wollten sie erzählen, was der Baum dabei empfand, und der Kuckuck rief ihm zu, wie viele Sommertage er noch zu leben habe.

Da war es, als riesele ihm ein neuer Lebensstrom bis tief hinab in die kleinste Wurzel und hoch hinauf in die am höchsten emporragenden Zweige, bis in die Blätter hinein. Der Baum fühlte, daß er sich dabei streckte und reckte, ja, er empfand es mit den Wurzeln, wie auch unten in der Erde Leben und Wärme war; er fühlte seine Kraft zunehmen, er wuchs höher und höher, der Stamm schoß empor, es gab kein Stillstehen, er wuchs immer mehr und mehr, die Krone wurde voller, breitete sich aus, hob sich – und in dem Maße, in dem der Baum wuchs, steigerte sich sein Wohlbefinden, sein beseligendes Sehnen, immer höher hinaufzureichen, ganz hinauf bis zur leuchtenden, warmen Sonne.

Schon war er hoch über die Wolken hinaufgeschossen, die gleich dunklen Scharen von Zugvögeln oder großen weißen Schwänen unter ihm dahinzogen.

Und jedes Blatt des Baumes hatte die Gabe des Sehens, als hätte es Augen, um zu schauen; die Sterne wurden am hellen Tage sichtbar, groß und funkelnd; jeder von ihnen funkelte wie ein Augenpaar, mild und klar; sie erinnerten ihn an bekannte liebevolle Augen, Kinderaugen, an Augen von Liebenden, wenn diese sich unter dem Baum begegneten.

Es war ein wunderseliger Augenblick, so recht voller Freude und Lust! Und doch, in all dieser Freude empfand der Baum ein Verlangen, eine sehnende Lust, daß alle anderen Bäume des Waldes dort unten, alles Gebüsch, alle Kräuter und Blumen sich auch mit ihm erheben könnten, daß sie auch diesen Glanz sehen, diese Freude empfinden könnten. Die große majestätische Eiche war in all ihrer Herrlichkeit nicht ganz glücklich, weil sie alle, groß und klein, nicht bei sich hatte, und dieses sehnende Gefühl durchbebte alle Zweige, alle Blätter, innig und kräftig, wie eine Menschenbrust.

Die Krone des Baumes wiegte sich hin und her, als suche sie in tiefem Sehnen, sie schaute zurück. Da spürte der Baum den Duft von Waldmeister und bald den noch stärkeren Duft von Geisblatt und Veilchen; er glaubte zu hören, wie der Kuckuck ihm antwortete.

Ja, zwischen den Wolken schauten die grünen Wipfel des Waldes hervor, und unter sich sah die Eiche nun die anderen Bäume wachsen und sich erheben. Büsche und Kräuter schossen hoch auf, einzelne rissen sich mit der Wurzel los und flogen noch schneller hinauf. Die Birke war am schnellsten; einem weißen Blitzstrahl gleich schoß ihr schlanker Stamm zuckend in die Höhe, die Zweige umwallten ihn wie grüne Schleier und Fahnen; die ganze Waldnatur, selbst das braungefiederte Rohr wuchs mit, und die Vögel folgten und sangen, und auf dem Halm, der wie ein langes grünes seidenes Band in der Luft flatterte, saß die Heuschrecke und spielte mit dem einen Flügel auf ihrem Schienbein; die Maikäfer brummten, und die Bienen summten, jeder Vogel sang, wie ihm der Schnabel gewachsen war; alles war Sang und Klang und Freude bis in den Himmel hinein.

»Aber die kleine blaue Blume am Wasser, wo bleibt die?« rief die Eiche, »und die rote Glockenblume und das Gänseblümchen?« Ja, die alte Eiche wollte sie alle um sich haben.

»Wir sind da! Wir sind da!« sang und klang es.

»Aber der schöne Waldmeister vom vorigen Sommer – und im vorigen Jahr war hier doch ein Flor von Maiglöckchen! – und der wilde Apfelbaum, wie der schön blühte! – und all die Waldespracht jahraus, jahrein! – lebte sie doch jetzt, wäre sie doch jetzt erst geboren, dann hätte sie doch auch dabei sein können!«

»Wir sind dabei! Wir sind da!« sang und klang es noch weiter oben, es war, als seien sie vorangeflogen.

»Nein, das ist gar zu schön, unglaublich schön!« jubelte die alte Eiche. »Ich habe sie alle um mich, klein und groß! Nicht einer ist vergessen worden! Wie ist doch all diese Glückseligkeit vorstellbar! Wie ist sie möglich!«

»Im Himmel ist sie möglich und vorstellbar!« klang es durch die Lüfte.

Und der alte Baum fühlte, wie seine Wurzeln sich von der Erde losrissen.

»Das ist recht so, das ist das allerbeste!« sagte der Baum. »Jetzt halten mich keine Bande mehr! Ich kann jetzt hinauffliegen zum Allerhöchsten in Licht und Glanz! Und alle Lieben sind mit mir, klein und groß! Alle!«

Das war der Traum der alten Eiche. Während sie so träumte, brauste am heiligen Weihnachtsfest ein gewaltiger Sturm über Land und See daher. Das Meer wälzte schwere Wogen gegen die Ufer, es krachte und knackte im Baum, er ward mit der Wurzel aus dem Boden gerissen, gerade in dem Augenblick, als er träumte, daß seine Wurzeln sich von der Erde losrissen. Er stürzte. Seine dreihundertfünfundsechzig Jahre waren jetzt wie ein Tag der Eintagsfliege.

Am Morgen des ersten Weihnachtstages, als die Sonne aufging, hatte sich der Sturm gelegt. Von allen Kirchen her tönte festliches Glockengeläute, und aus jedem Schornstein, selbst aus dem kleinsten der ärmsten Hütte, stieg der Rauch in blauen Wolken auf wie vom Altar beim Fest der Druiden der Rauch des Dankopfers. Das Meer beruhigte sich allmählich, und an Bord eines großen Schiffes da draußen, das während der Nacht mit dem stürmischen Wetter gekämpft und es glücklich überstanden hatte, wurden nun alle Flaggen weihnachtsfestlich, als ein Zeichen der Freude, gehißt.

»Der Baum ist fort! Die alte Eiche, unser Wahrzeichen an der Küste!« sprachen die Seeleute. »Sie ist in dieser Sturmnacht gefallen! Wer wird sie ersetzen können? Niemand vermag das!«

Eine solche Grabrede, kurz, aber wohlgemeint, bekam der Baum, der auf der Schneedecke am Meeresufer hingestreckt lag; und über ihn tönten die Psalmenklänge vom Schiff aus, ein Lied von der Weihnachtsfreude und von der Erlösung der Menschenseele in Christo und vom ewigen Leben:

> Sing' laut zum Himmel, Christenschar!
> Es ist erfüllt! Sie ihn gebar,
> die Freud ist ohnegleichen!
> Halleluja! Halleluja!

So ertönte das alte Psalmenlied, und jedermann draußen an Bord fühlte sich durch das Lied und das Gebet erhoben auf seine Weise, ganz wie der alte Baum sich erhoben gefühlt hatte in seinem letzten, seinem schönsten Traum in der Weihnachtsnacht.

KARL PAETOW

Frau Holle und der Glasbläser

Der Glasbläser Henrich Kunkel aus Wickenrode stieg dem verschneiten Walde zu, welcher den Hirschberg wie ein Silberpelz von Rauhreif umhüllte. Der Meister war lebensbitter und traurig bis auf den Tod. Sonst hatte er um die Weihnachtszeit die grünen Gläschen und Flaschen, auch einmal Spielkram und Tand, Hasen, Füchse und Vögel für den Weihnachtsmarkt in der Hauptstadt geblasen. In diesem Jahr aber hockte die schwarze Katze in seinem Schmelzofen und wollte vor keinem glühenden Glasfluß weichen.

Mit müden Augen schlich sich der Meister dem Waldrand zu. Er sah nicht das eisige Zuckerweiß und den Blitz der Kristalle auf jedem Halm. Er hörte auch nicht das silberne Klingeln vom Hirschborn, der durch die glimmernde Eishaut brach. Alles war ja wie kaltes Glas, er aber wollte dies gläserne Gleichnis nicht schauen. Er sah nur die vielen hungrigen Mäuler um seinen Tisch und den stummen Kummer seiner Frau. Denn der Landgraf zu Kassel hatte ein strenges Gesetz erlassen, das allen Glasmachern verbot, ihr Holz in den fürstlichen Wäldern zu schlagen, weil die Waldverödung so gefährliche Ausmaße annahm. Wie aber sollte er Gläser brennen, wenn es kein Holz zum Schmelzen gab? Denn vom Glas kam ihnen allein das tägliche Brot.

So haderte er mit Gott, und die Last seiner Not drückte ihn schier zu Boden. Da hob sich eine mächtige Hutebuche kahl vor dem Abend. Von hier aus sah man das dämmernde Tal von Kassel, das Schloß an der Fulda, in welchem der Landgraf solche Verordnung erlassen hatte. Aber den Sternen war man auch schon näher als unten im Grund, wenn auch ein bleiches Wolkengrau die Lichter des Himmels verhüllte. Und hier war der Ort, wo der Meister dem sinnlos gewordenen Leben aufsagen wollte. Er bestieg eine wulstige Wurzel und prüfte die Kraft des unteren Astes. Dann warf er den Strick darüber und knüpfte sich zitternd die Todesschlinge.

»Glasmacher, was baumelt der Strick an dem Ast?« sprach eine Stimme. Erschrocken warf sich Kunkel herum. Da trat eine hohe, weiße Gestalt aus dem Baumstamm hervor.

»Willst Hand an dich legen«, fragte die Frau, »damit deine Kinder am Hunger sterben?«

»Weil sie am Hunger sterben«, stotterte er, »kein Brand, kein Glas, kein Brot –.« Aber die Elbin nestelte den Strick von dem Ast und legte die Schlinge zu Boden.

»Da sieh hinein«, befahl sie.

Der Mann gehorchte und blickte durch das Rund der Leine wie durch ein Fenster.

»Was siehst du?«

»Ich sehe«, sagte der Glasmacher, »der ganze Berg unter mir ist durchsichtig wie aus gegossenem Glas. Und mein Blick reicht weit in den Abgrund, wo sich die Elemente brodelnd vermischen.«

»Was siehst du oben?«

»Ich sehe«, sagte der Meister, »wie alle Blumen ruhen im Grund ihrer Wurzeln und alles Getier und Gewürm den Winterschlaf hält in seinen Höhlen. Da unten liegt auch in seinem Kessel eingerollt der dicke Dachs und blinzelt listig herauf. Zwischen den Tieren und Elementen aber im Zwischenreich wimmelt es jetzt von Kobolden, die fieberhaft schaffen. Die schippen und schleppen, die punzen und putzen, ein emsiges Völkchen.«

»Das sind die Seelen der Ungeborenen und der Toten«, sagte die Frau. »Sie hausen und wirken im Innern fort für die Lebenden. Aber was tut sich nun bei dem Voke?«

»Ich sehe, die einen schmieden edle Gesteine in funkelnde Ringe. Neue kommen und bauen kristallene Brücken zu blühenden Gärten. Die anderen formen helle Gefäße und Becher aus zartem Glasfluß, dergleichen ich niemals noch sah. Auf die klare Glaswand malen sie den Schimmelreiter mit farbigem Schmelz, wie er den Hirsch jagt im grünen Grunde. Da laufen die weißen Hündchen dem Schimmel unter dem Bauch und machen giff-gaff. Das leuchtet alles so fröhlich herauf, ach könnt ich bei meinen Tagen noch solche Herrlichkeiten erschaffen wie die!«

»Merk alles wohl«, wies die gütige Frau, »was die da unten formen, dergleichen sollst du bald selber blasen und bilden. Doch sage, was tut sich mehr?«

»Ich sehe in ungeheurer Tiefe die feurigen Wurzeln von einem steinernen Baum. Der wächst aus dem Feuermeer herauf als ein dunkler Stamm und hat seine Krone aus blauem Basalt bis in die Kuppel des Berges gereckt. In ihrem Schatten schichten sich die Kristalle von Salz und Alaun.«

»Und was erscheint nun?«

»Darunter wellt sich klaftermächtig ein braunes Lager, das ich nicht kennen und deuten kann.«

»Dies ist der Flöz«, sprach die Frau, »verkommenes Holz von gewaltigen Wäldern, die vor undenklichen Erdentagen hier gegen dein Leid gewachsen sind. Kohle nennen es die Zwerge und brauchen es lange schon, denn es heizt besser als Holz. Sieh hier!«

So stieß sie mit ihrem goldenen Schuh einen braunen Stein an, den hatte der Dachs aus seiner Höhle gerollt. »Hier ist solche Kohle, und dort liegt mehr. Lies alles auf, wende dich deiner Hütte zu und schüre ein großes Feuer an. Dann sollst du Gläser blasen nach meinem Willen, wie die Unterirdischen solche bilden. Denn dein letztes Brot ist noch lange nicht gebakken.«

Leise trat die Erscheinung zurück in den Baum und tauchte ein in die Dämmerung seiner Rinde.

Da raffte Kunkel die Steine in seinen Schurz. Er wunderte sich, wie leicht sie wogen. Aber seinem Glasofen gaben sie mehr Glut als das Knasterholz aus dem Landgrafenwald. Schon schmolz das Glas in dem feurigen Hafen. Mit Ungeduld tauchte der Meister sein Blasrohr ein und blies einen glühenden Becher. Den trieb er in wundersame Gestalt, wie sie die Unterirdischen vorgebildet hatten. Und auch das Geheimnis der Glasmalerei wurde ihm da in Gnaden geoffenbart.

Im Rausch seiner Freude rief der Meister nach seiner Frau und erzählte ihr fliegenden Atems von den brennenden Steinen. Aber die Arme glaubte nicht anders, als ihr Mann hätte vor Gram und Groll den Verstand verloren. Denn wie sollte er wohl zuwege bringen, mit Steinen zu heizen?

»Henrich, bedenk dich«, mahnte sie, »wie seinerzeit der Venediger hier herumgeschürft hat. Der hat uns damals auch goldene Berge verheißen. Aber am Ende kam uns die Brüh teurer als die Brocken. Denn du siehst immer nur den Speck, aber wo die Mausefalle steht, das willst du nicht wahrhaben!«

»Wer das Ziel sieht, ist halb schon da«, rief Kunkel voll Zuversicht, öffnete die Ofenklappe und warf ein paar Steine in die Feuerung. Gleich schlug ihnen die bullernde Glut in die Augen, und das Glas im Hafen schmolz glührot hin. So wurde auch die Frau dieses Wunders inne, lachte wie von Sinnen, schlug die Arme in die Luft und wirbelte durch die Werkstatt. Dann hing sie ihrem Mann schon am Hals und küßte sein stoppeliges Gesicht. »Ach«, rief sie, »das muß ja wahr sein, denn heute ist ja Altjahrsabend. Da kommt Frau Holle vom Meißner herab und geht zu den Menschen. Und wo sie fährt, da wird beschert!«

Der Blick in die Todesschlinge hatte dem Künstler die Seele gelöst. Da schuf der Gläsner Kunkel ein neues Glas. Wasserklare Gefäße und bilderbuchbunte Humpen verließen die Werkstatt zu Wickenrode. Die Mädchen begehrten die Gläser und Pullen als Brautgeschenk für ihre Liebsten. Dem Landgrafen selbst, als ihm die sinnreichen Becher gebracht wurden, erhöhten sie seine Tafelfreuden, daß er nur noch aus solchen Behältern den Trunk nahm. Die ganze Ritterschaft ahmte ihm nach und bestellte in Wickenrode ihr Trinkgeschirr, das ihnen der Meister mit Wappensprüchen und Bildern verzierte. Das Urbild der Unterirdischen wurde von Kunkel und seinen Gesellen erreicht. Der Ruf seiner Kunst drang über Hessens Grenzen, und niemals erlosch das bildende Feuer in seiner Hütte. Denn es wurde genährt von Frau Holles Kohle, die Kunkels Knappen im Berge ergruben. So war denn alle Not gewendet, und der Glasbläser lebte mit seiner Familie in ehrlichem Wohlstand. Da gab es nun alle Tage Ofenklatschkuchen und Klapperei.

KARL PAETOW

Der Bergmann und sein Weib

Diese Geschichte geschah in jenen Tagen, da noch Frau Holle in die Häuser der Menschen kam. Das ist noch gar nicht so lange her, und mancher biedere Altbauer hat noch aus Kindheitstagen das verheißungsvolle Schnippen ihrer Peitsche im Ohr, wenn sie dann, auf ihrem Gabenwagen sitzend, ins weihnachtliche Dorf fuhr. So kam sie denn auch einmal vor die Tür eines armen Bergmanns. Hier hatten sieben Kinder ihre Schühchen vor das Fenster gestellt, denn sie hofften in dieser Nacht auf Frau Holles Gaben. »Ach!« seufzte die Bergmännin, die noch fleißig am Spinnrad saß, als sie das Schnippen der Peitsche und das Schellen vom Glockengeschirr vernahm, »ach, wenn es doch die Frau Holle wäre! Denn sieben Kinder und ein harter Winter, das nagt am Mutterherzen!« So schlich sie denn zur Türe und schob den schweren Riegel beiseite. Da stand – o Schreck! – zwischen Schwelle und Türsturz der Schimmel im Schnee und eine hohe weiße Erscheinung dazu. Die winkte ihr mit dem Finger und sprach: »Weil du ein kummervolles Weib bist und weil deine Kinder schuldlos in Not sind, so nimm diese Spindel. Doch das ist mein Rat: Wahre deine Art, sonst muß sie schwinden!«

Die Bergmännin wog beglückt die goldene Kunkel in kundiger Hand. Sie knickste und dankte, sie dankte und knickste noch, als auch Frau Holle längst über alle Berge war. Nun brauchten sie wohl nicht länger vom Hungertuche zu essen, denn diese Spindel spann den feinsten Faden und gab sich an Flachs niemals aus. Als aber am Morgen die Kinder ihre Schühchen vom Fensterbrett holten, da fanden sie auch Äpfel und Nüsse genug darin.

Glück geht zu Glück. Also stieg zu der gleichen Stunde der Bergmann aus tiefem Schacht. Er hatte die Lampe schon unten im Stollen gelöscht, denn in seiner großen Armut fuhr er immer ohne Licht aus der Grube, um Docht und Öl zu sparen. Oben umfing ihn aber die Nacht wie ein Abgrund, und kein Sternlein glitzte.

Im Schwarzwassertal floß die Finsternis wie Pech von den Felsen, und selbst der Schnee, der sich um seine Schuhe klumpte, gab keinen Schein.

Nun kannte der Mann wohl seinen Pfad, denn er war ihn als Knabe schon gelaufen. Aber gegen die Rabennacht half auch kein Wissen um Weg und Steg. Er tappte dahin wie in fremden Gewölben und rutschte gefährlich am Steilhang. »Wie ist die Nacht so dicht, hätt' ich nur doch mein Licht!«, so stöhnte er ganz erschöpft, als er wieder an eine Zacke stieß. Da erblühte vor ihm ein Fünklein, das wiegte sich in dem Schatten wie ein guter Stern. Und er gewahrte am Bilstein einen, der schwang und schwenkte eine Laterne. »He, Kumpel!« rief der Bergmann, »leuchte, und leih mir dein Licht. Ich kenn mich im Finstern schon gar nicht mehr aus!« Aber der Fremde schwenkte seelenruhig seine Laterne weiter. Da erkannte der Bergmann den mächtigen Greis mit dem wallenden Bart. So konnte es nur der Bergvater sein, der ihm zur Weihnacht heimleuchten wollte. Und es war ein süßer Ruch um diese Lampe, wie Honig und köstliches Gewürz. Da sprach der Alte vom Berge: »Hab keine Zeit, muß weiterfahren. Will dir aber ein Stümpfchen leihen. Doch das ist mein Rat: Wahre dein Art, sonst muß es verlöschen!«

Und er griff in seinen Mantelsack, zog ein winziges Wachslicht hervor, entzündete dies und hielt es dem Erschrockenen unter die Nase. Der wollte sich eben bedanken, als ihn ein heftiges Niesen durchfuhr. Wie er aber aufsah, war die Erscheinung schon in den Schatten gesunken. Nur der süße Honigduft blieb um ihn, und das Licht gab so goldenen Schein, ging auch nicht aus und brannte von nun ab immerfort. Die stille Flamme erwärmte dem armen Manne das Herz, und er dachte auf seinem Heimweg: ›Wie wird meiner Hausfrau doch der Gram von den Schultern fallen, wenn sie das Kerzchen ansieht!‹ Aber schon schlich das Mißtrauen in seine Freude: »Sie tratscht doch alles der Nachbarin, und es wird ruchbar, daß ich eine ewige Lampe habe, und viel beneidet ist bald bestohlen.« Also verhehlte er seine Herzensfreude hinter einer mürrischen Miene und trat mit dem üblichen Seufzer in die Stube.

Seine Frau hatte ihm die Abendsuppe schon gerichtet. Sie steckte ein Wachslicht in das Flitterwerk der Pyramide, weil es doch Weihnachten war. Aber inwendig erwog sie: »Wenn er eine Ahnung hat, daß ich den Schlüssel zum Wohlstand führe, so rennt er noch öfter in den Krug. Und wo ein Brauhaus steht, da steht kein Backhaus.« Also verschwieg auch sie ihr Glück.

Auf Suppe folgt Rindfleisch. Die Frau spann so klar wie ein Haar. Sie verkaufte feines Garn und zartes Linnen und sparte manchen Groschen für ihre Kinder. Aber sie schwieg. Auch dem Bergmann brachte die ewige Lampe bessere Tage. Er fand eine reiche Silberader, stieg schnell im Ansehen und wurde schließlich über die Hauer und Schlepper gesetzt.

Aber Geld ohne Segen ist wie ein Sommer ohne Regen. Wohl lebten sie nun im vollen Wohlstand, und die Kinder brauchten nicht mehr betteln zu gehen. Nur das Band des Vertrauens war zwischen den Eltern abgerissen, und jedes lebte ohne den anderen in seinen verstockten Tag hinein.

Einmal kam der Steiger wieder betrunken nach Hause. Er schaute ganz jämmerlich drein. An seinen Augen wuchsen die Krähenfüße und um den Mund steile Gräben. Die Frau sah ihn von der Seite her an. Sie sagte: »Wenn du so weiter die vollen Kuhschellen hinter den Hellgelben heruntersäufst, dann werden deine Kinder bald das Waisenbrot beißen.«

Da wurde der Mann zornig und brauste auf: »Mißgönnst du mir die paar Schoppen nach dem schweren Tagwerk, so paßt mir's schon lange nicht, was die Spatzen von der Miste pfeifen, du Hexe!«

»Was kräht der Galgenvogel?« rief die Frau und schwang drohend einen Löffel. »Und du mußt das Sündengeld geradezu stehlen, sonst gingst du schon lange zum Bettelvogt, denn du kannst das Maß nicht halten!«

»Und du Gigack, du Schlappergusch, wer hat dir denn die sündhaften Laken gewebt – he?« schrie der Steiger.

Sie standen Auge in Auge, und der Haß fuhr ihnen schon in die Fäuste. Da schreckte Schellengeläut und das Schnippen der Peitsche die Streitenden auf und mahnte sie an die mißbrauchten Gaben. Aber in dieser Weihnacht fuhr Frau Holle vorüber. Dann schlug ein kalter Blitz ins Haus, das Licht erlosch, die Balken krachten, der Kalk fiel von der Wand und eine Stimme drohte:

»Zurück das Glück,
Stück um Stück!«

und als jedes nun erschrocken im Finstern nach seinem Wunschding kramte, da waren Zauberlicht und Wunderkunkel verschwunden.

Aber es ist kein Unglück so groß, es trägt ein Glück im Schoß. Nun hatten die beiden freilich nichts mehr zu mißtrauen und zu verhehlen. Mann und Frau mußten wieder an einem Strang ziehen, das Tägliche zu erwerben. Und weil der Steiger auch dem Trunke abschwor, so mehrte sich ehrlich ihr Wohlstand auch ohne die verlorenen Gaben. Als dann Frau Holle im nächsten Jahr wieder die Weihnacht durchfuhr, da blickte sie noch einmal in jene Stube. Hier sah sie die einige Familie im Glanz der Lichter. Vater und Mutter aßen eben Vielliebchen mit dem Doppelkern aus der Nuß. Da lächelte Frau Holle aus ihrer strengen Güte und sprach: »Zurück das Glück!«

KARL PAETOW

Der Frauenwagen

Ihr habt nun gehört, was an seltsamen Dingen sich in den heiligen Zwölften alles begab. Da schritt auch ein Bauer, die Axt auf der Schulter, dem Hochwald zu. Und in den Bergen sangen die wilden Vögel wie im Mai. Der Mann, der da vorwärts stapfte, lauschte verwundert den lieblichen Liedern und war zufrieden in seinem Gemüte, wenn er den fleißigen Wintertag überdachte, den er vollendet, und seinen Feierabend, dem er entgegenschritt. Denn zu Hause erwartete ihn schon sein junges Weib mit dem erstgeborenen Knäblein. Und besaß er auch nur in seiner Armut »zehn Morgen Wind hinterm Haus«, wie der Nachbar im Spott sich vermaß, so war es doch hell in seinem Gemüt, so hell wie eben unter seinen Sohlen. Da glitzerte der kristallene Neuschnee vom silbernen Mond. Als er so in den Wald eintrat und nach Hause dachte, stieß er wie von ungefähr mit dem linken Fuß an eine knollige Wurzel, die unter dem Schnee verborgen lag. Und alsbald erhob sich der Nachtwind aus einer Schlucht. Der hob ihn auf wie mit Flügeln auf seinem Pfad, blähte wie Segel des Wanderers Kleider und entrückte ihn ganz. Nur mühsam vermochte der Mann sich auf Weg und Wirklichkeit zu besinnen, denn der ganze Wald schien im Wandel der Weihnacht. Alle Bäume hatten ein Licht aufgesteckt, ein großes die großen, ein kleines die kleinen, und es leuchtete von all diesen Scheinen, als reihe sich Stern zu Stern. Immer dichter wuchs das Holz im Entschweben, immer heller der dämmernde Zauberschein, der den Mann so verwirrte. Und es mutete ihn an, als wüchsen alle Bäume aus einer gewaltigen Wurzel, und als wäre der ganze Wald nur ein einziger mächtiger Baum.

Da schnob es heran wie mit Rossen des Strumwinds, davor sich alle Kronen beugten, und die wehenden Lichter wichen vor einem Fahrzeug, das aus der klingenden Ferne zwei dampfende Schimmel zur Stelle brachten. In dem zierlichen Wagenkasten saß eine weiße Frau, die spann einen langen Faden, und ihre goldene Spindel tanzte weit unten im Grund. Aber wie eine schwere Woge am Ufer aufsteigt und stockt, so verhielten die Hufe plötzlich den donnernden Lauf, und der Wagen stand.

»Du kommst mir daher wie geheißen!« beugte die Spinnerin sich dem Bauern entgegen. »Nimm schnell dein Handbeil und verkeile mir meinen Wagen. Aber gib acht, daß der Nagel aus bestem Kernholz sei. Denn Himmel und Erde muß er in heißer Nabe zusammenhalten. Und wenn er bricht, zerfällt die Welt. Darum eile dich und richte gut. Am kleinsten Werk hängt die Ordnung der größten Dinge!«

Alsbald warf der Mann die Barte von seiner Schulter, kniete nieder und betrachtete diesen Schaden. Der Keilbolzen am linken Rad war zerspellt, das Rad in Gefahr auszuscheren. Dann blickte er auf zu der vornehmen Spinnerin und sprach: »Wer schnell hilft, hilft doppelt!«

Ohne Zögern schlug er ein kerniges Bäumchen um, hieb es zurecht, daß Spratten und Späne nur so flogen, und fertigte einen kräftigen Keil daraus. Dann schlug er diesen vor die Nabe und versplintete ihn mit aller Kunst. Zum Schluß richtete er noch die Deichsel, ruckte das Pferdegeschirr zurecht, und schon rissen die Rosse an den goldenen Ketten, schnoben und brausten dahin.

»Die Späne nimm,
Dein Lohn steckt drin!«

hörte er die Wagenlenkerin noch rufen, dann war alles, Frau und Wagen, in der dämmernden Lichtnacht dieses Zauberwaldes versunken. Im saugenden Nachtwind stäubten die Flocken vom Schnee.

Nachdenklich schlug der Mann seinen Kragen hoch und warf das Beil wieder über. Dann trabte er heimwärts und achtete der Späne, die da umherlagen, nicht mehr als der fliegenden Flocken. Es verdroß ihn nur ein wenig, daß die vornehme Frau nach so hohen Worten mit lumpigem Abfall bezahlen wollte. Indem er dem Sinn der Begegnung noch nachhing, drückten ihn seine Schuhe, und es schmerzte ihn etwas Kantiges an den Fersen, daß er sich schließlich auf einem Stubben niederließ. Da saß er denn und zog sich die Schuhe vom Fuß und stülpte sie um. Wie er sie wieder anzog, so blinkerten zwei ansehnliche Häufchen von Spänen im Schnee. Die gleißten im Mondlicht wie eitel Gold und wogen gleich guten gediegenen Gulden. Da erkannte der Zimmermann an der kostbaren Löhnung, daß es Frau Holles Wagen gewesen war, den er verkeilt und gerichtet hatte.

Mit frohem Gemüt trat er dann in die Hütte zu Weib und Kind und brachte mit sich die holde Mär von Frau Holles Umfahrt und legte den kleinen Goldschatz der Hausmutter in den Schoß. Den Bescheidenen hat es zu einem stillen Wohlstand schon zugereicht, und was der Mann von nun ab in seine Hände nahm, das wuchs und gedieh ihm zum Segen. So ward er denn inne der Weisheit, daß Himmel und Erde hängen am ehrlichen Tagwerk des Menschen.

Zu der nämlichen Zeit aber lebte im selben Dorfe ein junger Fant. Der hatte von jener Begegnung gehört und von dem, was der andere versäumte. Er dünkte sich aber neunmal klüger, wie dies eben Narren so oft vermeinen, kreidete sich den bewußten Tag im Kalender wohl an und schlenderte im nächsten Jahr mit der Axt durch das nämliche Waldstück. Und wieder fuhr Frau Holle daher mit ihrem Gefährt. Sie beugte sich über die Brüstung und fragte barsch den Unberufenen, zu welchen Geschäften er komme. Dem schlackerten schon längst alle Glieder, und er stotterte mühsam sein Sprüchlein vom Beil, vom Wagenkeil und der goldenen Löhnung.

Zürnte Frau Holle: »Bin eben selbst mit Werkzeug versehen, und meine Axt liegt griffbereit. Weil du aber aus Habsucht dein Beil anbietest, sollst du auch durch das Beil deinen Lohn bekommen.« Sprachs und schlug ihm die Barte in seine Schulter, daß Brust und Rückgrat zusammenklappten, und hinten wie vorne ein mächtiger Buckel den Wuchs zerbrach. Schon rissen die Rosse am Geschirr, und Weib und Wagen verwehten im Dunst der Ferne. Der Bursche aber trug entsetzt seine Ungestalt als Zeichen der Schuld nach Hause.

Als es dann nochmals auf Weihnachten ging und der Verwachsene seine ungebührliche Habsucht ehrlich durchdacht und bereut hatte, riet ihm der glücklichere Zimmermann, noch einmal die Hilfe der zürnenden Frau mit lauterem Herzen zu erbitten. So zog er denn wieder auf jenen besagten Abend dem Walde zu.

Da fuhr Frau Holle abermals vor, und wieder zügelte sie ihre Rosse, neigte sich über und fragte nach seinen Geschäften. Der Knecht wies ihr seine Ungestalt und klagte sich ehrlich an, daß er durch Habgier und Aberwitz die edle Frau vorjahrs beleidigt und aufgebracht hätte.

Da hob Frau Holle den Finger und lächelte: »Wisse, nicht mich hast du damals beleidigt, sondern dich selbst. Ich besinne mich wohl. Vor einem Jahr hieb ich an dieser Stelle mein Beil in einen gar groben Klotz. Der Klotz ist geblieben, der Grobian ist geschieden. So will ich das Beil denn aus dem Klotz entreißen.«

Kaum gesagt, so stand der Knecht wieder glatt und schlank nach dem Wuchs seiner jungen Gestalt im Wald der Frau Holle. Als er sich aber des Glückes besann und seinen Dank sagen wollte, da war die Erscheinung schon erloschen. Und wenn auch keine goldenen Späne mehr für ihn abfallen wollten, so trug er doch das schönste Geschenk mit nach Hause, einen gesunden und stracken Leib, wie ihn Gott einst erschaffen und gewollt hatte.

ANONYM

Alice und ihre Tauben

Alice, das Töchterchen des Webers, stand umringt von ihren Tauben vor der Tür ihres Häuschens. Im kleinen Dorf Maussane in Südfrankreich gibt es viele schöne Tauben, aber die von Alice waren die schönsten von allen. Sie trippelten und drehten die Köpfe und streckten die Brüste in die Sonnenstrahlen, die sie in ihren goldenen Glanz einhüllten, und ihre schlanken, beweglichen Hälse und geschlossenen Flügel schimmerten in allen Farben des Regenbogens, in Purpur, Rosa, Blau und Grau.

Von allen ihren Tauben war nur das Pärchen Blanche und Blanc fleckenlos weiß, und darum hatte der Herr Pfarrer diese beiden auch ausgesucht, von den Hirten bei ihrer weihnachtlichen Bittprozession zu Ehren des Kindleins Jesus mitgetragen zu werden. Diese Tauben waren nicht nur schön, sondern auch besonders zahm, und wenn Alice sie rief, ließen sie sich auf ihre Schultern nieder und fraßen ihr aus der Hand.

Während Alice da mit ihren Lieblingen stand, kam der Herr Doktor auf der engen Dorfstraße heran und blieb stehen, um die Tauben zu bewundern.

Der Herr Doktor war ein großer Mann, der aus Lyon gekommen war und eine Woche in Maussane bleiben wollte. Von ihm wurde erzählt, er hätte schon mehrmals Blinde wieder sehend gemacht. Die blinde Barbara, die mit dem Rücken an der Wand ihres Hauses saß und strickte, hatte geduldig geseufzt, als sie das hörte. Wenn sie doch nur Geld hätte und ihn bezahlen könnte, vielleicht könnte dieser große Arzt auch sie wieder sehend machen, dachte sie. Aber weil sie sehr arm war, wußte sie genau, daß daran nicht zu denken war und sie blind bleiben würde.

Obwohl er bekannt und berühmt war, war der Herr Doktor doch ein besonders freundlicher Mann, der sich oft mit den Bewohnern von Maussane unterhielt. So stand er denn nun neben Alice und wollte sehen, ob die Tauben wohl auch ihm aus der Hand fressen würden. Und siehe da, sie taten es. Erst setzte sich eine Taube auf seine Schulter, dann die zweite, und schon bald pickten sie ihm die Erbsen von der ausgestreckten Hand. Blanche und Blanc bewunderte er am meisten, und bevor er weiterging, sagte er: »Möchtest du mir die beiden weißen Tauben nicht verkaufen, Kind. Ich habe eine Tochter, Angélique, und die hat sich schon so oft weiße Tauben gewünscht. Sie wäre so glücklich, wenn ich ihr diese beiden mitbringen würde. Ich werde dir eine schöne Summe dafür geben.«

Aber Alice schüttelte heftig den Kopf. »Nein, bestimmt nicht, Herr Doktor, das geht unmöglich«, antwortete sie. »Ich habe die Tauben von meinem Vetter Gaspard bekommen, der hat sie im Frühjahr aus den Bergen von Amergue mitgebracht. Und dann gibt es, nicht nur weil ich sie so sehr lieb habe, noch einen Grund, warum das nicht geht. Der Herr Pfarrer hat sie unter allen Tauben des Dorfes ausgesucht; denn die Hirten sollen sie bei der Prozession mittragen, beim großen Weihnachtsfest, das wir hier immer feiern.«

Das sah der Herr Doktor ein und wollte sie dann auch nicht mehr überreden.

So manches Mal blieb der Herr Doktor auch vor dem Häuschen stehen, wo die blinde Barbara saß und strickte, und dann unterhielt er sich mit ihr. Am Tag vor seiner Abreise führte er ein ernstes Gespräch mit ihr über ihre Augen. »Das ist bestimmt nicht unmöglich, daß du dein Augenlicht wiederbekommst, Barbara. Wenn du nur nach Lyon in meine Klinik kommst und dich mir anvertraust, dann werden wir ja sehen, ob da etwas zu machen ist. Das kostet dich nichts.«

Barbara bedankte sich herzlich, sagte aber nicht viel dazu. Sie wußte genau, daß es nach Lyon sehr weit war und sie nicht genug Geld hatte, die teure Reise zu bezahlen. Aber das erwähnte sie dem Herrn Doktor gegenüber mit keinem Wort. Nur Alice vertraute sie sich an, als die sich zu ihr setzte und sie fragte, was der Herr Doktor denn gesagt und versprochen hätte.

»Was sagst Du!« rief Alice. »Hat er gesagt, er kann dich vielleicht wieder sehend machen! Aber dann mußt du nach Lyon fahren, Barbara, selbstverständlich mußt du das. Wenn du wieder sehen kannst, kannst du wieder schöne Klöppelarbeiten machen, wie früher, und dann brauchst du nicht immer und ewig zu stricken, stricken, stricken. Hätte ich nur genug Geld für die Reise nach Lyon, das würde ich dir sofort geben, damit du zu dem großen Herrn Doktor kannst.«

Barbara schüttelte den Kopf. »Ich kann keine Spitzen mehr machen«, sagte sie ruhig. »Ich kann nur noch Strümpfe für die Hirten stricken. Das ist nicht viel, aber trotzdem sagt der Herr Pfarrer, daß, wenn auch die Arbeit noch so niedrig sein mag, wenn wir sie mit Liebe tun, Jesus doch mit uns zufrieden ist.

Am Abend, als Alice ihren Tauben zuschaute, wie sie in Kreisen durch die Luft flogen und im Licht der untergehenden Sonne glänzten, dachte sie daran, daß der Herr Doktor für seine Tochter Angélique so gerne Blanche und Blanc gekauft hätte. Und plötzlich erinnerte sie sich daran, daß sie am Nachmittag Barbara gesagt hatte, wenn sie nur das Geld für die Reise nach Lyon hätte, würde sie es ihr gerne geben. Sie liebte Blanche und Blanc so sehr, daß allein der Gedanke an eine Trennung ihr die Tränen in die Augen trieben.

Aber Barbara liebte sie noch viel mehr, und wenn sie wieder sehen könnte, dann müßte sie nicht länger im Dunkeln sitzen und immer nur stricken, weil sie sonst nichts tun konnte. Vielleicht würde der Herr Doktor soviel für die Tauben bezahlen, wie die Reise nach Lyon kostete.

Soll ich sie wirklich für Barbara verkaufen, fragte sie sich. Ja, natürlich. Doch halt! Halt! Die beiden Tauben sollten ja von den Hirten in der Prozession mitgeführt werden. Also mußte sie erst noch den Herrn Pfarrer fragen. Ohne zu zögern eilte Alice durch die Dämmerung zur Pfarrei. Der Pfarrer hörte aufmerksam zu und blieb dann in Gedanken versunken sitzen.

Ängstlich hob Alice den Blick und sagte: »Aber es ist doch für die arme blinde Barbara, vielleicht kann Jesus das verstehen.«

Der Herr Pfarrer beugte sich über sie und küßte ihr freundlich die erhobene Stirn. »Daran zweifle ich nicht einen Augenblick, liebes Kind«, antwortete er.

Der Herr Doktor mußte am nächsten Tag in aller Frühe nach Lyon abreisen. Alice wußte also, daß sie ihm die Tauben sofort bringen mußte.

Nachdem sie die Erlaubnis des Herrn Pfarrers hatte, eilte sie zum Taubenschlag, wo Blanche und Blanc sich inmitten der anderen Tauben in den Schlaf gurrten. Alice kletterte hinauf und nahm sie vorsichtig heraus. Als sie die Leiter hinunterstieg, streichelte sie die kleinen Köpfe und setzte die beiden Tierchen dann in den Korb, den sie zuvor bereitgestellt hatte. Nachdem sie den Korb geschlossen hatte, eilte sie im Laufschritt zum Herrn Doktor.

»Aber liebes Kind«, sagte er überrascht, als Alice in dem Haus, in dem er wohnte, angekommen war, »du meinst also, ich kann die Tauben für meine Tochter Angélique mitnehmen? Aber sagtest du nicht, daß du sie nicht abgeben könntest? Und außerdem hast du mir doch erzählt, sie sollten Weihnachten in der Prozession mitmachen?«

»Das stimmt auch, Herr Doktor«, antwortete Alice leise und ein bißchen verlegen, »aber trotzdem, wenn Sie mir für die Tauben das Fahrgeld nach Lyon geben, können Sie sie haben.«

»Das Fahrgeld nach Lyon?« wiederholte der überraschte Doktor und musterte sie neugierig.

»Ja«, bestätigte Alice. »Ich brauche Geld für die Reise nach Lyon.«

Der gute Herr Doktor fragte nicht weiter, nahm den Korb mit den Tauben und gab ihr soviel Geld, wie die Reise nach Lyon und auch wieder zurück kostete.

Maussane liegt nicht an der Eisenbahnlinie. Wer nach Lyon reisen will, muß das mit dem Eilpostwagen tun, der von fünf starken Pferden gezogen und von Arnulph Manier gelenkt wird. Der Herr Doktor war schon lange unterwegs nach Lyon, als Alice bei der blinden Barbara an die Türe klopfte.

»Komm rein«, rief Barbara in ihrem Zimmer.

»Barbara, liebe Barbara, du wirst wieder sehen können, du wirst wieder alles sehen können, denn hier ist das Geld für die Reise nach Lyon!« rief Alice aufgeregt und stürmte auf sie zu. Sie drückte Barbara das Geld in die Hände, die offen in ihrem Schoß lagen.

Barbara brachte vor Überraschung kein Wort heraus, aber als sie sich wieder ein bißchen erholt und von Alice gehört hatte, wie sie zu dem Geld gekommen war, sagte sie entschieden: »Du hast die Tauben verkauft? Nein, nein, Alice, das kann ich nicht annehmen. Du mußt das Geld sofort dem Herrn Doktor zurückbringen, dann wird er dir auch die Tauben wiedergeben.« Was Alice auch sagte, Barbara wollte nicht hören. Erst als der Herr Pastor ein ernstes Wort mit ihr gesprochen und seine ganze Überredungskunst eingesetzt hatte, war sie schließlich einverstanden.

»Verstehst du denn nicht, Barbara, daß die kleine Alice, als sie dies tat, nur einer guten und lieben Eingebung ihres Herzens gehorcht hat und daß man nicht nur geben, sondern auch nehmen können muß? Darum darfst du dich nicht weigern.«

Da widersprach Barbara nicht mehr.

Am Tag von Barbaras Abreise nach Lyon war halb Maussane um den Eilpostwagen versammelt, um sie zu verabschieden und ihr viel Glück zu wünschen. Der Herr Pfarrer half ihr auf den Platz und gab Arnulph Manier alle möglichen Informationen, wo er Barbara in Lyon absetzen mußte und wie er den Herrn Doktor finden könnte.«

Der Winter nahm seinen Einzug in die Provence.

Die Felder waren kahl, und abends beugte der kalte Mistral die Wipfel der in langen, grauen Reihen stehenden Olivenbäume. Barbara war nun schon drei Wochen lang weg, und morgen sollte das große Weihnachtsfest sein, das in der Provence immer auf ganz besondere Art gefeiert wird.

Alice wartete ungeduldig auf die Ankunft des Postwagens, denn sie nahm an, daß Barbara zum Weihnachtsfest zu Hause sein wollte. Und sie täuschte sich nicht. Als Arnulph mit einem Zügelrucken mit dem Postwagen in die enge Straße von Maussane einbog und dann anhielt, stieg Barbara als erste aus, und zwar ohne Hilfe von anderen zu benötigen, denn sie war nun nicht länger die »Blinde Barbara«. Das konnten alle sofort sehen. Als Barbara ausstieg, kamen die Dorfbewohner von allen Seiten angelaufen, aus allen kleinen Seitengassen, um sie zu begrüßen. Der erste war der Herr Pfarrer. Doch Barbara umarmte als erste Alice, bedankte sich herzlich bei ihr und sagte, sie habe eine Nachricht des Herrn Doktors für sie. »Er bittet dich, Alice, heute abend gegen Sonnenuntergang zum Himmel hinaufzuschauen, in Richtung Lyon.«

Es war schon die Stunde des Sonnenuntergangs. Darum drehte sich Alice sofort um und schaute in Richtung Lyon, wie es der Herr Doktor gewünscht hatte. Alle Anwesenden schauten ebenfalls in Richtung Lyon zum Himmel hinauf. Ganz weit entfernt, wie Schneeflocken auf einem rosigen Berghang, waren zwei kleine Vögel zu sehen, die schnurstracks nach Maussane flogen. Und sie flogen schnell.

Alle Augen waren voll Spannung auf sie gerichtet, und als die Vögel näher herangekommen waren und größer wurden, sah man, daß es Tauben waren: Tauben, die von ihrer Reise zurück nach Hause kamen.

Alice konnte sich denken, welche Tauben es waren, aber sie konnte es noch nicht glauben. Sie hob die Arme und rief mit lauter Stimme verlangend: »Blanche und Blanc!«

»Oh, Barbara, Barbara, meist du wirklich, sie sind es?«

Sie brauchte nicht länger zu zweifeln. Mit kräftigen Flügelschlägen die Luft peitschend, als ginge es ihnen nicht schnell genug, kamen die Tauben herunter und setzten sich dann laut gurrend auf ihre ausgestreckten Hände.

»Die Tauben von Alice! Die Tauben von Alice!« riefen die Hirten von Maussane erfreut, während Alice die schönen glatten Vögel an sich drückte.

Und dann merkte sie, daß Blanche etwas unter einen Flügel geklemmt hatte. Vorsichtig hob sie den Flügel an und sah eine kleine Papierrolle, die auf einer Feder steckte. Mit zitternden Fingern nahm sie das Röllchen ab und reichte es dem Pfarrer. Der Herr Pfarrer rollte es auf und las laut vor, so daß alle es deutlich hören konnten.

Liebe Alice,
die Tauben, die du weggegeben hast, um der blinden Barbara zu helfen, schicken meine kleine Angélique und ich wieder zurück. Da nichts wertvoller sein kann, dem Kind Jesus zu Füßen zu legen, als diese Gabe, mit der du einem Mitmenschen geholfen hast, bitten wir beide dich, diese beiden Tau-

ben doch auf dem großen Weihnachtsfest in der Prozession der Hirten mitzutragen.

So wurden die weißen Tauben der Alice beim herrlichen Weihnachtsfest von Maussane doch mit durch die Kirche getragen. Barbara, nun nicht mehr blind, stand aufrecht im breiten Kirchenschiff und hielt die Hand ihrer Freundin Alice, als sie die Hirten mit dem weißen Lamm und den weißen Tauben an sich vorübergehen sah. Tief senkte sie den Kopf und dankte dem Vater im Himmel.

RUTH SAWYER

Besuch bei den Zigeunern

Es gibt in meinem Land Menschen, die man fahrendes Volk nennt; man sagt, sie seien schon zweitausend Jahre lang immer unterwegs. Ihr nennt sie Zigeuner, wir nennen sie *Tzigan*. Es sind Landfahrer, und meistens hält man sie für schmutzige Diebe, stets bereit, die Zukunft vorherzusagen oder anderen in die Tasche zu greifen, je nachdem, wozu sie gerade Lust haben. Aber das stimmt nicht immer, denn so sind sie nicht alle. Manche sagen, sie seien verflucht, weil sie Angst hatten, Maria und dem Kind Unterkunft zu geben, als der König von Judäa sie zwang, nach Ägypten zu flüchten. Aber die Zigeuner selbst sagen, das entspräche nicht der Wahrheit. Und so werde ich nun die Geschichte erzählen, die die Tzigan-Mütter in Rumänien am Heiligabend ihren Kindern erzählen, wenn sie am Feuer sitzen, das immer mitten in ihrem Lager brennt.

Es war Winter, und zwölf Monate waren vergangen, seit die Zigeuner ihre Herde Bergschafe über den dunklen, düsteren Balkan getrieben und sich in den südlichen Ländern am Ägäischen Meer niedergelassen hatten. Es waren auch zwölf Monate her, seit sie einen funkelnden Stern am Himmel gesehen und in weiter Ferne Engelstimmen gehört hatten. Oft hatten sie verwundert über den Stern gesprochen und sich gefragt, was der wohl zu bedeuten habe, bis eines Tages jemand aus dem Süden gekommen war, der ihnen erzählte, der Stern sei erschienen, um die Geburt eines Kindes zu verkünden. Das Kind sei von weisen Männern als »König von Israel« und »Prinz der Welt« willkommen geheißen worden. Das hatte Herodes von Judäa Angst gemacht, und er war wütend geworden und hatte insgeheim Soldaten ausgeschickt, das Kind zu töten. Doch in der Nacht waren sie auf wunderbarliche Weise verschwunden – das Kind und Maria und Josef –, und niemand wußte, wohin sie gegangen waren. Darum hatte Herodes ins ganze Mittelmeergebiet Leute geschickt mit der Botschaft, niemand dürfe dem Kind Nahrung oder Unterkommen verschaffen. Wer es dennoch täte, würde mit dem Tode bestraft. Der Zorn des Herrschers Herodes war allgemein gefürchtet, denn wer seinen Ärger auf sich zog, zog auch sein Schwert auf sich. Nach seiner Warnung ging der Mann weiter und ließ die Zigeuner voller Verwunderung über die gerade gehörte Geschichte zurück.

Es war nun genau zwölf Monate her, daß der Stern gestrahlt hatte. Die Zigeuner fragten sich, ob der Stern heute nacht wieder erscheinen würde. Wenn der Mann die Wahrheit gesprochen hatte, daß der Stern vor zwölf Monaten den Ort angezeigt hatte, an dem das Kind geboren wurde, war es gut möglich, daß es heute nacht wieder geschehen würde. Dieses Mal würde der Stern dann zeigen, wo sich das Kind verborgen hielt. Dann würde Herodes wissen, wo er es finden könnte, und er würde wieder seine Soldaten ausschicken, um es zu töten. Das wäre schrecklich!

Die Luft war kalt, und es fror, selbst dort im Süden, dicht am Mittelmeer. Darum machten die Zigeuner ein großes Feuer und hängten darüber ihre Töpfe mit Hirse, Fisch und bitteren Kräutern. Der Zigeunerkönig lag auf seinem Lager aus Tigerfellen. An seinen Armen hingen Amulette aus schwerem Gold, und an den Fingern und in den Ohren trug er goldene Ringe. Seine Tunika war aus schwerer Seide, darüber trug er eine Leopardenjacke, und seine Schuhe waren aus Ziegenleder und mit Pelz besetzt. Als sie beim Mahl ums Feuer saßen, drang durch die Dunkelheit eine Männerstimme an ihre Ohren.

»Hu-u«, rief die Stimme. Und dann aus der Nähe: »Hu-u!«

Die Zigeuner ließen sich von der Stimme nicht in ihrer Unterhaltung stören; ein alter, grauhaariger Mann trat zu den am Feuer Sitzenden. Und dann kam eine junge Mutter mit liebem Gesicht, die ein Kind trug.

»Wir sind Verbannte«, sagte der Mann bitter. »Ihr wißt, daß jedem, der uns hilft, die Rache des Herodes droht. Schon ein ganzes Jahr irren wir ohne Bleibe durch die Welt. Nur die Tiere in den Wäldern fürchten sich nicht, uns Unterschlupf in ihren Höhlen zu geben. Doch heute nacht können wir nicht weiter; wir bitten um ein wenig Wärme und ein wenig Essen.«

Der König sah ihn lange an, bevor er antwortete. Er sah die Müdigkeit in ihren Augen und den Hunger in ihren Gesichtern; er sah auch den Lichtkranz um das Kind. Und schließlich sprach er zu seinen Männern:

»Dies ist das Kind von Bethlehem, das Kind, das ›der Prinz der Welt‹ genannt wird. Wer ihm Schutz bietet, verfällt der Rache des Herodes. Sollen wir ihnen ein Unterkommen bieten?«

Einer der Zigeuner sprang auf und rief: »Es ist Sünde, Fremde vom Feuer fortzuschicken, und eine noch größere Sünde, wenn sie arm und freundlich sind. Was kümmert uns die Rache des Herodes? Ich sage, sie sind willkommen. Was sagen die anderen?« Und wie ein Mann riefen die Zigeuner: »Ja, sie sind willkommen!« Sie holten Felle und legten die ans Feuer; darauf konnten der Mann und die Frau schlafen. Sie brachten Essen und Wein und Ziegenmilch für das Kind. Und als sie sahen, daß es ihnen an nichts mehr fehlte, schauten sie sich das Kind an – die schwarzen Zigeuner – und berührten seine kleinen Hände und spielten mit seinen goldenen Haaren. Sie brachten ihm eine Goldkette zum Spielen, und auch eine für den Hals und eine für die Ärmchen.

»Diese Geschenke sind für dich«, sagten sie, »zu deinem ersten Geburtstag.«

Und als schon alle lange schliefen, lag das Kind auf seinem Lager aus Fellen neben dem brennenden Feuer und beobachtete die Schattenspiele im Glanz der goldenen Ketten. Es lachte und klatschte in die Hände, weil ihm das sehr gefiel.

Und dann rief aus den nahen Sträuchern ein Vogel.

»Kindlein aus Bethlehem«, rief er, »ich habe auch ein Geburtstagsgeschenk für dich. Ich werde heute nacht Wiegenlieder für dich singen.« Und ganz leise, wie das Klingeln silberner Glöckchen und das Rauschen des Wassers über das Moos, sang die Nachtigall. Sie sang und sang und sang und füllte die Luft mit Melodien.

Und dann rief eine andere Stimme: »Kindlein aus Bethlehem, ich bin nur ein Baum mit kahlen Ästen, denn mir hat der Winter mein Grün genommen, aber ich kann dir dennoch ein Geburtstagsgeschenk machen. Ich werde dich gegen den beißenden Wind, der aus dem Norden weht, beschützen.«

Und der Baum bog seine Zweige und flocht daraus ein Dach und eine Wand um das Kind herum.

Schon sehr bald schlief das Kind. Und während es schlief, kam aus dem Gebüsch ein kleiner Vogel hervor. Er schüttelte das Köpfchen und sagte: »Was kann ich dem Kind aus Bethlehem geben? Ich könnte ihm einen dicken Wurm fangen oder eine Raupe suchen, aber die wird es nicht mögen! Und ich könnte ihm eine Geschichte über nördliche Länder erzählen, aber es schläft und würde mich nicht hören.« Ganz traurig schüttelte das braune Vögelchen das Köpfchen. Da sah es, daß der Wind die letzten Fünkchen des Feuers dichter und dichter zum Kind blies.

»Ich weiß, was ich tun kann«, sagte das Vögelchen froh. »Ich kann die Funken mit meiner Brust auffangen, denn wenn nur einer auf das schlafende Kind fällt, kann es sich gehörig verbrennen.« Und dann breitete das braune Vögelchen die Flügel aus und fing die Funken mit der Brust auf. Das waren so viele, daß es sich die Federn verbrannte. So war seine Brust nicht länger braun, sondern rot.

Als die Zigeuner am nächsten Morgen wach wurden, waren Maria, Josef und das Kind fort. Denn Herodes war gestorben und es war ein Engel gekommen, der sie zurück nach Judäa gebracht hatte. Aber der gütige Gott segnete alle, die nachts über das Kind gewacht hatten.

Zur Nachtigall sagte er: »Dein Gesang soll der schönste in der ganzen Welt sein, für immer und ewig, und du sollst die einzige sein, die die ganze Nacht durch singt!«

Zum Baum sagte er: »Kleine Tanne, deine Zweige werden nie wieder kahl sein. Im Sommer und im Winter werden deine Zweige grün sein. Für immer und ewig.«

Und zum Schluß segnete er den kleinen braunen Vogel: »Treuer kleiner Wächter, von nun an werden du und deine Nachkommen eine rote Brust haben, so daß die Welt niemals vergessen wird, was du für das Kind aus Bethlehem getan hast.«

RUTH SAWYER

Bernardinos Gold

Jahrhunderte ehe die Armada aus der Bucht von Vigo ablegte, um Englands Schiffe zu bekriegen, lebte hoch oben in den kantabrischen Bergen ein Bauer. Er war ein Riese von einem Mann, aber sanft zu allen Geschöpfen und insbesondere zu den Kindern, mit einer ruhigen, freundlichen Art zu sprechen und mit einem außergewöhnlich einfältigen Herzen. Er lebte für sich zusammen mit seinen Ochsen, die den Pflug für ihn zogen, den Ziegen, die ihm Milch gaben, und dem kleinen, schwarzen Hund, der ihm munter hinterhersprang.

Noch waren keine Kirchen in Spanien erbaut worden. Doch eines Frühlings kam ein heiliger Mann, ein Mönch, den Berg zur Hütte des Bauern hinaufgeklettert, um dort für viele Tage mit ihm zu wohnen und ihm zu erzählen von einem neuen Gott und dessen Sohn, einem heiligeren Menschen als alle anderen, einem, der auf die Welt gekommen und gestorben und wiedergeboren war. Jeden Abend, nach dem Pflügen des Tages, las der Mönch aus einem kleinen handgeschriebenen Buch vor über diesen Sohn Gottes, diesen Jesus Christus. Er wußte viel zu erzählen: Eine neue Religion war nach dem Gottessohn benannt worden – das Christentum; und es gab viele Geschichten, die nicht niedergeschrieben worden waren, aber von Mund zu Mund weitergegeben wurden.

»Ich möchte gern ein Christ werden«, sagte der Bauer, »ich möchte diesem Jesus Christus folgen.«

So war es ganz natürlich, daß der Mönch den Bauern taufte, ehe er ihn verließ. Er gab ihm den Namen Bernardino, unter welchem er in ganz Kantabrien bekannt wurde. Da Bernardino aber ein Mann war, der wenig Kontakt hatte mit anderen Menschen, war er besorgt, er könnte manches von dem vergessen, was der Mönch ihm erzählt hatte; so begann er, seinen Tieren die Geschichten und alles, was er aus dem handgeschriebenen Buch über Jesus Christus gehört hatte, zu wiederholen. Während der Bauer neues Land rodete und pflügte, sprach er mit den Ochsen und sagte: »Ihr Langsamen und Sanftmütigen, hört mir nur gut zu! ›Und an demselben Tag verließ Jesus das Haus und setzte sich am See nieder...‹«

Wenn er bei Einbruch der Dämmerung die Ziegen molk, sprach er, indem er seine Worten dem Tropfen der Milch in den Eimer anpaßte: »Meine lieben Brüder, dies ist für eure Ohren gedacht, diese Segensworte: ›Selig die Bettler um Geist...‹«

Und ehe er einschlief, erzählte er dem Hund, der neben dem Herd lag, von den Lahmen, den Verkrüppelten und den Blinden und wie sie durch Handauflegen geheilt worden waren: »Mein kleiner treuer Freund, Er war der Heiligste aller Menschen.«

Er fügte die Geschichten von Jesus Christus in den Jahreslauf ein, begann zur Wintersonnenwende mit den Hirten, die Wache hielten, den Engeln, dem Stern, der Krippe und dem neugeborenen Kind. »›Hosianna. Ehre sei Gott in den Höhen!‹ Das ist gut; aber hört etwas noch Besseres meine Tiere: ›Friede auf Erden, guter Wille allen Menschen!‹ Das ist etwas, das Menschen und Tiere allezeit in ihrem Herzen bewahren sollten.«

Staunend, voller Bitterkeit, mit tiefem Kummer, daß die Tränen aus seinen Augen flossen und die Furchen auf seinen Wangen hinunterrannen, um schließlich in die Furchen der Erde zu fallen, erzählte er alles, was mit dem Leben und dem Tod Jesu Christi zu tun hatte. Aber jedesmal begann er zur Wintersonnenwende mit frohem Herzen: »Hört mir zu, ihr Niedriggeborenen, wir kommen wieder zur Geburt.« Dann war seine Freude wieder grenzenlos.

Als er zum ersten Mal von der Geburt gehört hatte, war in ihm ein großer Entschluß gereift, den er mit keinem Menschen teilte, nur mit seinen Tieren: »Eines Tages werde ich zu Weihnachten nach Bethlehem gehen, wenn das Christkind aufs neue geboren wird. Auch ich werde es an seiner Krippe anbeten. Ihr werdet sehen!«

Das aber bedeutete: Er brauchte Gold für die Überfahrt, Gold für Nahrung und ein Geschenk, wenn er den ärmlichen Stall erreichen würde. Schiffe aus vielen Ländern, aus dem Osten, dem Süden, dem Norden legten immer wieder im Hafen an, um neuen Proviant zu fassen. Die Hälfte seiner Ernte wollte er jedes Jahr an die See tragen und für Gold verkaufen. Er wollte mit den Seeleuten über jenen Ort Bethlehem in Galiläa sprechen. Er wollte von ihnen hören, wie lange die Reise dauern und wieviel sie kosten würde.

Von jener Zeit an, da er zum ersten Mal die Reise zum Hafen unternahm, band sich Bernardino eine Lederbörse um die Hüften, und dahinein steckte er sein erstes Goldstück. Zehn Stücke würde er für sein Unternehmen brauchen und ein halbes Jahr Zeit. Wenn er nach der Herbst-Tagundnachtgleiche aufbrach, konnte er für die Frühlingsaussaat wieder zurücksein. Das war gut! Die Tiere würden selbst für sich sorgen; er würde ihnen viel zu erzählen haben, wenn er zurückkehrte.

Bernardino war ein junger Mann, als der Mönch ihn getauft hatte; er war im besten Mannesalter, als die Börse gefüllt war und die Herbst-Tagundnachtgleiche vor der Tür stand. Das Gold für seine letzte Ernte sollte als Geschenk für das Kind dienen. Er zweifelte nie daran, daß er Bethlehem finden und daß das Kind da sein würde, neugeboren. Der Abend der Abreise kam. Das plumpe, zweirädrige Wägelchen wurde beladen für die Reise am Morgen. Bernardino stand über den Herd gebeugt und legte in die säuberlich zusammengekehrte Glut die Haferkuchen, in Kohlblätter eingewickelt, welche ihm als Reiseproviant dienen sollten. Zufällig blickte er auf. Eine kleine Gestalt mühte sich auf unsicheren Füßen zur Hütte empor. Ehe der Bauer sich aufrichten konnte, war sie gestolpert und, mit dem Gesicht nach unten, zu Boden gestürzt – kaum zwei Meter von seiner Tür entfernt.

Bernardino eilte zu dem Niedergestürzten und hockte sich neben ihn. Es war ein Junge mit zerrissenen Kleidern; sein Rücken zeigte an manchen Stellen Spuren von Peitschenhieben, die den blanken Knochen freigelegt hatten. »Wer hat das gewagt?« Der Bauer war erzürnt über das, was er da sah – daß ein Mensch, so jung, so klein, derartig mißhandelt wurde. Er hob ihn sanft auf, trug ihn in die Hütte und legte ihn behutsam auf sein Lager aus Fellen. Dann sammelte er Heilkräuter und Harz von den Bäumen und bereitete daraus einen Balsam für die Wunden. Als der Junge wieder zu Bewußtsein kam, hätte er die Flucht ergriffen, wenn er nicht wegen des Blutverlustes so schwach gewesen wäre. Man brauchte nicht stark zu sein, um ihn zurückzuhalten; aber Bernardino mußte ihm lange freundlich und schmeichelnd zureden, um ihn zu bewegen, die warme Milch zu trinken, die er ihm an die Lippen hielt. Nackte Angst sprach aus den Augen des Jungen. »Auch das wird man heilen müssen«, dachte Bernardino.

Dann kam der Tag, an dem es dem Jungen so gut ging, daß er umherlaufen konnte. Zweimal hatten seine Lippen sich zu einem Lächeln verzogen, wenn Bernardino in die Hände geklatscht hatte vor Freude darüber, daß er so schnell lernte, die ihm fremde Sprache zu verstehen. Der Mond hatte zugenommen vom ersten Viertel zur vollen Scheibe, als ein Mann den Hügel heraufgeklettert kam; er trug einen ledernen Brustharnisch und ein Schwert. Der Junge lief davon, als er ihn erblickte, und durch Zeichen machte der Fremde Bernardino deutlich, daß er gekommen sei, den Jungen, einen Sklaven, zu fangen, um ihn auf das Schiff zurückzubringen, von dem er entflohen war. Schließlich zog der Bauer sein Gold hervor und zahlte die zehn Goldstücke, die für die Freiheit des Jungen gefordert wurden.

»Es ist gut so«, dachte der Bauer, »jetzt werde ich jemanden haben, den ich mit den Tieren und Ländereien zurücklassen kann, wenn ich gehe.« Und er setzte alle seine Kraft und Herzlichkeit ein, den Jungen zu lehren, seine Furcht zu vergessen und zu verstehen, was Freiheit bedeutete, und um ihm seine eigene Sprache beizubringen – vor allem, damit er Menschenohren hätte, denen er die Geschichten von Jesus Christus und alles, was in dem handgeschriebenen Büchlein niedergelegt war, anvertrauen konnte.

Die Ernten wurden immer reicher. Als Bernardino und der Junge in diesem Herbst gemeinsam zum Hafen gingen, um das Korn, den Kohl, den Ziegenkäse und sauren Wein zu verkaufen, konnte der Bauer zwölf Goldstücke in die Lederbörse stecken, die er um die Hüfte geschnallt trug. Fünf Jahre vergingen so rasch, wie die Schwalbe ihren Weg über das Meer zurücklegt, und wieder kam die Zeit des Abschieds für Bernardino. Herz und Sinn waren ihm erfüllt von der Freude zu gehen; er malte sich aus, wie er die Schwelle des Stalls überschreiten und vor dem Kind knien würde. »Ich werde dir alles erzählen müssen, wenn ich zurück bin. Halte Ausschau nach dem Stern. Ich selbst schaue stets nach ihm aus, denn wer weiß, wann er wieder erscheinen wird, um uns den Weg zu weisen!«

Es war Abend geworden. Die Haferkuchen waren fertig, und der Junge saß und schälte die verbrannten Kohlblätter ab und legte jeden einzelnen Kuchen vorsichtig in den Sack, den Bernardino mitnehmen wollte. Plötzlich wurde die Stille der Nacht zerrissen durch das Rufen von Stimmen, und aus der Dunkelheit traten vier Gestalten hervor, in Kutten gekleidet, Mönche, heilige Männer wie jener, der vor vielen Jahren hierhergekommen war. Bernardino erhob sich, um sie zu begrüßen, gab ihnen zu essen und bereitete ihnen eine Schlafstelle vor, so gut er es vermochte; er selbst ging mit dem Jungen hinaus in den Stall, um bei den Tieren zu nächtigen. Doch ehe er sie verließ, erzählten die Mönche ihm etwas Merkwürdiges. Überall auf Gottes Erden begannen die Menschen Kirchen zu errichten, um in ihnen Jesus Christus zu verehren. Sie waren gekommen, um eine solche Kirche hier zu bauen sowie ein Kloster, das ihren heiligen Orden beherbergen sollte. Sie würden die Hilfe starker Männer brauchen; sie würden auch alles Gold brauchen, das die Anänger Jesus Christi zusammenbringen konnten.

Auf diesen seltsamen Bericht gab es für Bernardino nur eine Antwort. Er mußte sein Gold hergeben. Hätte er jemals von dem Kind gehört oder von Bethlehem, wenn ihm nicht ein heiliger Mann die Botschaft gebracht hätte? Er würde hierbleiben und beim Bau der Kirche helfen. Vielleicht war es der Wille des neuen Gottes, daß er ihn hier anbetete und nicht in Bethlehem.

So begann für Bernardino, den Bauern, ein neues Leben. Er bearbeitete das Land gerade soviel, wie notwendig war, um sich und den Jungen zu ernähren sowie die vier, die hinzugekommen waren. Vom ersten Morgenlicht, das hinter den Hügeln erschien, bis zum letzten Strahl, der hinter dem Meer verschwand, arbeitete er, fällte Bäume, machte große Balken, bog sie zum Kuppeldach. Während sie miteinander arbeiteten, lehrten die heiligen Männer Bernardino manche Salves und Glorias und Gesänge, die Teil des Gottesdienstes geworden waren. Diese sangen sie, daß die Hügel davon widerhallten.

Viele Jahre vergingen, ehe Kirche und Kloster erbaut waren. Als alles vollendet war, war Bernardino ein alter Mann geworden, der mehr Jahre zählte, als er erinnern konnte. Es hatte Zeiten gegeben, in denen Widerwille und Ärger sein Herz erfüllt hatten, in denen er sich auflehnte gegen die Arbeit, die ihm zugeteilt war, und gegen das stückweise Sterben seines Traumes von Bethlehem. Aber diese Zeiten brauchte er immer weniger zu fürchten, denn er fand viel Trost im Gottesdienst und beim Beten in der Kapelle. Von fernher war die Figur eines dornengekrönten Jesus Christus am Kreuz angekommen und eine andere von seiner Mutter, Maria, in blauem Mantel und mit goldener Krone auf dem Haupt. Die Brüder nannten sie die Jungfrau des Lichts, und Bernardino empfing viel Trost, wenn er zum Morgen- und Abendgebet vor ihr kniete und ihr sein Herz ausschüttete. Es fiel ihm schwer, zu dem Gekreuzigten zu beten, denn nie hatte er ihn sich so vorgestellt. Oft beklagte er sich darüber bei den Brüdern: »Warum muß er dort hängen Jahr um Jahr? Predigt die Kreuzigung, ja; und die Auferstehung an Ostern. Aber zeigt Jesus Christus als das neugeborene Kind – immer wieder neugeboren. Daran müssen wir uns erinnern. Wir verehren die Geburt, nicht den Tod.«

Je älter er wurde, desto öfter erhob er seinen Einspruch: »Wir suchen Bethlehem – nicht den Calvarienberg. Kommt, laßt uns die Krippe mit dem Kind hier aufstellen.«

Wer hätte aber je von so etwas in einer geweihten Kirche, die auf geheiligtem Boden errichtet war, gehört! »Er wird älter als der älteste Baum«, sagte einer. »Manchmal meine ich, er muß mit dem guten Santiago nach Spanien gekommen sein«, sagte ein anderer. »Er wird komisch wie alle alten Männer«, sagte ein dritter. »Bald wird er sterben.«

Aber Bernardino starb nicht. Er lebte fort, weit über die ihm bestimmten Jahre hinaus. Viele Mönche waren zu dem Koster gekommen; Pilger erstiegen die Hügel, um dort zu beten. Die Brüder gaben Bernardino leichte Aufgaben zu verrichten, die seine schwindende Kraft nicht überforderten. Doch wenn er Wasser holte oder Reisigbündel aus dem Wald herbeitrug, stieg in seinem nun meist verwirrten Sinn die verwunderte Frage auf, warum er wohl immer noch weiterlebte. Warum war er nicht gestorben wie jene Mönche, mit denen er zusammengearbeitet hatte, um die Kirche zu errichten? Und eines Tages fiel ihm die Antwort dazu ein. Wie sollte er sterben, wenn er nicht zuvor Bethlehem gesehen hätte! Hatte er nicht versprochen, dort, wo der lebendige Christus geboren worden war, seine Anbetung zu verrichten? Es reichte nicht aus, vor einem sterbenden Christus zu knien; er mußte den lebendigen finden.

Der Winter brachte viel Schnee; eiskalte Winde ließen das Kloster auf den Hügeln erzittern, und die Mönche froren bis aufs Mark. Bernardino durfte seine Ziegenfelle ins Haus tragen und neben dem Feuer im großen Saal schlafen. So kam es, daß er dort im Schlaf lag, während die Brüder sich nach dem Gebet am Heiligen Abend in ihre Zellen zurückgezogen hatten, um dort die Feier der Weihnachtsmesse abzuwarten. Im Schlaf aber hatte er einen Traum.

Es träumte ihm, die Jugend sei ihm zurückgekehrt – die Kraft in seine Glieder und die Freude in sein Herz. Er fühlte wieder, daß die Reise nach Bethlehem bevorstand, und er stützte sich auf einen Ellbogen und schaute auf den Herd, um nachzusehen, ob die Haferkuchen dort buken. Doch der Herd war leer. Er griff nach der Börse an seiner Hüfte; aber sie war nicht mehr dort. Wo war sie denn? Wo war das Gold hingekommen? Die Wintersonnenwende stand bevor; er mußte sich beeilen, um Bethlehem rechtzeitig zur Geburt zu erreichen.

Von selbst öffnete sich die Tür des Klosters, und herein kamen Ochsen, Ziegen und ein kleiner schwarzer Hund. Sie gaben Laute von sich wie Tiere ihrem geliebten Herrn gegenüber, liefen zu ihm, rieben die Köpfe an seinen Armen und Beinen, und der Hund leckt eifrig seine Hand und winselte freudig. »Gut!« sagte Bernardino, »gehen wir zusammen.« Er erhob sich, indem er sich an den Hörnern der Ochsen festhielt, legte die Arme auf ihre Nacken, und so gestützt ging er mit ihnen, aber nicht zur Tür, nicht hinaus in die Winternacht, sondern durch den Saal und den Kreuzgang zur Tür der Kapelle.

Es erschien ihm nicht seltsam, zusammen mit ihnen die Kirche zu betreten; einzutreten und niederzuknien. Noch erschien es ihm seltsam, daß dort, wo sonst der Altar gewesen war, jetzt eine Krippe stand. Das Licht der langen Kerzen überflutete den rohen Stall. Es schien auf Marias Antlitz, die kniete wie sie. Es schien auf den Chor der Engel, die mit gefalteten Flügeln und erhobenen Händen grüßend dort standen. Aber noch strahlender fiel es auf das Angesicht des Kindes, das still auf dem Stroh lag.

»Schau – wir sind gekommen, du kleiner Heiliger. Oder bist du es, der zu uns gekommen ist? Es ist die Nacht der Geburt – wir sind endlich da, um dich anzubeten.« Ganz zart streckte Bernardino den Zeigefinger seiner rechten Hand vor und schob ihn langsam in die kleine geschlossene Faust des Kindes. Er fühlte, wie sie sich schloß, ein kräftiger, fester Griff. Die Augen des Kindes öffneten sich, und es schaute ihn an mit dem Blick eines lange Gekannten, lange Geliebten.

Doch andere, die zur Anbetung gekommen waren, hatten Geschenke gebracht. Wieder tastete Bernardino nach der Börse und merkte, daß sie nicht da war. Erstaunt und verwirrt blickte er auf und sah einen Engel, der ihm eine Hand entgegenstreckte; darin hielt er eine Lederbörse. »Es ist deine, nimm sie. Wir haben sie nur für dich aufgehoben.«

Als die Brüder sich im Saal versammelten, um sich zur Prozession für die Frühmesse aufzustellen, fanden sie den Herd verlassen. Als sie aber in die Kapelle eintraten, sahen sie betroffen jene uralte Gestalt dort knien mit den Tieren um sich herum. Der Abt hielt inne, um Bernardino zu wecken; und dann bemerkte er und die ganze Bruderschaft, an welchem ärmlichen Ort der Bauer seine Anbetung verrichtete: an einer Krippe – wenn sie ihnen auch nicht sichtbar war; er betete das Kind an, denn nur über ein Kind konnte die Menschenseele solch Liebe und Verehrung ausgießen. Sie hätten auf die Heilige Schrift schwören können, daß er in seiner alten, runzligen Hand die zarte Hand eines kleinen Kindes hielt. Das einzige aber, was sie wirklich sahen, war die Börse, die neben ihm lag.

»Das Gold«, flüsterten sie einander zu, »es heißt, daß er das Opfer für die Kirche in einer solchen Lederbörse gebracht habe.« Zehn Goldstücke fanden sie, als sie nachzählten. »Seht, jetzt sind hier dieselben zehn Münzen darin.«

Als der Frühling näherrückte, redeten die Brüder oft über den Zeitpunkt und über die Art und Weise von Bernardinos Abschied.

»Er war ein guter Mann – kein besserer ist je auf Erden gewandelt.«

»Er hat sein Leben als ein wahrer Gefolgsmann Jesu Christi geweiht. Wir haben selbst nicht mehr getan.«

»Jene merkwürdige Idee, die er hatte, von der Krippe, an der man anbeten sollte vor allen anderen Orten!«

Es ist nicht überraschend, daß aus solchen Reden der Wunsch entstand, Bernardinos Gedächtnis zu ehren. »Was, meint ihr, hätte er besonders gern gehabt?« fragte der Abt.

Und so kam es, daß beim Ergrünen des Frühlings, beim süßen Verweilen des Sommers, beim Erglühen des Herbstes und beim Einbringen der Ernte diejenigen Brüder, die sich auf das Schnitzhandwerk verstanden, all ihre Kunstfertigkeit und ihre Zeit opferten, um eine Krippe zu schnitzen mit Gestalten, die davor knieten. Als der nächste Weihnachtsabend kam, wurde die Krippe liebevoll auf die Stufen des Altars gestellt. Da waren Maria und Joseph und Engel zu ihren Diensten. Und zwischen den Hirten hatten die Brüder die Gestalt Bernardinos knien lassen, der sein Gold dem Kind zum Opfer entgegenstreckte.

Dies war die erste Krippenszene, die in einer spanischen Kirche aufgestellt wurde. Es war die erste Weihnachtsmesse, die einem Kind gesungen wurde. So wurde seiner Geburt ewige Dauer verliehen. In der knienden Gestalt Bernardinos aber ist die Erinnerung an einen großen, einfältigen Mann bewahrt geblieben.

RUTH SAWYER

Bo'Bossus Krippe

Hört mir zu, *mes enfants,* dies ist eine Geschichte für Weihnachten – eine Geschichte aus jenem Teil Frankreichs, der die Bretagne genannt wird und bei allen Völkern als das Land des Vergebens bekannt ist. Das ist ein guter Name, der euch bereits einiges über das bretonische Volk sagt, und ich könnte euch mehr von ihm erzählen. Wißt ihr, daß den ganzen Sommer hindurch auf den Sanddünen die Korrigans im Mondlicht tanzen? Das sind keltische Prinzessinnen, die ihre Seelen verloren haben, weil sie geboren wurden und starben, ehe ihnen die frohe Botschaft von der Geburt Unseres Herrn verkündet worden war. Die Bretagne ist keltisch, und die Leute dort haben einen tiefen Glauben, ein leichtes Herz und einen fröhlichen Sinn. Sie sind gute Arbeiter. Sie kümmern sich um ihre eigene Angelegenheit und erwarten, daß ihr das gleiche tut.

An der Côtes-du-Nord liegt die uralte befestigte Stadt Saint-Malo. Die Römer bauten den Stadtwall, aber sie gaben ihr keinen Namen. Viel später erst wurde sie nach jenem guten Heiligen benannt, der so sanft, so gut und so aufmerksam zu den einfachen Geschöpfen war. Eines Tages, als er auf dem Feld arbeitete, legte er den Mantel auf einen Busch, weil die Sonne so heiß brannte. Als er sich am Abend wieder hineinhüllen wollte, bemerkte er, daß ein Zaunkönig sein Nest in den Mantelfalten gebaut hatte. Da ließ er, um das Nest und den Glauben des kleinen Vogels nicht zu zerstören, den Mantel dort zurück, bis die Eier gelegt und die kleinen Vögel geschlüpft und aufgezogen worden waren, während er selber Kälte litt. Es ist gut, sich daran zu erinnern.

Die Stadt Saint-Malo hat eine Kathedrale, die aus grauem Stein erbaut ist, so rauh, so festgefügt, so ewig steht sie da wie die Côtes-du-Nord selber. Und es gibt noch etwas, das ich euch von der Stadt und von der Kathedrale erzählen muß. Der bretonische Steuermann Jacques Cartier wurde hier geboren. Und er kniete in der Kathedrale vor der Chorschranke nieder, um den letzten Segen zu empfangen, ehe er fortsegelte in die Neue Welt. Ein Gedenkstein verkündet das, also muß es stimmen.

Die Leute von Saint-Malo sind meist Seeleute und Fischer oder Bootsbauer. Es sind gute Menschen, die keine Furcht kennen, weder zu Land noch zu Wasser. Seit langem ist es bei ihnen Sitte, den Heiligen Abend mit einer Feier in der Kathedrale zu begehen, ehe die Christmesse beginnt. Diese Feier findet statt, damit alle Menschen sich im folgenden Jahr an die Geburt Unseres Herrn erinnern sollen sowie daran, daß Unsere Liebe Frau auf den Himmelsthron erhöht worden ist. Es reicht nicht aus, daß man ihnen sagt, so und so sei es gewesen; sie müssen selbst die Verkündigung der Geburt hören und mit eigenen Augen die Krippe sehen.

Lange vor Mitternacht versammeln sich die Leute von Saint-Malo. Sie kommen von den Kais, von den Werkplätzen, aus den Läden und von daheim; sie treten schweigend ein, denn es ist eine heilige Nacht. Früher trugen sie Fackeln durch die gewundenen, engen Gassen, ließen sie draußen und traten ein in die Dunkelheit, in die die ganze Kathedrale gehüllt war. Nur das rote Flämmchen der Öllampe brannte vor dem Altar. Die Stimmen waren gedämpft. Nur das Rascheln der Füße auf dem Steinfußboden, das Rauschen der Kleider, das Einziehen des Atems in großer Erwartung war zu vernehmen.

Dies ist die Reihenfolge der Handlung, *mes enfants*, und sie hat sich in den letzten dreihundert Jahren kaum geändert. In der Dunkelheit und der Stille nimmt ein junger Bursche, weiß gekleidet als der Engel, der die gute Neuigkeit verkündet, hoch droben seinen Platz ein. Dann erdröhnt die Orgel, und mit einer Stimme, die sich zum Himmel aufschwingt, singt der Engel:

> Annuncio vobis gaudium magnum
> Quia natus est hodie,
> Salvator mundi,
> Alleluia!

Wie durch Zauberei sind plötzlich tausend Kerzen entzündet, und alle Kinder von Saint-Malo, ebenfalls in Weiß gekleidet, brechen aus in den Jubelgesang:

> Gloria in excelsis Deo
> Et in terra pax
> Hominibus bene voluntates
> Alleluia!

Dann kommen die Hirten. Ihre Zahl ist über die langen Jahre hin gewachsen. Manchmal bringen sie Schafe mit aus ihren Hürden, und man kann das zarte Läuten der Glöckchen hören, wenn sie das lange Kirchenschiff entlangziehen. Sie nahen sich dem Chor, wo verhüllt die Krippe steht. Sie singen ihre Lieder von Lob und Frieden. Alle halten den Atem an, denn jetzt wird der Schleier fortgezogen, die Krippe wird enthüllt, und alle dürfen auf Unsere Liebe Frau sehen, die bei der Krippe kniet, in welcher das kleine Kind, der Herr Jesus liegt. Es ist so wunderschön! Die Kinder singen:

> Alleluia, alleluia!
> Christus natus hodie!

Die Kirchenglocken der ganzen Stadt läuten die Mitternacht aus. So beginnt die Christmesse.

Nun lebte in der Stadt einmal ein Buckliger, den jeder Bo'Bossu nannte. Er arbeitete unten an den Kais als Lehrling von Penhoël, dem Bootsbauer. Es gab da ein Dutzend Lehrlinge wie Bo'Bossu, aber keiner hatte so geschickte Hände, keiner konnte so schnell wie er einen Kiel legen, einen Rumpf bauen oder so vollkommen den Kopf einer Figur schnitzen, die oft den Bug eines langen Schiffes ziert. Bo'Bossu wurden die feinsten Arbeiten übertragen; und er war am glücklichsten, wenn er Holz oder Werkzeug in Händen hielt, und er zusehen konnte, wie ein rohbehauener Eichenblock oder Fichtenbalken sich in ein Boot verwandelte oder zu einem Teil davon. Der »Alte«, Penhoël, und die anderen Lehrlinge waren freundlich zu ihm. Obgleich sie Jungen waren wie er, blickten die Lehrlinge zu ihm auf als dem besseren Handwerker; sie schauten oft zu, wie er dieses oder jenes machte. Der Bootsbauer gab Bo'Bossu einen Strohsack in der Ecke des Bootsschuppens, wo er schlafen konnte, und Essen von seiner eigenen Tafel.

Es stimmt, daß Bo'Bossu bei der Arbeit stets glücklich war, aber auszugehen, das war für ihn etwas anderes. Allzu oft begegnete Bo'Bossu auf der Straße bösem Spott, und allzu oft bewarfen ihn andere Jungen, die gerade und kräftig gewachsen waren, wie Burschen sein sollten, mit Steinen oder Abfällen und lachten, wenn er auf seinen krummen Beinen davonlief. Es war ja so lustig – Bo'Bossu Schutz suchen zu sehen. Und viele glaubten – denn die Leute von Saint-Malo haben merkwürdige Vorstellungen im Kopf –, daß Gottes Fluch auf dem Buckligen lag und daß dieser Fluch die Form ungestalteter Beine und eines Buckels angenommen habe.

Er war ein stiller Junge, der sich langsam bewegte, wenn er nicht gejagt wurde. Er trug stets ein weißes, furchtsames Gesicht zur Schau – ein traurig dreinblickender Junge. Und wenn die Leute sich Zeit nahmen, ihn anzuschauen, was selten geschah, dachten sie: Da geht einer, den Gott heimgesucht hat. Nie gab es genug Suppe, um seinen Bauch zu füllen, nie genug Liebe für sein Herz. Dies alles ist nichts anderes als die Wahrheit, nur hatte Gott nichts damit zu tun.

Bo'Bossu liebte die Kathedrale. Er liebte ihren schweren, rauhen Bau, denn sowohl Kraft als auch Schönheit lagen überall darin. Er liebte die stillen Stunden, in denen nur wenige Beter kamen. Der Heilige Malo war sein Freund; Unsere Liebe Frau war seine Muter; der Herr Jesus war sein Bruder; und ihnen pflegte er nacheinander in langsamen, mühseligen Worten sein wehes Herz auszuschütten. Denn seine Zunge war nicht so geschickt wie seine Hände.

Vor Unserer Lieben Frau kniete er am häufigsten; er bat sie um einen kleinen Splitter, einen Span ihrer Liebe, den sie ihm, der keine Verwandten hatte, zukommen lassen möge. Das war der Grund, warum er zur Kathedrale ging und die Todesangst auf dem Weg dorthin und zurück auf sich nahm, die Furcht vor den Steinen, dem Gejagdwerden, den Mißhandlungen. Wahrlich, zu beten, das Herz zu erleichtern, war diese Mühsal wert.

Bo'Bossu wußte nicht, wie alte er war. Er wußte nur soviel: daß er kein Kind mehr war, aber auch noch kein Mann. In einer stürmischen Frühlingsnacht kniete er nach dem Abendgottesdienst in der Kathedrale vor Unserer Lieben Frau, als ihm eine große, wunderbare Idee kam. Am Heiligen Abend vor vier Monaten hatte er ganz nah bei der Krippe gestanden, als der Schleier zurückgezogen wurde, und zum ersten Mal hatte er gesehen, wie billig, wie roh die Krippe gemacht war, in welcher das Kind, der Herr Jesus, lag. Wahrlich eine armselige Angelegenheit, die dem König der Könige als Wiege diente. Hatte niemand daran gedacht, eine bessere zu machen? Das war seltsam, denn alles andere, das bei der Feier verwendet wurde, war kostbar und schön. So viele Kerzen, solch steifer Brokat und feine Spitzen, die Unsere Liebe Frau trug, und die Priester legten ihre schönsten Chormäntel und Stolen an, mit Perlen besetzt und goldbestickt. Und dennoch lag das Kind in einer ärmlichen und roh gearbeiteten Krippe.

Das war die wundervolle Ide: daß er jeden kostbaren Augenblick seiner freien Zeit dafür verwenden würde, eine feine Krippe für das gesegnete Kind zu machen. Er würde sie schnitzen, polieren und all sein Geschick darauf verwenden, sie ganz besonders schön zu machen. Es sollte ein Liebesdienst für die ganze Kathedrale sein, ein Werk, das die Herzen rühren sollte.

Er begann damit, Holzstücke zu sammeln, die von den Booten übriggeblieben und zu nichts mehr zu gebrauchen waren, als das Feuer damit anzuzünden. Er versteckte sie unter seinem Strohsack. Als er genügend beisammen hatte, malte er mit Kohle den ungefähren Plan für die Krippe auf die Schuppenwand. Sie sollte wie ein kleines Boot aussehen, aber mit doppeltem Bug, jeder mit einem Engelskopf. Sie sollte einen Kranz von Stechpalmenblätter rund um ihren Bug haben, in den Lilienblüten hineingeflochten waren. Nachdem er die Krippe entworfen hatte, mußte er nur noch die Zeit finden, sein Werk auszuführen. Er arbeitete bis spät in die langen Abende hinein; er arbeitete bei Vollmond; er stand eine Stunde vor dem Morgenkaffee auf. Die Stunden, die er für den Alten arbeitete, waren ermüdend genug; aber dies war ein Werk der Liebe, und er ruhte sich dabei aus.

Am Anfang hatte er nicht daran gedacht, mit Unserer Lieben Frau zu verhandeln. Doch der Winter stand vor der Tür; er war wieder zum Abendgottesdienst gegangen und auf dem Weg schlimmer als gewöhnlich mißhandelt worden. Er fühlte einen stechenden Schmerz in seinem Herzen, während er kniete, und ein Schrei um Hilfe entrang sich seinen Lippen: »Ich mache eine Krippe für deinen Sohn. Sie ist für das kommende Weihnachtsfest. Sie ist schön. Er wird darin bequem liegen und gewiegt werden, ganz wie das weite Meer die Männer von Saint-Malo wiegt. Wenn sie dir gefällt, bitte ich dich – oh, ich bitte dich, mich so gerade zu machen wie die anderen Jungen. Denn dann – denn dann – würde ich meine Furcht vor der Straße verlieren. Ich könnte sicher hierherkommen – zu dir.«

Von da an bis zum Heiligen Abend kniete er nie wieder vor Unserer Lieben Frau, um nicht denken zu müssen, daß ihre Augen auf seinem Buckel ruhten, als ob sie ihn wahrnahm und großes Mitleid mit ihm empfand. Selbst im trüben Licht der Kerzen, die vor ihr brannten, vermeinte Bo'Bossu das Mitleid zu erkennen, das in ihren Augen wuchs.

Als Weihnachten näherrückte, als die Krippe beinahe fertig war, vergaß er seinen Hunger, spürte nicht mehr die Kälte, obwohl sein Kittel dünn und seine Hose zerschlissen war. Er glühte vor Fiebereifer, das hielt ihn warm und zufrieden. Er sang bei seiner Arbeit, wenn er die Axt schwang, wenn er mit dem Schabhobel das Holz glättete, wenn er ihm Form gab, es wendete und die Kupfernägel hineinschlug, die die Planken festhielten. Er hatte eine angenehme Stimme, und die anderen Lehrlinge hielten ihn am Singen. »Noch ein Weihnachtslied, Bo'Bossu«, riefen sie. Und Bo'Bossu kannte alle

Lieder. Die langen Tagesstunden erschienen ihm wie eine kurze Zeitspanne, die schnell vorüberging. Ein Lied sang er neben den Weihnachtsliedern immer wieder; jeder bretonische Junge kennt es:

> Wenn Vater Winter kehret ein –
> Singet der Erde;
> Bedeckt er die heiligen Saaten sein –
> Singet der Erde.
> Schlaf ruhig, Johann-Weizenkorn,
> Im Frühling wirst du neugebor'n;
> Singet der sanften Erde,
> Mutter des Brots, Mutter des neuen »Werde!«.

Eine Woche – das war alles, was noch übrig war – sieben Tage bis zum Heiligen Abend. Und da kam ein Mann von Dinan mit dem Auftrag für ein neues Schiff für die Fischereiflotte. Bis zum Frühjahr mußte es fertig sein, um zu Wasser gelassen zu werden, wenn die Flotte zu den großen Fischbänken ausfuhr, nach Le Gran und Le Petit Manan.

Das bedeutete Arbeit, die nicht aufgeschoben werden durfte. Noch am selben Tag mußte der Kiel gelegt und bis zur Vollendung des Bootes ohne Behinderung schnell und geschickt gearbeitet werden.

Hinter dem Strohsack lag die Krippe verborgen. Sie war beinahe fertig; nur einer der Engel am Bug war noch nicht geschnitzt, und alles mußte noch tüchtig poliert werden. So gehetzt waren die Lehrlinge, so müde war Bo' Bossu am Ende des Tages, daß er sich ohne zu essen auf sein Stroh warf. Und genauso erging es ihm an nächsten Abend und am folgenden. Und als der vierte und fünfte Tag vergangen war, stieg in ihm eine Befürchtung auf. Würde er zu ermattet sein, um die Krippe fertigzustellen? Er hatte Unserer Lieben Frau ein Versprechen gegeben. Würde er es nicht halten? Das Singen war von seinen Lippen verschwunden, und die anderen drängten ihn nicht länger dazu. Die Zeit war zu etwas Furchtbarem geworden: ein Tag hatte hundert Stunden statt der zwölf, welche sie in Wirklichkeit arbeiteten.

Die Träume des Buckligen waren voller Schrecken und Verzweiflung. Müßte er das Versprechen, das er Unserer Lieben Frau gegeben hatte, brechen, so wäre das keine kleine Beleidigung. Bo'Bossu erwachte des Nachts von seinen eigenen Beteuerungen: »Ich hatte sie bei mir, aber die Straßenjungen warfen sich auf mich, und die Krippe wurde gegen die Pflastersteine geschlagen und liegt nun zerbrochen dort.« Oder: »Der

Alte hat uns jeden Augenblick angetrieben, und es war dunkel, ehe ich an der Krippe arbeiten konnte; und ich habe weder eine Kerze, bei deren Licht ich arbeiten könnte, noch Geld, mir eine zu kaufen.« Er hatte nicht einmal Zeit, zur Kathedrale zu gehen und um Aufschub zu bitten oder um eine Kerze und ein wenig Hilfe, damit die Krippe bis zum Weihnachtsfest fertig würde.

Am Heiligen Abend beendete Penhoël, der Bootsbauer, gemäß der Sitte in Saint-Malo die Arbeit früher. Die Lehrlinge gingen heim, um sich angemessen zu kleiden und um den Duft der guten Speisen zu riechen, die es zum Fest geben würde, das der Messe folgte. Der Werkhof war leer bis auf Bo'Bossu, der die Tür zum Bootsschuppen verriegelte, die Krippe aus ihrem Versteck hervorzog und zum Westfenster trug, wo das Tageslicht am längsten hereinfiel. Aber es gab nur wenig Licht, denn der Himmel war bedeckt, und es schien, als ob es am Abend Schnee vom Meer her geben würde.

Mit rasenden Fingern begann der Bucklige zu schnitzen. Er hatte dem Engel am fertigen Bug einen o-förmig offenen Mund gegeben, damit er aussähe, als ob er »Alleluia« singe. Das Feuer, das im Winter den Schuppen ohnehin nur dürftig erwärmte, war ausgegangen. Bo'Bossu konnte seinen Atem in kalten Nebelringen aufsteigen sehen. Seine Hände wurden zu Bündeln gefrorenen Fleisches. Es war, als hätte er nie ein Werkzeug gehalten, nie geschickt und gut geschnitzt.

Nachdem er sich zu gehen entschlossen hatte, schwand der Tag schnell dahin. Bo'Bossu bemerkte es, ließ die Werkzeuge sinken, hauchte seine Finger an und versuchte den verwachsenen Rücken und die Beine etwas zu strecken. Er würde seine Arbeit nicht mehr länger erkennen können. Völlig erschöpft und verzweifelt legte er die Werkzeuge nieder und lehnte seinen armen verzogenen Körper gegen die Bank. »Ich kann nichts mehr tun, Heilige Mutter, ich kann nichts mehr tun.« Er machte daraus eine Art Singsang, indem er es immer wieder und wieder sagte und sich damit die Last seines Leids erleichterte.

Deshalb hörte er nicht, daß die Klinke des Schuppens niedergedrückt wurde, und daß leichte Füße in Sandalen auf ihn zukamen; er hörte gar nichts, bis eine Hand seine Schulter berührte und eine Stimme sagte: »Gib mir das Schnitzmesser. Du hast lange gearbeitet. Schlaf jetzt, ich will es für dich tun.«

Bei den Worten wandte sich der Bucklige um. Neben ihm stand ein Junge seines Alters und von seiner Größe, hätte er selbst aufrecht stehen können. Er trug eine Tunika, die ihm fast bis auf die Knöchel reichte, so daß Bo'Bossu ihn erst für einen Novizen hielt. Aber die Tunika war so blau wie die Augen des Jungen, so blau wie der Himmel. Ein metallener Gürtel, von fremdländischer Schmiedekunst gefertigt, hielt das Gewand um die Taille zusammen. Die Haare des Jungen waren so gelb wie eine Kerzenflamme; und Bo'Bossu war es, als ob sie auch Licht verbreiteten – wie eine Kerze. Jedenfalls schien der Schuppen nicht mehr so dunkel zu sein wie vorher.

Lange schauten sie einander an, der gesunde Junge und der verkrüppelte. »Kannst du schnitzen?« fragte Bo'Bossu. »Kannst du genug erkennen, um zu arbeiten?«

»Gewiß. Es wird genug Licht geben, um das Werk zu vollenden. Du bist sehr müde, schlaf!«

Erstaunt darüber, daß er einen anderen mit dieser wichtigen und heiligen Sache betrauen sollte, ging der Bucklige willenlos zu seinem Strohsack, warf sich darauf und war sogleich eingeschlafen.

Die Glocken, die zur Feier läuteten, weckten ihn. Er richtete sich schlafbefangen auf und bemühte sich dann erschrocken, auf seine Füße zu kommen. »Zu spät«, rief er und stolperte zur Werkbank. Dort stand er voller Verwunderung, denn ohne Docht oder Kerze war um den fremden Jungen ein weiter Lichtkreis, und in dem Licht gaben seine Hände der fertigen Krippe den letzten Glanz. Sie schimmerte wie kostbare Atlasseide. Lange konnte Bo'Bossu kein Wort sagen. Größer als die Verwunderung über das Licht war sein Staunen über das Werkstück. Obwohl er selbst die Krippe geplant und ausgeführt hatte, war es doch, als hätten die heiligen Hände des Schöpfers sie berührt und vollkommen gemacht.

»Wer bist du?« fragte Bo'Bossu.

Der Junge legte sein Tuch nieder. »Ein Lehrling wie du. Ich arbeite für meinen Vater.«

Der Bucklige zuckte hoffnungslos seine verwachsenen Schultern. »Zu spät«, sagte er noch einmal. »Sie werden das heilige Kind schon in seine Krippe gelegt haben. Jetzt kann ich doch nicht mehr hinter den Schleier gehen.«

»Es ist nicht zu spät«, sagte der Junge, »komm, wir gehen zusammen.«

Gemeinsam trugen sie die Krippe, die geformt war wie ein kleines Schiff mit doppeltem Bug und zwei Engelsköpfen; sie hatte einen Kranz von Stechpalmenblätter und Feldlilien um den Bord und war so schwer, daß Bo'Bossu allein sie kaum anheben konnte; nun aber, da sie sie zu zweit trugen, war sie federleicht.

Sie traten durch die Tür für die Priester ein und fanden ihren Weg durch die Dunkelheit dorthin, wo die alte Krippe wartete. Sie stellten die neue Krippe ab, und der Junge nickte Bo'Bossu zu und sagte: »Heb den Kleinen in deine Krippe, während ich die andere fortnehme.«

Ungeschickt kniete der Bucklige nieder. Demütig streckte er die Hände nach der kleinen Gestalt des gesegneten Kindes aus und hob es empor, glättete das lange blaue Kleid und rückte den winzigen goldenen Heiligenschein auf seinem Kopf gerade. Er hatte Stroh in die Boot-Krippe getan, vorsichtig bettete er das Kind darauf.

Dann geschah für Bo'Bossu das größte aller Wunder an diesem Heiligen Abend. Als er nämlich den Herrn Jesus in die Krippe legte, öffnete das Kind seine Augen. Es lächelte. Es war ein Lächeln, das Bo'Bossu kannte. Die Augen des Kindes waren so blau wie der Himmel. Seine Haare waren so gelb wie eine Kerzenflamme. »Du bist der Junge, und doch nicht so groß wie er. Der Junge, das bist ganz gewiß du, und doch ist er nicht so klein, wie du bist.« Der Bucklige sprach die Worte in Ehrfurcht, ohne zu verstehen. Er hob die Augen und sah, daß Unsere Liebe Frau lächelte wie das Kind. Nicht die Figur Unserer Lieben Frau, versteht ihr, sondern, nun ja, ihr eigenes lebendiges Selbst, das zur Erde herniedergekommen war für diesen Heiligen Weihnachtsabend; herniedergekommen, um Bo' Bossu, den Buckligen, zu segnen.

Von hoch droben kam die Stimme des Jungen, der den Engel darstellte:

>Annuncio vobis gaudium magnum
>Quia natus est hodie,
>Salvator mundi,
>Alleluia!

Sein Gesang füllte die Kuppel der Kathedrale, ja die Kuppel des Himmels selbst. Hinter dem Schleier entzündeten sich tausend Kerzen, und Kinderstimmen griffen das »Gloria« auf. Der Schleier wurde zurückgezogen. Die Leute von Saint-Malo hielten den Atem an aus Furcht, die Stille zu stören. Denn dort neben der Krippe kniete Bo'Bossu – und doch nicht Bo'Bossu. Sie sahen die neue Krippe, ein Wunder an Schönheit, in der das Kind lag wie ein lebendes Kind, auch das ein Wunder.

Seit dieser Nacht geht der Bucklige durch die Straßen von Saint-Malo so aufrecht und kräftig wie alle bretonische Jungen. Die Leute der Stadt gaben ihm einen neuen Namen – den Namen Jean, nach dem Lieblingsjünger des

Herrn Jesus. Während die Christmesse gesungen wurde, deuteten sie viele Jahre lang auf die Krippe, die ein kleines Schiff war mit doppeltem Bug und zwei Engeln daran. Sie erzählten die Geschichte von Bo'Bossu ihren Kindern und Kindeskindern.

ANONYM

Prest-Jan und die Trolle

In einer abgelegenen Gegend im fernen Norwegen, in einem armen, kleinen Dorf hoch oben auf einem moosbewachsenen Bergkamm, wohnten vor vielen Jahren ein junger Pfarrer und seine Frau. Ihr Haus war eigentlich nichts anderes als eine graue Holzhütte mit einem Grassodendach. Es war genauso unansehnlich wie alle Häuschen im Dorf. Die einzigen Stallbewohner waren die rote Stute des Pfarrers, eine Kuh, zwei Ziegen und zwei Schafe; also kaum genug, um stolz darauf zu sein.

Die Äcker auf dem Berg waren unfruchtbar und klein, und die Familie des Pfarrers hatte schon oft nichts anderes als das aus Mehl und gemahlener Baumrinde gebackene Brot zu essen gehabt. Aber sie waren jung und glücklich und voller Vertrauen in Gott, der den wilden Tieren Nahrung gab und auch sie nicht verhungern lassen würde. Und wenn die junge Frau an den Sommermorgen früh aus dem Haus kam und über das mit Tau benetzte Gras zum Stall ging, um die Tiere zu versorgen und die Kuh zu melken, blieb sie oft bei der großen Birke mitten auf dem kleinen Hof stehen und schaute über die Landschaft ringsumher. In der Ferne sah sie am Fuß des Berges den glitzernden Wasserspiegel des großen Sees und dahinter, so weit das Auge reichte, die vielen blauen Berge. Dann faltete sie die Hände und bat Gott, diese schöne Landschaft zu erhalten und ihrem Mann Weisheit und Kraft zu geben, das Wort des Herrn zu verkünden. Und wenn der Pfarrer sich am Sonntagmorgen zum Kirchgang vorbereitete, dann flüsterte tief in seinem Herzen das gleiche Gebet. So lebten sie mit viel Mühe und harter Arbeit, aber in großer Liebe und Zufriedenheit. Und es ging ihnen gut.

Aber in jener Zeit lebten in den ausgedehnten Wäldern um das Dörfchen noch sehr viele Trolle. Es waren alte und kleine und große Trolle und auch ekelhaftes, erbärmliches Tollgesindel, aber alle hatten lange, behaarte Schwänze, Haarbüschel über den Augen und in den Ohren und lichtscheue, entzündete Augen. Und alle trugen in sich starken, schwarzen Haß gegen alles was menschlich und hell und freimütig war. Doch am stärksten haßten sie den Pfarrer, denn sie wußten, daß sein ganzes Streben darauf gerichtet war, die Menschen zu überzeugen, die Schattenseiten des Lebens zu verlassen und hinüberzutreten zur Sonnenseite, auf der er lebte. Darum besuchte er die Menschen, die insgeheim im Bösen lebten und redete mit milden Worten über Güte und Vergebung. Und jedes Mal, wenn es ihm gelungen war, in einem der armen Menschen das Verlangen nach Besserung zu wekken, knirschten die Trolle mit den Zähnen, ballten brummend die runzligen Fäuste und überlegten, wie sie den Pfarrer in ihre Netze verstricken könnten. Denn würde er so weitermachen, wäre es mit dem Trollreich in dieser Gegend schon bald vorbei.

Oft war der Pfarrer unterwegs, um Armen und Sterbenden, die weit weg von der Kirche wohnten, Hilfe und Trost zu bringen. Dann kam er häufig erst nach Hause, wenn sich schon die Nacht über das Land senkte, und wenn er dann auf seinem kleinen rothaarigen Pferd allein durch den Wald ritt, hörte und sah er oft Dinge, die im hellen Licht der Sonne niemand sehen oder hören kann.

Schritte und Rascheln im Unterholz, Piepen und Kreischen zwischen den Baumstämmen, knochige Arme streckten sich nach ihm aus, bösartiges Trollgesindel rannte über den Weg, um sein Pferd zu erschrecken. Aber die treue, alte Rölla ließ sich nicht aus der Ruhe bringen. Als sehe und höre sie nichts ging sie gelassen und gleichmäßig ihren Gang. Und auch ihr Herr ließ sich nichts anmerken. Manchmal hörte er tief aus dem Wald ein murrendes, pfeifendes Geräusch, das lauter und lauter wurde und endlich zu einem bösartigen Lied anschwoll. Der Pfarrer verstand deutlich die Wörter. Stets begannen die Lieder der Trolle mit den gleichen Worten:

>   Prest-Jan von der weißen Birke,
>   Prest-Jan von der grauen Kirche,

weiter hörte er nicht zu, sondern begann mit seiner kräftigen Stimme einen Psalm, der durch den ganzen Wald dröhnte. Und so kam er dann immer singend nach Hause. Aber als die Trolle merkten, daß der Pfarrer ihnen Jahr für Jahr mehr Macht entzog, so daß Güte und Freude einzogen, wo früher nur Bosheit und Trübsal geherrscht hatten, da begriffen sie, daß es ihnen gelingen mußte, ihn zu beseitigen, weil sie sonst schon bald dieses uralte Trolland verlassen und woanders hinziehen mußten. Und dazu hatten sie nicht die geringste Lust. Darum versammelten sie sich in einer Unwetternacht und berieten, wie sie den Pfarrer am besten kleinkriegen könnten. Und da sie wußten, daß er ein armer Mann war, verständigten sie sich darauf, ihm seinen kärglichen Besitz zu nehmen. Dann wäre er gezwungen, sich abzurackern und zu schuften, um sich wieder etwas anzuschaffen, und dann würden ihn Furcht und Angst beherrschen und sie ihn schon bald in ihrer Gewalt haben, dachten sie.

Als der Pfarrer das nächste Mal durch den Wald ritt, raschelte und pfiff es schlimmer als gewöhnlich, und aus dem dunklen Unterholz hörte er wieder das Lied:

>   Prest-Jan von der weißen Birke,
>   Prest-Jan von der grauen Kirche!

Prest-Jan dachte: Einmal könnte es Spaß machen, das ganze Lied des Trollgesindels zu hören. Darum sang er keinen Psalm, sondern hörte zu.

Schrill und gruselig klang das Lied durch die Nacht:

>   Prest-Jan von der weißen Birke,
>   Prest-Jan von der grauen Kirche,
>   zweie ersäufen wir,

> zweie verkrüppeln wir,
> Goldhorn stechen wir,
> Prest-Jan brechen wir,
> Pfui, du von der weißen Birke,
> Pfui, du von der grauen Kirche!

Da streckte sich der Pfarrer in den Steigbügeln und schüttelte drohend die Faust.

»Was kennt ihr Trolle doch Prest-Jan und den, der hinter ihm steht, schlecht!« rief er so laut er konnte. Und dann setzte er sich wieder in den Sattel und begann einen Psalm zu singen. Als der Pfarrer nach Hause kam, saß seine Frau auf der Schwelle ihres Häuschen und wartete auf ihn. Und obwohl es schon Abend war, sah er deutlich, daß sie geweint hatte. Ihm war sofort klar, daß die Trolle ihr Unwesen getrieben hatten.

»Ist es Feuer oder Wasser, Frau?« fragte er. »Sind es die Schafe oder die Ziegen?«

Da erzählte ihm die Frau, daß die beiden Ziegen vom Berg in den Mühlbach gestürzt und ertrunken wären. Und der Pfarrer erzählte ihr, was er im Wald gehört hatte.

»Nicht den Mut sinken lassen, Frau«, schloß er. »Der Herr dort droben im Himmel wird uns nicht verlassen, und solange wir die Kinder und einander noch haben, leiden wir keine Not.« Seine Frau lächelte und hätte gern seinen Glauben geteilt. Und dann legten sich beide schlafen.

Am nächsten Tag schlug der Blitz ein und tötete beide Schafe, und wieder vergoß die Pfarrersfrau viele Tränen.

»Wenn ich doch wenigstens noch die schöne Wolle hätte«, schluchzte sie, »dann hätte ich etwas für die Winterkleider der Kinder. Aber nun hat der Blitz ihre Pelze und jedes Flöckchen Wolle verbrannt.«

»Sei nicht traurig, Frau«, sagte Prest-Jan und strich über die blonden Haare. »Der Herr im Himmel wird unsere Kinder nicht Kälte leiden lassen.«

Und die Frau trocknete die Tränen und hätte gern seinen Glauben geteilt, aber das fiel ihr sehr schwer, denn sie hatte sich so auf die schöne Wolle gefreut.

Am Abend des dritten Tages ging die Parrersfrau mit großer Sorge in den Wald, um Goldhorn, ihre einzige Kuh, heimzuholen. Doch so laut sie auch rief, es erklang kein Muhen und auch keine Glocke als Antwort. Und nachdem sie eine Weile vergeblich gesucht hatte, fand sie die Kuh tot auf der Erde liegen und sah gerade noch eine Otter, die sich durch das Gras davonschlängelte. Da fiel sie auf die Knie, schlug die Arme um den Hals der Kuh und weinte so bitterlich, wie in ihrem ganzen Leben noch nicht. Denn neben ihrem Mann und den Kindern liebte sie auf der Welt nichts so sehr wie ihre Kuh.

Auch die beiden kleinen Kinder fanden die Stelle, wo Goldhorn von der Otter totgebissen worden war, und als sie da ihre Mutter weinen sahen, krochen sie zu ihr, jedes an eine Seite, streichelten die tote Kuh und brachen auch in Tränen aus. So fand sie endlich der Pfarrer. Auch er hatte feuchte Augen, aber er beugte sich über seine Frau und half ihr wieder auf die Beine.

»Mutter«, sagte er ernst, »mit anderem Unbill haben die Trolle nicht gedroht, nun mußt du mit nach Hause und Prest-Jan helfen, gegen die Armut zu kämpfen!«

Und so gingen sie alle vier still nach Hause in ihre Hütte.

Der Winter wurde schwer für die Familie des Pfarrers, denn es fehlten ihnen nun nicht nur die fünf Haustiere, auch die Ernte auf dem mageren, kleinen Acker war schlecht gewesen, und mehr als einmal mußte sich der Pfarrer von seiner Frau anhören, daß die Kinder sich hungrig in den Schlaf weinten. Das war schlimmer als selbst Hunger zu leiden. Hin und wieder kam wohl ein freundlicher Nachbar mit ein paar runden Brotfladen oder einer Kanne Milch, aber eigentlich lebten sie hauptsächlich von dem Wild, das der Pfarrer im Wald schießen konnte. Und wäre Prest-Jan nicht voll und ganz bewußt gewesen, worum es ging, hätte er wohl mehr als einmal aufgegeben. Aber er wußte ja, wenn er nur einen Tag mit seiner Arbeit für das Reich des Lichtes aussetzte, würden die Trolle die Macht über ihn und vielleicht auch schon bald über die ganze Gegend gewinnen. Darum waren seine Gebete in diesem Winter inniger denn je, und nie zuvor hatte er sonntags in der kleinen Kirche so mitreißend gepredigt oder den armen Leuten in ihren Hütten so starke und hoffnungsverheißende Worte gesagt. Und als die Leute sahen, wie der Pfarrer Hunger litt und betete und wie trotz der Armut sein Blick noch leuchtender und seine Stimme noch kräftiger wurde, erkannten sie, daß es sich lohnte, ihm zuzuhören und nach seinen Worten zu leben. Und darum hatten die Trolle noch nie soviel von ihrer Macht eingebüßt wie gerade in diesem Winter.

Als der Frühling kam, stand eine neue Goldhorn im Stall des Pfarrers, und zwei Schafe und zwei Ziegen fraßen das hellgrüne Gras des eingezäunten Waldstückchens. Die Tiere waren ein Geschenk der armen Dorfbewohner, und die Frau des Pfarrers weinte Freudentränen, als sie zum ersten Mal die neue Kuh molk. Aber die Trolle versammelten sich wieder in der dunkelsten Tiefe des Waldes und knirschten vor Wut mit den Zähnen.

»Den Pfarrer kriegen wir durch Armut nicht klein«, sagte der große Troll höchstpersönlich. »Es ist eine größere Macht nötig, wenn wir ihn vernichten wollen.«

»Nimm das Pferd, nimm das Pferd«, zischte ein kleiner Troll. »Ist euch nicht aufgefallen, wie sehr er die rote Stute liebt! Er streichelt sie und redet mit ihr, als wäre sie ein Mensch. Pfui, der Mensch!«

Und da beschloß die Versammlung der Trolle, Prest-Jan müßte sein Pferd Rölla verlieren.

Einige Zeit danach ritt der Pfarrer wieder durch den Wald. Das alte Gewehr hatte er über der Schulter hängen, die Jagdtasche war voll. Er war guter Laune, pfiff ein Liedchen und tätschelte dem Pferd immer wieder den Hals und redete ihm gut zu.

Es wurde früh dunkel, denn es war schon Herbst und die Preiselbeeren glänzten rot zwischen den grünen Blättern. Schon bald war es ganz dunkel. Der Pfarrer hörte das normale Rascheln und Pfeifen im Unterholz, und dann erklang im tiefen Wald das schrille Lied:

>Prest-Jan von der weißen Birke,
>Prest-Jan von der grauen Kirche!

Was werden sie heute ankündigen, dachte der Pfarrer und lauschte.

>Sechsbein im Wald,
>Vierbein vor dem Pflug!
>Vierbein brechen wir,
>Zweibein knacken wir!
>Pfui, du von der weißen Birke,
>Pfui, du von der grauen Kirche!

Der Pfarrer verstand jedes Wort. »Nein, so wahr ich Jan heiße«, rief er, »Sechsbein wird noch eine Weile durch den Wald gehen und Vierbein vor dem Pflug und Zweibein knackt ihr nicht so leicht wie ihr denkt. Los, vorwärts, Rölla!«

Rölla fiel in Trab, aber sie zitterte am ganzen Leib, es half auch nichts, daß ihr Reiter sie liebkoste und ihr gut zuredete. Die Trolle grinsten bösartig und der Wind fuhr mit gewaltigem Sausen durch die Wipfel der Tannen. Der Pfarrer konnte sich das nicht erklären, aber so unsicher hatte er sich noch nie gefühlt, und als er versuchte, einen Psalm zu singen, war seine Stimme schwach und zittrig und wurde vom höhnischen Gelächter der Trolle übertönt.

Als er schon so dicht vor seinem Häuschen war, daß er den herausdringenden Lichtschein sehen konnte, stürzte Rölla plötzlich laut aufstöhnend zu Boden. Der Pfarrer sprang ab und sah eine tiefe Kuhle, die dort zuvor nie gewesen war. Das schwere Röcheln seines Pferdes sagte ihm, daß das arme Tier nicht mehr auf die Beine kommen würde.

»Mein Rölla«, sagte er mit tränenerstickter Stimme, »ich danke dir für all deine treuen Dienste!«

Er legte ihr das Gewehr an die Schläfe und drückte ab. Und damit war es vorbei mit der alten, roten Stute. Aber der Pfarrer konnte es nicht über sich bringen, die alte Kameradin alleine im Wald zurückzulassen. Er meinte, Rölla könnte von ihm verlangen, daß er bei ihr Wache hielt. Und so blieb er denn auf einem Stein sitzen und streichelte ihren Kopf, während der Wind heulte und die Trolle höhnisch lachten. Er wußte nicht, wie lange er da gesessen hatte, als er in der Dunkelheit leichte Schritte näherkommen hörte. Es war seine Frau. Sie beugte sich schweigend über ihn und küßte ihm die Stirn.

»Ich wußte zu Hause, was geschehen ist, Jan«, sagte sie. »Und nun komme ich, um dir zu helfen. Als Goldhorn von der Otter gebissen wurde und wir unsere Schafe und Ziegen verloren, warst du sehr stark, und jetzt werde ich es sein müssen. Komm mit nach Hause, Jan. In Gottes Namen!«

Der Pfarrer streichelte dem alten Pferd wieder den Kopf. »Niemals wird mir ein Pferd so viel bedeuten können wie dieses Tier«, sagte er schluchzend. »Ich betrauere nicht ein Haustier, Mutter, sondern einen Freund.«

»Das weiß ich, Jan«, sagte seine Frau. »Aber um Gottes Willen, komm mit nach Hause und laß dich nicht unterkriegen.«

Da ergriff der Pfarrer die Hand seiner Frau, und gemeinsam gingen sie nach Hause. Und sie war ihm eine so große Stütze, daß die Trolle ihn auch diesmal nicht kleinkriegten.

Im Laufe der Zeit wurde er im Geiste immer freimütiger und arbeitete immer fleißiger daran, Menschenseelen für die Welt des Lichtes zu gewinnen. Und wieder versammelten sich die Trolle, um zu überlegen, wie sie den gefährlichen Prest-Jan in den Griff bekommen könnten.

»Raubt die Kinder, raubt die Kinder«, zischte ein Troll mit gemeinem Grinsen »Die Menschen lieben nichts so sehr wie ihre Kinder! Pfui, die Menschen!«

Und alle, die da versammelt waren, bis auf den großen alten Troll, stimmtem mit heiserem Geschrei ein: »Raubt die Kinder! Raubt die Kinder!« Aber der alte Troll runzelte das ohnehin gerunzelte Gesicht und sah noch böser aus als sonst.

»Ihr seid dummes Trollgesindel«, brüllte er. »Wißt ihr denn nicht, daß wir über Kinder keine Macht haben? Er da oben« – der große Troll deutete zum

Himmel, und alle seine Untertanen brüllten und zitterten vor Angst –, »er da oben hat einen starken Schutz um die Kinder aufgebaut, und da hat unser Reich ein Ende. Macht einen besseren Vorschlag, Trolle!«

Alle Trolle schwiegen lange und legten die häßlichen Gesichter in nachdenkliche Falten, grübelten und grübelten. Endlich kam eine kleine, uralte Trollfrau zum großen Troll geschlurft und flüsterte ihm etwas ins Ohr. Er nickte, und sein verärgertes Gesicht klärte auf.

»Hört zu, Trolle«, sagte er. »Die alte Mutter hat sich etwas ausgedacht. Sprich selbst, alte Mutter.«

Aber die alte Trollfrau war viel zu verlegen, vor einer so großen Versammlung zu reden, und sie flüsterte wieder mit dem großen Troll und bat den, an ihrer Stelle das Wort zu ergreifen. Der große Troll räusperte sich und hustete.

»Trolle«, sagte er dann, »diese alte Mutter ist klüger als wir. Sie sagt, Prest-Jan liebt niemanden mehr als seine Frau. Haus und Hof, Haustiere und Kinder, auf alles kann er verzichten, sagt sie, wenn er nur seine Frau behalten darf. Darum werden wir ihm die Frau nehmen, dann haben wir ihn endlich im Griff.«

»Allergnädigster Großtroll«, piepte eine Stimme im Hintergrund, »es liegt nicht in unserer Macht, einem Menschen das Leben zu nehmen!«

Der große Troll war verdutzt, denn so tief hatte er noch nicht nachgedacht. Um die Wahrheit zu sagen, war es sehr dumm, das zu vergessen, aber er wollte gern, daß die anderen daran glaubten.

Aber da stand auch schon das alte Trollweib auf und flüsterte so laut, daß es alle hören konnten: »Wir können einen Trollschuß auf sie abgeben!« Und dann setzte sie sich wieder ganz schnell und verbarg ihr runzliges Gesicht in den Händen, denn sie war nun einmal so schrecklich verlegen. Aber alle Trolle schrien und jubelten durcheinander: »Wir werden einen Trollschuß auf sie abgeben! Wir werden einen Trollschuß auf sie abgeben!« Und sie zogen einander an den Haarbüscheln in den Ohren, denn das ist unter den Trollen in aller Welt die Äußerung allergrößter Freude.

Nicht lange danach ging die Frau des Pfarrers durch den Wald. Es war kurz vor Weihnachten, und sie lächelte still vor sich hin, denn sie wußte, daß sie dieses Jahr für ihre Familie einen Christstollen backen und eine große, dicke und verästelte Weihnachtskerze gießen konnte. In Gedanken sah sie schon, wie schön das Licht der Kerze strahlen würde, als sie plötzlich in einem Auge ein Stechen fühlte. Es war, als wäre etwas Scharfes hineingeflogen, und so sehr sie auch rieb, sie konnte es nicht hinauskriegen. Doch schon bald fühlte sie es nicht mehr und dachte auch nicht mehr daran. Aber sie war so sonderbar schwermütig geworden, und sie war überhaupt nicht mehr froh und glücklich, wenn sie an die Weihnachtskerze und den Christstollen dachte. Zu Hause angekommen, setzte sie sich hin, legte die gefalteten Hände in den Schoß und starrte nach draußen.

Sie wußte nicht warum, aber alles im Häuschen kam ihr so arm und grau vor. Der Schrank stand offen, so daß sie darin alle bekannten Gegenstände sehen konnte. Kein einziger Silberlöffel im Pfarrhaus, dachte sie seufzend. Nicht einmal eine Zinnkanne für das Weihnachtsfest. Nichts als Holz- und Keramikgeschirr, Keramik und Holz! Und dabei strich sie sich mit der Hand über den Rock aus grobem Stoff. Nichts anderes als grauer, selbstgewebter Stoff! Aber es gab so herrlich weiche Stoffe, Samt und Leinen, die so glatt waren, daß es ein Vergnügen sein mußte, mit der Hand darüber zu fahren. Warum hatte sie, die doch nicht schlechter war als alle anderen, keine Kleider aus solchen Stoffen? War sie denn nicht jung und schön und würde es ihr womöglich nicht gefallen, gekleidet zu gehen wie die adligen Damen oder die Frauen der reichen Bürger in der Stadt? Und als sie darüber nachdachte, fielen ihr heiße Tränen auf die gefalteten Hände, und wo sie hinfielen, da brannten sie wie Feuer.

Da hörte sie draußen fröhliche Stimmen und drei paar Füße, ein Paar große und zwei Paar kleine, die sich auf der Schwelle den Schnee von den Schuhen trappelten. Das waren der Pfarrer und die beiden Kinder, die nach Hause kamen, und zum ersten Mal in ihrem Leben stand sie nicht auf, um ihnen entgegenzugehen.

Als der Pfarrer in die Küche kam, die so niedrig war, daß er kaum aufrecht stehen konnte, sah er sie sofort, obwohl es im Häuschen schon fast dunkel war. »In Gottes Namen, Mutterlieb«, sagte er, »hier sind drei verfrorene und hungrige Kerle, die ein Feuerchen zum Wärmen und Brei für die hungrigen Mägen brauchen.«

Die Kinder jubelten laut, weil sie Kerle genannt wurden, aber Mutter hob kaum den Kopf und sagte betrübt: »Ist es der Mühe wert, das Feuer mit dem feuchten Tannenholz anzumachen, und soll das etwa Freude machen, den Topf aufzusetzen, wenn es doch nichts anderes zu kochen gibt als unseren armseligen Brei!«

Als sie das gesagt hatte, schien ein kalter Wind durch das Haus zu wehen, der dem Pfarrer einen Schauder durch Mark und Bein fahren ließ. Als handle er im Schlaf ging er selbst zum Herd, machte Feuer und setzte den Roggenmehlbrei auf.

Den ganzen Abend blieb die Pfarrersfrau schwermütig und schweigsam, so daß sich die Kinder verschreckt in eine Ecke verkrochen. Wenn sie überhaupt etwas sagte, dann höchstens eine Klage, und mit jedem Wort schien ihre Schwermütigkeit zuzunehmen. Schließlich ging sie ohne ein Dankeswort oder den Kindern gute Nacht zu wünschen ins Bett. An jenem Abend heulten sich die Kinder in den Schlaf. Doch der Pfarrer saß die ganze Nacht in seinem Stuhl und starrte nach draußen.

Er spürte, daß etwas Großes und unerklärlich Verhängnisvolles in sein Haus gekommen war, und das Unglück machte ihm soviel Angst, daß er nicht einmal in der Lage war, mit seinen Gebeten an die Tür des Herrn zu klopfen, wie er es sonst stets tat.

Der nächste Tag war grau und kalt, und so war es auch in der Familie des Pfarrers. Als Jan sah, daß seine Frau, die früher der zufriedenste und sonnigste Mensch auf Erden gewesen war, nun nur noch bissige Worte für jeden und alles hatte, überfiel ihn große Traurigkeit. Hin und wieder versuchte er, so liebevoll wie früher mit ihr zu reden, aber seine Worte schienen nichts in ihr zu bewegen und sie antwortete ihm nicht einmal. Da schwieg auch er und ging an seine Arbeit.

Seine Frau wurde von Tag zu Tag schwermütiger und unzufriedener. Sie meinte, niemand habe ein so schweres Schicksal zu ertragen wie sie, und sie beneidete alle anderen Menschen. Und der Pfarrer fühlte, wie seine Liebe zu ihr langsam verlosch, und seine Angst wuchs, denn er wußte, wenn keine Zuneigung mehr da wäre, würden dafür alle bösen Mächte von ihm Besitz ergreifen. Mit seiner Arbeit ging es schlecht, und wenn er auf der Kanzel der kleinen Kirche stand, hatte seine Stimme nicht mehr den alten mitreißenden Klang. Aber die Trolle jubelten, denn jetzt sahen sie, daß sie Prest-Jan endlich zermürbt hatten.

Es wurde Weihnachten, aber im Pfarrhaus brannte keine Kerze und die Kinder bekamen auch keinen Christstollen. Der Pfarrer schlug die Bibel auf und wollte beim Licht eines brennenden Holzscheites das heilige Weihnachtsevangelium vorlesen, aber er war so niedergeschlagen, daß er nur ein paar Zeilen lesen konnte. Schweigend und gebeugt saß er im Lehnstuhl und starrte schwermütig ins Herdfeuer. Draußen war rauhes Wetter, und durch den Sturm hindurch war ihm, als könnte er das Hohngelächter der Trolle hören. So weit war es also schon gekommen, daß sie es wagten, ihn dicht vor seinem Haus zu verhöhnen. Schon bald würden sie wohl sogar ins Haus eindringen, dachte er und fühlte nicht mehr die Kraft in sich, gegen sie zu kämpfen.

Prest-Jan wußte nicht, wie lange er so tief in Gedanken versunken gesessen hatte, als plötzlich die Glut aufflammte. Beim hellen Licht sah er, daß seine Frau auf ihrem Platz an der anderen Herdseite eingeschlafen war. Der Kopf war ihr auf die Schulter gefallen, und der Pfarrer konnte den Blick nicht von ihr wenden, denn im Schlaf war sie wieder wie früher. Die Härte und Bitterkeit, die in letzter Zeit ihr Gesicht verändert und so alt und häßlich gemacht hatten, daß sie ihm manchmal einem Troll ähnlich zu sein schien, das war nun verschwunden, und sie war wieder jung und lieblich und zart wie früher geworden.

Sie lächelte im Schlaf, und zwar so wehmütig, daß ihm Tränen in die Augen stiegen. Er fühlte, wie all seine Liebe zurückkehrte. Da fiel Prest-Jan auf die Knie und betete zu Gott, und er konnte sich nicht erinnern, jemals so inständig gebetet zu haben. Langsam überkam ihn eine wohltuende Ruhe, und draußen hörte er nicht länger die schrillen Schreie der Trolle. Doch in der Nacht hatte der Pfarrer einen sonderbaren Traum. Um ihn herum war ein Flattern und Sausen wie von Flügeln, und er hörte Stimmen, mal flüsternd, mal rufend, die ihn drängten: »Prest-Jan, Prest-Jan! Opfere dein Licht! Opfere deine eigenen Augen!«

Als er erwachte, war es im Haus stockdunkel. Eine ganze Weile lag er still da und dachte über den Traum nach, konnte den Sinn aber nicht erkennen.

Die Pflicht rief, er mußte aufstehen, also weckte er seine Frau und fragte sie, ob sie mit zum Morgengottesdienst ginge. Aber sie antwortete mürrisch, daß sie sich in ihren häßlichen, alten Kleidern nicht den anderen Kirchgängern zeigen wolle. Ihre Stimme verriet, daß ihr Gesicht wieder häßlich und abstoßend geworden war. Der Pfarrer seufzte und ging erstmalig an einem Weihnachtsmorgen ohne seine Frau in die Kirche.

Noch zwei Nächte lang lag Prest-Jan auf den Knien und bat Gott um Hilfe, und immer wieder hatte er diesen sonderbaren Traum. Als er in der dritten Nacht aufwachte, begriff er plötzlich, was die Stimmen ihm sagen wollten. Er begriff, daß er sein Augenlicht opfern müßte, damit seine Frau ihr Gesicht wieder erlangen konnte. Die Verzauberung würde weichen, und sie wäre wieder wie früher, könnte wieder liebhaben und arbeiten. Aber er selbst würde dann blind sein. Der Pfarrer focht einen schweren Kampf mit sich selbst aus, den er schließlich gewann. Er stand auf, machte Feuer an und ging mit einem brennenden Holzscheit ans Bett der schlafenden Kinder. »Noch einmal will ich eure gesegneten Gesichter sehen«, sagte er. »Noch einmal, bevor ich in die große Dunkelheit eintrete. Und noch einmal will ich die Sterne und den Himmel sehen. Doch das Gesicht meiner Frau will ich in meiner Erinnerung bewahren, wie es am Heiligabend war. So wird es wieder werden, gelobt sei Gott in der Höhe! Aber ich werde es nie sehen.« Dann ging er nach draußen und fiel unter den Sternen im Schnee auf die Knie, befahl sich in Gottes Hände und hob das Messer, um sich die Augen auszustechen.

Doch in dem Augenblick, da der kalte Stahl seine Augäpfel berührte, wurde der Fluch gebrochen, der seiner Frau das Gesicht genommen hatte.

Sie erwachte und fühlte, wie eine große Angst sie überfiel. Schneller als sie denken konnte rannte sie hinaus und riß ihrem Mann das Messer aus der Hand. Und Gott ließ sie alles verstehen, was geschehen war und geschehen sollte.

»Jan, Jan«, flüsterte sie, und ihr Gesicht war lieblicher als ein Stern. »Nun hast du wieder gesiegt. Möge Gott dich segnen!«

Noch in der gleichen Nacht zogen die Trolle in großer Wut nach Norden, sie erkannten, daß der Pfarrer ihnen überlegen war.

LEONID ANDREJEW

Das Engelchen

Der kleine Sascha hatte ein widerspenstiges Seelchen, manchmal kam ihm der Wunsch, dasjenige nicht zu tun, was man schlechtweg »leben« nennt, er wollte nicht früh aufstehen, sich nicht mit kaltem Wasser waschen, nicht zur Schule gehen, – da er aber erst acht Jahre alt war, wußte er nicht, wie man es einrichten könnte, nicht zu tun, was von ihm verlangt wurde, so tat er es weiter, doch tat er alles schlecht und brachte zu Weihnachten ein schlechtes Zeugnis aus der Schule. Heimkehrend, ging er zum Vater – diesen hatte er sehr lieb und hoffte von ihm weniger Tadel zu hören.

»Sascha!« sagte der Vater, »warum bist du so widerspenstig? Und Sweschnikow's haben für dich eine Einladung zum Weihnachtsbaum geschickt.«

Sweschnikow's waren reiche Leute, sie bezahlten das Schulgeld für Sascha, dessen Vater ihr früherer, wegen Krankheit früh pensionierter Beamter war. Sascha war es nicht angenehm, der Einladung Folge zu leisten, man würde dort sicher fragen, wie es ihm in der Schule ergehe. Doch bestand die Mutter darauf, daß er hingehe, und – um Sascha zum Gehorchen zu bewegen, sagte der Vater: »Geh hin, Söhnchen, vielleicht gibt man dir für mich ein kleines Geschenk, ich sitze schon eine Woche ohne Tabak.« Das genügte, um Sascha gefügig zu machen...

Die Kinder wurden nicht gleich in den Saal gelassen, sie waren aufgeregt und lärmten in Erwartung der Weihnachts-Bescherung. Da öffnete sich die Tür, und – den Atem anhaltend, die Äuglein weit aufgerissen, liefen alle in den Saal, wo eine große, herrlich geschmückte Tanne stand. Sascha ging, gleich den anderen Kindern, rund um den Baum; auf einmal blieb er stehen, seine Augen blitzten vor Verwunderung: auf einem der oberen Äste sah er einen aus Wachs gefertigten Engel hängen, seine Flügelchen waren durchsichtig und zitterten, bewegt durch die Wärme der rundum brennenden Kerzen. Er sah wie lebend aus, als wäre er bereit, gleich davonzufliegen. Sascha starrte ihn an, und in ihm erstand ein so starker Wunsch, den Engel sein eigen zu nennen, daß er – trotz seiner großen Schüchternheit – zur

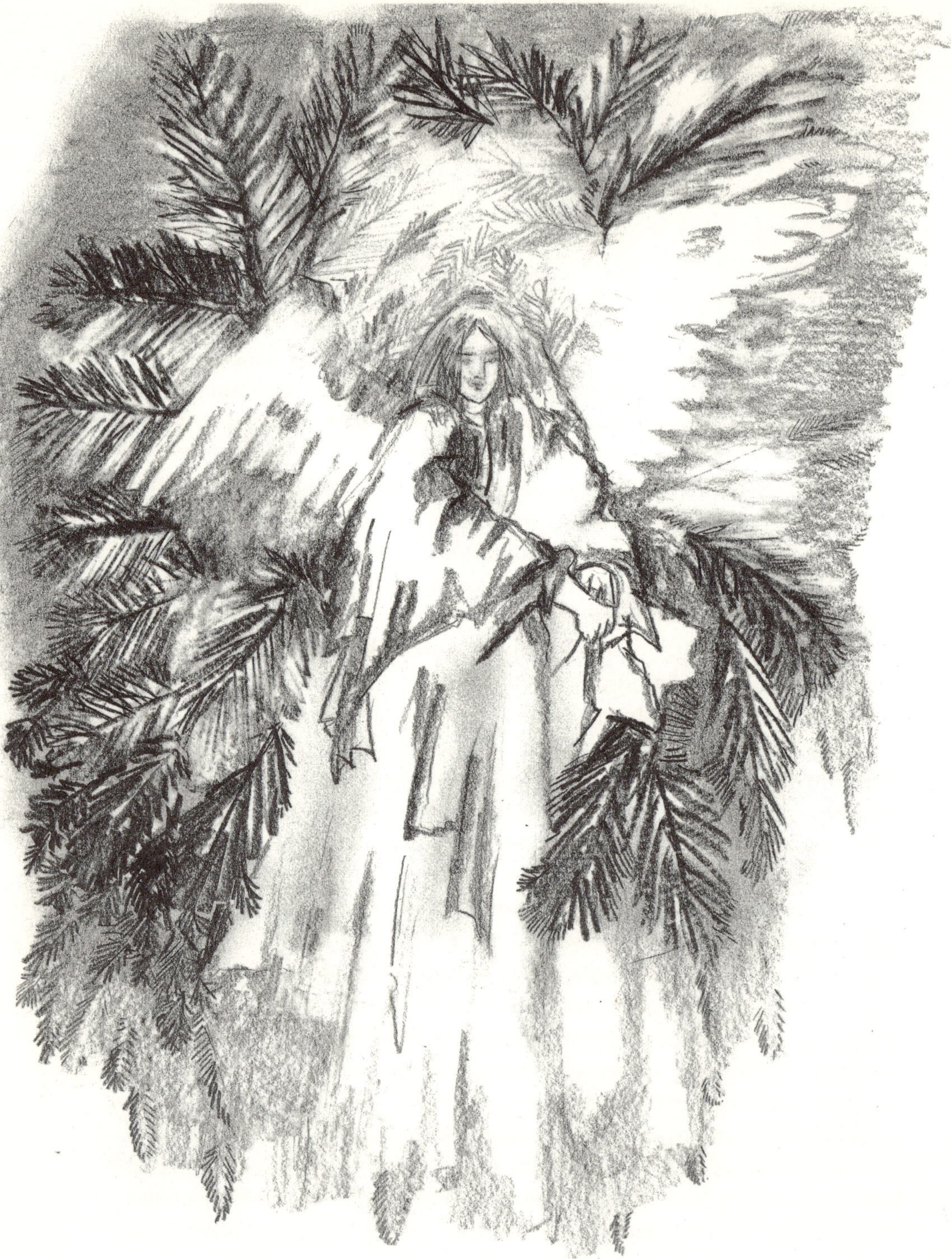

Hausfrau lief und sie bat: »Tantchen! Bitte, schenk mir den Engel!« »Das geht nicht, mein Kind; alle Sachen müssen bis Neujahr am Baum hängen bleiben, dann erst werden sie an die Kinder verteilt.« Sascha schien, als falle er in einen tiefen Abgrund... Er griff zu einem neuen Mittel: »Tantchen«, sagte er, »ich bereue es, unartig gewesen zu sein, und verspreche fest, von nun an gut zu lernen...« Doch auch diese Worte erweichten das Herz der Hausfrau nicht. Da rief Sascha mit entsetzter Stimme: »Gib ihn mir! Ich muß ihn haben!« und fiel vor Frau Sweschnikowa auf die Knie. »Du bist ja verrückt! Auf die Knie fallen tut man nur im Gebet vor Gott.« Doch als sie in die Augen des Buben schaute, unterbrach sie ihre Belehrung und fügte hinzu: »Was du für ein dummes Menschlein bist! Meinetwegen, – sollst das Engelchen haben.« Als Sascha den Engel in Händen hielt, blitzten ihm Tränen in den Augen, er sah die Hausfrau mit seligem Lächeln an, seufzte tief und verließ eilig den Saal. Er suchte nach seinem Mantel und lief heim. Die Mutter hatte sich schon niedergelegt, ermüdet von der Vorfeiertagsputzerei, in der Küche brannte aber noch eine kleine Petroleum-Lampe, der Vater wartete auf die Heimkehr von Sascha...

»Ist der Engel nicht wunderschön?« fragte der Knabe. »Ja«, entgegnete der Vater, »er hat was Besonderes an sich, paß auf, daß er uns nicht davonfliegt!« Sascha starrte das Spielzeug an, unter seinem unverwandten Blick schien das Engelchen größer, leuchtender zu werden, seine Flügel bebten noch stärker... und alles, die blakende Lampe, die verrauchte Tapete, der einfache Holztische, ja die ganze ärmliche Einrichtung des Raumes verschwand... Dem alten Mann schien, er befinde sich wieder in der Welt, zu der er einst, als er noch nicht arbeitslos war, gehörte, als er weder Sorgen noch Not kannte, als sein Leben froh und hell dahinfloß... Das Engelchen war herabgestiegen und hatte einen Lichtstrahl in sein graues, eintöniges Leben gebracht. Und neben ihm, dem Alten, saß mit leuchtenden Augen, gleich glücklich wie er, das am Anfang des Lebens stehende Menschlein. Für beide waren Gegenwart und Zukunft entschwunden... Formlos und nebelhaft war Saschas Träumerei, alles Schöne, alle Hoffnungen seiner sehnenden Seele schien das Engelchen in sich eingesogen zu haben, daher strahlte es in solch herrlichem Licht, daher bebten so geheimnisvoll seine Flügel... In solchen Halbtraum versunken, war Sascha unbemerkt eingeschlafen, auch der Vater begab sich zur Ruhe.

Und das Engelchen? Aufgehängt in der Nähe des warmen Ofens, begann es zu schmelzen, dicke Wachstropfen flossen längs seiner Füßchen hinab, dann erbebte der ganze Engel, als wolle er tatsächlich fortfliegen, und fiel auf die heißen Platten des Ofens. Eine neugierige Schwabe begann die formlose

Wachsmasse zu umkreisen, lief dann eilig davon... Ins Fenster drang das Licht der Morgendämmerung, im Hof klapperte der Wagen des Milchmanns, – und der Engel war nicht mehr! Was tat's? Durch sein kurzes Dasein hatte er doch die zwei Menschen für einige Zeit so glücklich gemacht.

HANS BERGHUIS

Tamara, der maurische Engel

In den Tagen kurz vor Weihnachten kam ich nach einigen Tagesreisen in das Dorf Rocas Altas. Ich hatte den Süden Spaniens verlassen, um die Weihnachtstage in einer nördlicheren Gegend zu verbringen. Ich wollte nicht in der Sonne sitzen, ich sehnte mich nach einer rauheren Landschaft, ich hatte Heimweh nach der frischen Kälte des Nordens. Eigentlich hatte ich mir vorgenommen, in mein Heimatland zurückzugehen, aber im letzten Augenblick hatte ein Freund zu mir gesagt: »Du mußt nach Rocas Altas gehen. Das ist ein Dorf an der nordöstlichen Küste Spaniens. In dieser Jahreszeit regnet und stürmt es da. Außerdem gibt es in Rocas Altas eine wunderschöne maurische Dorfkirche, und außerdem wirst du dort die seltsamste Weihnachtskrippe finden, die du je gesehen hast...«

Ich lasse mich immer wieder zu Dingen überreden, die ich eigentlich nicht vorhatte, also war ich nach Rocas Altas aufgebrochen. Erst verbrachte ich einen Tag und eine Nacht auf einem Schiff, dann einen halben Tag im Zug, und das letzte Wegstück hatte ich auf einem alten Eselskarren zurückgelegt. Als ich endlich mit meinem Eseltreiber auf dem kleinen Markt von Rocas Altas stand, hatte ich das Gefühl, eine Reise von einigen Wochen gemacht zu haben.

»Und jetzt?« fragte der Mann.

»Nichts. Ich bin da, wohin ich wollte«, antwortete ich. Ich bezahlte, er lud meine Reisetasche ab und wendete dann langsam seinen Karren. Er zögerte. Er meinte vielleicht, ich könnte mich geirrt haben und wollte mit ihm zurück in die zivilisierte Welt der Großstadt. Aber ich dachte gar nicht daran. Ich war nun einmal in Rocas Altas angekommen, und hier wollte ich auch bleiben, was auch passieren mochte.

Noch immer zögerte der Eseltreiber.

»*Que vaya con Dios*«, rief ich ihm zu. »Geh mit Gott.« Das war ein Befehl. Er schaute sich nun nicht mehr um und führte seinen Esel den steilen Weg zur Küste hinab.

Verloren stand ich auf dem kleinen Marktplatz. Und erst da fiel mir etwas

Seltsames an dem Dorf Rocas Altas auf. In jeder Stadt und in jedem Dorf in Spanien steht die Kirche mitten in der Gemeinschaft der weißen Häuser. Aber in Rocas Altas fehlte die Kirche. Am Markt waren nur ein paar kleine Läden, ein paar Gaststätten und ein Brunnen. Von einer Kirche war nichts zu sehen.

Ich würde beim Dorfpfarrer wohnen, darum hatte ich den Eseltreiber einfach zur Tiefebene zurückgeschickt. Doch jetzt tat es mir leid, den Mann nicht um Rat gefragt zu haben. Wenn es in Rocas Altas keine Kirche gab, wo sollte dann der Pfarrer wohnen? Rocas Altas schien ein sehr merkwürdiges Dorf zu sein. Vom Markt führten die Straßen in eine Richtung stufenweise hinauf zu einer verfallenen Burg, in die andere Richtung führten sie ebenfalls stufenweise hinunter zu einer starken Mauer, die den Ort wie eine mittelalterliche Festung umschloß.

Erst stieg ich hinauf zur Burg. Es war eine Ruine, aber die Rundform der Tore und Türme ließ darauf schließen, daß diese Festung sehr alt sein mußte, vermutlich aus der Zeit der maurischen Herrschaft stammte. Dann stieg ich hinunter zur Mauer an der anderen Seite des Dorfes. Ich stieg auf den breiten Wehrgang, und da bot sich mir eine wundervolle Weitsicht.

Wasser, Wasser, Wasser, so weit das Auge reichte. Das blaue Meer, jedoch nicht wie im Sommer – ein glatter Wasserspiegel voller Sonnenlicht –, sondern winterlich, tiefblau, mit Wellen unter dem Nordwind, die weiße Kronen tragen und an die Küste rollen, donnernd auf die Felsen schlagen. Es war ein herrlicher Anblick. Tief unterhalb der Mauern war ein kleines Stückchen Strand, im Halbkreis eingeschlossen von der See und der hohen Mauer des Dorfes und den Felsen, auf denen Rocas Altas stand. Und auf dem kleinen Stückchen Strand stand die Kirche. Meistens werden Kirchen auf dem höchsten Punkt einer Stadt oder eines Dorfes gebaut, doch hier in Rocas Altas stand die Kirche an der tiefsten Stelle zwischen dem Dorf und dem Meer. Ich beugte mich vor, um besser sehen zu können.

»Wollen Sie runterspringen?« fragte eine freundliche Stimme hinter mir.

Mit einem Ruck richtete ich mich auf. Es war mein Eseltreiber. »Was machen Sie denn hier?« fragte ich ihn.

»Tja, wissen Sie, Fremde brauchen meistens Hilfe, wenn sie in ein unbekanntes Dorf kommen. Ich habe meinen Karren in einer Seitenstraße abgestellt und bin Ihnen gefolgt. Sie wissen offenbar nicht, in was für ein Dorf Sie gekommen sind.«

»So... Und Sie wissen das natürlich?« fragte ich spitz.

»Oh ja«, antwortete er. »Natürlich weiß ich das. Ich habe schon viele Fremde nach Rocas Altas gebracht. Und alle schlendern erst durchs Dorf und kommen dann hierher zur Mauer und schauen auf die See und entdecken da unten in der Tiefe die Kirche. Wissen Sie, wie tief der Strand und die Kirche von hier aus sind?«

»Fünfzig Meter?« schätzte ich.

»Nein, siebzig!«

»Das ist ein schöner Sprung«, sagte ich lachend.

»Ja«, antwortete er, »aber wer runterspringt, der ist tot.«

»Selbstverständlich«, sagte ich, »wer runterspringt ist mausetot.«

»Oder er wird ein Engel«, ergänzte der Eseltreiber.

»Haben Sie hier denn viele von diesen Engeln?« fragte ich spöttisch.

»Nein«, antwortete er ganz ernsthaft, »wir haben hier nur einen Engel.«

»Und wie heißt der Engel?«

»Der Engel«, sagte der spanische Eseltreiber, »der Engel ist das maurische Mädchen Tamara.«

Jetzt mußte ich selbstverständlich fragen, wie das maurische Mädchen Tamara ein Engel sein konnte. Denn so fängt in Spanien stets eine Geschichte an. Erst bekommt man ein paar seltsame Dinge über das Dorf oder die Stadt zu hören. Wenn der Besucher dann schließlich neugierig fragt, wie das alles passiert sein kann, kommt erst die eigentliche Geschichte. Also sagte ich, mich an die Sitten des Landes haltend: »Wollen Sie mir nicht erzählen, wie Tamara ein Engel geworden ist?«

»Ja, doch«, antwortete er. »Aber kommen Sie dann erst einmal weg von der Mauer. Nicht jeder, der nach unten fällt, wird ein Engel.«

Mit dem Eseltreiber kehrte ich zurück zur Herberge auf dem Dorfplatz. Wir bestellten eine Schüssel *arroz a la marinera*, und mit einem roten Landwein vertilgten wir langsam den Reis mit Fischen und Krebsen. Dann zündete sich der Eseltreiber seine braune spanische Zigarette an und begann zu erzählen.

»Vor tausend Jahren lebte oben auf der Burg ein maurischer Graf, der hieß Tarik. Seine Vorfahren waren aus dem Land der Berber gekommen und sein Geschlecht hatte unter den großen Kalifen schon länger als zwei Jahrhunderte Rocas Altas regiert. Graf Tarik war ein guter maurischer Herr und die Leute von Rocas Altas waren sehr zufrieden mit seiner Herrschaft.

Sie hatten eigentlich nur eine Klage. Der Vater des Grafen Tarik hatte den Bewohnern von Rocas Altas verboten, im Herzen des Städchens eine Kirche zu bauen. Sie durften zwar eine Kirche für ihren Gott bauen, aber nur außerhalb von Rocas Altas, in der tiefen Senke des Strandes unterhalb der Mauern. Das ist die Kirche, die Sie eben von der Mauer aus gesehen haben.

Aber den Bewohnern von Rocas Altas gefiel es nicht, daß sie einen so weiten Weg zur Kirche hatten. Denn sie konnten weder an der Mauer noch an den steilen Felsen hinunter zum Strand, wo die Kirche stand. Sie mußten durch das höchstgelegene Tor zur Stadt hinaus und dann länger als zwei Stunden über einen sich lang dahinschlängelnden schmalen Bergweg laufen, bevor sie ihre Kirche erreichten. Andererseits fanden sie die Lage der Kirche auch angenehm. Denn da sie so weit entfernt und der Weg so gefährlich war, fühlten sie sich nicht verpflichtet, jeden Tag hinunter zur Kirche zu gehen. Einmal in der Woche wäre genug, meinten sie, anderen reichte sogar einmal im Jahr. Und sie schoben das natürlich nicht auf ihre eigene Faulheit, sondern auf den Befehl des maurischen Grafen. Menschen suchen immer Ausflüchte, um sich vor Gott zu entschuldigen.

Der maurische Graf Tarik hatte eine sechzehnjährige Tochter, die Tamara hieß. Sie war das hübscheste Mädchen von Rocas Altas. Aber sie war nicht nur hübsch, sie war auch sehr fromm. Obwohl ihr Vater ein Moslem war, ging die kleine Tamara jeden Tag hinunter zum Strand, um in der Kirche der Christen zu beten. Nicht jeden Sonntag, wie die Bewohner von Rocas Altas, sondern jeden Tag. Darüber ärgerten sich die Leute. Warum mußte das maurische Mädchen jeden Tag in die Kirche gehen? Die Leute ärgern sich immer, wenn andere gut sind.

Es wurde Weihnachten. Es war das Jahr 999. Tamara hatte verschlafen, und als sie oben auf der Burg aufwachte, läuteten unten schon die Glocken der Kirche. Hastig zog sie sich an und verließ die Burg ihres Vaters. Aber als sie den Marktplatz erreichte, merkte sie, daß das ganze Dorf verlassen war. Alle waren schon weg zur Kirche, wo die Geburt des Jesuskindleins gefeiert werden sollte. Und Tamara wäre so gern dabeigewesen. Sie hätte so gern das Kind in der Krippe gesehen! Verzweifelt rannte sie zum Stadttor. Aber die Bewohner hatten das Tor geschlossen.

Tamara wußte nicht mehr, was sie tun sollte. Sie rannte zur Mauer über dem Strand, kletterte auf den Wehrgang und schaute voller Verlangen hinunter. In der Senke sah sie die kleine Kirche. Durch die Fenster strahlte das Licht der Kerzen. »Kind des Christengottes«, betete Tamara in ihrer Verzweiflung, »ich möchte so gern hinunterfliegen und dich in der Krippe liegen sehen. Ich wäre so gern ein Engel, um zu deinem Stall kommen zu können. Ich hätte so gern Flügel, um von der hohen Mauer nach unten fliegen zu können. Denn es ist ein freudiges Fest in deinem Haus, und wo dein freudiges Fest ist, da möchte ich sein. Hilf mir, Gott der Christen, ich möchte dabeisein.« Und das maurische Mädchen Tamara sprang von der hohen Mauer, siebzig Meter tief. Zu ihrer Verwunderung landete sie sanft und unbeschadet auf dem Strand. Jubelnd rannte sie zur Kirche und erzählte den Christen von Rocas Altas, daß ein Engel sie über den Abgrund zur Krippe des Jesuskindes getragen hätte. Sie weinte vor Freude und erzählte jedem, der es hören wollte, von diesem Wunder.

Aber die Christen von Rocas Altas wurden zornig. Sie hatten sich schon so lange über das maurische Mädchen Tamara geärgert. Und sie konnten es nicht ertragen, daß Gott an einer Maurin ein Wunder getan hatte. Wunder gibt es nicht, sagten sie, denn sie selbst glaubten schon lange nicht mehr an Gotteswunder. Wütend sagten sie zu Tamara: »Wenn es stimmt, daß ein Engel des Himmels dich über den Abgrund zur Krippe getragen hat, dann wird er es auch noch einmal tun, damit wir es alle sehen können. Komm mit zurück zur Mauer und springe noch einmal!« Der Pfarrer von Rocas Altas war ein gottesfürchtiger Mann und versuchte, seine Gläubigen von so einer tollkühnen Tat zurückzuhalten. »Wunder geschehen immer nur einmal«, sagte er. »Versucht nicht, Gott zu zwingen, seine wunderbarlichen Taten zu wiederholen, um euch vom Unglauben abzubringen. Laßt Tamara gehen, sie ist eine bessere Christin als ihr alle zusammen.« Aber die Bewohner von Rocas Altas waren hartnäckig in ihrem Zorn. »Gott soll urteilen«, sagten sie zum alten Pfarrer. »Was mischen Sie sich da ein? Tamara soll noch einmal von der Mauer springen, und dann werden wir ja sehen, ob sie eine Christin oder eine Heidin ist.«

»Graf Tarik wird euch strafen!« rief der Pfarrer ihnen noch zu. Aber die Bewohner von Rocas Altas lachten und sagten, Gott würde sie gegen die Wut eines maurischen Hundes beschützen. Dann führten sie Tamara über den Bergweg zurück nach Rocas Altas. Sie brachten sie zur Mauer und ließen sie auf den Wehrgang klettern.

»Spring runter«, befahlen sie dem maurischen Mädchen. »Spring!«

Tamara schaute in die Tiefe. Die Kerzen waren erloschen. Tamara war mutig, stolz und glücklich, denn sie hatte das Kind in der Krippe gesehen. Wieder betete sie kurz zum Gott der Christen. »Gott, diese Menschen sind deine Gläubigen, aber sie haben den Glauben an deine Worte verloren. Bring mich dieses Mal nicht zu einem Fest der Menschen, sondern zum Fest in deinem Himmel. Rette mich nicht vor meinem Fall in die Tiefe. Ich habe dein Wunder gesehen und erlebt. Das ist mir genug. Ich bin so glücklich über das Wunder dieser Nacht, daß ich nicht länger inmitten dieser ungläubigen Christen leben will.«

»Spring, Tamara!« schrien die Bewohner von Rocas Altas.

Tamara schaute sich zur drohenden Menge um. »Euer Gott ist besser als ihr«, rief das maurische Mädchen.

»Hexe!« schrien die Leute.

Da sprang Tamara und landete zerschmettert auf dem Strand.

»Da seht ihr's«, sagten die Leute von Rocas Altas zufrieden. »Gott ist gerecht. Tamara war eine Hexe, sie war eine verzauberte Heidin. Gott hat uns gezeigt, daß sie eine Hexe war. Wir sind gerettet vor den Listen des Teufels.«

Und zufrieden mit dem Urteil Gottes stiegen sie wieder hinunter zur Kirche, um die Geburt des Christkindes zu feiern. Aber als sie nach zwei Stunden Fußweg bei der Kirche ankamen, waren die Türen verschlossen. Niemand konnte sie öffnen. Man holte den Schmied, aber auch der konnte die Schlösser nicht aufkriegen. Sie holten Leitern, um durch die Fenster hineinzuklettern, aber die fielen um, sobald jemand einen Fuß auf die unterste Sprosse setzte.

Plötzlich erklang in der Stille des Heiligen Abends ein Schrei. Graf Tarik war mit seiner maurischen Garde von der Burg hinunter zur Kirche geritten. In Panik wollten die Bewohner von Rocas Altas fliehen, aber sie waren von der brausenden See auf der einen und den hohen Mauern auf der anderen Seite eingeschlossen. Den einzigen Fluchtweg hatten ihnen die maurischen Soldaten des Grafen abgeschnitten.

Ohne ein Wort zu sagen ritt Graf Tarik zu der Stelle, wo seine Tochter Tamara tot im feuchten Sand lag. Er stieg von seinem Pferd. Mit der toten Tochter in den Armen ritt er davon. Entsetzt schauten die Bewohner von Rocas Altas zu.

Bei der Felswand angekommen drehte Graf Tarik sich zur Menge um. »Weil ihr dies getan habt, müßte ich euch alle töten, Ungläubige von Rocas Altas«, sagte er tief bewegt. »Aber ich töte keine Christenhunde. Euer Leben ist weniger wert als der Tod meiner geliebten Tochter Tamara. Sie war die einzige Gläubige in dieser Stadt. Fürchtet darum nicht mein Schwert, Feiglinge, fürchtet euren Gott, der euch für eure Tat strafen wird. Niemals wird oben in der Stadt eine Kirche gebaut werden, niemals, solange Rocas Altas auch bestehen mag. Bis zum jüngsten Tag wird eure Kirche auf dem Strand an der See stehen. Und bis zum jüngsten Tag wird ein jeder von euch, jeder Mann, jede Frau, jedes Kind von Rocas Altas hinuntersteigen und für meine Tochter Tamara beten. Wer von euch dieses Gebot mißachtet, dessen Leben ist vorbei. Habt ihr gehört, was ich befohlen habe? Jeden Tag, jeden Tag geht ein jeder hierher hinunter. Jeden Tag werdet ihr Buße tun für eure Missetat.«

Mit seiner toten Tochter Tamara in den Armen ritt Graf Tarik zurück auf seine Burg. Und seit dem Tage steigen die Bewohner von Rocas Altas den schmalen, steilen Bergweg hinunter zum Strand, um dort in der Kirche

Buße zu tun für die Missetat, die sie am Heiligen Abend begangen hatten. Aber die Kirche blieb verschlossen, soviel Buße sie auch taten.

Und es wurde wieder Weihnachten. Ein ganzes Jahr der Buße war vergangen. Am Abend stiegen alle Männer, Frauen und Kinder von Rocas Altas den Weg hinunter zur Kirche auf dem Strand. Die Türen der Kirche waren weit geöffnet und drinnen strahlte das Licht der Kerzen. Auch Graf Tarik war gekommen, denn es war nun ein Jahr her, daß die Bewohner von Rocas Altas seine Tochter getötet hatten. Die offenen Türen und das Licht luden die Leute in die Kirche ein, aber niemand wagte es, den ersten Schritt zu tun.

Graf Tarik ritt nach vorn. »Warum geht ihr nicht in die Kirche? fragte er.

»Wir trauen uns nicht«, antworteten die Bewohner von Rocas Altas.

»Seht ihr denn nicht, daß euer Gott euch vergeben hat?« fragte Graf Tarik.

»Geht Ihr als erster hinein, Graf Tarik«, baten die Leute. »Wenn Ihr hineingeht, dann wissen wir, daß nicht nur Gott, sondern auch Ihr uns vergeben habt.«

»Ihr seid immer noch ungläubig«, sprach Graf Tarik. »Als erstes bittet ihr an diesem Heiligabend euren Gott wieder um ein Zeichen. Darum soll ich als erster hineingehen. Aber ich werde es tun. Vielleicht will euer Gott euch durch das Beispiel eines Moslems endlich bekehren.«

Graf Tarik stieg von seinem Pferd und ging als erster in die kleine Kirche von Rocas Altas. Zögernd folgten ihm die Leute. Bis ganz nach vorne ging Graf Tarik. Bis ganz nach vorn folgten ihm die Leute von Rocas Altas. Und als sie alle in der Kirche waren, durchdrang wieder ein Schrei den Heiligabend, ein Schrei der Freude und Dankbarkeit. Denn diesmal sahen die Bewohner von Rocas Altas etwas, was sie nie zuvor in ihrer Kirche gesehen hatten...!«

Plötzlich verstummte der Eseltreiber. Er nahm einen Schluck schwarzen Kaffee und stand auf, als wollte er nach draußen gehen und mich allein in der Herberge zurücklassen.

»Was sahen denn die Leute von Rocas Altas«, fragte ich schnell. »Kommen Sie nur mit«, antwortete er. »Es ist schon spät und die Dunkelheit des Heiligen Abends ist schon gefallen. Ich werde Sie zur Kirche bringen. Denn dafür sind Sie ja schließlich hierhergekommen?«

»Ja«, antwortete ich, »dafür bin ich hergekommen. Aber erzählen Sie mir erst, was die Leute von Rocas Altas an jenem zweiten Heiligabend sahen.«

Er antwortete nicht und verließ die Herberge. Ich folgte ihm auf dem gewundenen Bergweg hinunter zum Strand, zur Kirche. Es war immer noch, wie vor tausend Jahren, ein Fußweg von zwei Stunden.

Als wir unten ankamen, standen die Türen der Kirche weit offen und die Fenster waren erleuchtet. Mit dem Eseltreiber und allen anderen Leuten von Rocas Altas betrat ich die Kirche. Und genau wie vor tausend Jahren gingen wir alle nach vorne zur Krippe. Als wir dicht an die Krippe herangekommen waren, sah auch ich, was die Bewohner von Rocas Altas gesehen haben müssen. Maria und Josef und das Kind in der Krippe waren weiß wie Schnee. Die Hirten und die Hirtenjungen mit Schafen und Lämmern waren weiß wie Wolle. Aber der Engel von Rocas Altas war ein ganz anderer als der, der sonst überall an der Krippe steht. Der Engel von Rocas Altas war ein maurisches Mädchen von sechzehn Jahren, mit funkelnden Augen, pechschwarzen Haaren, einer maurischen Grafenkrone auf dem Kopf und einem Lächeln um den Mund, wie es nur ein maurischer Engel haben kann.

»Seht genau hin«, flüsterte der Eseltreiber neben mir. »Der Engel an der Krippe, das ist unser Engel Tamara.«

»Ja«, antwortete ich flüsternd. »Es ist der schönste Weihnachtsengel, den ich je gesehen habe.«

»Sogar das Christkind in der Krippe schaut Tamara an«, flüsterte der Eseltreiber wieder.

»Selbstverständlich«, antwortete ich, »warum nicht? Das Christkind will uns damit doch nur sagen: ›Wer von euch einen so starken Glauben hat wie einst das maurische Mädchen Tamara, der soll den Tod nicht erleiden in aller Ewigkeit‹!«

»Meinen Sie das wirklich?« fragte der Eseltreiber.

»Bestimmt. Das glaube ich bestimmt. Oder ist der Engel Tamara noch immer der einzige gläubige Mensch in Rocas Altas?«

»Nein«, antwortete der Eseltreiber schnell, »nein, wir sind alle fromm, seit der Nacht vor tausend Jahren. Sie haben recht. Ich glaube auch, das will das Christkind sagen.«

Ich schaute auf den Engel Tamara. Sie lachte. Aber ich kann mich auch geirrt haben. Denn es lag Kerzenlicht auf dem Gesicht des maurischen Engels Tamara, und vielleicht lachte sie gar nicht mich an, sondern das Kind in der Krippe.

MAXIM GORKI

Weihnachtserzählung

Meine Weihnachtserzählung war beendet. Ich warf die Feder hin, erhob mich vom Schreibtisch und schritt im Zimmer auf und ab.

Es war Nacht, und draußen wirbelte der Schneesturm durch die Luft. Seltsame Laute erreichten mein Ohr wie von leisem Flüstern oder Seufzen; sie drangen von der Straße her durch die Wände meiner kleinen Kammer, die zu drei Vierteln von dunklen Schatten eingehüllt wurde. Es war der Schnee, den der Wind an die Mauern preßte und gegen die Fensterscheiben peitschte. Ein leichter, weißer, unerkennbarer Gegenstand flog an meinem Fenster vorbei und verschwand, einen kalten Schauder in meiner Seele zurücklassend.

Ich trat zum Fenster, blickte auf die Straße hinaus und legte meinen Kopf, der von der mühsamen Anspannung der Einbildungskraft erhitzt war, an die kühle Scheibe. Die Straße lag in verlassener Stille. Ab und zu riß der Wind durchsichtige Schneewölkchen vom Pflaster und ließ sie wie zarte weiße Schleier durch die Luft fliegen. Gegenüber meinem Fenster brannte eine Laterne. Ihre Flamme zitterte und flackerte im heftigen Kampf mit dem Wind. Der Lichtschein warf sich wie ein breites Schwert in die Luft, und der Schnee, der vom Dach des Hauses in diesen Lichtstreifen geweht wurde, glühte für einen Augenblick wie ein schillerndes Funkengewand auf. Das Herz wurde mir traurig und kalt, als ich diesem Spiel des Windes zusah. Ich entkleidete mich schnell, blies die Lampe aus und legte mich zum Schlafen nieder.

Als das Licht gelöscht war und Dunkelheit mein Zimmer erfüllte, wurden die Geräusche vernehmbarer, und das Fenster starrte mich wie ein großer weißer Fleck an. Das unablässige Ticken der Uhr bezeichnete das Vergehen der Sekunden. Bisweilen wurde ihr flinkes Vorstürmen vom Surren und Knirschen des Schnees übertönt, doch bald vernahm ich wieder den leisen Schlag der Sekunden, die der Ewigkeit anheimfielen. Mitunter war ihr Geräusch so deutlich und genau, als ob die Uhr in meinem Schädel stünde.

Ich lag im Bett und dachte an die soeben vollendete Geschichte und überlegte, ob sie mir wohl Erfolg einbringen würde.

Diese Geschichte handelte von zwei Bettlern, einem blinden Greis und seiner Frau, die in stiller, scheuer Zurückgezogenheit ihren Lebensweg gingen, der ihnen nur Ängste und Demütigungen bot. Am Morgen vor Weihnachten hatten sie ihr Dorf verlassen, um im Nachbarort Almosen zu sammeln, damit sie tags darauf die Geburt Christi auf festliche Weise feiern könnten.

Sie wollten das nächste Dorf aufsuchen und zum frühen Gottesdienst zurück sein, die Säcke voller Krumen, die man ihnen um Christi willen gespendet hatte.

Ihre Hoffnungen (so ging meine Erzählung weiter) erfüllten sich natürlich nicht. Sie erhielten nur karge Gaben, und es war schon sehr spät, als die beiden, ermattet von des Tages Mühen, endlich beschlossen, zu ihrer kalten, verlassenen Lehmhütte zurückzukehren. Mit ihrer leichten Bürde auf den Schultern und mit schwerem Kummer im Herzen schleppten sie sich über die schneebedeckte Ebene; die alte Frau ging voran, und der alte Mann, der sich an ihrem Gürtel festhielt, folgte ihr. Es war eine dunkle Nacht, Wolken bedeckten den Himmel, und für zwei bejahrte Menschen war der Weg zum Dorf immer noch sehr lang. Ihre Füße sanken im Schnee ein, und der Wind wirbelte ihn auf und wehte ihn ihnen ins Gesicht. Stumm und vor Kälte zitternd stapften sie weiter und weiter. Müde und vom Schnee geblendet, war die Alte vom Weg abgeirrt, und sie wanderten nun ziellos quer durchs Tal aufs offene Feld hinaus.

»Sind wir bald zu Hause? Achte darauf, daß wir die Frühmesse nicht versäumen«, murmelte der Blinde hinter den müden Schultern seiner Frau.

Sie sagte, sie wären bald zu Hause, und ein neuer Kälteschauder rann durch ihren Leib. Sie wußte, daß sie den Weg verloren hatte, aber sie getraute sich nicht, es ihrem Mann zu sagen. Manchmal schien es ihr, als trüge der Wind Hundegebell an ihre Ohren, und sie schlug die Richtung ein, aus der diese Laute kamen; aber bald vernahm sie das Bellen von der anderen Seite.

Schließlich verließen die Kräfte sie, und sie sagte zu dem Alten: »Vergib mir, Väterchen, vergib mir um Christi willen. Ich bin vom Weg abgeirrt und kann nicht mehr weiter. Ich muß mich niedersetzen.«

»Du wirst erfrieren«, entgegnete er.

»Laß mich nur ein Weilchen ausruhen. Und selbst wenn wir erfrieren, was macht es? Unser Leben auf dieser Erde ist gewiß nicht süß.«

Der Alte seufzte tief und willigte ein.

Sie ließen sich im Schnee nieder, einer mit dem Rücken zum andern, und sie sahen aus wie zwei Lumpenbündel – dem Wind zum Spiele. Er trieb

Schneewolken gegen sie, bedeckte sie mit scharfen, spitzen Kristallen, und die Alte, die leichter gekleidet war als ihr Mann, fühlte sich gar bald in der Umarmung einer seltenen, köstlichen Wärme.

»Mütterchen«, rief der Blinde, der vor Kälte zitterte, »steh auf, wir müssen weiter!«

Aber sie war eingeschlummert und murmelte im Schlaf nur halb verständliche Worte. Er wollte sie aufrichten, doch es fehlte ihm die Kraft.

»Du wirst erfrieren!« schrie er, und dann rief er über das offene Feld laut um Hilfe.

Aber sie fühlte sich so warm, so gemütlich! Nach einigen vergeblichen Bemühungen setzte sich der Blinde in dumpfer Verzweiflung wieder im Schnee hin. Er war jetzt fest überzeugt, daß alles, was ihm widerfuhr, der ausdrückliche Wille Gottes wäre und daß es für ihn und seine betagte Frau kein Entrinnen gäbe. Der Wind wirbelte und tanzte in ausgelassener Fröhlichkeit um sie herum, bestreute sie lustig mit Schnee und trieb ein vergnügtes Spiel mit den Kleiderfetzen, die ihre alten Glieder bedeckten, welche vom langen Dasein in Not und Armut müde waren. Auch den Alten überkam jetzt ein Gefühl köstlich tröstender Wärme.

Auf einmal wehte der Wind liebliches, feierliches, melodisches Glockengeläut an seine Ohren.

»Mütterchen!« rief er und fuhr auf. »Es wird zur Messe geläutet. Schnell, laß uns gehen!«

Aber sie war schon dorthin gegangen, von wo es keine Rückkehr mehr gibt.

»Hörst du? Es läutet, sage ich dir. Steh auf! Ach, wir werden zu spät kommen!«

Er wollte sich erheben, stellte jedoch fest, daß er sich nicht zu bewegen vermochte. Da begriff er, daß sein Ende nahe war, und er betete leise: »Herr, sei der Seele deiner Diener gnädig. Vergib uns, o Herr! Wir haben beide gesündigt. Habe Erbarmen mit uns!«

Da dünkte es ihn, daß über das Feld ein strahlender Tempel Gottes, eingehüllt in eine hellfunkelnde Schneewolke, auf ihn zuschwebte – ein kostbarer, wundersamer Tempel. Er bestand ganz aus flammenden Menschenherzen und ähnelte selbst einem Herzen, und mitten darin stand Christus in eigener Person auf einem Piedestal. Bei dieser Vision erhob sich der Alte und fiel vor der Schwelle des Tempels auf die Knie. Er gewann sein Augenlicht wieder und gewahrte den Heiland und Erlöser. Und von seinem erhöhten Standort aus sprach Christus mit holder, wohllautender Stimme:

»Herzen, die in Mitleid erglühen, sind die Gründer meines Tempels. Tritt ein in meinen Tempel, du, der du im Leben nach Mitleid gedürstet, du, der du Elend und Erniedrigung erlitten hast, gehe ein in deinen ewigen Frieden!«

»O Herr«, sagte der Alte, dem das Augenlicht wiedergegeben war, und weinte vor Freude, »du bist es wahrlich, o Herr!«

Und Christus lächelte gütig auf den alten Mann hinunter und auf seine Lebensgefährtin, die durch das Lächeln des Heilands wieder zum Leben erwacht war.

Und so erfroren die beiden Bettler draußen in dem offenen schneebedeckten Feld.

Ich rief mir die verschiedenen Einzelheiten der Erzählung ins Gedächtnis zurück und fragte mich, ob sie mir wohl so gut und rührend geraten war, daß sie beim Leser Mitleid erregte. Es schien mir, ich könnte die Frage bejahend beantworten, denn ich glaubte, daß die Geschichte die gewünschte Wirkung unbedingt erzielen würde.

Mit diesem Gedanken schlief ich ein, recht zufrieden mit mir selbst. Die Uhr tickte weiter, und ich hörte im Schlaf das immer heftiger werdende Jagen und Brausen des Schneesturms. Die Laterne wurde ausgeblasen. Immerzu brachte der Sturm draußen neue Geräusche hervor. Die Fensterläden klapperten. Die Zweige der Bäume neben der Tür klopften an die Metallplatte des Daches. Es seufzte, stöhnte, heulte, brauste und pfiff, und all dies vereinte sich bald zu einer schwermütigen Melodie, die das Herz mit Traurigkeit erfüllte, bald zu einer leisen, weichen Weise gleich einem Wiegenlied. Es hatte die Wirkung einer phantastischen Geschichte, von der die Seele wie in Bann gehalten wurde.

Plötzlich aber – was war denn das? Der schwache Fleck des Fensters entflammte in bläulichem, phosphoreszierendem Licht, und das Fenster wurde immer größer, bis es die ganze Ausdehnung der Wand einnahm. In dem blauen Licht, das den Raum erfüllte, erschien auf einmal eine dichte weiße Wolke, in der Funken aufglühten wie von zahllosen Augen. Wie vom Winde umhergezwirbelt, drehte und kreiselte die Wolke, begann sich aufzulösen, wurde immer durchsichtiger, zerbrach in winzige Stückchen und verströmte in meinen Körper eisige Kälte, die mir Angst machte. Etwas wie unzufriedenes, zorniges Gemurmel drang aus den Wolkenfetzen, die immer deutlicher Form gewannen und eine meinen Augen vertraute Gestalt annahmen. Dahinter im Winkel gewahrte ich eine Kinderschar, vielmehr die Schatten von Kindern, und hinter ihnen tauchte neben mehreren weiblichen Gestalten ein graubärtiger alter Mann auf.

»Woher kommen diese Schatten? Was wollen sie?« Das waren die Fragen, die mir durch den Kopf gingen, während ich diese seltsame Erscheinung erschrocken betrachtete.

»Woher wir kommen und von wannen wir sind?« antwortete eine strenge, ernste Stimme feierlich. »Kennst du uns nicht? Denk einmal nach!«

Stumm schüttelte ich den Kopf. Ich kannte sie nicht. In rhythmischer Bewegung schwebten sie durch die Luft, als ob sie zu den Klängen des Sturmes einen feierlichen Tanz vollführten. Halb durchsichtig, kaum erkennbar in ihren Umrissen, schwankten sie leicht und lautlos rings um mich, und plötzlich erkannte ich in ihrer Mitte den blinden Greis, der sich am Gürtel seiner bejahrten Frau festhielt. Tiefgebeugt humpelten sie an mir vorbei, mit vorwurfsvollem Blick die Augen auf mich richtend.

»Erkennst du sie jetzt?« fragte dieselbe ernste Stimme.

Ich wußte nicht, war es die Stimme des Sturmes oder die Stimme meines Gewissens, aber sie hatte einen befehlenden Ton, der keinen Widerspruch duldete.

»Ja, das sind sie«, fuhr die Stimme fort, »die traurigen Helden deiner erfolgreichen Geschichte. Und auch alle andern sind Helden deiner Weihnachtsgeschichten – Kinder, Männer und Frauen, die du zum Vergnügen des Publikums erfrieren ließest. Schau, wie viele es sind und wie jämmerlich sie aussehen, die Ausgeburten deiner Phantasie!«

Eine Bewegung ging durch die schwankenden Gestalten, und zwei Kinder, ein Knabe und ein Mädchen, erschienen im Vordergrund. Sie sahen aus wie zwei Schneeblumen oder wie die Mondscheibe.

»Diese Kinder«, sprach die Stimme, »hast du unter dem Fenster jenes wohlhabenden Hauses, in dem der strahlende Christbaum brannte, erfrieren lassen. Sie betrachteten den Baum – erinnerst du dich? – und sie erfroren.«

Lautlos schwebten meine armen kleinen Helden an mir vorbei und verschwanden. Sie schienen sich in dem blauen, nebelhaften Licht aufzulösen. An ihrer Stelle erstand ein Weib mit kummervollem, abgezehrtem Gesicht.

»Dies ist die arme Frau, die am Weihnachtsabend heimeilte in ihr Dorf, um ihren Kindern ein paar billige Weihnachtsgeschenke zu bringen. Auch sie hast du erfrieren lassen.«

Voller Scham und Furcht starrte ich die schattenhafte Frau an. Sie verschwand gleichfalls, und neue Gestalten tauchten abwechselnd auf. Es waren lauter traurige, stumme Erscheinungen mit einem Ausdruck unbeschreiblicher Wehmut im düsteren Blick.

Und wieder hörte ich die ernste Stimme mit verhaltener Betonung sprechen:

»Warum hast du diese Geschichten geschrieben? Gibt es nicht genug wirkliches, faßbares und sichtbares Elend in der Welt, daß du noch mehr Not und Kummer erfinden mußt und deine Einbildungskraft bemühen, um Bilder von aufrührender, realistischer Wirkung zu malen? Willst du die Menschen aller Lebensfreude berauben, willst du ihnen den letzten Tropfen des Glaubens an das Gute nehmen, indem du nur Böses schilderst? Warum läßt du in deinen Weihnachtserzählungen Jahr für Jahr Kinder oder Erwachsene erfrieren? Warum? Was bezweckst du?«

Ich war bestürzt über diese merkwürdige Anklage. Jeder schreibt Weihnachtsgeschichten nach dem gleichen Schema. Man nimmt einen armen Knaben oder ein armes Mädchen oder etwas Ähnliches und läßt sie irgendwo unter einem Fenster erfrieren, hinter dem gewöhnlich ein Christbaum steht, der seinen Strahlenglanz auf sie wirft. Das ist Mode geworden, und ich folgte der Mode.

In diesem Sinne antwortete ich.

»Wenn ich diese Menschen erfrieren lasse«, sagte ich, »tue ich es zum denkbar besten Zweck. Indem ich ihren Todeskampf schildere, wecke ich im Publikum menschliche Gefühle für diese Unglücklichen. Ich möchte die Herzen meiner Leser rühren, weiter nichts.«

Eine seltsame Bewegung lief durch die Menge der Gestalten, als ob sie spöttischen Widerspruch gegen meine Worte erheben wollten.

»Siehst du, wie sie lachen?« fragte die geheimnisvolle Stimme.

»Warum lachen sie?« gab ich kaum hörbar zurück.

»Weil du so töricht redest. Du willst durch deine Schilderungen erdachten Elends in den Herzen der Menschen edle Gefühle hervorrufen, während wirkliches Elend und Leid für sie nichts anderes ist als ein alltägliches Schauspiel. Bedenke, seit wie langer Zeit schon manche bestrebt waren, in den Herzen der Menschen edle Gefühle zu wecken, überlege, wie viele Männer ihre Begabung für diesen Zweck eingesetzt haben, und dann wirf einen Blick auf das wirkliche Leben! Narr, der du bist! Wenn die Wirklichkeit sie nicht rührt und wenn ihr Empfinden durch die grausame, erbarmungslose Not und durch den bodenlosen Abgrund tatsächlicher Bosheit nicht beleidigt wird, wie kannst du dann hoffen, daß die Erzeugnisse deiner Einbildungskraft sie bessern würden? Glaubst du wirklich, du könntest das Herz eines Menschen rühren, indem du ihm von einem erfrorenen Kind erzählst? Das Meer des Elends brandet gegen den Damm der Herzlosigkeit, es tobt und braust dagegen an, und du willst es beschwichtigen, indem du ein paar Erbsen hinwirfst!«

Die Gestalten begleiteten diese Worte mit ihrem stummen Lachen, und der Sturm stieß ein schrilles Hohngelächter aus; aber die Stimme sprach unaufhörlich weiter. Jedes Wort, das sie sagte, wurde mir wie ein Nagel ins Hirn getrieben. Es war unerträglich, und ich konnte es nicht länger aushalten.

»Das ist alles Lüge, Lüge!« schrie ich in höchstem Zorn. Als ich aus dem Bett sprang, fiel ich kopfüber in die Dunkelheit, und immer rascher und immer tiefer sank ich in den klaffenden Abgrund, der sich plötzlich vor mir auftat. Das Pfeifen, Heulen, Brausen und Lachen folgte mir hinab; die Gestalten jagten mich durch das Dunkel, grinsten mir ins Gesicht und verhöhnten mich.

Am Morgen erwachte ich mit heftigen Kopfschmerzen und in sehr schlechter Stimmung. Als erstes las ich meine Geschichte von dem blinden Bettler und seiner Frau nochmals durch, und dann zerriß ich das Manuskript in kleine Fetzen.

Aus dem Matthäusevangelium

In der Übertragung von Emil Bock

Die Priesterkönige aus dem Osten

Als nun Jesus geboren worden war zu Bethlehem in Judäa, unter der Regierung des Königs Herodes, siehe, da kamen Priesterkönige aus den Reichen des Ostens nach Jerusalem und sprachen: Wo ist der Neugeborene, der zum König der Juden bestimmt ist? Wir sahen seinen Stern in den Reichen des Ostens und sind gekommen, um unsere Knie vor ihm zu beugen.

Als der König Herodes die Frage vernahm, wurde er bestürzt und mit ihm die ganze Stadt Jerusalem. Er rief alle Hohenpriester und Schriftgelehrten des Volkes zusammen und befragte sie: Wo soll der Christus geboren werden? Und sie antworteten: Zu Bethlehem in Judäa, heißt es doch in den prophetischen Büchern:

»Bethlehem im Lande Juda,
du bist nicht die letzte unter den Führerstätten in Juda;
denn aus dir geht hervor der Führer,
der Hirte meines Volkes Israel.«

Da lud Herodes die Priesterkönige zu sich und erforschte von ihnen in vertraulichem Gespräch genau die Zeit, da der Stern erschienen war. Und er wies sie nach Bethlehem und sprach: Ziehet hin und erkundet genau, was ihr über das Kind erfahren könnt. Und wenn ihr es gefunden habt, so bringt mir die Botschaft. Dann will auch ich hinziehen, um mich vor ihm zu beugen.

Nach diesen Worten des Königs brachen sie auf. Und siehe, der Stern, den sie in den Reichen des Ostens gesehen hatten, zeigte ihnen den Weg, bis er über dem Hause stand, da das Kindlein war. Und als sie den Stern sahen, wurden sie von großer Freude ganz erfüllt. Sie traten in das Haus ein und erblickten das Kind und Maria, seine Mutter, und fielen anbetend vor ihm nieder und taten ihre Schätze auf und brachten ihm Gaben dar: Gold, Weihrauch und Myrrhen.

Ein Traumgesicht aber gab ihnen die Weisung, nicht zu Herodes zurückzukehren, und so zogen sie auf einem anderen Weg wieder heim in ihr Land.

Die Flucht nach Ägypten

Als sie davongezogen waren, siehe, da erschien der Engel des Herrn Joseph im Traum und sprach: Steh auf, nimm das Kindlein und seine Mutter und fliehe nach Ägypten. Dort bleibe, bis ich wieder zu dir spreche. Denn Herodes wird dem Kinde nachstellen, um es zu vernichten.

Und er stand auf, nahm das Kind und seine Mutter und machte sich auf den Weg nach Ägypten. Dort blieb er bis zum Tode des Herodes. Es sollte das Wort in Erfüllung gehen, das der Herr durch den Propheten gesprochen hat:

»Aus Ägypten habe ich meinen Sohn gerufen.«

Als Herodes sich in seiner Erwartung getäuscht sah, daß die Könige zu ihm zurückkehrten, entbrannte er in großem Zorn. Und er ließ in Bethlehem und im ganzen Umkreis alle Kinder, die in den letzten zwei Jahren geboren waren, rauben und töten. Das entsprach dem Zeitpunkt, den er von den Priesterkönigen erfragt hatte.

So erfüllte sich das Wort des Propheten Jeremias:
»Eine Stimme wird laut in Rama,
Weinen und großes Wehgeschrei;
Rahel weint über ihre Kinder,
und allen Trost verschmäht sie, weil sie nicht mehr sind.«

Als Herodes gestorben war, siehe, da erschien der Engel des Herrn in Ägypten Joseph im Traum und sprach: Steh auf, nimm das Kind und seine Mutter und ziehe in das Land Israel. Denn nun sind gestorben, die der Seele des Kindes nachgestellt haben.

Und er stand auf, nahm das Kind und seine Mutter und zog in das Land Israel. Doch als er hörte, daß Archelaos anstelle seines Vaters Herodes in Judäa herrschte, fürchtete er sich, dorthin zu ziehen. Indem er einer Offenbarung folgte, die er im Traum empfing, zog er nach Galiläa und nahm Wohnung in der Stadt Nazareth. Das Wort des Propheten sollte sich erfüllen:

»Zu einem Nazaräer ist er vorbestimmt.«

JAKOB STREIT

Der Kindermord zu Bethlehem

Tag um Tag erwartete König Herodes die Rückkehr der drei Männer, so ihm das Kind anzeigen sollten, aber sie kamen nicht. Keine Ruhe mehr gab ihm der Schlaf. Zu dunklen Stunden der Nacht sah er mit halbverstörtem Sinn den verheißenen Knaben: bald erschien er in den Straßen Jerusalems, trat auf im Tempel, zeigte sich gar im Tore seines Palastes. Darob wurden Unruhe und Furcht des Königs immer größer. Als er endlich mit Gewißheit wußte, daß die drei Könige ihn gemieden hatten, um vor ihm den Knaben zu verbergen, sann er auf eine böse Tat: »Wenn ich jenes Kind treffen will, bevor es Unheil über mich bringt, muß ich alle Knaben in Bethlehem umbringen lassen.« Er ließ also eine Schar seiner rohesten Kriegsknechte vor sich kommen und übertrug ihnen den grausamen Befehl, alle Kinder unter zwei Jahren zu ermorden.

Am folgenden Tag hub in Bethlehem ein großes Wehgeschrei an, da die Krieger in die Häuser drangen. Sie erstachen die Knäblein in der Wiege, wo sie lächelnd schlummerten; gar viele rissen sie der eigenen Mutter aus den Armen und töteten die Unschuldigen mit der Schärfe des Schwertes. Kein Haus war in Bethlehem, wo nicht unschuldig Blut vergossen ward. Als die Kriegsknechte die Stätte des Jammers verlassen hatten, verhüllten die Mütter zu Bethlehem in tiefer Trauer ihr Angesicht. Rahel hatte ihre beiden Knaben verloren. Drei Tage und Nächte berührte sie in ihrem Jammer weder Trank noch Speise; immer wieder war sie in Schmerzen hingebeugt über die Durchstochenen. Wie sie in der dritten Nacht an den Rand des Todes kam, traten ihr auf einmal ihre beiden Knaben entgegen in der Gestalt kleiner Engel. »Klage nicht, Mutter«, sprachen sie, »schau, mit wem wir wandeln dürfen!« Da öffnete sich vor Rahel ein Bild der Ferne. Sie sah auf einem Wüstenwege eine Mutter, die ein strahlendes Kind in ihren Armen trug. Auf einem Esel ritt sie, begleitet von einem Manne. Über den Wandernden schwebten ihre beiden Kinder schützend auf und nieder, und mit ihnen war eine große Schar. Einige schien Rahel von Angesicht zu kennen. Ja, es waren die Knaben von Bethlehem! – Die beiden Kinder traten wiederum zu ihrer Mutter und sprachen: »Siehe, Mutter, wir dürfen das Kind behüten, in welchem dereinst der Messias erscheinen wird. Wir bewahren es vor dem Unheil der Welt, das uns getroffen hat; wie sind wir glücklich, mit ihm zu sein!«

Indes entschwanden sie.

Mit welchem Trost erhob sich Rahel in der Frühe des dritten Tages. Sie hüllte die toten Kinder in weißes Linnen und brachte sie dahin, wo die verzweifelten Mütter die Grabstätten richteten. Als die unschuldigen Leiber der Erde gegeben waren, versammelte Rahel die Frauen um sich. Sie erzählte den Trauernden zum Trost, wie sie die Seelen ihrer Knaben erschaut hatte und was diese ihr kundgetan. Danach schmückten die Mütter die Grabhügel mit Blumen; dort blühte fortan ein schöner Rosengarten in Bethlehem.

HANS CHRISTIAN ANDERSEN

Das kleine Mädchen mit den Schwefelhölzchen

Es war so grauslich kalt; es schneite, und es fing an, dunkel zu werden; es war auch der letzte Abend im Jahr, Neujahrsabend. In dieser Kälte und in dieser Dunkelheit ging ein kleines, armes Mädchen auf der Straße, mit bloßem Kopf und mit nackten Füßen; ja es hatte wohl Pantoffel angehabt, als es von Haus wegging; aber was half das! Es waren sehr große Pantoffel, seine Mutter hatte sie zuletzt getragen, so groß waren sie, und die hatte die Kleine verloren, als sie sich eilte, über die Straße zu kommen, weil zwei große Wagen so schrecklich schnell vorüberfuhren; der eine Pantoffel war nicht zu finden, und mit dem anderen war ein Junge davon gelaufen; er sagte, er könne ihn als Wiege gebrauchen, wenn er einmal selbst Kinder habe.

Da ging nun das kleine Mädchen auf den nackten, kleinen Füßen, die rot und blau von Kälte waren; in einer alten Schürze trug sie eine Menge Schwefelhölzchen, und einen Bund davon hielt sie in der Hand; keiner hatte ihr den ganzen Tag lang etwas abgekauft; keiner hatte ihr ein paar Pfennige geschenkt; hungrig und frierend ging sie und sah ganz verschüchtert aus, das arme Ding! Die Schneeflocken fielen auf ihr langes, lichtes Haar, das sich so schön im Nacken kräuselte, aber an diese Pracht dachte sie nicht. Aus allen Fenstern schienen Lichter, und dann roch es auf der Straße so herrlich nach Gänsebraten; es war ja Neujahrsabend, daran dachte sie ja doch.

Dort in einem Winkel zwischen zwei Häusern, das eine stand ein wenig mehr zur Straße heraus als das andere, da setzte sie sich hin und kroch in sich zusammen; die kleinen Beine hatte sie unter sich hochgezogen, aber sie fror noch mehr, und heim getraute sie sich nicht, sie hatte ja keine Schwefelhölzchen verkauft, keinen einzigen Pfennig bekommen, der Vater würde ihr Schläge geben, und kalt war es auch zu Hause, sie hatten nur gerade das Dach über sich, und da hinein pfiff der Wind, obwohl die größten Risse mit Stroh und Lumpen zugestopft waren. Die kleinen Hände waren ihr beinahe ganz abgestorben vor Kälte. Ach! ein Schwefelhölzchen würde gut tun. Getraute sie sich nur, eines aus dem Bund herauszuziehen, es gegen die Wand zu streichen und die Finger zu wärmen. Sie zog eines heraus, »ritsch!«, wie es sprühte, wie es brannte! Es war eine warme, klare Flamme, wie eine kleine Kerze, als sie die Hand darum hielt; es war ein merkwürdiges Licht; dem kleinen Mädchen war, als säße es vor einem großen eisernen Kachelofen mit blanken Messingkugeln und Messingtrommel; das Feuer brannte so gnadenreich, wärmte so gut; nein, was war das! – Die Kleine streckte schon die Füße aus, um auch die zu wärmen, – – da erlosch die Flamme, der Kachelofen verschwand, – sie saß mit einem kleinen Stumpf vom ausgebrannten Schwefelhölzchen in der Hand.

Ein neues wurde angestrichen, es brannte, es leuchtete, und wo sein Schein auf die Mauer fiel, wurde sie durchsichtig wie Flor; sie sah gerade in die Stube hinein, wo der Tisch gedeckt stand mit einem schimmernden weißen Tuch, mit feinem Porzellan, und herrlich dampfte die gebratene Gans, mit Zwetschgen und Äpfeln gefüllt; und was noch prächtiger war, die Gans sprang von der Schüssel herunter, watschelte mit Gabel und Messer im Rükken über den Fußboden; gerade bis hin zu dem kleinen Mädchen kam sie; dann erlosch das Schwefelhölzchen, und nur die dicke, kalte Mauer war zu sehen.

Sie zündete ein neues an. Da saß sie unter dem schönsten Weihnachtsbaum; der war noch größer und noch reicher geschmückt als jener, den sie letzte Weihnachten durch die Glastür bei dem reichen Kaufmann gesehen hatte; tausend Lichter brannten auf den grünen Zweigen, und bunte Bilder, wie sie die Schaufenster schmückten, blickten auf sie herab. Die Kleine streckte beide Hände danach aus – da erlosch das Schwefelhölzchen; die vielen Weihnachtskerzen stiegen höher und höher, sie sah, nun waren es die klaren Sterne, einer davon stürzte und zog am Himmel einen langen Feuerstreifen.

»Jetzt stirbt jemand!« sagte die Kleine, denn die alte Großmutter, die einzige die gut zu ihm gewesen war, aber jetzt tot war, hatte gesagt: »Wenn ein Stern fällt, geht eine Seele hinauf zu Gott.«

Wieder strich sie ein Schwefelhölzchen gegen die Mauer an, das leuchtete ringsum, und in seinem Glanz stand die alte Großmutter, so klar, so schimmernd, so mild und gnadenreich.

»Großmutter!« rief die Kleine, »o nimm mich mit! ich weiß du bist fort, wenn das Schwefelhölzchen ausgeht; fort wie der warme Kachelofen, der herrliche Gänsebraten und der große, gesegnete Weihnachtsbaum!« – und sie strich in Eile den ganzen Rest Schwefelhölzchen an, die im Bund waren, sie wollte Großmutter recht festhalten, und die Schwefelhölzchen leuchteten mit solch einem Glanz, daß es klarer war als am hellen Tag. Großmutter war nie zuvor so schön, so groß gewesen; sie hob das kleine Mädchen auf ihren Arm, und sie flogen in Glanz und Freude, so hoch, so hoch; und dort gab es keine Kälte, keinen Hunger, keine Angst, – sie waren bei Gott.

Aber im Winkel am Haus saß in der kalten Morgenstunde das kleine Mädchen mit roten Backen, mit einem Lächeln um den Mund – tot, am letzten Abend im alten Jahr erfroren. Der Neujahrsmorgen ging über der kleinen Leiche auf, die da saß mit den Schwefelhölzchen, von denen ein Bund fast ausgebrannt war. »Sie hat sich wärmen wollen«, sagten die Leute; keiner wußte, was sie Schönes gesehen hatte, in welchem Glanz sie mit der alten Großmutter in die Neujahrsfreude eingegangen war.

ELISABETH KLEIN

Die Distel

Weit ist der Weg nach Ägypten. Lange mußte das heilige Paar wandern, als es sich auf der Flucht nach Ägypten befand. Sie waren schon viele Monate unterwegs, und noch immer waren die Häscher des Königs Herodes hinter dem Knäblein her. Vielen Gefahren waren sie auf dem Weg schon entgangen, durch wunderbare Hilfen war des heilige Kind immer wieder gerettet worden.

Und wieder einmal, als die Mutter Maria mit sorgendem Auge nach rückwärts schaute, entdeckte sie das Staubwölkchen, das sich rasch vorwärts bewegte und alsbald Helme und wehende Mäntel erblicken ließ. Weite Felder lagen am Weg, drei kleine Häuser, kein schützender Wald. Wohin sollten sie sich so schnell verstecken? Die Häuser würden die Soldaten sicher gleich zuerst durchsuchen. Die Reiter kamen bedrohlich näher, und man mußte schnell handeln.

Am Wegrand lag ein großes Feld mit vielen Blumen, den Sonnenblumen ähnlich, die dort ihrer Früchte wegen angebaut wurden. Eilig stieg die Mutter Maria vom Esel. Sie nahm das schlafende Kind auf den Arm und lief ein Stück weit in das Feld und versteckte dort das Kind unter den Blumen. Ob sie es auch eilig hatte, zu einem kurzen Gebet fand sie doch noch Zeit. »Herr im Himmel, ihr Blumen der Erde, behütet, beschützt das Kind!«

Vater Joseph war derweil schon die Stufen des Hauses hinaufgeschritten. Die Tür des Hauses war offen. Das Feuer auf dem Herd war angezündet, eine Suppe kochte, Teller standen auf dem Tisch. Aber es war niemand zu sehen. Die Einwohner des Hauses waren nämlich auf einem entlegenen Feld bei der Arbeit.

Die Mutter Maria kam jetzt auch herein, stellte sich mit klopfendem Herzen an den Herd und fing an, in der Suppe zu rühren. Joseph aber setzte sich an den Tisch und schnitzte an einem Pflanzenscheit, das er halb bearbeitet auf dem niedrigen Bort entdeckt hatte.

Nur den Esel hatten sie in der Eile nicht mehr in den Stall führen können. Er graste friedlich draußen in dem Feld vor dem Hause.

Schon hörte man Pferdegetrappel. »Hier steht der Esel«, rief eine harte Stimme. »In diesem Hause werden sie sich versteckt haben. Diesmal können sie uns nicht entgehen!« Mit raschen Schritten traten die Soldaten ein.

»Wo habt ihr das Ehepaar und das Kind versteckt, die auf einem Esel eben vor eurem Hause angekommen sind«, herrschte der Anführer der Gruppe die beiden an. Als Maria schwieg, schüttelte der Reiter die junge Frau mit rauher Hand an der Schulter. Noch nie, auch nicht in der Not, war eine Lüge über die reinen Lippen der Mutter Maria gekommen.

»Außer uns ist niemand im Haus«, antwortete sie sanft.

»Du lügst«, sagte der Anführer barsch. »Was soll dann der Esel vor dem Haus?«

»Es ist unser Esel«, antwortete Maria der Wahrheit gemäß, »der dort auf dem Feld ein wenig fressen darf.«

Die Soldaten durchsuchten lärmend und fluchend das Haus vom Dachboden bis zum Keller. Sie fanden natürlich niemand. Zu gern hätten sie sich die hohe Belohnung verdient, die der König auf das Ergreifen dieser Drei ausgesetzt hatte.

Die beiden anderen Hütten waren auch schnell durchsucht. Dort fragten Soldaten nach der Zahl der Einwohner der Hütten. Sie stimmte. Denn in dem Hause, in dem Maria und Joseph Zuflucht gesucht hatten, lebte wirklich auch gerade ein Ehepaar.

Die Soldaten waren ratlos. »Mit dem Esel stimmt es nicht«, sagte jetzt einer. »Sie können das Kind auf dem Feld versteckt haben und selber geflohen sein. Es ist unsere Pflicht zu suchen.«

Schon streckte der Anführer die Hand aus, um unter den Blumen zu suchen. Aber er zog sie sogleich mit einem Schmerzenslaut wieder zurück. »Hat das Zeug aber scharfe Dornen«, sagte er ärgerlich.

»Laßt uns nicht unnützt die Zeit verlieren«, meinte der zweite. »Unter diesem dornigen Gestrüpp kann kein Kind verborgen sein.«

»Sagte ich es nicht gleich«, fiel der dritte ein. »Ich erblickte die beiden in einer anderen Richtung. Schnell dorthin, noch ist es nicht zu spät.«

Maria und Joseph hörten mit Freuden das Getrappel von den Pferden der davonstürmenden Reiter.

Sie traten aus dem Haus und sahen, was geschehen war. Gott hatte die Bitte der Mutter Maria erhört. Er hatte die weichen Blumen in stachlige Disteln verwandelt. Ihre Form hatten die Blumen behalten. Aber sie waren hart und dornig geworden. Dadurch war das Kind gerettet worden.

Aber als Maria jetzt ihr Kindlein holte, wichen die Blumen ehrfürchtig zurück, und Maria konnte ihr Kindlein aufnehmen, das zwischen den Blumen lag und selig schlief.

Seitdem gibt es die Disteln.

Das Eselein aber, das am Anfang von den Blumen gefressen hatte, war an dem Wunder, das geschah, beteiligt. Denn es fraß friedlich weiter, als sie in Disteln verwandelt worden waren. Ja, es schien ihm, als habe ihm noch nie etwas besser gemundet als diese stachligen Blumen. Zur Erinnerung an jene Stunde sind die Disteln noch heute die Lieblingsspeise der Esel.

DAN LINDHOLM

Silvesternacht

Es war der letzte Tag des Jahres. Der Schnee lag tief über Weg und Steg. Da war ein kleiner Junge auf den Beinen, neue Schuhe hatte er an, einen grauen Schal und eine rote Zipfelmütze. Sein Name war Hans. Auf dem Rücken trug er einen kleinen Ranzen, darin lag ein Weihnachtskuchen und eine Heilige Dreikönigskerze, welche ihm die Mutter eingepackt hatte. Sie hatte auch an Ermahnungen nicht gespart, denn Hans sollte Großmutter und Großvater besuchen. Er dürfe nicht vergessen, schön zu grüßen und zu danken und ihnen von Herzen ein gutes und gesegnetes neues Jahr zu wünschen. Ja, das wolle er schon.

Der Tag des Winters ist kurz. Schneewolken hingen in der Luft. Bald fielen die Flocken still und dicht wie Flaum aus einem großen Federbette. Als Hans ein Stück gegangen war, kam er auf den Gedanken, seine Wanderung durch einen Waldsteig abzukürzen. Immer dichter fiel der Schnee, bald fing es auch zwischen den Bäumen zu dunkeln an. Ehe Hans sich versah, war die Nacht gekommen. Spurlos war der Weg verschwunden.

Wenn er bloß Streichhölzer gehabt hätte, würde er die Kerze anzünden, um vielleicht so auf seinen Spuren zurückfinden zu können. So aber wußte er sich keinen anderen Rat, als sich unter einen Baum zu setzen und zu warten, bis die Sterne oder vielleicht der Mond hervorkämen.

Wie lange er dort gesessen hat, weiß bloß die Finsternis. Er war schon fast ganz eingeschneit, da sah er auf einmal in der Ferne ein Licht. Hans raffte sich auf und ging dem Scheine nach, bald darauf stand er vor einem Feuer, das so hell brannte, wie er desgleichen noch nie gesehen hatte. Rund um das Feuer saßen zwölf große Männer in weiten Mänteln. Still und ernst, beinahe wie Könige, saßen sie da und starrten in die Flammen. Einige von ihnen hatten Eiskronen auf dem Haupt oder Kränze aus Tannenzapfen, andere hatten grüne Zweige, Blumen oder goldene Ähren um die Stirnen. Der am ältesten schien, hielt einen Stab in der Hand und stocherte im Feuer. Langsam wandte er seinen Kopf. »Kennst du uns?« fragte er.

»Das könnte wohl sein«, antwortete Hans, denn er glaubte zu verstehen, daß er die zwölf Monate des Jahres vor sich habe. Der älteste, der den Stab hielt, war sicher der Dezember; deshalb hatte er auch einen so dunklen Mantel an.

»Dann sag's uns doch«, ermunterte ihn der Greis, der das Feuer schürte. Und Hans sagte sein Sprüchlein, wie es der Großvater ihn gelehrt hatte.

>   Januar – Eismann,
>   Schnee bis ans Dach hinan.
>   Februar helle
>   kommt an die Schwelle.
>   Über Land, über Auen,
>   März geht mit Tauen.
>   April hat gemolken
>   die Kuh in den Wolken.
>   Mai, da schallt
>   Kuckuck im Wald.
>   Juni hält Kränze
>   bereit für Tänze.
>   Juli – jetzt locken
>   auf Almen die Glocken.
>   August beugt die Ähren,
>   die uns ernähren.
>   September reift Obst
>   für Pfarrer und Probst.
>   Jetzt im Oktober
>   greif an deinen Schober.
>   November – kehr aus,
>   Wind um das Haus.
>   Dezember – Advent,
>   Kerzlein schon brennt.

Der Greis mit dem Stock nickte beifällig.

»Da du uns kennst«, sprach er, »kennen wir dich auch. Rechtzeitig bist du gekommen, denn heute nacht, wo das alte Jahr um ist, können wir deine Hilfe wohl gebrauchen. Siehst du, wie klein das Feuer geworden ist? Paß gut auf, was geschieht, wenn ich den Stock an Bruder Januar weiterreiche. Schlüpfe schnell unter seinen Mantel, da wirst du sehen, wie das neue Jahr von den Sternen herabsteigt. Dann spute dich und hole uns mit deiner Kerze neues Feuer. Denn binnen kurzem wird das alte ausgehen.« Als der Alte das gesagt hatte, begann es in den Lüften zu klingen, als läuteten mächtige Glocken. Der Klang kam von fern und nah und schien über alle Länder und Reiche der Erde zu gehen. Dezember richtete sich auf, hob den Stab und rief mit lauter Stimme:

»Nun, Bruder, geht der Stab von Hand zu Hand,
dieweil die Neujahrsglocke läutet übers Land.
Es segne Gott, der in den Himmeln thronet,
nun alles, was in Erdentiefen wohnet.«

Während er das sprach, war Hans unter den Mantel von Januar geschlüpft, der ihn wie ein großer weißer Nebel umhüllte. Oben leuchteten und glitzerten die Sterne hindurch, unten rührten sich alle Samen und Keime, und ein kleines feines Volk mit Laternen in den Händen kam heran.

»Hier kommen wir mit dem neuen Jahr«, sagten sie. Und wahrlich, als Hans hinschaute, lugten auch aus allen Wurzeln kleine Gesichter hervor. Es war ihm, als ob Wichte und Elfen Hochzeit feierten. Hans wurde von solchem Staunen erfaßt, daß er beinahe seinen Auftrag vergessen hätte. Aber da merkte er, daß die Heilige Dreikönigskerze bereits brannte. Einer der Wichte hatte sie angezündet. Hans hielt die Hand schützend vor die Flamme und schlich wieder unter dem Mantel hervor. Da war nur noch eine kleine Glut vom Feuer des alten Jahres übrig. Jetzt reichte Dezember den Stab an seinen Bruder Januar, und dieser nahm das Licht, das Hans in seiner Hand hielt, und zündete damit das neue Feuer an. Gewaltig loderte die Flamme auf, das Licht wurde so mächtig, daß Hans seine Hände schützend vor die Augen halten mußte. Als er wieder zu sich kam, waren das Feuer und die zwölf Monate nicht mehr da. Das Wetter aber hatte sich aufgeklärt und über den Baumwipfeln stand der Mond rund und voll. Hans machte sich wieder auf den Weg. Im Mondlicht war es leicht, den Spuren im Schnee zurückzufolgen, und dort – geradeaus lag das Haus der Großeltern. Im Dunkeln war er am Zaun vorbeigegangen.

»Glückliches neues Jahr«, grüßte Hans, als er über die Türschwelle in die warme Stube trat. Da haben sich wohl die alten Leute gewundert und gefreut, denn gerade wollte der Großvater in den Wald gehen und Hans suchen. Die Großmutter hatte warme Milch mit Kandiszucker auf dem Herd, aber Hans war so müde, daß er kaum schlucken konnte. Da meinte die Großmutter, er solle lieber ins Bett gehen.

»Ich glaube, der Weihnachtskuchen ist ganz, aber die Heilige Dreikönigskerze wohl kaum, denn mit der habe ich neues Feuer für die zwölf Monate geholt«, murmelte er.

Und alsbald fiel er in tiefen Schlaf.

NIENKE VAN HICHTUM

Das Wunderkorn

Der Tag neigte sich dem Ende zu und der Weg erstreckt sich noch weit in das endlose Land. Träge trottete der Esel mit gesenktem Kopf dahin. Mit bleiernen Füßen ging Josef neben ihm. Maria schrak aus dem Halbschlaf und drückte das Kind unter ihrem Mantel fester an sich. Dann schlug sie die Augen auf und schaute auf den Weg vor sich. Die Schatten der Nacht schoben sich über die kalte, gefrorene Erde. Nirgends war ein Dorf oder ein Haus zu sehen. In der Ferne standen die Bäume eines Waldes in grauem Nebel, der in langen, feuchten Schleiern über die Ebene glitt.

Maria fröstelte.

Es wird eine kalte Nacht werden, dachte sie. Dann schaute sie auf Josef und sah seinen schweren Gang. Sie sah auch das ergebene Nicken des Esels. Die werden noch müder sein als ich, dachte sie. Wieder schaute sie in die Ferne. Wie ein ruhiges, geräuschloses Meer schob sich nun der Nebel ihnen entgegen.

»Wir sollten eigentlich kurz rasten, Josef«, sagte Maria.

Der Esel verstand ihre Worte und blieb sofort stehen. Kurz drehte er den Kopf zu der Frau auf seinem Rücken, dann ließ er ihn wieder mit schlappen Ohren hängen.

»Ja«, antwortete Josef, »rasten. Du wirst müde sein.«

»Du auch.«

»Ich könnte noch weiter.«

Josef bückte sich und stellte behutsam einen kleinen Sack auf den Boden, den er auf der Schulter getragen hatte. Dann schaute er genau wie Maria über das Land. »Rasten, ja«, wiederholte er leise. Und der breite Weg nach Ägypten lief verlassen in die Dunkelheit. Wieviele Tage noch? dachte er, wieviele Tage? Er hatte Angst um Maria und das Kind.

»Wir werden doch weiter müssen«, sagte er etwas lauter. »Die Nacht wird kalt werden, naß und kalt. Schon zweimal haben wir nun unter freiem Himmel geschlafen. Das vertragt ihr nicht mehr, Maria, du und das Kind.«

Wir werden noch mehr vertragen müssen, dachte Maria, sagte aber nichts. Sie waren nun völlig vom Nebel eingehüllt. Sie frösteln. In der Ferne erklang plötzlich das Heulen eines wilden Tieres. Josef erschrank. Das mußte ein Wolf sein. Er warf einen besorgten Blick auf Maria, die ihn müde anlächelte.

»Fürchte dich nicht, Josef, der Herr schützt das Kind. In seiner Hut sind wir sicher.«

Josef nickte. »Ich weiß«, sagte er leise. Aber er mußte doch an die Prüfungen denken, die Simeon im Tempel vorhergesagt hatte, und an das Leid, das ihnen des Kindes wegen das Herz zerreißen würde.

Er bückte sich mühsam, nahm den Sack wieder auf und legte ihn sich auf die Schulter.

»Komm, Grauchen«, sagte er.

Aber der Esel blieb stehen und spitzte nun die Ohren.

»Er hört etwas, Josef!«

Maria richtete sich im Sattel auf. Wieder hatte sie das müde Lächeln in den Mundwinkeln.

Einige Augenblicke lang lauschten sie angestrengt. Kalt umwallte sie der Nebel, aber sie merkten es nun nicht mehr. Ihre ganze Aufmerksamkeit galt einem leisen und regelmäßigen Klopfen, das sie in der Ferne hören konnten: Klipp-klipp-klipp, klipp-klipp. Erfreut schauten sie sich an.

»Das sind Dreschflegel«, sagte Josef.

»Wo die sind, müssen auch Menschen sein«, lachte Maria dankbar. »Und ein Dach über dem Kopf!«

»Ja, ein Unterkommen für das Kind!«

»Und für dich!«

»Und auch für dich!«

Wieder ermunterte Josef den Esel. »Komm Grauchen!«

Fast singend klang seine Stimme, und der Esel setzte sich in Bewegung. In der Ferne erklang das leise Klatschen der Dreschflegel.

»Ein Bauernhof, Maria! Ein gutes Unterkommen!«

Maria nickte und schaute lächelnd auf das Kind, das umhüllt von ihrem Mantel ruhig schlief.

Wieder heulte im Wald der Wolf und legte der Nebel seine Nässe auf ihre Kleider. Sie hasteten vorwärts auf dem breiten, langen Weg.

»Das Geräusch kommt von rechts, Josef!« sagte Maria nach einer Weile ermahnend.

Gleich darauf deutete Josef auf einen schmalen Weg, der seitlich im Nebel verschwand.

»Der führt uns zum Bauernhof, Maria«, sagte er erfreut. »Komm, Grauchen, komm, Tierchen, da werden wir alle unsere verdiente Ruhe finden.«

Dankbar schaute er zu Maria auf, die nun still auf dem Esel saß, die Augen niedergeschlagen, das Gesicht weiß wie eine Statue.

»Maria«, flüsterte Josef leise, »Maria.«

Das Klopfen wurde lauter. Schneller als bisher während ihrer dreitägigen Reise strebte der Esel nun auf dem gewundenen Seitenweg vorwärts. Josef tätschelte ihm liebkosend den Nacken.

»Liebes Tier, liebes Tier!« lobte er ihn.

Klipp-klipp-klipp, klipp-klipp-klipp, klatschten die Dreschflegel vor ihnen. Das hörte sich nun schon viel näher an. Josef hatte das Gefühl, als wären sie nun jeder Gefahr entronnen, die ihnen vom grausamen König Herodes drohte. Dennoch wußte er, daß es in Wirklichkeit nicht so war.

Klipp-klipp-klipp, klipp-klipp-klipp.

»Wir sind bald da, Maria!«

»Gott führt uns, Josef, dem Kind zuliebe.«

»Ja, Gott führt uns.«

»Wer auf ihn baut, der fürchtet sich nicht.«

»Nein, der fürchtet sich gewiß nicht.«

Über den Nebel ragte das Dach einer Scheune oder eines Hauses in den dunklen Himmel. Leise gackerten Hühner. Eine Kette klirrte. Ein Hund begann wütend zu bellen.

»Wir sind da, Josef, wir und das Kind.«

»Wir sind da, Maria. Ho, Grauchen!«

Sie standen vor dem Bauernhaus. Josef ließ den Esel stehen und ging auf die Tür zu. Maria schaute ihm schweigend nach. Still saß sie in der Dunkelheit mit dem Kind im Arm auf dem Esel. Ihr Herz schlug ruhig. Dies würde eine angenehme Nacht werden, davon war sie überzeugt.

Josef klopfte an die Tür.

Doch es kam niemand. Ein später Vogel flog wie ein Schatten zwischen Josef und Maria hindurch. Sie hörten das Summen seiner Flügel. Dann verschwand er.

Josef klopfte noch einmal an, nun lauter.

Auf der Türschwelle erschien eine Frau. Mit alten, lauernden Augen musterte sie mißtrauisch den späten Besucher. Der Hund in der Hütte bellte wütend. Sie befahl ihm, ruhig zu sein. Dann begrüßte sie die Fremden und fragte sie nach ihrem Ziel und woher sie kämen. Josef antwortete, daß sie aus Bethlehem kämen und unterwegs nach Ägypten wären, er und die beiden auf dem Esel, seine Frau und das Kind. Die Frau schlug vor Überraschung über die weite Reise die Hände zusammen. Dann lief sie schnell ins Haus und holte ihren Mann.

Der Bauer kam und starrte die Reisenden einen Augenblick lang schweigend an.

»Ihr kommt aus Bethlehem?« fragte er Josef.

»Ja«, antwortete Josef.

»Und ihr wollt den weiten Weg nach Ägypten ziehen?«

»Ja, Freund. Heute ist unser dritter Tag. Zwei Nächte haben wir schon unter freiem Himmel geschlafen. Ich müßte mir Sorgen um meine Frau und das Kind machen, wenn wir das heute wieder müßten. Die Nächte sind kalt, und die Kälte des Nebels dringt bis in die Knochen. Laßt uns in Eurer Scheune übernachten, bitte.«

»Ihr seid willkommen«, antwortete der Bauer. »Dies ist eine schlechte Zeit für lange Reisen. Kommt herein.«

»Wir danken Euch«, sagte Josef.

Er half Maria mit dem Kind vom Esel, der danach von einem Knecht in den Stall gebracht wurde. Sie folgten dem Bauern und seiner Frau ins Haus. Drinnen brannte ein Feuer. Sie aßen gemeinsam. Danach wurde Josef der beste Platz am Feuer zugewiesen, während die Bäuerin die müde Maria und das Kind ins Zimmer brachte, wo sie schlafen konnten.

»Wir sind Euch sehr dankbar, guter Freund«, sagte Josef zum Bauern und streckte die Hände über das Feuer. »Ich will Euch gerne belohnen.«

Er dachte an den kleinen Sack, den er bei sich hatte und in dem er die Geschenke der Weisen aus dem Morgenland aufbewahrte. Diese Gaben waren sehr viel wert. Sie verschafften Josef die Sicherheit, auf dieser Reise für Maria und das Kind nicht auf Geschenke angewiesen zu sein.

Aber der Bauer lehnte jede Belohnung ab. Er sagte: »Wir behandeln Euch, wie wir selbst gern behandelt werden möchten, wenn das Schicksal uns auf eine Reise durch fremdes Land treibt.«

»Dann wird Gott Euch die Gastfreundschaft lohnen«, sagte Josef. Als er diesen Segenswunsch hörte, neigte der Bauer kurz den Kopf. Dann saßen sie eine Zeitlang da und starrten schweigend ins Feuer.

»Eure Frau sieht sehr müde aus«, begann der alte Bauer. »Ihr solltet ihr einen Tag Ruhe gönnen und zwei Nächte hierbleiben.«

Josef dachte kurz nach.

»Ja, sie ist sehr übermüdet«, gab er dann zu. »Es waren anstrengende Tage. Wir mußten uns beeilen. Und die Nächte auf offenem Feld brachten nicht genug Ruhe.«

»Dann bleibt doch noch einen Tag.«

»Das fällt mir schwer. Zwei Esser mehr, die zählen doppelt in dieser schweren Zeit.«

Der Bauer lachte. »Wo sechs satt werden, werden es auch acht. Und das Kind ernährt sich noch von der köstlichen Speise seiner Mutter.«

Wieder schwiegen sie eine ganze Weile. Die Frau setzte sich zu ihnen. Der Bauer warf noch ein paar Holzscheite ins Feuer, an denen sofort gierig die Flammen leckten. Knisternd stiegen gelbe Flammenzungen in den Kamin. Josef fragte den Bauern, wie sein Wintergetreide stünde.

Der Bauer sah in überrascht an und fragte, ob er das denn nicht gesehen hätte. »Ihr seid mitten durch meine Äcker gekommen, Fremder. Habt Ihr kein Korn gesehen?«

Josef schüttelte den Kopf. »Über allem lag der Nebel«, sagte er, »und die Nacht kam früh, zu früh heute. Eure Äcker haben wir nicht erkannt. Wir hatten Mühe, auf dem Weg zu bleiben. Das Klatschen Eurer Dreschflegel hat uns angelockt. Sonst hätten wir den Seitenweg nicht genommen und Euer Haus nicht gefunden. Nehmt es uns nicht übel, daß wir nicht auf Euer Korn geachtet haben.«

Der Bauer schaute Josef lange an. Einen Moment sah es so aus, als glitte ein Schatten über sein Gesicht, doch dann hellte sich seine Miene wieder auf. Leise und gewinnend lachte er.

»Ihr müßt Euch nicht entschuldigen, Fremder«, sagte er. »Ihr habt unser Korn nicht sehen können. Denn die Saat, die wir gestreut haben, geht nicht auf. Sie keimt nicht. Euer Weg ging über kahle Äcker. Für das kommende Jahr droht eine schlechte Ernte.«

»Und dennoch bittet Ihr uns an Euren Tisch?« fragte Josef beunruhigt.

Der Bauer zog die Schultern hoch.

»Man gibt, solange man hat«, sagte er schlicht.

Josef erschrak und richtete sich auf. »Wir dürfen Eure Güte nicht ausnutzen«, sagte er. »Morgen reisen wir weiter auf dem großen Weg. Gott wird uns Kraft geben und uns führen.«

»Ihr wollt auf dem Hauptweg weiter?« fragte der Bauer.

»Ja, morgen«, antwortete Josef mit Bestimmtheit.

Der Bauer schüttelte den Kopf. »Dann geht Ihr falsch«, mahnte er Josef.

Josef blickte ihn verwundert an.

»Den großen Hauptweg könnt Ihr im Sommer nehmen«, erklärte der Bauer. »Im Winter ist das unmöglich. Weiter hinten führt der große Weg durch ein tiefes Tal, und das hat im Winter Hochwasser.«

»Ja«, pflichtete die Bäuerin ihrem Mann bei, »im Winter ist der große Weg unpassierbar. Da muß man diesen Seitenweg nehmen.«

»Führt dieser Weg nach Ägypten?« fragte Josef mit Zweifel in der Stimme.

»Sicher«, bestätigte der Bauer. »Dies ist der einzige Weg, auf dem man im Winter gehen kann.«

»So... so...«, meinte Josef nachdenklich. Mit besorgtem Gesicht starrte er lange ins Feuer. Endlich wandte er den Kopf wieder dem Bauern zu. »Glaubt Ihr«, fragte er, »daß die Soldaten des Königs Herodes das wissen?«

Der Bauer zog die Schultern noch. »Vielleicht, vielleicht auch nicht«, antwortete er langsam. »Man sieht hier im Winter selten jemand von der Armee des Königs.«

Er schien noch etwas sagen zu wollen, zögerte aber. Mit forschendem Blick musterte er Josef. Dann starrte er vor sich hin, und wieder herrschte Schweigen. In den Augen der Bäuerin war Unruhe zu lesen.

»Manchmal kommen hier doch Soldaten vorbei, die die Grenze bewachen müssen«, sagte sie nach einer Weile. »Aber warum fragt Ihr, Fremder?«

Josef nickte. »Ich habe die Frage erwartet«, sagte er. »Und für Eure Gastfreundschaft habt Ihr ein Recht auf Antwort. Ich habe nach den Soldaten gefragt, weil der König seit einigen Tagen das Kind suchen läßt, das nun in Eurem Haus Schlaf findet. Herodes will, daß es nicht am Leben bleibt.«

Der Bauer sprang entsetzt auf, die Bäuerin stieß einen Schrei aus.

»Fremder!«

Schwer legte der Bauer seine Hand auf Josefs Schulter. In seinem Blick spiegelte sich die Angst.

»Fremder, bringt Ihr Unglück über unser Haus?«

Josef schüttelte den Kopf und lächelte.

»Keine Angst, Freunde«, antwortete er. »Glück bringe ich Euch. Dieses Kind ... eines Tages werdet Ihr alles von ihm wissen. Da war Engelgesang, als es geboren wurde. Im Morgenland sahen die Weisen seinen Stern am Himmel, sie folgten ihm und fanden das Kind und begrüßten es als einen König. Ehre sei Gott in der Höhe, sangen Engelsstimmen, Friede auf Erden den Menschen guten Willens.«

»Es ist ein Königskind?« fragte die Bäuerin gerührt.

»Ihr sagt es«, antwortete Josef.

»Ein König des Friedens?« fragte der Bauer.

»Ihr sagt es«, antwortete Josef.

»Es hat ein so stilles, liebes Gesicht«, schwärmte die Bäuerin.

»Ich kann mich nicht erinnern«, sagte der Bauer flüsternd, »jemals ein Kind gesehen zu haben, das mich innerlich so froh gemacht hat.«

»Der Engel verneigte sich, als die Frau mit dem Kind ins Haus ging«, sagte die Bäuerin. »Ich weiß bestimmt, daß ich das ganz genau gesehen habe.«

»Es geschehen große Dinge«, sagte der Bauer ernst ins Feuer, »große Dinge. Ehre sei Gott in der Höhe.«

Nach einer Weile standen sie auf, um sich auf die Nachtruhe vorzubereiten.

»Morgen«, sagte Josef, »ziehen wir weiter. Ihr werdet nun verstehen können, daß wir nicht länger bleiben können.«

Am nächsten Morgen ging die Sonne auf über dem Land von Palästina. Der Himmel war wolkenlos. Der Reif auf den Feldern glitzerte in der Morgensonne. Der Bauer brachte den Esel. Josef half Maria mit dem Kind hinauf. Alle Bewohner des Bauernhofes standen bei ihnen. Der Bauer deutete auf das Land ringsumher. Kahl und hart lagen die Äcker da.

»Es ist eine Katastrophe«, sagte er betrübt, »eine Katastrophe.« Dann gab er sich einen Ruck und verabschiedete sich herzlich. Maria drückte das Kind an die Brust. »Gott segne Euch für Eure Gastfreundschaft, Freunde«, sagte sie. »Wir danken Euch, auch im Namen des Kindes.«

»Gottes Friede sei mit Euch«, kam die Antwort.

Dann traten die Leute zurück.

Zum letzten Mal richtete Josef das Wort an den Bauern. »Eure Äcker«, sagte er, »mir tut es leid um Eure Äcker. Habt Ihr noch ein wenig Saat vom Winterkorn?«

Der Bauer nickte. »Ja, aber Gott nahm ihm die Fruchtbarkeit. Es hilft nichts, wenn wir es aussäen, Fremder.«

»Es hilft, Freund! Sät es aus, sät es aus!«

In Josefs Stimme war ein so warmer, fester Klang und auf seinem Gesicht lag ein so wundersames, strahlendes Lächeln, und die Frau auf dem Esel saß so heilig und still, daß alle ganz gerührt waren.

»Sät es aus!« sagte Josef noch einmal. »Sät noch heute morgen. Sät vom großen Weg bis zu Eurem Haus, sät von Eurem Haus bis zum Wald, sät von Acker zu Acker, sät auf allen Wegen und Böschungen, sät auch auf dem Feldweg, überall und bald. Geht schnell an die Arbeit! Heute mittag, wenn die Sonne am höchsten steht, werdet Ihr begreifen, warum ich das sage. Habt Dank und auf Wiedersehen, gute Freunde.«

»Vorwärts, Grauchen«, sagte Josef dann. Und der Esel setzte sich in Bewegung.

»Lebtwohl, Fremdling«, hörten sie noch den Bauern. »Wir werden tun, was Ihr gesagt habt. Der Friede sei mit Euch im Ägyptenland.«

Man säte das Korn noch am selben Morgen. Viele Hände streuten die Saat aus. Von Acker zu Acker säten sie es, vom großen Weg bis ans Haus, vom Haus bis an den Wald, überall säten sie, auf allen Wegen und Böschungen, auch auf dem Feldweg säten sie, wie ihnen gesagt worden war.

Und das Wunder geschah. Hinter ihren Schritten brachen die grünen Sprößlinge durch; hinter ihren Schritten wurden die Äcker grün. Leben sproß aus der toten Kargheit, überall, überall. Und als die Sonne am Mittag ihren höchsten Stand erreicht hatte, stand das Winterkorn des Bauern besser und üppiger als alles andere im weiten Umkreis. Eine grünende und Fruchtbarkeit verheißende Ebene umgab das gastfreundliche Haus, das das Kind aufgenommen hatte.

Und am Nachmittag kamen über den großen Weg die Soldaten des grausamen Königs Herodes angeritten. Sie jagten das Kind wie die Wölfe ihre Beute. Es waren Grenzsoldaten dabei, die sich in der Gegend gut auskannten. Sie waren den Fliehenden dicht auf den Fersen, das wußten sie. Schon bald würden sie das Kind haben. Die Belohnung des mächtigen Königs Herodes würden ihnen die Taschen füllen!

Die hielten an der Stelle, wo vor kurzem noch der Seitenweg abgebogen war.

»Hier müssen wir rechts ab«, meldete sich einer beim Hauptmann. Doch der lachte ihn einfach aus.

»Quer durch das Korn, Hundsfott?« fragte er spöttisch.

»Ja, Herr, diesen Weg müssen sie genommen haben. Hier war der Winterweg nach Ägypten, das weiß ich genau.«

»Quer durch das Korn, Hundsfott? Hier sollen sie langgegangen sein? Quer durch das Korn, genau auf den Bauernhof zu? Um da von den Hunden zerrissen zu werden? Welcher Bauer duldet, daß man durch sein Korn läuft? Nicht einer! Weißt du das nicht, Stadttrottel? Und ist hier eine Spur? Siehst du etwas? Vorwärts, Männer, weiter auf dem großen Weg! Wir werden die Beute schon erwischen! Schon sehr bald wird König Herodes uns belohnen! Männer, vorwärts!«

Die Sonne schien und das Winterkorn wiegte sich im Wind. Rauschte da leise ein Geheimnis durch die jungen, frischen Sprößlinge? Das Winterkorn wiegte sich im Wind, der Bauernhof lag mittendrin, das Wunderkorn erstreckte sich vom großen Weg bis an den Wald. Auf der anderen Seite des Waldes lief ein schmaler Feldweg durch das weite Land zum fernen Ägypten. An diesem Nachmittag waren auf dem Weg frische Spuren von Eselshufen und deutliche Abdrücke von zwei Männerfüßen zu sehen.

KARL PAETOW

Die ausgeblasenen Lichtlein

Wetteralt und windgebeugt lag ein Bauernhaus in der Einöde hoher Gebirge. Da zog in jeder Dreikönigsnacht, welche sie diesesorts auch Berchtennacht heißen, Frau Berchta vorüber. Und die Heimchen begleiteten sie auf ihrer Fahrt. Nun war es einmal so Sitte und geschah aus alter Verpflichtung, daß die Bäuerin einen Tisch mit Speise und Trunk an dem Hohlweg aufstellen mußte, wo der nächtliche Umzug entlangfuhr. Dann sprach Frau Berchta den Segen über die Gaben und über die Geber, kostete wohl auch davon und blieb den Feldern, dem Vieh und der ganzen Sippe gewogen. Aber es waltete ein strenges Gebot, daß keiner an solchem Abend aus diesem Hause ging, zu spähen oder zu lauschen, damit Frau Berchta nicht in frevelhafter Neugier belästigt würde, wenn sie sich einmal erquicken wollte.

An einem von selbigen Abenden, als die Bäuerin wieder den Tisch an der Schlucht mit Sorgfalt bereitet hatte und eben der Mond über dem Bergwald aufstieg, da wurde die jüngste Magd des Hauses von Zweifel und Neugier geplagt. Alsbald schlich sie sich hinüber, verbarg sich in einem Holzschober und lugte nach dem festlichen Tisch, auf dem noch die bleichen Nudeln dampften. So harrte sie ungeduldig, was sich begäbe, und trat von einem Fuß auf den anderen. Aber da wollte sich gar nichts tun. Kein Hase sprang über das Schneefeld, kein Vogel hing im vereisten Gezweig der Birke, die sich glitzernd wie ein Glasbaum im Mondlicht über die Tafel bog. Es schläferte schon die Stille des Wartens zu ihr herein, und das Dirnlein verlor seinen Glauben an die Berichte der Alten.

Da endlich erhob sich ein feines Zirpen und Singen vom Bergwald her, wie Liedgesang und Saitenklang. Es kam aber näher mit trippelnden Schrittchen im weichen Schnee die Schar der seligen Heimchen. Voraus schritt Frau Berchta selber, und um sie verdichtete sich der Mondschein zum Glanz. Die Kleinen hingen ihr an und schlüpften unter ihren wallenden Mantel wie die Küchlein unter den Fittich der Glucke. Andere summten und sangen zur Zither und Geige mit silbernen Stimmchen. Am Ende schleppten sich einige dieser Kinder mit einem schweren Pflug, der schleifte über die Äcker dahin. Auch Krüglein, mit goldenem Tau gefüllt, trugen die Kleinen. Der schwappte über und drang durch den Schnee in den schlummernden Boden. Jetzt blieb Frau Berchta nachdenklich neben dem Gabentisch stehen und sagte zu einem von diesen Kindern: »Ich sehe zwei Lichtlein, die sind zuviel; geh hin und blase sie aus!«

Das Mädchen hinter der Holztüre fühlte den kalten Anhauch auf seiner Wimper, und der Mondschein erlosch. Es stülpte sich über sie hin wie ein schwarzer Sack. Das holde Getön vergrollte in Weh und Ach. Erschrocken stieß sie die Türe auf. Aber da draußen auch blieb sie in ihrer Lichtlosigkeit befangen. Der Mond war tot. So tappte sie weinend zum Hof zurück und suchte im Rauchfang das gewohnte Leuchten der Flamme. Aber die Herdglut biß nur ihre Haut und sengte die Wimpern, denn der Blick war erloschen. Blind war sie und geblendet blieb sie, und half ihr kein weises Sprüchlein davon.

Es lebte aber eine Ellermutter auf diesem Hof. Die war noch von der alten Welt. Sie saß zu jeder Stunde am Herd, spann im Rauch und roch das Unsichtbare. Die Kunde von alten Zeiten war ihr zugegen, und sie wußte mehr vom Wechsel und Wandel der Dinge als die anderen. Manchmal, mitten im fleißigen Spinnen, hielt sie das Rädchen an, rieb sich die welken Hände im Schoß, blickte wie in weite Ferne und seufzte aus glücklichem Erinnern: »Ach waren das Zeiten, als Berchta spann!« Dann brach ein Leuchten aus ihren alten Augen, als wäre die Angerufene eingetreten.

Nun mußte die sonst so behende Magd viel bei der Alten am Rauchfang sitzen und spinnen, Flachs brechen, hecheln oder sonst eine Arbeit verrichten, wie sie auch wohl ein Blinder zusammentastet. Aber sie saß da steif und verstockt an der Glut, denn ihre junge Seele war eingefroren vor bitterem Harm. Also verharrte sie über Wintertag in ihrem Trotz, und kein Trostwort der Alten vermochte sie zu erwecken.

Als endlich der Frühling aus allen Büschen brach und das erste Vogellied aus dem Blumengarten herüberwehte, da taute die junge Seele auch wieder auf. Und die Geblendete rief in plötzlicher Freude: »Hörst du, Eller? So hör doch, wie dieser Vogel ruft! Was er wohl weiß, was er wohl will? O, wer doch die Sprache der Tiere verstünde, was möchte der alles erfahren?«

Da lächelte die Ellermutter in ihrer Güte und sprach: »Auf dieses Lied habe ich lange gewartet. So will ich dir denn aus alter Erfahrung erzählen, was mir für Kunde wurde von jener Zeit, da noch Frau Berchta überall unter den Menschen gewirkt hat.« Sie knüpfte einen neuen Faden an den alten und erzählte vom Walten der Waldfrau, der Spinnstubenmuhme, der Herrin des Rosengartens und der Mutter der Heimchen. Immer neue Geschichten lockte die Blinde aus ihr heraus und erhellte damit ihr dunkles Jahr, bis wieder die Heiligen Zwölften kamen. Schon duftete es im Gaden nach Honigkuchen und süßem Gewürz, schon schwang die Verheißung vom Kinde über die ganze Erde hinaus, schon rüstete sich die versunkene Sonne zur Wiedergeburt aus den Schatten der Wendenacht. Oft lag das Mädchen lange noch lauschend auf seinem Lager und bedachte alles, was der Muhme Mund ihr verkündet. Sie hatte sich selbst wie in einem Spiegel gesehen, durch den ihr die inneren Augen geöffnet waren. Sie hatte dies alles gelebt und gelitten wie eigenes. Und da sie nun hinauslauschte in die Nacht der Nächte, da wußte sie, daß die Erfüllung vor ihrer Türe stand.

So lag sie denn und wartete auf die gnädige Stunde. Da gewahrte sie vom Kuhstall herauf ein sonderbares Getue. Sie hörte, wie der Stier seine Hörner am Krippenholz wetzte. Dann vernahm sie deutlich aus seinem wiederkäuenden Maule die dunklen Worte: »Du«, sagte der Stier zur Kuh, »weißt du auch schon, daß Frau Berchta der Blinden vergeben will?« Antwortete die Kuh: »Du, weißt du auch schon, daß Frau Berchta die Blindheit von diesem Mädchen nehmen will?« »Wie soll das aber geschehen?« fragte dumpf der Stier. Antwortete die Kuh: »So soll es geschehen, wie es Frau Berchta der Ellermutter verkünden wird.«

Dies alles geschah nun dem Dirnlein so wie im Traum, und sie vermochte kein Glied zu rühren, und es war diese Nacht voller verworrener Stimmen und dunkler Gesichte. Am Morgen berichtete sie der Ellermutter, was ihr die Tiere verheißen hatten. Da sagte die Muhme: »In dieser Nacht sah ich Frau Berchta über die Berge reisen. Sie trug sich wie meine selige Mutter und grüßte vertraulich und gab mir eine Bestellung mit: Du sollst ihr am Berchtenabend den Tisch an der Schlucht bereiten, dort wolle sie dir noch einmal erscheinen. Ein Wort stützt nun das andere, und so mag es denn wohl geschehen.«

Die Sonne versank in der zwölften Nacht. Da nahm die Ellermutter das blinde Dirnlein zur Hand und stökerte mit ihm hinauf an den Hohlweg. Dort, unter der Birke, schlug nun die Junge das Tischlein auf, breitete weißes Linnen darüber, strich das Tuch mit Sorgfalt glatt und rückte Schüsselchen und Krüge zurecht. Aus ihren tastenden Händen stieg der Blinden das Bild wie vorjahrs wieder herauf, wo sie beim Blick auf diese Gaben in ewige Nacht gefallen war. Ihre Augen wurden zu zwei lebendigen Brunnen, und die salzigen Tropfen sickerten in das weiße Linnen.

Da hörte sie eine gütige Stimme, die fragte ganz dicht über ihren Augen:

»Der Mond, der scheint,
Wer barmt, wer weint?«

»Ach«, so klagte die Maid sich schuldig, »ich wollte Frau Berchta mit Augen sehen, und das war doch gegen ihr Gebot. Ich glaubte es nicht und verlor den Mond, die Sonne und aller Dinge Geleucht!«

Da sagte Frau Berchta, denn sie selber war wiedergekommen mit ihren Heimchen: »Das soll wohl wahr sein. Vor einem Jahr habe ich an dieser Stelle zwei Augen gelöscht und dafür zwei innere Lichtlein angezündet. So trage denn doppeltes Gesicht, geh hin und vergiß das Beste nicht!«

Und alldieweil blies sie dem Mädchen über die toten Augen, also daß das Licht ihr aufblühte mit all seinen Sternen. Und alles rings war wie im Jahr zuvor. Der Mond schien auch, der Tisch war zubereitet unter der glitzernden Birke, doch Frau Berchta mit ihren Heimchen war schon längst über alle Hügel gezogen. Von ferne nur wehte es noch nach wie Gesang und liebliches Saitenspiel.

Wie allgemach die Schuld nun verblich und wie dies neue Licht in die erloschenen Augen drang, so wurde die Maid dieses Wunders inne. Und eine gewaltige Freudigkeit überkam sie. Denn wo diese Augen nur die Haut und die Außenfläche der Körper gesehen hatten, da war es nun gleichsam, als schauten sie in die Dinge hinein wie in Bernstein oder Bergkristall. Und mit dieser Nacht erfuhr sie die alte Weisheit in ihrer Tiefe:

Wer Gott will finden,
Muß dieser Welt erblinden.

RUTH SAWYER

Das Versprechen der Könige

Als das Christkind in Bethlehem in Judäa geboren war, vor vielen, vielen Jahren, ritten drei Könige aus dem Morgenland auf ihren Kamelen dorthin, um ihm Geschenke zu bringen. Sie folgten dem Stern, bis sie den Stall erreicht hatten, in dem es lag, ein kleines, neugeborenes Baby. Sie knieten nieder und legten ihm ihre Gaben zu Füßen: Gold, Weihrauch und Myrrhe. Sie küßten den Saum seines weißen Mantels und priesen es. Dann ritten die Könige wieder gen Osten, aber nicht, bevor sie dem Kind ein Versprechen zugeflüstert hatten. Was war das für ein Versprechen? Das war folgendermaßen:

»Solange Kinder auf Erden sind, werden wir, die drei Könige, auf unseren Kamelen reiten, wie wir in dieser Nacht zu dir geritten sind. Wir gaben dir Geschenke, und so werden wir jedem Kind ein Geschenk bringen, als Erinnerung an dich, das Christkind von Bethlehem.«

In Spanien weiß man noch, was die drei Könige versprochen haben, und am Heiligabend hängt jedes Kind sein *Sapatico*, seinen kleinen Schuh ans Fenstergitter, damit die Könige sehen können, daß dort ein Kind wohnt.

Oft ist der Schuh mit Gras für die Kamele gefüllt, oder es steht ein Teller mit Feigen und Datteln für die Könige im Fenster, denn die Kinder wissen, daß sie eine weite Reise machen mußten und hungrig sein können.

Gegen Abend gehen die Kinder zum Stadttor, um die Könige zu sehen. Aber es ist stets dunkel, wenn sie zurückkommen. Allein auf den dunklen Straßen haben die Kinder dann Angst und laufen schnell nach Hause, wo sie ein Gebet für *Nene Jesu* sprechen, wie sie das Christkind nennen, und dann stecken ihre Mütter sie ins Bett, wo sie von den Weihnachtskönigen träumen.

Vor langer, langer Zeit lebte in einem lebhaften Viertel einer großen spanischen Stadt eine alte Frau, die Doña Josefa hieß. Die Straße, in der sie wohnte, war sehr klein und schmal. So schmal, daß man mit den Fingerspitzen das Haus gegenüber berühren konnte, wenn man sich aus dem Fenster lehnte. Und wenn man nach oben schaute, schien der Himmel nur ein schmaler blauer Streifen zu sein, der die Häuser zusammenhielt. Die Sonne konnte den Weg zu dieser schmalen Gasse nie finden.

Man kann sich denken, daß die Leute, die hier wohnten, sehr arm waren; auch Doña Josefa war sehr arm. Aber in einer Hinsicht war sie sehr reich. Sie kannte mehr Geschichten als es im ganzen Jahr Feiertage gibt, und das sind immerhin etliche. Wenn sie einen Augenblick Zeit hatte, wenn sie zum Beispiel nicht gerade Wasser aus dem Brunnen holen oder Goldfäden ins Altarkleid der Kirche von Santa Maria del Rosario sticken mußte, verließ sie ihr Häuschen, ging auf die Straße und rief: »Kinder, Kinder, kommt schnell! Ich erzähle euch eine Geschichte!«

Und die Kinder kamen angeflogen wie die grauen Tauben, wenn für die auf der Plaza Korn gestreut wird. Ach, gab es da in der kleinen Straße eine Menge Kinder! Da waren José und Miquel, und die Kinder von Enrique, dem Flickschuster, Alfredito und Juana und Esperanza, und die Zwillingsschwestern von Pancho, dem Hausierer, und Angela, Maria Teresa, Pedro, Edita und noch viele mehr. Als letzte kamen Manuel und Rosita. Sie hatten keinen Vater, und ihre Mutter war Waschfrau, die den ganzen Tag draußen vor der Stadt am Fluß stand und wusch.

Wenn Doña Josefa die Kinder aus allen dunklen Ecken und Türen herbeigerufen hatte, setzte sie sich mitten auf die Straße, und die Kinder saßen im Kreis um sie herum. Das konnte man da ruhig machen. Die Straße war so sicher wie man sich nur denken kann, denn für eine Karre oder ein Pferd war sie zu schmal. Manchmal kam ganz langsam ein Esel an, oder eine Ziege, die etwas zu fressen suchte, aber das war auch schon alles.

Es geschah am Tag vor Weihnachten, daß Doña Josefa ihre Arbeit erledigt hatte und wie gewöhnlich inmitten der Kinder auf der Straße saß.

»Heute werde ich euch eine Weihnachtsgeschichte erzählen«, sagte sie, und dann erzählte sie ihnen von den drei Königen und dem Weihnachtsversprechen, das sie dem Christkind gegeben hatten.

»Ist das wahr? Bringen die Könige den Kindern heute noch Geschenke?« fragte Miquel.

Doña Josefa nickte.

»Warum bekommen wir dann nie etwas? Die drei Könige sind am Heiligabend noch nie durch diese Straße gekommen. Warum nicht, Doña?«

»Vielleicht, weil wir keine Schuhe haben, die wir ins Fenster hängen können«, meinte Angela.

Und das stimmte. Die armen Kinder in Spanien laufen barfuß und kriegen oft ihre ersten Schuhe erst, wenn sie erwachsen sind.

Manuel hatte still den anderen zugehört, aber jetzt zupfte er Doña Josefa am Ärmel.

»Ich weiß, warum die Könige uns keine Geschenke bringen. Das ist ... weil die Straße zu schmal ist. Die Kamele kommen hier nicht durch. Die Könige müssen in einer breiten Straße reiten, wo keine Steine liegen und die sauber ist und wo ihre langen Mäntel nicht schmutzig werden oder hängen bleiben können und wo ihre Kamele nicht straucheln. Die Kinder aus den breiten Straßen, die reichen Kinder, die finden am Weihnachtsmorgen Geschenke in ihren Schuhen. So ist es doch, Doña Josefa?«

Und Miquel schrie: »Stimmt das, was Manuel sagt? Nur reiche Kinder?«

»Ach, *chicito mio*, so muß es ja nicht sein! Als dem *Nene Jesu* das Versprechen gegeben wurde, da in Bethlehem, wurde gesagt: ›Jedem Kind. Ja, jedem kleinen Kind!‹«

»Aber ist es dann nicht seltsam, daß man uns hier vergißt?« gab Manuel keine Ruhe. »Diese Gasse ist doch ganz in der Nähe der breiten Straßen?«

Dann sagte Rosita, und dabei klatschte sie vor Aufregung in die Hände: »Ich weiß es. Das kommt, weil wir keine Schuhe haben! Darum kommen sie nicht zu uns. Vielleicht leiht Enrique uns die Schuhe, die er repariert. Nur für heute nacht. Wenn wir Schuhe haben, dann können die Könige auch sehen, daß es in dieser Straße Kinder gibt, und dann werden wir bestimmt auch Geschenke bekommen. Kommt, wir wollen Enrique fragen!« »*Madre de Dios*, das ist eine fabelhafte Idee!« riefen alle.

Und wie ein Schwarm grauer Tauben flogen sie zum anderen Ende der Straße, wo Enrique den ganzen Tag saß und an den Schuhen der reichen Kinder hämmerte und nähte. Manuel blieb mit Doña Josefa zurück. Als die letzten kleinen braunen Füße in Enriques Kellereingang verschwunden waren, sagte er leise: »Wenn nun jemand den Königen entgegengeht und ihnen erzählt, daß in dieser Straße Kinder wohnen, die noch nie Geschenke bekommen haben, kommen sie dann wohl hierher? Ob das wohl hilft?«

Doña Josefa schüttelte zweifelnd den Kopf. »Wenn das möglich wäre... Aber ich habe noch nie gehört, daß jemand die Könige am Heiligabend gesehen hat.«

In der Stadt war viel Betrieb. Menschen liefen auf und ab. In den Hauptstraßen flatterten Fahnen auf den Dächern und über den Türen hingen Blumengirlanden und Lorbeerkränze. Verkäufer boten ihre Süßigkeiten feil, der Nachtwächter steckte die Fackeln an, um die Tore und Mauern der Stadt zu beleuchten. Überall herrschte Freude. Und zwar nicht nur, weil Heiligabend war, sondern auch weil der König von Spanien kommen sollte, um das Weihnachtsfest in der Stadt zu feiern. Man munkelte, er käme aus dem Nor-

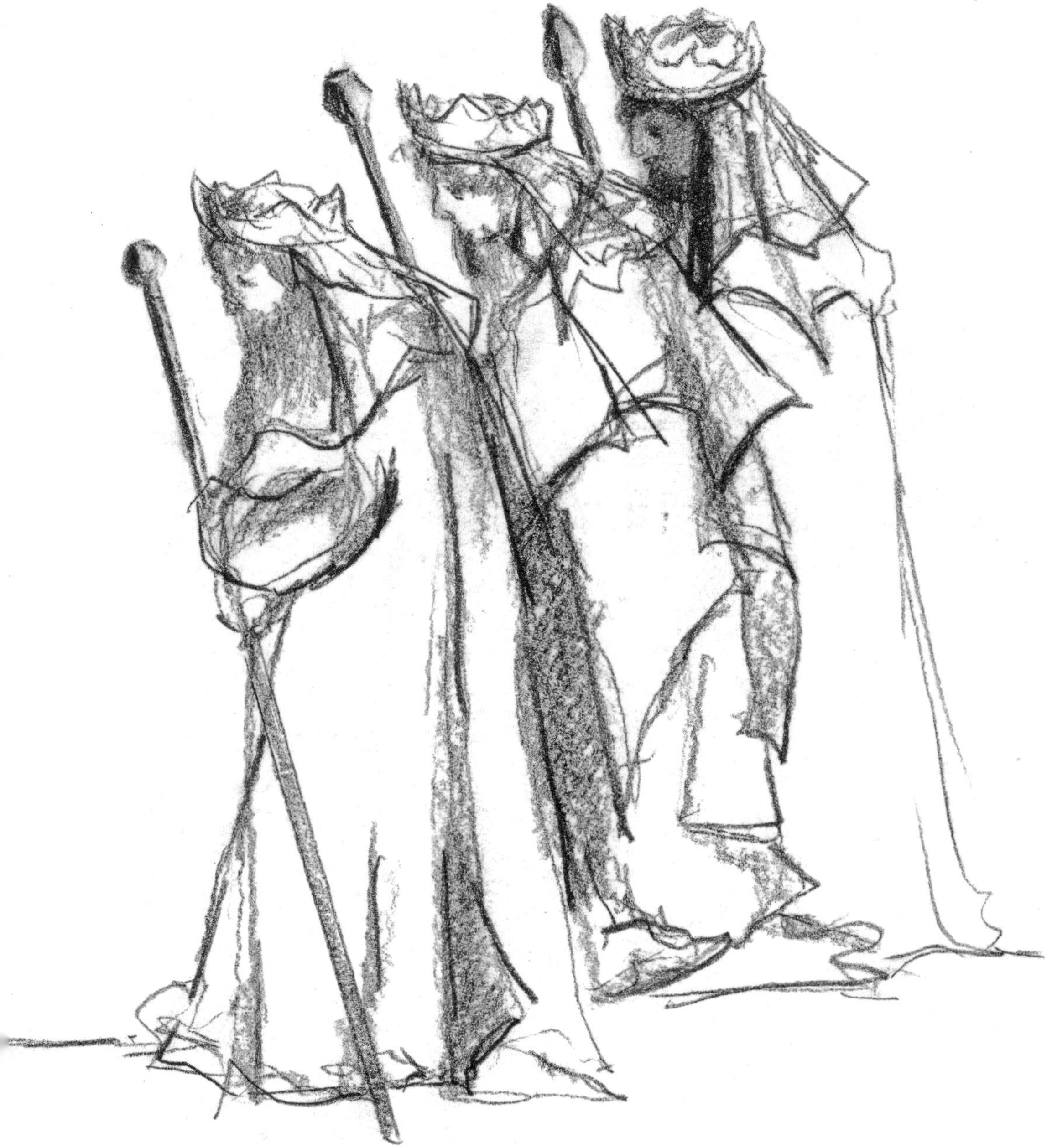

den angeritten, gemeinsam mit seinen Vettern, den Königen von Frankreich und der Lombardei, und er hätte ein großes Gefolge von Edelleuten, Rittern und Minnesängern. Andere sagten, die drei Könige ritten ganz alleine, das wäre ihnen angenehmer.

Als die Sonne unterging und die Kathedrale wie vergoldet aussah, marschierten ganze Kolonnen von Kindern Hand in Hand aus der Stadt hinaus. Sie gingen direkt auf die Stelle zu, wo die Sonne unterging, denn sie glaubten, da wäre das Morgenland, und sie sagten sich: »Seht ihr, das ist der Weg, den die Könige nehmen werden.«

»Ich habe ein Körbchen Feigen mitgenommen«, sagte eines.

»Ich habe Datteln«, sagte ein anderes.

»Und ich«, rief ein drittes, »ich habe einen Beutel mit Zitronen. Die sind so erfrischend.«

Und sie zeigten sich die Gaben, die sie für die Könige mitgenommen hatten. Und während sie so gingen und sich unterhielten, begann ein Kind eine Hymne zu singen. Und schon bald sangen alle mit, und ihre Stimmen schallten durch den stillen Abend. Hinter den Hügeln ging die Sonne unter und ließ Millionen kleiner Funken auf dem Weg zurück.

»Dort hinten kommen die Könige!« riefen die Kinder. »Auf dem Weg kann man schon das Funkeln ihrer Kronen und den Glanz ihrer bestickten Mäntel sehen. Sie könnten zornig werden, daß wir noch so spät auf der Straße sind. Kommt, laßt uns schnell nach Hause laufen, bevor sie uns sehen!«

Die Kinder drehten um. Sie rannten zurück in die Stadt, nach Hause, wo ihre Mütter auf sie warteten und ihre weißen Betten bereitstanden.

Aber ein Kind blieb zurück, ein kleiner Junge auf bloßen Füßen. Sein Name war Manuel. Als die anderen Kinder durch die Tore der Stadt verschwunden waren, ging er weiter auf die Stelle zu, wo die Sonne untergegangen war. Ich habe keine Geschenke für die Könige, dachte er, aber am Wegrand steht frisches Gras, und das kann ich für die Kamele rupfen.

Er blieb stehen und stopfte sich die blaue Weste ganz voll Gras. Er ging ein ganzes Stück weiter, bis er schrecklich müde wurde. Oh, wie still war es doch hier draußen! Bald würde es ganz dunkel sein.

Wie gern wäre ich jetzt bei den anderen Kindern, in der Stadt, in Sicherheit, denn so allein im Dunkeln auf dem Weg ist es doch sehr gruselig... Mami wird wohl bald nach Hause kommen, um mir und Rosita etwas zu essen zu bringen. Vielleicht hat sie für heute abend Mandelkuchen, wer weiß... dachte Manuel. Vergißt Rosita auch nicht, zu beten? Meine Füße tun mir weh von den Steinen; der Abendwind wird kalt; ich bin so müde, ich kann nur noch taumeln. Oh, *Nene Jesu,* hör mich an! Ich flehe dich an: Schicke die drei Könige, bevor Manuel zu müde ist und zuviel Angst hat!

Er machte noch ein paar Schritte und wurde dann wie ein Halm vom Wind umgeblasen. Manuel schlief sofort ganz fest.

Wie lange er geschlafen hat, kann niemand sagen, aber er wachte auf, weil ihm jemand eine Hand auf die Schulter legte. Er schlug die Augen auf und sah ... ja, er sah die drei Könige! Groß und prachtvoll sahen sie im Sternenlicht aus. Ihre Mäntel waren mit Tausenden und Abertausenden von Edelsteinen besetzt. Einer beugte sich über Manuel und fragte ihn, was er so spät noch auf der Straße zu suchen hätte.

Manuel stand auf und tastete nach dem Gras, das er sich unter die Weste gesteckt hatte. »Das ist für die Kamele, Señor, ich habe nichts anderes für Sie. Aber Sie reiten diese Jahr auf einem Pferd!«

»Ja, wir reiten auf Pferden. Was geht das dich an?«

»Nehmen Sie es mir nicht übel, Señores, nichts. Die drei Könige können natürlich auf Pferden reiten, wenn sie das wollen. Nur hat man uns immer erzählt, sie reiten auf Kamelen, wenn sie aus dem Morgenland kommen.«

»Was will das Kind?« Die Stimme klang freundlich, aber ungeduldig, wie von jemandem, von dem Entscheidungen erwartet werden und der auch nicht lange damit auf sich warten läßt.

Manuel hörte und erlebte alles in großer Verwunderung. Nicht auszudenken, wenn sie keine Zeit oder nicht genug Geschenke haben! Verlangend und bittend legte er einem der Könige die Hand auf den Mantel. »Ich kann die Pferde führen, wenn Sie zu uns kommen wollen. Es ist nur eine kleine Straße und schwer zu finden, Señores. Ich dachte, Sie würden vielleicht ein Geschenk bringen, nur ein kleines Geschenk, für die Kinder dort. Sie haben dem Christkind doch versprochen, jedem Kind eines zu geben? Erinnern Sie sich nicht? Die meisten von uns haben noch nie ein Geschenk bekommen, ein Weihnachtsgeschenk.«

»Weißt du denn, wer wir sind?«

Manuel antwortete erfreut: »O ja, Exzellenzen, Ihr seid die drei Weihnachtskönige und kommt aus Bethlehem. Wollen Sie mit mir gehen?«

Die Könige wechselten ein paar Worte und sagten dann: »Gut, wir kommen mit.«

Einer hob Manuel zu sich in den Sattel, und ganz leise ritten sie in die Stadt. Der Posten am Tor schlief, die Straßen waren leer. Der Schmuck an den Häusern war in der Dunkelheit nicht zu sehen. Sie ritten durch die Hauptstraßen, bis sie endlich die kleine Straße erreicht hatten. Die Könige stiegen ab. Sie gaben Manuel die Zügel, hoben ihre reichbestickten Mäntel ein wenig an und gingen in die Straße. Manuel konnte kaum seinen Augen trauen, als er sah, daß sie von Haus zu Haus gingen und die Schuhe befühlten, die an den Fenstergittern hingen. Er sah, daß sie die Schuhe, die der Flickschuster den Kindern geliehen hatte, mit glänzenden Goldstücken füllten.

Morgens, als die Kinder für die Goldstücke Spielsachen und Süßigkeiten kauften, erzählte Manuel ihnen sein Abenteuer. Sie kauften auch etwas für Doña Josefa, eine kleine Statue der Maria mit dem Christkind auf den Armen.

Und so zeigt sich, daß das Versprechen, das einst in Bethlehem gegeben wurde, immer noch gilt und gehalten wird. Denn viele Jahre später, als Manuel schon groß war und selbst viele Kinder hatte, kamen die Könige am Heiligabend immer noch in die kleine Straße und brachten Geschenke.

RUTH SAWYER

Die drei Könige reiten

Der Römer Aelius Antonius war immer Soldat gewesen, als Junge, als Mann, ein Leben lang. Nichts anderes hatte er gekannt als den Kampf. Er hatte unter Hadrian gedient, als dieser Praetor war, und später, als er Cäsar wurde. Am Ende seiner Dienste war er zum Senior-Centurio befördert und schließlich in die Lagerstadt Italica in Spanien gesandt worden, die von dem ersten Scipio gegründet worden war. Hier führte er ein bequemes Leben. Die Bäder waren die besten, die es gab, die Kämpfe in der Arena so gut, wie ein Römer es sich nur wünschen konnte. Die wildesten Tiere wurden aus Afrika herbeigebracht, aus der libyschen Wüste und dem asiatischen Hochland; sie forderten die Gladiatoren zu hartem Kampf heraus.

Aber als er älter wurde, ward Antonius das gemütliche Leben leid; er fand es einfach langweilig. Das Leben auf den Feldzügen war gut gewesen. Was hatte er nicht gesehen? Gegen wen hatte er nicht gefochten? Er hatte seine Kohorten unter Hadrian gut geführt. Es war ein lustiges, stürmisches Leben gewesen, das Niederlagen kannte, aber mehr wußte von Siegen. Die Götter waren ihm wohlgesonnen gewesen, und er hatte sich nie schlecht mit ihnen gestellt. Jetzt aber wurde er rastlos, wenn er einen weiteren Löwen seinen letzten Kampf kämpfen sah. Er merkte, daß er mehr und mehr Zeit in den Bädern verbrachte, daß er wertvolle Stunden eines immer noch wertvollen Lebens hinweggähnte.

Ruhelosigkeit trieb ihn auf die Straße. Er reiste flußauf und flußab an den Ufern des Baetis, um sich die ganze römische Provinz anzuschauen. Er fand Kinder am Weg; und da es wenige davon in Italica gab und er keine eigenen hatte, interessierten sie ihn, insbesondere die Buben. Er verbrachte viel Zeit in Hispalis, jener Stadt, die heute Sevilla heißt, trieb sich dort auf dem öffentlichen Platz herum und beobachtete die Jungen, wie sie mit ihren kleinen Wurfspießen spielten oder den Diskus warfen. Er suchte sich einen bestimmten heraus, der Flavius hieß, ein Junge von zehn Jahren; zwischen ihnen begründete er eine zunehmende Freundschaft, indem er ihn an sich fesselte durch die vielfältigen wunderbaren Geschichten, die er kannte. Er erzählte von den Briten auf ihrer Insel jenseits von Gallien. Er erzählte vom fernen Rhein, von den Parthern, davon, was er in Kleinasien gesehen hatte, von Antiochien und Athen, Theben und vom Nil. Und er erzählte von der ferngelegenen Stadt Jerusalem und dem seltsamen Stamm der Juden, den die Römer besiegt hatten.

Eines Tages früh im April brachte Antonius den Jungen Flavius nach Italica, um ihm das jährliche Fest für die Große Mutter der Götter zu zeigen. In der Arena sollten Spiele stattfinden und Wagenrennen, und Sklaven aus dem ganzen Reich sollten zu den Ringkämpfen kommen.

»Wer ist diese Große Mutter?« fragte der Knabe. »Ich kenne sie nicht.«

»Sie ist in Wahrheit keine römische Göttin – nicht in der Art, wie wir Ceres und Juno für uns beanspruchen. Aber wir, das Heer, beten sie an mit großer Ehrerbietung. Die Sibyllinischen Bücher haben über sie prophezeit. Wir haben es richtig gefunden, sie, ebenso wie Mithras, nicht gering zu achten, denn sie herrscht über die Winde, die See, die Erde, über die ganze Schöpfung. Zweifellos hat sie uns den Sieg über die Mauren geschenkt.«

»Ich will mich an Mars und Vulkan halten«, sagte der Knabe. »Was könnten sie nicht vollbringen? Und als Göttin – gib mir Minerva, o Antonius.«

»Es ist gut, zu allen zu beten und allen Opfer darzubringen. Heute bei Sonnenaufgang haben wir einen sechsjährigen Bullen für die Große Mutter geschlachtet. Sein Rauch füllte den Himmel, das Blut stimmte die Erde günstig. Wir sollten eine gute Ernte bekommen.«

»Es gibt zu viele Götter«, sagte der Junge matt. »Ich kann sie nicht alle erinnern; wer trägt den Ölbaumzweig und wer den Pinienzweig, und was mögen sie am liebsten geopfert haben? Am besten wäre, sie alle verschwänden außer Vater Jupiter, und er allein würde sich um uns kümmern.«

»Hüte deine Zunge, mein Junge. Selbst jetzt könnten die Götter uns zuhören!«

Die Wagenrennen begannen. Sie schauten zu, wie der Sieger gekrönt wurde, und Flavius, der noch immer über die Große Mutter nachsann, fuhr fort, seine Fragen zu stellen: »Ist sie die Mutter Jupiters?«

»Ich habe dir gesagt, daß sie die Mutter aller Götter ist. Der einzige…« Verwunderung zeigte sich auf dem Gesicht des großen Soldaten, dann löste ein Lächeln den grimmigen Zug um seinen Mund. »Ich habe dir von Jerusalem und den Juden erzählt. Ich war mit dem Cäsar dort, als er befahl, die Stadt wieder aufzubauen, und habe vielen Vorführungen in der Arena zugesehen. Sie sind nicht wie hier – die Kämpfe. Dort kämpfen die Gladiatoren mit Gefangenen; und die Löwen, die Leoparden, die Tiger kämpfen mit eigenartigen Leuten, die sie Christen nennen.«

»Ich habe nie von ihnen gehört«, sagte Flavius.

»Ist auch gut so.« Der Centurio zuckte mit den Schultern, als wolle er alle Gedanken abschütteln außer denen, die mit dem Fest zu tun hatten. Eine große Prozession wurde in der Arena aufgestellt. Musik von Flöten, Trommeln und Zimbeln, von Lauten und Tamborin erklang. Die Menschen, die dort mitliefen, waren mit Girlanden geschmückt, und viele Tänzer begleiteten sie. Und dann zog ein dunkler, schwarzbrauner Fleck inmitten der safrangelben, blauen, roten und grünen Tuniken die Aufmerksamkeit des römischen Centurios auf sich, und er legte schwer die Hand auf die Schulter des Knaben neben sich. »Schau! Da sind Christen. Die dort am Ende der Prozession, die mit Ketten zusammengebunden sind. Man hat sie von Rom hierher gebracht, ohne Zweifel, um sie zu zwingen, der Großen Mutter Ehre zu erweisen. Ein guter Scherz.« Und Antonius warf seinen Kopf zurück und brüllte vor Lachen.

Aber der Junge verstand den Scherz nicht. »Sag mir doch, Antonius, was ist so lustig daran?«

»Daß die Christen eine eigene Große Mutter haben. Ich habe von ihr in Jerusalem gehört. Es wird jenen Vieren dort argen Verdruß bereiten, eine andere anzubeten.«

Die Tänze hatten begonnen. Wiegend, singend, rufend und musizierend zog die Prozession näher, bis die gefesselten Männer direkt unterhalb des Centurios und des Knaben angekommen waren. »Sie sehen nicht sehr gefählich aus«, sagte Flavius enttäuscht. »Kämpfen solche Leute gegen die Löwen?«

Wieder brüllte Antonius vor Lachen. »Sie kämpfen gar nicht. Das widerspricht ihrem Glauben. Sie stehen da wie ausgestopfte Säcke und lassen sich von den Bestien schlachten.«

Ohne sich dessen bewußt zu sein, seufzte der Knabe auf. »Wenn das so ist, wird bald keiner von ihnen mehr übrig sein.«

Der alte Soldat schlug ihm anerkennend auf den Rücken: »Du hast einiges von der Weisheit deiner Minerva abbekommen. Sie können das Kaiserreich nicht überdauern.«

»Und die Mutter, die sie verehren – was ist ihr Zeichen? Was für Opfer bringen sie ihr dar? Wo haben sie ihren Altar aufgerichtet?«

Ein leises Lachen begleitete die Worte des Centurios: »Opfer! Altar! Rom würde ihn niederreißen, wenn es einen fände. Sie halten ihren Gottesdienst im geheimen ab. Es ist merkwürdig, daß ein Gottesdienst aus einer solch gewöhnlichen, alltäglichen Angelegenheit hervorgehen konnte. Sie war die Mutter eines Mannes, der in Judäa geboren wurde, ein Jude. Sie kreuzigten ihn – der römische Statthalter hatte es angeordnet, weil die Juden, sein eigenes Volk, es gefordert hatten. Das ist vor wenig mehr als hundert Jahren geschehen. Ich habe mit einem römischen Legionär gesprochen, dessen Großvater bei der Kreuzigung dabeigewesen war. Der Mann hatte sich selbst über die Priester gestellt als eine Art Fürst und Heiland der Welt; vielleicht hat er sich auch als der Sohn eines Gottes bezeichnet, ich habe es vergessen. Als er gekreuzigt war, warteten deshalb alle auf ein großes himmlisches Zeichen, daß irgendetwas geschehen würde, daß Jehova, der Gott der Juden, herniedersteigen werde, um diesen, seinen Sohn, vom Kreuz zu nehmen.«

»Und nichts geschah?«

»Nichts. Sie begruben ihn. Seine Mutter weinte. Einige seiner Getreuen trugen seinen Leib in ein Grab. Das war alles.«

»Wie heißt sie?«

»Ich habe es vergessen, wenn ich es überhaupt je gewußt habe.« Er zog den Knaben am Ärmel. »Schau – schau jetzt auf die Christen. Sie werden sie auspeitschen, bis sie niederknien und die Große Mutter anbeten. Ich zweifele nicht daran, daß sie peitschen werden, bis sie tot sind.« Und Aelius Antonius, der Senior-Centurio, schlug sich vor Vergnügen auf die Brust und ließ sein brüllendes Lachen ertönen, daß alle es hören konnten. Es dröhnte über die Arena, und einer von den gefesselten, geschlagenen Männern im schwarzbraunen Gewand schaute zu ihm hin und machte, indem er mit mageren Fingern auf ihn zeigte, das Kreuzeszeichen. Ein Kreuz in der Luft zwischen jenem, der lachte, und dem Mann, der es gezeichnet hatte.

Der Knabe, der das beobachtete, erzitterte. »Mir ist kalt«, sagte er. »Die Luft ist kühl für April.«

In diesem Herbst gab es in Baetica eine reiche Ernte. Alle erinnerten sich daran, wie ungeheuerlich das Fest für die Große Mutter aller Götter begangen worden war; zweifellos hatte es die Götter günstig gestimmt, daß Christenblut mit dem Blut von Ochsen vermischt worden war.

Der Winter war für den Süden Spaniens sehr kalt. Der Dezember war weit vorangeschritten, und die Zeit für die Beendigung der Saturnalien, der letzte Tag der Lustbarkeiten, rückte näher. Der römische Centurio verließ früh das Lager und brach nach Hispalis auf. Er ritt am Flußufer entlang, bis die Nacht einbrach. Die Sichel des zunehmenden Mondes stand am Himmel, und es war klar und schön. Aelius Antonius fühlte sich besser. Den Jahren nach mocht er alt werden, aber er fühlte sich immer noch jung, kräftig, hatte Lust zum Leben und allem, was es bringen mochte. Er dachte, daß er vielleicht sogar das Ende des Jahrhunderts noch erleben werde. Das wäre etwas.

Der Klang leiser Tritte hinter ihm riß ihn aus seinen Träumen. Er zügelte sein Pferd, um zu sehen, wer ihn da überholte. Das Tier unter ihm begann zu zittern wie Espenlaub, und er fühlte eine für einen römischen Legionär ungewohnte kalte Beklemmung in seinem Herzen. Denn auf drei riesigen Kamelen kamen Männer auf ihn zugeritten, von deren Art er keine zuvor gesehen hatte, wie weit er auch bei den römischen Eroberungszügen marschiert war.

Die schmale Mondsichel ließ jede Kleinigkeit ihres Reichtums hervortreten. Ihre Mäntel waren kostbarer als die irgendeines Cäsars. Sie wurden am Hals und am Gürtel zusammengehalten von herrlich funkelnden Edelsteinen. Jeder der Reiter trug eine Krone – deren Pracht überstieg alles, was Antonius in Ägypten, Persien, Griechenland und in den fernsten Gegenden des Euphrats gesehen hatte.

Die Kamele trugen Schabracken aus teuren Stoffen und edles Zaumzeug. Während sie näherzogen, konnte der Römer erkennen, daß jeder der Könige – denn dafür hielt er sie – in den Händen ein edelsteinbesetztes Kästchen hielt. Obwohl er selbst groß gewachsen und auch sein Pferd nicht eben von kleiner Statur war, mußte er hoch hinaufschauen, um ihre Gesichter zu betrachten. Eines war dunkel, eines schwarz wie das eines Nubiers, eines so hell wie von einem Griechen. »Wer seid ihr? Woher kommt ihr? Wohin geht eure Reise?« fragte der Soldat mit der Stimme römischer Autorität.

»Ich bin Melchior, König von Nubien und Arabien, wo das Gold verborgen liegt. Siehe ich führe es als mein Geschenk mit mir.« Er hielt das edelsteinbesetzte Kästchen in die Höhe.

»Ich bin Balthasar, König von Tarsien und der Insel Egriswilla, wo die Myrrhe wächst.«

»Ich bin Kaspar, König von Indien und Saba, dem Land der Gewürze. Ich trage Weihrauch mit mir. Wir reiten zusammen nach Bethlehem in Judäa.«

»Auf Kamelen!« Antonius ließ ein erstauntes Lachen hören. »Ihr werdet im Grab ruhen, ehe ihr dahin kommt.« Und dann kniff er grimmig die Lippen zusammen. Seine nächsten Worte waren die eines römischen Soldaten. »Kommt ihr, um Unfrieden zu stiften? Wisset: das römische Kaiserreich duldet keine Einmischung. Unsere Macht ist allbeherrschend. Was führt euch nach Judäa?«

Antonius' schnelles Auge nahm den Blick wahr, den sich die Könige untereinander zuwarfen, einen geheimnisvollen Blick. Er ärgerte sich. »Redet, ihr Könige aus dem Osten. Was führt euch nach Judäa?«

»Wir wollen Gaben bringen. Schau – ich bringe Gold.«

»Und ich Weihrauch.«

»Und ich Myrrhe – zu dem König der Könige.«

Wiederum hielten sie ihre edelsteinbesetzten Kästchen in die Höhe.

Ein Zug größter Verwirrung zeigte sich auf dem Gesicht des Römers. »Was meint ihr damit – dem König der Könige? Die Geburt eines solchen ist in den Tagen des Herodes verkündet worden – in Judäa sollte er geboren werden. Aber der ist vor hundert Jahren gekreuzigt worden. Der Mann ist tot und vergessen.«

Wieder wechselten die Könige jenen geheimnisvollen, weisen Blick. Melchior sagte: »Und was sind schon hundert Jahre! Gott selbst hat gesprochen, eintausend Jahre sollen sein wie ein Tag. Heute nacht reiten wir zur Krippe, in der Jesus liegt, wie wir zu ihm geritten sind, als er geboren ward. Wir bringen ihm dieselben Geschenke, die wir ihm beim ersten Mal brachten. So soll es immer bleiben. Bis die Erde so alt wird, daß sie keine Menschen mehr auf ihrem Angesicht tragen kann, werden wir, die Drei Könige, reiten, um ihn, unseren Herrn Jesus, anzubeten.«

Das war ein Witz, so außerordentlich, wie Antonius noch keinen in seinem ganzen Leben gehört hatte. Drei Könige, die ritten, um ein neugeborenes Kind anzubeten, das schon das Mannesalter erreicht hatte, am Kreuz gestorben und begraben worden war vor mehr als hundert Jahren. Drei Könige, die immer noch ritten. Das war ein Witz, um das ganze Lager damit zu erheitern, wenn er morgen zurückkehrte. Doch der Römer unterdrückte seine Heiterkeit und sagte: »Der Mann ist seit vielen Jahren tot, und dennoch wird er ein Kind, damit ihr ihn anbeten könnte. Euer Christengott vollbringt Wunder, und dies ist zweifellos eines davon. Unsere römischen Götter können viel – sehr viel –, doch einmal geboren und aufgewachsen, können sie nicht wieder Kinder werden. Venus kehrt nicht in ihre Muschel zurück; Herkules steigt nicht noch einmal zurück in die Wiege, um die Schlange zu erdrosseln. Ha-ha-ha-ha, ho-ho-ho-ho.« Sein Lachen ließ die Luft erzittern.

Sie ließen ihn auslachen; dann sprach Melchior wiederum: »Dies ist das dritte Mal, daß du gelacht hast, Aelius Antonius, der Römer. Die Zählung spricht gegen dich. Du sollst so lange leben, bis du jedes Lachen gesühnt hast. Du sollst so lange leben, bis auch du zu Seiten des Kindes kniest und es anbetest.«

Die Könige ritten weiter in die Nacht. Der Römer sah sie ziehen, für einen Augenblick ernüchtert und erstaunt. Die letzte Nacht der Saturnalien war nicht nach seinem Geschmack. Am nächsten Tag erzählte er seinen Bekannten im Lager von seiner lächerlichen Begegnung, doch der Witz schmeckte ihm schal, und die Veteranen bestanden darauf, daß er durch zuviel Weingenuß getäuscht worden wäre.

Jahre gingen dahin. Aelius Antonius fing an, sie zu zählen, aber sie zerrannen ihm wie nichts. Andere, die zusammen mit ihm nach Italica gegangen und gleichalt waren wie er, sah er schwächer werden, bis sie schließlich zu Grabe getragen wurden. Er aber alterte in all dieser Zeit nicht. Er sah Flavius das Mannesalter erreichen, seine besten Jahre, sah in alt werden, er schaute bei seinem Begräbnis zu; sein eigener Körper aber blieb ungebeugt, sein Gang war kraftvoll, seine Muskeln blieben stark. Es war unglaublich. Es war ein Fluch! Allmählich erfüllte ihn eine Angst, die ihn sogar im Schlaf heimsuchte.

Die Soldaten im Lager hatten ihn schon lange gemieden. Der neue Statthalter, der aus Rom gekommen war, wo Marc Aurel jetzt als Cäsar herrschte, hatte seinen Namen aus den Listen gestrichen wie den von einem, der längst tot war. Als er das hörte, verließ er Italica, um auf der Erde umherzuwandern. An jedem Tempel, zu dem er kam – gleich welchem heidnischen Gott er auch errichtet sein mochte –, hielt er inne, um ein Opfer darzubringen und zu beten. Er suchte belagerte Städte auf und trat dem angreifenden Heer bei, warf sich in die vordersten Reihen und betete darum, daß eine Lanze oder der Stein von einer Armbrust seinem Leben ein Ende setzen möge. Er suchte die Städte auf, in denen die Pest wütete. Er half, die Kranken versorgen, die Toten begraben; er atmete tief die verseuchte Luft ein in der Hoffnung, ein solcher Atemzug würde ihm das Ende bereiten. Aber er überlebte alles.

Hundert Jahre vergingen. Heimweh trieb ihn zurück nach Baetica zum Lager. Er fand dort heraus, daß die Macht der Römer schwächer wurde. Wieder ritt er die Straße am Fluß entlang in jener letzten Nacht der Saturnalien. Würden sie kommen – würden sie reiten, diese Könige? Durch all die hundert Jahre hatte er alle außer die heidnischen Götter weiterhin verspottet. Obwohl ihm der Tod vorenthalten war, zweifelte er daran, daß die Könige noch einmal kommen würden.

Aber wie damals hörte er den Tritt der Kamelhufe hinter sich. Wieder wandte er sich um und sah den Glanz der Könige, sah jeden das goldene Kästchen in Händen halten. Die Könige grüßten ihn. »Friede sei mit dir, Bruder.«

Ärger wallte heiß in ihm auf. Zornig warf er den Kopf zurück: »Und ihr reitet immer noch?«

»Wie wir immer reiten werden.«

»Und das Kind ist aufs neue geboren?«

»Wie es immer wieder neugeboren wird in dieser gesegneten Zeit.«

»Was kümmert mich euer Kind!« Und der Römer lachte wieder lange und laut, aber sein Gelächter klang so hohl, daß es ihm einen Stich im Herz versetzte. Er sah sie in die Nacht hineinreiten, und wandt sein Pferd zurück zum Lager; aber dort war kein Platz mehr für ihn, und so ritt er weiter nordwärts.

Wie sollte ich euch alles erzählen können, was dem Römer Aelius Antonius begegnete! Er reiste nach Britannien und schaute zu, wie die Druiden ihren Gott, die Sonne anbeteten. Er fand heraus, daß die Götter der Gallier viel Ähnlichkeit mit seinen eigenen hatten. Er ließ sich nach Afrika übersetzen, um die Stätte zu besuchen, wo Karthago einst gelegen hatte. Das Schiff sank, alle außer ihm verloren ihr Leben. Er kehrte nach Spanien zurück und fand, daß jetzt die Vandalen dort herrschten; er begegnete den Drei Königen wieder und lachte und lacht, bis der Wind sein Gelächter aufgriff und es in die ganze Welt hinauszutragen schien.

Beim nächsten Mal sah er, daß die Goten Spanien erobert hatten. Die Tapferen, so wurden sie genannt, waren mächtig, barbarisch, kriegerisch, gute Kämpfer, aber ohne die Kultur, die Rom mitgebracht hatte. Er wurde ein Gespenst, das allen sichtbar war, auffällig durch das Alter seiner Rüstung und durch das Geheimnis, das an ihm haftete. Wohin er auch ging, stets verriet ihn seine Art des Sprechens. Die Tapferen brachten ihn in ihre Säle, luden ihn ein, mit ihnen zu feiern, hießen ihn willkommen, bis er unbedacht von Hadrian sprach und von dem Feldzug gegen die Briten; da senkte sich Schweigen herab, und man konnte beobachten, daß selbst Alarich, der König, sich von ihm in furchtsamem Erstaunen zurückzog.

Wie das Schwingen eines großen Pendels gingen die Jahrhunderte fort. Wieder kam er nach Spanien und fand, daß die Goten verschwunden und die Araber überall waren. Sie hatten im Süden ein starkes Königreich errichtet, hatten aus der römischen Stadt Hispalis eine maurische gemacht. Er lernte einen neuen Gott kennen, der Allah genannt wurde, und seinen Propheten Mohammed. Als er die Könige auf der Straße traf, warf er ihnen diesen Namen entgegen. »Bei Jupiter, reitet in die Stadt, schaut euch ihre Moscheen an, hört zu, wie sie ihren Gott anrufen von den hohen Türmen aus, und dann laßt mich wissen, ob ihr immer noch an Judäa festhaltet.«

»Wir reiten«, sagten die Könige.

»So betet ihr also immer noch jenen Jesus an, obwohl ein anderer König gekommen ist, der die Welt für sich beansprucht? Toren, Toren, Toren!« Und er schüttelte in mächtigem Zorn die Faust gegen sie.

Fünf Jahrhunderte, sechs Jahrhunderte, und immer noch alterte Aelius Antonius nicht ein Jahr. Er sah die Juden Handel treiben und reich werden. Er hielt einen von ihnen, einen gewissen Isador, auf der Straße an und fragte: »Hast du von einem aus deinem eigenen Volk gehört, der Jesus genannt wird?«

»Es gibt viele, die so heißen.«

»Dieser wurde in Bethlehem geboren, lebte und wurde gekreuzigt. Sag mir, ist er ein König?«

Der Jude schüttelte den Kopf. »Er hat den Anspruch erhoben, König, ja sogar der Messias zu sein, aber er war ein Betrüger.«

In diesem Jahr wartete der Römer lange auf die Könige, um ihnen das, was ein Jude über Jesus gesagt hatte, entgegenzuschleudern. Doch es verging eine Nacht nach der anderen. Statt am Ende der alte Saturnalien war es erst zwölf Tage danach, ehe er die Tritte der Kamelhufe hinter sich auf der Straße vernahm. Mit siegessicherem Spott trat er ihnen in den Weg. »Ich grüße euch im Namen von Jupiter, Herkules, Mars, Mithras, Allah – ja, auch von Jehova, niemals aber im Namen Jesu.« Er spuckte vor ihnen auf die Erde. »Selbst seine eigene Rasse verleugnet ihn. Hört, was der Jude Isador sagt!« Und er berichtete es ihnen. »Nun, wohin reitet ihr jetzt?«

»Nach Bethlehem in Judäa.«

»Aber ihr seid zu spät. Ihr werdet dorthin kommen und ihn gekreuzigt finden.« Und der Römer lachte.

»Wir werden ein dreizehn Tage altes Kind finden. Inzwischen feiert auch die Kirche unseren Tag – den Dreikönigstag –, den Tag, an dem wir Bethlehem erreichen. So werden wir fortan an diesem Tag reiten, nicht am Abend vor seiner Geburt.« Und sie zogen weiter in die Nacht.

Sieben Jahrhunderte – er sah Karl den Großen und die Franken gegen die Araber marschieren. Er sah, daß nach dem mohammedanischen ein christliches Königreich errichtet wurde. Er bemerkte, daß auf den Grundmauern der Moscheen Kirchen gebaut wurden, Glockentürme über Minarets, daß, wo früher der Gebetsruf des Muezzin zu hören war, jetzt die Messe gelesen wurde, sah Betstühle anstelle von Gebetsteppichen. Und jetzt, siehe, Bilder von Jesus selbst füllten die Kirchen – Jesus und seine Mutter. Christen waren auf den Straßen, Christen auf den Meeren, Christen, überall.

Der Name von Díaz von Bivar war in aller Munde; der Name des Heiligen Santiago wurde überall geflüstert, wo ein christliches Heer auszog, und der Kriegsruf: »Für Gott, Jesus und Maria!« erklang in ganz Spanien. Ferdinand der Heilige hatte die Regentschaft übernommen. Beinahe zwölfhundert Jahre waren vergangen seit jener ersten Nacht, als die Könige ritten. Aelius Antonius wartete wieder auf der Straße. Er kannte nun den Namen dieser Nacht im christlichen Kalender – es war der Vorabend von Epiphanias. Es war so lange her, seit er die Namen der alten Götter gehört hatte, daß er sie nur mit großer Mühe erinnern konnte. Keiner ihrer Tempel stand mehr, alle Verehrung für sie war dahin. Er hatte vor den Türen ihrer Kirchen gestanden und einiges von diesem neuen Gottesdienst erlauscht. Seltsame Worte fielen da: Liebe, Friede, Gnade, Leben, Gerechtigkeit. Er hörte leises Gemurmel von einem Opfer, konnte aber nicht verstehen, welcher Art es war. Es wurden keine Tiere mehr geschlachtet auf den Altären, noch wurden junge Lämmer oder Hähne dargebracht. Jetzt redete man davon, man müsse alles, was man hat, den Armen geben, den Feinden verzeihen, das Leben hingeben für seinen Freund. Merkwürdige Lehren!

Aber er wollte mehr darüber erfahren. Diesmal würde er die Könige ausfragen.

Sie kamen, und wiederum leuchtete am westlichen Himmel die schmale Sichel des zunehmenden Mondes. Er hörte die Tritte der Kamelhufe. Er zügelte sein Pferd am Straßenrand, stieg ab und wartete, daß die Könige anhielten. Aber die Könige ritten weiter. »Ich grüße euch!« rief er, während er neben dem Kamel Melchiors herlief. »Haltet an! Ich befehle es! Ich muß mit euch sprechen!«

»Wir können nicht anhalten. Heute nacht sind wir in Eile. Heute nacht sind wir mit unserem Herrn Jesus verabredet.«

Aber Antonius faßte den Zügel. »Wartet, ich muß euch sprechen. Nach weiteren hundert Jahren werde ich irre sein. Hört ihr, ich kann nicht länger leben. Ich bin ganz verwirrt. Mein Leib ist ein Fluch; mein Herz ist zusammengeschrumpft. Ich möchte mich niederlegen und zum ewigen Tod entschlafen.«

»Es gibt keinen ewigen Tod.«

»Ihr meint, der Olymp erwartet die Tapferen?«

»Wir meinen, daß es einen Himmel gibt – nenne ihn, wie du willst – für die Seelen, die Erlösung finden.«

»Aber ihr habt mich verflucht.«

»Du hast den Fluch durch dein Lachen selbst über dich gebracht. Du mußt ihn tragen, bis –«. Die Worte verklangen für den Römer. Er atmete mühsam. Es schien, als schritten die Kamele auf der Luft selbst dahin. Er ließ aber den

Zügel nicht fahren; er durfte die Könige nicht noch einmal verlieren. Er wollte neben ihnen herlaufen, bis der Tod ihn holte.

Sie kamen zu einer Brücke, die einen breiten, schmutzigen Fluß überspannte. Auf der Brücke aber drängte sich eine solche Menschenmenge, wie nie eine den Platz einer Stadt gefüllt hatte für das Saturnfest oder das Fest der Großen Mutter oder für Jupiter selbst: Reiche und Arme, Adlige und Bauern. Fackeln brannten zum Himmel empor. Musikanten standen am Weg. Kinder warfen Blumen auf die Brücke – weißen Jasmin, Schlüsselblumen, Rosen. Und als die Könige kamen, erscholl ein solches Rufen, daß selbst die Sterne davon erzitterten und herabfielen: »Melchior, Kaspar, Balthasar! Die Könige reiten!«

Sie ritten zur Kirche, die einst eine arabische Moschee gewesen war. Als sich die große Tür öffnete, legte sich ein solch tiefes Schweigen über die Menge, daß man das Seufzen eines neugeborenen Kindes hören konnte, daß man hören konnte, wie ein Engel sich aus dem Himmelstor herabbeugte, um zu lauschen, daß man hören konnte, wie sich Marias Lippen zu einem Lächeln verzogen. So war das.

Die Könige traten als erste ein: Aelius Antonius, der Römer, folgte ihnen dicht auf den Fersen. Sie gingen ein christliches Kirchenschiff entlang, zwischen maurischen Bögen, die einst das Dach getragen hatten. Sie kamen zum Hochaltar, der von hochragenden Kerzen erhellt wurde, und dort war der gewöhnliche, rohe Stall aufgebaut – er sah aus wie alle Ställe im Osten. Ein Ochse stand da und ein graues Eselchen. Ein Mann lehnte auf seinem Stab, sein langer schwarzer Bart bedeckt sein halbes Gesicht. Eine Frau in blauem Mantel kniete neben der Krippe des Ochsen, die mit Heu gefüllt war. Und darin lag das Kind, gerade dreizehn Tage alt. Alles war lebendig – alles von ewiger Dauer.

Die Könige knieten nieder. Der Römer kniete nieder, nicht wissend, was er tat. Er hörte den Gruß der Könige: »Gesegnet seist du, Heilige Mutter Jesu; und Friede sei mit deinem Sohn.«

Er hörte die leise, süße Stimme dieser Großen Mutter: »Friede sei mit euch, ihr Könige.«

Dann grüßten sie das Kind: »Friede sei mit dir, Emanuel, jetzt und für alle Zeit. Wie jetzt, sollst du immer sein – König aller Könige, Erlöser aller Erlöser – Fürst des Friedens!«

Aelius Antonius, der Römer, rutschte auf seinen Knien näher heran und hörte sich den Gruß sprechen: »Friede sei mit dir, Jesus von Bethlehem. Ich grüße dich vor Jupiter, vor Mithras, vor Allah, vor allen Göttern. Möge deine Herrschaft ewig und allmächtig sein.«

Und so fand Aelius Antonius schließlich seinen Tod. Aber in vielen Ländern lebt in der Erinnerung seine Legende fort, die Legende vom römischen Centurio, der umherwanderte, ohne zu altern, der in diesem Land auftauchte und in jenem, auf Bergfestungen und auf den Meeren und der geprägt ist von so vielen Jahrhunderten, daß sie nicht mehr sicher zu zählen sind. In Spanien kennt man ihn am besten. Und so möge Gott eine Seele Ruhe finden lassen.

JAKOB STREIT

Der vierte König

Das Hochland

Gegen Sonnenaufgang gab es in alten Zeiten ein Königreich, das lag in einem hohen Berglande. Darin galt von Urväterzeiten her das strenge Gebot, niemals dürfe ein Bewohner in die tiefer gelegenen Lande hinuntersteigen. Es hieß, einen Übertreter des Gebotes würden unterwegs die verstorbenen Ahnen in Tod und Verderben stürzen. So lebten diese Bergbewohner seit Menschengedenken in jener abgelegenen Höhe und wußten nichts von andern Völkern. Einer lebte dem andern als Freund und Bruder. Sie pflanzten ein karges Getreide und weideten ihre Herden auf den Alpwiesen. Die Jagd war ihnen unbekannt und unbekannt waren Waffen und Wehr. Bei Sonnenauf- und -untergang beteten sie mit erhobenen Armen zum Gott der Sonne, der Licht und Leben zur Erde sendet. In Felsenschründen fand sich mancherorts Gold, und funkelnde Edelsteine traten klar zutage. Goldschmiede verarbeiteten diese Schätze zu edlen Gefäßen. An den festlichen Tagen und zur Zeit der Sonnenwende war es Brauch, aus goldenen Schüsseln zu speisen. In ihrem ungestörten Glück dachten die Bergbewohner kaum daran, daß in den Tiefen auch Menschen lebten. Es führte ja auch kein gangbarer Weg dahin. Eine Seite des Landes wurde von gewaltigen Gletschern und Schneebergen abgeschlossen; auf der Gegenseite gähnten steile Abgründe und Felswände. Wo einer versucht hätte, den Flüssen entlang in den Talgrund zu gelangen, er wäre unversehens vor unzugänglichen Schluchten gestanden. Im Volke ging die Sage um, eine gewaltige Drachenschlange halte in finsteren Gründen das Bergland umschlungen. Jeder Verwegene würde diesem Untier zum Opfer fallen. Der König des Landes, so hieß es, sei der einzige, der die Länder der Tiefe kenne. Zu besonderen Zeiten breite er auf dem Königsfelsen seinen Mantel aus und werde alsbald vom Winde hinuntergetragen. Dann komme er mit den Königen der Tieflande in gemeinsamer Tafelrunde zusammen, um die Geschicke der Völker zu beraten.

Den Königsfelsen kannte ein jeder. Von seinem Vorsprung stürzte eine gewaltige Bergwand senkrecht in den Abgrund hinab. Diesen Ort mied das

Volk mit heiliger Scheu. Doch in letzter Zeit saß oftmals ein Jüngling stundenlang am Felsenrande und schaute unverwandt in die Tiefen, wo ein schmaler Flußstreifen sich in ferne Niederungen schlängelte. War es ein Verwegener aus dem Volke, der hier von fremden Ländern träumte? – Nein, es war Talander, der einzige Sohn des Königs. Oft verweilte der junge Prinz zur Nachtzeit an dieser Stätte. Sinnend richtete er den Blick zu den Sternen hinauf und sprach bei sich: »Wie groß und weit ist das Sternenland, und unser Bergland ist so eng. Oh, könnt ich mit den Sternen wandern!« Sah er eine Sternschnuppe dahinfahren, so wünschte er wohl: »Möchtest du jetzt über den Felsen fahren und mich in die Welt hinaustragen!« Aber keine Himmelsleiter ließ sich hernieder, und kein Sternenwagen fuhr über den Felsen.

Der alte König hielt eine Schar edler Männer als Ratgeber um sich. Diese hüteten das Geheimnis eines verborgenen, sehr gefahrvollen Weges, der zur Tiefe führte. Niemand im Volke wußte davon. Diese Männer fristeten als Mönche und Priester der Sonne ein ehrwürdiges, brüderliches Leben. Sie mischten sich lehrend und ratend unter das Volk, erzählten von lichten Göttern, die in den Sternen wohnen, und von dunklen Dämonen, die in finstern Schluchten hausen. Ihr Wesen und Beispiel bewirkte, daß bei diesen Bergmenschen keine Übeltaten bekannt waren, und von Krankheiten wußte man wenig. Nach uralter Regel stiegen je zwei dieser Mönche alle sieben Jahre in die Länder der Tiefe, ohne daß jemand außer ihnen und dem König davon vernahm. Die alte Überlieferung besagte nämlich, es werde dereinst ein Zeichen erscheinen, wann es an der Zeit sei, allem Volke den Weg in die Tiefen zu erschließen; dann werde die Schlange den Ring öffnen.

Wiederum hatte sich ein Jahrsiebt erfüllt. Eines Abends näherten sich zwei müde Wanderer der Königsstadt. Ihre zerfetzten Kleider und die geschundenen Füße zeigten dem Kundigen an, daß die beiden durch den verborgenen Gebirgspfad von beschwerlicher Reise zurückkehrten. Ihre Ankunft wurde im Schlosse dem König gemeldet. Sogleich ließ er seine Vertrauten zusammenrufen, daß man den Bericht der Heimgekehrten gemeinsam anhöre. Auch Prinz Talander durfte erstmals an der Botschaft teilhaben, denn vor kurzem hatte ihn der König in das Geheimnis des Felsenweges eingeweiht.

Im Königssaale ließen sich die Mönche erwartungsvoll vor den Stufen des Thrones nieder. Talander, der sie als seine Lehrer ehrte, hielt sich bescheiden abseits in einer Fensternische. Grüßend wandte sich der König zu den Heimgekehrten und hub an: »Früher als wir erwartet haben, seid ihr zurückgekehrt. Saget an, was habt ihr zu künden? Ist es gute Botschaft, die euch so eilig wieder hergebracht hat?« »O König«, begann der ältere der beiden, »gerne wollten wir Dir bessere Kunde bringen, als das, was unsere Augen erschaut, unsere Ohren vernommen haben. – Nachdem wir, allen Fährnissen trotzend, den Abstieg durch die Klüfte erzwungen hatten, gelangten wir nach einigen Tagreisen in das Land des alten Tempelberges. Die ersten Dörfer fanden wir menschenleer. Zuerst glaubten wir, die Bewohner wären ausgewandert und hätten einen anderen Ort unter der Sonne zur Wohnstätte erwählt. Nach drei Tagen erreichten wir das Königsschloß. Hier vernahmen wir die Ursache. Die Torwächter berichteten: ›Eine Seuche brachte unlängst ein böses Sterben über das Land und hat in wenigen Tagen Tausende hinweggerafft.‹ – Wir erkundigten uns nach dem König, ihm Dein Geschenk, Deinen Gruß zu überbringen. Zu unserem Erstaunen vernahmen wir, König Balthasar sei kurz vor Einbruch der Seuche aus dem Lande fortgeritten. Es sei ihm ein neuer Stern am Himmel erschienen, der habe ihn zur Reise berufen. Nach dieser Kunde wollten wir nicht länger säumen und gedachten, gleich weiter ins Nachbarland zu ziehen, den zweiten König zu begrüßen. Wir erkundigten uns nach dem Weg. Da erzählte man uns, zufolge großer Dürre habe eine Hungersnot jene Gegenden heimgesucht. Es sei nicht ratsam, sich dorthin zu begeben. So verblieb nur noch das dritte und fernste Reich, das wir in Deinem Auftrag besuchen sollten. Dorthin zu reisen hat man uns abgeraten. Es hieß: ›In jenem Lande wütet Bruderkrieg. Niemand ist seines Lebens sicher.‹ Diese Berichte entmutigten uns völlig. Wir unterließen es, weiterzureisen, und sind geradewegs zurückgekehrt.«

Hier schwieg der Erzähler. Ernst blickten die Mönche auf den König, über dessen Antlitz sich eine große Trauer gelegt hatte. Nach einer stummen Weile schaute er hinüber zu seinem Sohne. Dieser verharrte regungslos in der Nische des Fensters und blickte ins Weite, wo die sinkende Sonne einen rötlich-goldenen Schein über die Berge warf. Der Vater redete Talander an mit den Worten: »Mein Sohn, seit Jahrhunderten harren die Könige des Hochlandes auf ein Götterzeichen aus der Tiefe, das in alten Zeiten verheißen worden ist; aber so düstere Botschaft ist noch nie durch die Bergschluchten heraufgebracht worden. Ich sehe wohl, auch ich werde von dieser Erde scheiden müssen, ohne dem Volke den Weg freigeben zu dürfen.« Kaum hatte er diese Worte beendet, sprang Talander auf und trat einige Schritte vor. Wie von innerem Feuer ergriffen, sprach er zu den Versammelten: »Ehrwürdige Väter! Habt Ihr nicht beachtet, daß den ersten König ein *neuer Stern* wegberufen hat? Sollte das nicht ein Zeichen sein? Wäre ich einer der Ausgesandten gewesen, in aller Eile wäre ich jenem Könige nachgezogen. Säume nicht, o Vater, sende ihm Deine Boten nach, ehe die Spuren seiner Reise bei den Menschen vergessen sind!« Ein Gemurmel des Erstaunens erhob sich unter den Mönchen, halb Zweifel, halb Zustimmung. Der König winkte Talander zu seinem Throne. Wie dieser die Stufen erstiegen hatte, kniete er nieder und bat: »Vater, gib mir einen Begleiter, der mich durch die Schluchten führt; ich selber möchte die weite Reise antreten. Vater, säume nicht und laß mich ziehen!« Die Mönche ergriff noch größere Unruhe. Einige standen auf und gaben Zeichen des Unwillens von sich. Der König winkte ihnen zu und entließ sie mit vornehmer Gebärde. Er blieb mit Talander allein im Saale. Jetzt reichte er dem knienden Sohne die Hand, zog ihn an seine Seite und sprach: »Talander, hätte ich nicht vor wenig Nächten ein rätselvolles Bild erschaut, ich müßte Deinen jugendlichen Eifer jetzt verweisen. So höre, was sich mir im Traume zeigte: Ich sah drei Könige. Sie folgen einem Stern. Gegen Sonnenuntergang führt ihre Reise. – Es möchte sein, daß jener Stern wirklich als ein neues, himmlisches Zeichen erschienen ist.« Talander sprang auf, umarmte seinen Vater und erzählte: »Auch mir ist solch ein Stern erschienen, als ich vor Nächten auf dem Königsfelsen weilte. Laß mich den genauen Hergang berichten: Seit vielen Tagen fühlte ich mich von einer seltsamen Unruhe getrieben. In den Gärten des Schlosses, auf den Höhen der Berge, nirgends fand ich Ruhe. Das Bergland war mir eng geworden. Stand ich am Abgrund des Königsfelsens, so war mir, ich höre Stimmen aus den Lüften: ›Stürze dich zur Tiefe, wir tragen dich in ein schöneres Land!‹ Vater zürne mir nicht. In meiner Unruhe versuchte ich eines Tages talabwärts dem Flusse zu folgen, bis die Schluchten mir jeden Weg verwehrten. Rastlos irrte ich umher. In der gestrigen Nacht fand ich wieder keinen Schlaf. Ich erhob mich vom Lager und stieg auf den Königsfelsen.

Lange verweilte ich dort oben im Licht der Sterne. Da sänftigte sich mein erregtes Herz und ich entschlummerte. Ein Traum kam über mich: Vom Himmel neigte sich ein Stern zu mir hernieder. Aus seinem Lichte trat ein göttliches Antlitz hervor, das schaute mich aus sonnigen Augen an und sprach: ›Talander, dein Leben ist zur Wanderung bestimmt. In den Tiefen wirst du mich finden. Begib dich auf den Weg‹!« – Der Jüngling hielt inne, ergriff die Rechte des Vaters und fuhr weiter: »Den Sonnenblick kann ich nimmermehr vergessen. Ich will die weite Erde durchwandern, ihm zu begegnen. Vater, laß mich ziehen!« Nach diesen Worten kniete er neuerdings bittend zu Füßen des Thrones nieder. Der alte König legte beide Hände auf seine Schultern und sprach: »Mein lieber Sohn, unsere Zeichen treffen zusammen. Ich kenne ihre Sprache und ehre sie. Da der Ruf an Dich ergangen ist, will ich Dich nicht länger hier festhalten. Die Reise sei Dir gewährt. Als *vierter König* sollst Du sie antreten und dem Stern entgegengehn.« Nach diesen Worten nahm der König von seinem Haupte die Krone der Väter in seine Hände und setzte sie dem knienden Sohne auf. Seinen goldbestickten Mantel legte er über die Schultern des Jünglings, küßte ihn auf die Stirne und sprach: »Mein lieber Sohn, ich bin alt und weiß nicht, ob wir uns auf Erden noch einmal sehen werden. Derhalben erhebe ich dich jetzt an diesem Tage nach Väter-Brauch zur Würde eines Königs. Sei mein Nachfolger, wenn ich sterbe. Die Weisheit der Väter möge dir zukommen und leuchte mit neuer Kraft über unserem Volke.« Nachdem der König also seinen väterlichen Segen gegeben hatte, geleitete er Talander in die Schatzkammer. Hier beschenkte er ihn mit Gold und kostbaren Edelsteinen, damit er mit dem Reichtum eines Königs reisen möge. Darauf sprach der Vater: »Ich gebe dir zwei erfahrene Begleiter zur Seite. Sie kennen Wege und Völker. Besorgt in den Tieflanden gute Reittiere, daß ihr die drei Könige, die dem Sterne folgen, um so eher einholt.

Auf dem Weg in die Länder der Tiefe

In der Frühe des folgenden Tages verließen drei Wanderer das königliche Schloß. Sie waren versehen mit Zehrung und dem väterlichen Reichtum. Es waren jene beiden Mönche Talander als Begleiter beigesellt, die unlängst von der Reise zurückgekehrt waren und über das Elend in den Tiefen berichtet hatten. Beim Königsfelsen stiegen sie in den geheimen Felsenpfad ein. Der ältere Mönch, der die Reise schon mehrmals gemacht hatte, ging voran. Der jüngere hielt sich hinter Talander. Dieser war oft genug in den Bergen herumgeklettert und kannte keinen Schwindel. Schritt und Tritt setzte er sicher auf. An gefährlichen Stellen griff seine Hand eisenfest ins Gestein. Hin und wieder führte der Weg mühelos durch dunklen Bergwald, dann wieder in enge Schluchten. Schäumendes Wasser war knietief zu durchqueren. An einer solchen Stelle hatte das Gewässer wildreißende Kraft. Als sich der führende Begleiter mitten im Wildbach befand, glitt er aus. Ein kurzer Schrei fuhr durch die Luft; schon war er fortgerissen und stürzte unterhalb mit den tosenden Wassern in eine Schlucht hinunter. Mit zitternden Knien erreichten die andern das Ufer. Ihr Entsetzen fand keine Worte. Unter großer Gefahr begaben sie sich auf einen Felsenvorsprung seitwärts des Wassersturzes und forschten in die Tiefe. Sie sahen sogleich, daß hier kein Menschenleben mehr zu retten sei. Schweigend starrten sie in die wilden Wasser, Talander weinte. Der ältere Mönch war ihm allezeit ein väterlicher Freund und Lehrer gewesen. Angesichts dieses Unglückes gleich zu

Beginn der Reise, stieg in ihm die Ahnung auf, es möchte noch manche Prüfung seiner warten. Wohl bemerkte er, daß der jüngere Begleiter auf Weisung zur Rückkehr harrte, aber wie konnte er im Drängen der Zeit säumen und einen anderen Wegführer holen? Nachdem sie an dieser Stätte den Toten nach Brauch und Sitte des Bergvolkes geehrt hatten, deutete Talander zur Tiefe, wo der Talgrund ruhigeren Weg anzeigte. Er schritt voran.

Wie die Gefährten endlich den Grund des Tales betraten, schauten sie rückwärts in das zerklüftete Gebirge. In ferner Höhe erkannten sie kaum die steile Wand des Königsfelsens wieder. Es schien unmöglich, daß von dort ein menschlicher Fuß niedersteigen könne, und doch hatten sie den gefährlichen Pfad bezwungen. Die Hoffnung regte sich in Talander, es möchte ihm vorbehalten sein, dem Volke einen sicheren Weg durch die Fährnisse des Berges zu bahnen und Brücken über die Wildwasser zu bauen. Und so schritt er mit Zuversicht den unbekannten Ländern entgegen.

Die Länder der Tiefe

Nach Tagen kamen die beiden Wanderer ins Land, das König Balthasar vor kurzem verlassen hatte. Hier tauschten sie für Gold Pferde ein, erneuerten und vermehrten ihre Kleidung. Sie ließen sich die Richtung zeigen, in der Balthasar seine Reise angetreten hatte, und ritten alsbald in scharfem Trabe gegen Sonnenuntergang. In dem Lande, das sie nun durchquerten, gab es infolge der Seuche Scharen von Krüppeln. Die konnten ihr Leben nicht mehr von ihrer Hände Arbeit fristen. Viele dieser jämmerlichen Gestalten lagen am Wegrand und baten um Almosen. Obwohl es Talander sehr eilig hatte, ritt er an keiner bittenden Hand vorbei, ohne ihr etwas zuzuwerfen. Plötzlich gewahrte er einen Gelähmten, der lag erschöpft mitten auf dem Wege. Talander hielt sein Pferd an, schwang sich herab und beugte sich zu dem Elenden. Er hob ihn auf seinen Sattel und führte ihn ins nächste Dorf. Der Bettler wies auf eine Hütte, und Talander brachte ihn dahin. Er traf sein Weib inmitten einer Schar zerlumpter, hungriger Kinder an. Mit seinem Gefährten besorgte er ihnen Speise und Kleider. Beim Abschied schenkte der königliche Reiter den Armen einen Edelstein, daß ihre Not ein Ende habe. Stunden waren dahingegangen. Immer wieder ließ sich der junge König auf seiner Reise aufhalten, wo zu helfen war. Er verschenkte nach und nach die väterlichen Güter. Das Elend, das er in der Tiefe überall antraf, schnitt in sein Herz. Dergleichen war im Bergland unbekannt gewesen. Sein Begleiter mahnte oftmals: »König, hast Du vergessen, daß wir große Eile haben?« Doch Talander erwiderte: »Laß geschehen, wie geschieht; es kommt auf Tag und Stunde nicht an.« In seinem Herzen dachte er: »Der Sternenkönig wird solche Säumnis gewiß nicht übel aufnehmen.«

Allmählich führte der Weg in einsamere Gegenden und Wüsteneien. In einer Herberge, wo sie übernachteten, vernahmen sie zu ihrer großen Freude vom Wirt: »König Balthasar ist hier vor wenig Wochen vorbeigereist. In meinem Hause hat er kurze Nachtruhe gehalten und ist frühmorgens weitergeritten.« Von nun an trieben die beiden ihre Pferde zu noch schnellerem Laufe an.

Eines Morgens, nachdem sie im Freien übernachtet hatten, klagte der Gefährte über große Müdigkeit. Mühsam bestieg er sein Pferd. Bald schwächte ein Fieber seine Kräfte dergestalt, daß Talander, eng an seiner Seite reitend, ihn stützen mußte. Gegen Abend erreichten sie einen einsamen Hof. Hier fanden sie Unterkunft. Jedoch die scheuen, unerfahrenen Leute wußten der Krankheit wenig Rat. Andern Tages hatte sich das Übel verschlimmert. Der Gefährte konnte die Reise unmöglich fortsetzen. Treulich pflegte Talander den Kranken. Tag um Tag verging. Keine Besserung trat ein. Oftmals bat der Begleiter: »Mein König, reite alleine weiter. Die Zeit vergeht. Meinetwegen sollst Du nicht Weg und Ziel versäumen. Ich will hier auf Dich warten. Wenn Du wiederkehrst, bin ich gesund und reite mit Dir ins Hochland zurück.« Talander entgegnete: »Mag auch die Zeit vergehn, das Licht des Sternes besteht; es wird mich nicht verlassen, wie auch ich dich nicht verlassen will.« Das Übel wich aber nicht von dem Kranken, und ehe ein Monat vergangen war, starb der Gefährte. Die Bauern des Hofes halfen, ihm ein Grab zu bereiten. Als Talander von den guten Leuten Abschied nahm, schenkte er ihnen das Pferd des Verstorbenen. Von nun an ritt er alleine durch einsame, menschenleere Gegenden. Bald kam er in eine große Sandwüste.

Die Nacht in der Höhle

Mittlerweile ging das Jahr in die kalte Zeit. Es nahte Wintermitte. In jenen Gegenden fiel auch zu dieser Zeit kein Schnee. An einem trüben Abend, bei Einbruch der Dunkelheit, kam Talander unvermutet zu einer Höhle. Sie lag am Aufgang eines Hügels. Er freute sich, vor dem rauhen Nachtwind Schutz zu finden und begab sich mit seinem Pferde ins Innere. Er hüllte den Mantel um sich und legte sein Haupt auf den Hals des hingelagerten Tieres. Das war ihm sehr zugetan. Bald schliefen Roß und Reiter ein. Merkwürdige Träume kamen über den Schlafenden: Er ritt durch unbekannte Gegenden an Tempeln und hohen Palästen vorüber. Dann führte der Weg über winterliche Felder. Auf einmal sah er drei königliche Reiter vor sich. Bei einer kleinen Hütte im Felde stiegen sie ab. Er vernahm ihre Stimmen, da sie bei der niederen Pforte um Einlaß baten. Die Türe ging auf, und die drei traten ein. Im Traume folgte Talander ihnen nach. Niemand schien seiner zu achten. Er trat in einen Stall, der vor eine Felsenhöhle gebaut war, darin saß eine Mutter. Sie hielt ein neugeborenes Kind in den Armen. Der Glanz eines Sternes überstrahlte sie. Die drei Könige knieten nieder und verehrten das Kind. Aus ihren Worten vernahm Talander, daß hier wohl ein König zur Welt gekommen. Talander wußte nicht, wie ihm geschah. Der Anblick des Kindes erfüllte sein Herz mit himmlischer Freude. Festgebannt blieb er bei der Schwelle der kleinen Pforte stehn. Er hörte, was die Könige sprachen, sah ihre Geschenke und vernahm den Dank der Mutter. Doch wagte er nicht, näher zu treten. Er suchte in verborgenen Falten seines Kleides nach einem Edelstein, aber sein Gewand war leer und zerfetzt. Er sagte zu sich selbst: »Ich bin als ein Bettler unter Könige getreten, ich darf nicht länger in ihrem Kreise weilen.« Er tastete sich leise rückwärts durch das Tor und begab sich wieder in die dunkle Nacht hinaus. Weithin wanderte er über frostige Felder...

Als am Morgen Talander in der Höhle aus tiefem Schlaf erwachte, sann er lange über seine Traumwanderung nach. Er ahnte, daß ihm nicht gewährt sei, die drei Könige jemals einzuholen. Als er zur Weiterreise aufbrach, trieb er sein Pferd nicht mehr zu schnellem Laufe an und ritt mit verhängtem Zügel. Doch gab ihm der Lichtschein, den er bei der Krippe nächtlicherweise hatte aufgehen sehen, die stille Gewißheit, er werde dem Königskind zu anderer Zeit begegnen.

Weite Wege

Nach diesem Erlebnis erging es Talander gar seltsam. Immer länger dehnten sich die Zeiten, da er unterwegs aufgehalten wurde. Er kam in Lande, wo Erdbeben gewütet hatten, und half den Obdachlosen, ihre Häuser aufzubauen. Er ritt durch Gegenden, wo infolge gewaltigen Regens die Flüsse aus den Ufern traten, Acker und Land überschwemmten. Nicht scheute er sich, in die Fluten zu steigen und beim Rettungswerke mitzuhelfen. Kinder trug er aus gefährdeten Wohnstätten durch reißende Wasser an sicheren Ort, brachte ertrinkendes Vieh auf verschontes Land und half den Bauern Werkzeug und Geräte bergen. Dann galt es, den Unglücklichen Unterkunft zu besorgen und Speise herbeizuschaffen. Willig opferte der junge König von seinen Schätzen.

So verging Jahr um Jahr. Talander war zu einem kräftigen Mann erwachsen. Wohin die Reise ihn auch führte, er fürchtete nicht, sein Ziel zu verfehlen.

Einmal kam er in Gegenden, wo infolge einer Mißernte große Hungersnot herrschte. Bereits hatten die Bewohner ihre Viehherden aufgezehrt und nährten sich von Baumrinde und Wurzeln. Als Talander in eines der Dörfer einritt, war er bald umringt. Er gewahrte, wie begehrliche Blicke auf sein Pferd geworfen wurde. Hätte er es auch nur kurze Zeit verlassen, gewiß wäre es auf der Stelle geschlachtet, vielmehr zerrissen worden. Es fehlte den Darbenden jede Habe, um in einem benachbarten Lande Korn zu kaufen für Brot und Saat. Nun trug Talander als sein letztes Gut, verborgen im Saume seines Kleides eingenäht, zwei große, überaus kostbare Edelsteine: einen Rubin und einen Diamanten. Diese beiden hatte er aufheben wollen, um sie dem Sternenkönig als würdige Gabe darzubringen. Angesichts dieser elenden Menschen sagte er sich: »Soll ich Ihm Steine bringen und dieses Volk sterben lassen? Besser scheint mir, hier für Brot und Vieh zu sorgen.« Also versprach er den Hungernden: »Ich reite einige Tagreisen zurück, dort habe ich viel Korn gesehen; davon will ich euch beschaffen.« Ungläubig schauten sie dem Fremden nach, wie er davonritt.

Nachdem Talander die fruchtbaren Gegenden wiederum erreicht hatte, wo er vor Tagen gewesen war, gab er dort einem Fürsten seine Edelsteine für großes Gut her. Er kaufte Viehherden, Getreide, Wagen mit Pferdegespann. Mit gedingten Knechten brachte er die Habe ins Hungerland. Als der reiche Zug dort ankam, erhob sich großer Jubel. Das beschenkte Volk wollte ihn zu seinem Fürsten erheben. Talander ließ das nicht zu. Hingegen überwachte er die Verteilung der hergebrachten Güter. Er hielt die Bewohner dazu an, gleich neue Saat in die Erde zu geben. Er lehrte sie, von fernher Wasser in den trockenen Boden zu leiten, wie er dies anderwärts auf seiner Reise gesehen hatte. Am Tage, da er von diesem Volke schied, geleitete ihn eine große Menge ein Stück des Weges; erst bei Einbruch der Nacht ließen die letzten von ihm. Von da an lernte er die Armut kennen, war doch das einzige, was ihm verblieben war, sein Pferd und das Kleid, das er am Leibe trug.

Im Land der Kriege

Auf seinem Wege gelangte Talander in eine Gegend, wo unlängst ein Krieg gewütet hatte. Verbrannte Häuser und Dörfer zeigten schlimme Spuren. Noch war der Boden von Pferdehufen zerwühlt; dunkle Striemen von Blut deckten die Erde. Kein Mensch ließ sich erblicken. Als er weiterritt, stieß er auf rauchende Brandstätten. Auf den Trümmern suchten irrende Gestalten ein Letztes von ihrer Habe zu retten. Verwundete lagen am Wege. Sie stöhnten in ihren Schmerzen und riefen um Wasser. Talander sprang vom Pferde und band es an einen Baum. Von seinem Kleide riß er Tuchstreifen ab und verband Wunden. Bei einem nahen Bache holte er Wasser und versorgte die Dürstenden. Da sein Tun wahrgenommen wurde, wagten sich Geflüchtete scheu aus Verstecken hervor und legten ebenfalls Hand an. Sie vergaßen im Helfen und Lindern der Not ihren eigenen Kummer. Talander erfuhr von ihnen, daß nicht weit noch immer gekämpft werde; ein fremdes Kriegsheer überziehe raubend das Land. Gegen Abend kamen neuerdings Flüchtige des Wegs. Sie berichteten, der Feind habe sich verzogen. In der Nähe hätten sich die Ritter und Krieger des eigenen Landes dem Raubheer entgegengestellt. Das Feld sei mit Erschlagenen und Verwundeten bedeckt. Talander ermutigte die Herumstehenden, mit ihm auf das nahe Schlachtfeld zu gehen, den Überlebenden beizustehen. Schon dämmerte der Abend, als er mit einer Schar aufbrach. Sein Pferd führte Wasserschläuche mit; andere brachten Brot und Früchte. Kundige Frauen hatten Heilkräuter gesammelt, sie auf Wunden zu legen, Männer lange Hölzer gebrochen, die sich zu Tragbahren fügen ließen. Die Nacht brach ein. Zeitweise erhellte der Mond durch bewegte Wolken das Feld. Da der Zug auf das Schlachtfeld kam, suchte man unter den Gefallenen diejenigen heraus, die noch Lebenszeichen von sich gaben und stärkte sie. Im Mauerwerk eines ausgebrannten Dorfes ließen sich Lager für die Verwundeten herrichten. In dieser einen Nacht schaute Talander auf blutgetränkter Erde mehr Leid, Not und Schmerzen, als ein Menschenherz fassen kann.

Der Morgen graute. Plötzlich tauchte ein Trupp fremder Krieger auf, voran einige zu Pferd. Es war eine Nachhut des Heeres, die die Gegend noch einmal nach Beute absuchte. Talanders Begleiter flüchteten eilig in ein nahes Gehölz; er aber blieb bei seinem Pferde auf freiem Felde stehen. Bald war er umringt. Die Krieger musterten sein Tier mit begehrlichen Blicken. Sie flüsterten einige Worte. Ihm schien, man berate seinen Tod. Der Anführer winkte ihn zu sich her. Dieser hatte nämlich im zerrissenen Kleide des Unbekannten eine Spur gestickter Goldfäden entdeckt und ihm war, es leuchte zwischen Blutspuren verblichener, roter Purpur durch. Barsch fragte er nach seiner Herkunft. Talander antwortete: »Ich bin ein Reisender aus fernen Ländern. Im Vorüberreiten fand ich hier Verwundete, die meiner Hilfe bedurften.« Auf ein Zeichen des Anführers traten einige Krieger zu ihm, überwältigten ihn und fesselten seine Hände auf dem Rücken. Sie brachten ihn an das Ende des Zuges, wo mehrere Gefangene beieinander waren. Auf sein Pferd schwang sich einer der Gewappneten, und der Trupp setzte sich wieder in Bewegung. Mit zerknirschten Kämpfern hielt Talander Schritt. Hin und wieder rastete man bei einem Gewässer, bis der Zug zum größeren Heere stieß.

Talanders Gefangenschaft

Es ging in die heißen Sommertage. Die meisten Quellen versiegten. Die Gefangenen bekamen wenig und oft nichts zu trinken. Kam das Heer zu einem Flußbett, wo zwischen Tümpeln eine spärliche Rinne sickerte, so schlürften vorerst die Krieger, dann die Pferde. Für die Gefangenen blieb zumeist nur aufgewühltes Schlammwasser. Böse Fieber fielen sie an. Mancher sank am Weg dahin und starb einen elenden Tod. Auch Talander war dem Verdursten nahe. Bei einem Halt an sumpfiger Stelle beugte er sich zu einer trüben Wasserlache nieder. Der Geruch von Fäulnis stieg ihm entgegen. Die Sinne schwanden ihm; er fiel zu Boden und sank in eine tiefe Ohnmacht, die ihn an den Rand des Todes führte. Alles Elend und aller Schmerz wichen von ihm; es wurde ihm leicht, ja froh zu Mute. Es war, als ob seine Seele aufwärts getragen würde. Verborgene Augen gingen ihm auf, und er erblickte einen stillen Fluß. Ein Mensch stand darin. Über seinem Haupte schwebte eine weiße Taube. Vom Himmel herab verbreitete sich ein großes Licht über den Menschen, der im Wasser stand. Seine Augen leuchteten mit all jenem Glanze, der Talander einst aus dem Sternen-Antlitz auf dem Königsfelsen erschienen war.

Mittlerweile schickte sich das Kriegsheer an, aufzubrechen. Regungslos lag Talanders Leib beiseite. Als sich die Spitze des Zuges in Bewegung setzte, bemerkte ihn einer der Aufseher auf sumpfigem Boden liegen. »Ob der noch leben mag?« brummte er und trat auf den Liegenden zu. Mit seiner Lanze stach er ihn in die Seite. Talander zuckte zusammen und riß sich hoch. Taumelnd reihte er sich am Ende des Zuges ein. Blut rann an ihm nieder. Er kümmerte sich nicht darum. Durch alle Mühsal begleitete ihn das Bild des Menschen mit der Taube. Oft, wenn er meinte, er müsse niedersinken, glaubte er über sich ihren Flügelschlag zu vernehmen, und er verzagte nicht.

Nach Tagen erreichte das Heer mit viel Beute das eigene Land. Mit anderen Gefangenen wurde Talander als Sklave verkauft. Mancherlei Schicksale sind ihm da widerfahren; doch sind sie nirgends aufgezeichnet. Hingegen wird berichtet, daß er in späteren Jahren als Hirte diente, bevor er seinen König fand.

Der gute Hirte

Einige Tagreisen weit von der Stadt Jerusalem lebte ein Herr, der viel Land und schöne Herden besaß. Eines Tages kaufte er von Händlern einen Sklaven, der ihm gefiel, und er machte ihn zum Hirten über seine Schafherden. Er war nicht mehr jung und kräftig, aber der Herr dachte, als Hirte sei er gerade recht. Er zeigte ihm Felder und Hügel, da er die Herde weiden sollte, und wies dem neuen Knechte auch das Steinhüttchen, darin er bei Unwetter Schutz finden könne. Dieser Knecht war niemand anders als Talander. Der Herr war mit dem stillen Hirten wohl zufrieden, als er sah, wie die Tiere bald seinem Rufe gehorchten. Er betreute sie mit Güte, und fehlte einmal am Abend ein Schaf zur vollen Zahl, so rastete er nicht, bis er alle Hügel durchstreift hatte, um das Verlorene aus den Wirrnissen eines Dornbusches zu befreien. Unterhalb eines Hügels führte ein Weg über Land, stellenweise von einem Flusse begleitet. Dieses Wasser diente der Herde als Tränke, und so gab es sich, daß der Hirte öfters unten am Wege verweilte, indes die Schafe am Flußufer tranken. Von den Wanderern, die vorübergingen, vernahm er vieles über die Geschicke der Zeit. Soldaten erzählten von Herrschaft und Krieg, Pilger von heiligen Stätten. In der Einsamkeit fand der Hirte reichlich Muße, darüber nachzudenken, was man ihm aus aller Welt berichtete. Nun hatte sein Herr einen kleinen, munteren Knaben, der oft zu ihm auf das Feld kam. Gerne ließ er sich vom Hirten aus fremden Ländern erzählen. Einst, auf dem Heimweg, spielte der Knabe am Ufer des Flusses und fiel ins Wasser. Der Hirte sah, wie er in den Fluten versank. Mit großer Hast lief er herbei, stürzte sich in den Fluß, und es gelang ihm, den Knaben beim Schopfe zu fassen und zu retten. Er brachte ihn zu Vater und Mutter. Der Herr dankte dem Knecht unter Tränen und sagte: »Guter Hirte, du darfst einen Wunsch tun; alles will ich dir gewähren, was ich vermag. Wenn du willst, schenke ich dir deine Freiheit.« Antwortete der Hirte: »Herr, gerne bin ich hier und habe keinen Wunsch, aber vielleicht darf ich später einmal eine Bitte tun.« »Die sei dir gewährt zu jeder Zeit«, sprach der Herr. Fortan war der Hirte im Hause wie ein Gast gehalten. Nicht lange danach, als er einmal auf dem

Felde nahe bei der Straße weilte, kam ein Pilger und setzte sich zu ihm auf einen Stein. Er war eben auf dem Rückweg von der Stadt Jerusalem und berichtete, wie er dort einen göttlichen Menschen gehört und gesehen habe, der viele Zeichen offenbare: »Seine Wundertaten sind gewaltig. Kranke heilt er durch Auflegen der Hand und gibt Blinden wiederum das Licht des Auges. Das Brot vermehrt sich vor seinem Worte, und er hat selbst Tote zu neuem Leben erweckt. Viele heißen ihn Messias. Er selber nennt sich das ›Licht der Welt‹, das in die Finsternis leuchtet.« Also berichtete der Wanderer. Nachdem er sich ausgeruht hatte, nahm er von dem Hirten Abschied mit den Worten: »Verlasse deine Herde, geh auch du hin in die Stadt Jerusalem und stärke deine Seele an diesem Gottes-Menschen.« Als der Unbekannte weitergegangen war, stieg in Talander die Ahnung auf, der Pilger möchte ihm vom Sternenkönig berichtet haben. Freude und Hoffnung erfüllten seine Seele. Am selben Abend bat er seinen Herrn, er möge ihm eine Reise nach Jerusalem gestatten. Dies wurde ihm gerne gewährt, und am folgenden Tag begab sich Talander auf den Weg.

Letzter Weg

Als König im armen Hirtenkleide wanderte Talander gen Jerusalem. Wie andere Pilger klopfte auch er unterwegs um Herberge an und bat in Hütten um Speise. Es hatte sich einer zu ihm gesellt, der war schon öfters in Jerusalem gewesen, um den Messias zu hören. Er sprach: »Komm mit mir, ich werde den Heiligen in der Stadt bald gefunden haben, und du kannst ihn mit mir begrüßen. Zur Zeit des Passahfestes weilt er sicherlich in den Mauern von Jerusalem.«

Die beiden Pilger kamen zu einem der vielen Tore der Stadt. Am Eingang war ein großes Gedränge. Ermüdet von der weiten Wanderschaft setzten sie sich eine Weile abseits in den Schatten einer Palme und betrachteten die bunte Menge. Es war in der Osterwoche. Zu dieser Zeit besuchten viele Juden die heilige Stadt und den Tempel. Als die beiden Pilger durch das Stadttor schritten, fuhr gerade ein Wagen heran und trennte die Weggefährten voneinander. Vergebens hielt Talander im Gewühl nach seinem Begleiter Umschau. Er fand ihn nicht mehr. Alles Suchen war vergebens. Er mußte allein durch die unbekannten Straßen gehen. Als er tiefer in die Stadt hineinkam, vernahm er plötzlich ein lautes Schreien vielen Volkes. Es war ein unheimlich wogender Ruf und erscholl wie aus einem Munde. Talander ging ihm entgegen. Er gelangte auf einen großen Platz. Vor einem Steinpalaste hatte sich eine riesige Menschenmenge angesammelt. Eben erhob sich das wilde Schreien wieder. Talander glaubte zu verstehen: »Kreuzige Ihn!« Drohende Fäuste erhoben sich gegen die Stufen des Palastes. Dort standen auf einem erhöhten Vorplatz einige Krieger und andere Gestalten, darunter ein hoher Mensch, bekleidet mit einem Purpurmantel. Diesem mußte der Zorn der aufgeregten Menge gelten. Wie einem Verbrecher waren ihm die Hände gefesselt, und man hatte ihm einen Kranz von Dornen auf das Haupt gedrückt. Talander war es, ein Leuchten gehe von ihm aus. Unwillkürlich drängte er vor, und plötzlich erkannte er den Blick und die Züge des Gequälten: es war sein Sternenkönig! Wie angewurzelt blieb er stehen. Im selben Augenblick erhob das Volk von neuem den haßerfüllten Ruf. Mit Entsetzen erkannte Talander, daß dem Dorngekrönten Tod und Verderben zugeschrien wurde. Ohne auf das wütende Volk zu achten, drängte er noch weiter vor und rief mit allen Kräften in die Menge: »Dies ist der wahre Himmelskönig und Freund der Menschen, laßt ihn leben!« Fäuste erhoben sich wider den Rufer. Er wurde auf das steinerne Pflaster niedergeschlagen. Unter groben Fußtritten verlor Talander die Besinnung und blieb liegen; die Menge schritt über ihn hinweg.

Es war Abend, als Talander aus seiner Betäubung erwachte, da ihn ein Hund beschnupperte. Schwüle Finsternis lag über der Stadt. Er fand sich am Rande des weiten Platzes liegen, in Schmutz und Staub. Zerrissen war sein Kleid und der Leib mit blutenden Wunden und Beulen gezeichnet. Er achtete nicht auf seine Schmerzen. Der erste Gedanke galt dem todgeweihten König. »Wo ist er? Wohin haben sie Dich gebracht?« flüsterte er vor sich hin. Mühsam richtete er sich auf und schleppte sich durch die Stadt. Es dunkelte. Noch war Leben in den Straßen. Krieger schritten hastig vorüber. Talander schleppte sich an Gruppen von eifrig sprechenden Juden vorbei. Wie im Traume wandelte er dahin. Er wußte weder Weg noch Ziel. Er kam unter einem Torbogen durch bis vor die Stadt. Der Weg führte etwas aufwärts einem Hügel zu. Einmal blieb er stehen und erhob den müden Blick. Da gewahrte er vor sich, oben auf dem Hügel, drei Kreuze. Vom mittelsten strahlte ihm ein sonniger Stern entgegen. Sein Leuchten war hier so groß, daß das Kreuz ihm als dunkles Zeichen eingeschrieben schien. Mit den letzten Kräften schleppte sich Talander in seine Nähe. Die Füße versagten ihm den Dienst. Vor dem Holz des Dornengekrönten sank er zur Erde nieder. Da war ihm, er höre über sich die milden Worte: »Nun bist auch Du gekommen, Bruder. Meine Wege sind Deine Wege.«

Ein ungeahntes Glück erfüllte das Herz des sterbenden Talander. Und als er gewahrte, wie eine Blutspur sich dem Richtholze nach in die Erde zeichnete, lächelte er, denn er dachte daran, wie er den roten Rubin hatte herantragen wollen, um den gesuchten König mit Edelstein zu beschenken. – Darnach schied seine königliche Seele aus dem Leibe, der ihn durch das Leid der Erde getragen hatte.

Und er war der ersten einer, die in Christo auferstanden sind.

Vierzig Tage später, zu Pfingsten, ging von Christus das himmlische Feuer des Heiligen Geistes auf die Schar der Jünger nieder und entzündete in ihren Herzen Kraft und Mut, hinaus in die Welt zu ziehen und den Heiden die neue Botschaft zu verkünden. Einer der Jünger, Apostel Thomas, unternahm weite Reisen gegen Osten. Auf seiner Wanderschaft wurde ihm auch der Weg in ein abgelegenes Reich in den Bergen gewiesen, das vordem ein Königreich war. Viele unter den Bewohnern des Hochlandes nahmen die neue Kunde willig auf. Und alsbald bauten sie Brücken über die Schluchten, stiegen zu Tale und begrüßten die Völker der Tiefe als ihre Brüder.

GEORG DREISSIG

Der heimliche König

Bei uns zu Hause tauchte alle paar Monate – meist unangemeldet, aber von uns Kindern immer freudig begrüßt – Onkel Krone auf. Wir mochten ihn gern zum einen, weil er uns stets ein paar Tüten voll Bonbons mitbrachte, zum anderen, weil er eine Unmenge Geschichten zu erzählen wußte. Das meiste, was er da erzählte, hatte er selbst erlebt. Mutter meinte zwar, Onkel Krone sei nie bei den Piraten gewesen, noch sei er je am Nordpol Eisbären begegnet, und die Indianertänze, die er als junger Mann in Amerika von den Rothäuten selbst gelernt haben wollte, könne er nicht deshalb nicht vortanzen, weil die Gicht ihn zu sehr plage, sondern weil er nie bei den Indianern gewesen sei. Komisch, wenn Mutter das so sagte, dann glaubten wir auch, daß Onkel Krone ein bißchen aufschnitt bei seinen Geschichten und es mit der Wahrheit nicht allzu genau nahm. Aber wenn er dann wieder vor uns saß und begann: »Ja, das war damals, als ich noch Reitkurier beim russischen Zaren war...«, dann konnten wir gar nicht daran zweifeln, daß er alles so erlebt hatte, wie er es berichtete.

Viele seiner Geschichten habe ich längst vergessen. Eine aber ist mir tief in Erinnerung geblieben, vielleicht deshalb, weil Onkel Krone sie erst nach langem Bitten und Betteln erzählte, und vielleicht, weil ich vieles davon als Kind noch gar nicht verstand und erst heute immer mehr begreife. Onkel Krone, unser Pirat und Reitkurier, war im normalen Leben Lebensmittelverkäufer. Aber jeder, der ihn nach seinem Beruf fragte, bekam unfehlbar zur Antwort: »Grossist und heimlicher König.« Uns Kindern imponierte bereits der »Grossist« ungeheuer, bis wir erfuhren, daß das einfach »Großhändler« bedeutete. Was uns aber natürlich ganz besonders neugierig machte und uns zu immer neuen Fragen anstachelte, das war der zweite Beruf: »Heimlicher König«. Und es ist die Geschichte vom heimlichen König, an die ich stets denken muß, wenn Onkel Krone mir in den Sinn kommt. So sehr hat mich beeindruckt, was er uns damals nach langem Zögern schließlich doch erzählte.

Er hatte eine etwas rauhe, dunkle Stimme, unser Onkel, und er sprach immer etwas lauter, als es in unserem Kinderzimmer nötig war, »weil man auf Deck an den Segeln ganz schön schreien mußte, wenn man verstanden sein wollte«, wie er uns erklärte; Mutter sagte, weil er etwas schwerhörig wäre. Die Geschichte vom heimlichen König aber erzählte er uns ganz leise, fast, als spräche er nur zu sich selbst, oder als wäre ihm das, was er da berichtete, eigentlich zu schade, gehört zu werden.

»Ja, das war damals«, begann er wie immer seine Erzählung, »damals, als ich nach der Lehre in München wieder heimkam nach Oberndorf. Wie klein, wie winzig klein und erbärmlich kam mir damals mein Heimatdorf vor, die paar Hütten, die unter ihren großen überhängenden Dächern ängstlich Schutz zu suchen schienen vor den ringsumher hoch aufragenden Bergen. Das Leben dort, das seit Urgroßvaters Zeiten in denselben Bahnen verlief, schien mir öde und langweilig. Wie anders war da das Getriebe in der Großstadt, die Abwechslungen, die Aufregungen und Gefahren! Ich war allerdings nicht vollkommen überrascht über den Eindruck; anderes hatte ich gar nicht erwartet. Es war auch nicht Heimweh, das mich zurückgetrieben hatte in die Berge, sondern – Maria.«

Onkel Krone zögerte eine ganze Weile, ehe er den Namen aussprach, und als er nun schwieg, da war sein Blick, der weit in die Vergangenheit zurückzuwandern schien, so beredt, daß wir den von uns so geliebten Mann still beobachteten und nicht drängten, bis er selbst den Faden der Erzählung wieder aufnahm.

»Maria war so alt wie ich selbst. Sie stammte aus demselben Dorf, wir waren in dieselbe Schule gegangen, hatten dieselben Ziegen gehütet und gemeinsam gemolken. Ja, wir waren aufgewachsen wie Geschwister, und es war erst in der Zeit, als ich die Lehrstelle in München zugesagt bekommen hatte, daß ich merkte, daß Maria mir mehr war als eine Schwester, daß ich sie liebte. Alles in mir hatte fortgedrängt aus der Enge und der Einfalt jenes kleinen Bergdorfes, und nun, da sicher war, daß ich es verlassen würde, merkte ich erst, wie schwer mir das wurde – des Mädchens wegen. Die Tage bis zu meiner Abreise waren gezählt, und alles, was zwischen uns vorging, was wir füreinander empfanden, mußte schnell gesagt sein, sollte der andere es überhaupt noch hören. Doch wir, die wir niemals Geheimnisse voreinander gekannt hatten, erlebten plötzlich Scheu. Die ungewohnten Worte blieben uns in der Kehle stecken, und was heimliche Liebe hätte eingestehen sollen, wurde ein heiseres ›Naja‹ oder ›Wird schon recht werden‹ oder etwas Ähnliches.

Warum ich bis heute überzeugt davon bin, daß Maria damals meine Liebe erwiderte, weiß ich nicht zu sagen. Sie hat sich mir gegenüber nie darüber ausgesprochen. Aber es gibt ja so manches, was ungesagt bleiben darf, weil das Herz es gehört hat. – Jedenfalls reiste ich damals mit einem dicken Kloß im Hals ab, wenn ich auch äußerlich ganz forsch tat, zu forsch vielleicht, und mich nicht einmal mehr umzuwenden getraute, weil ich spürte, daß sie mir nachschaute, bis ich über den Sattel war.

Ob ich geschrieben habe? Ihr natürlich nicht. Doch in den Briefen meiner Eltern suchte ich eifrig nach Mitteilungen über Maria. Deren Berichte aber beschränkten sich auf Segenswünsche und das Wetter, Geborenwerden und Sterben im Dorf. Von dem Mädchen kein Wort – was Gutes oder Böses bedeuten mochte.

Drei lange Jahre sah ich mein Heimatdorf nicht wieder. Urlaub gab es damals kaum, und dazu war das Geld so knapp, daß ein kurzer Besuch einfach nicht zu bewerkstelligen war. Es waren drei Jahre, in denen ich mich meinem Dorf auch immer mehr entfremdete, tanzen ging, manchmal zu viel trank und in nicht allzu guter Gesellschaft verkehrte. Ich wollte halt sein wie die anderen, ein Stadtmensch, nicht einer, der nach Kuhstall riecht. ›Gehst Du auch in die Kirche?‹ hatte die Mutter in einem ihrer Briefe ahnungsvoll gefragt, und ich hatte ihr daraufhin dies und das vom Pfarrer der Heiligen-Kreuz-Kirche, in deren Nähe ich hauste, geschrieben – einem Mann, den ich kaum vom Sehen kannte und nie in einem Gottesdienst erlebt hatte. – Meine Mutter hat mir diese Lügen später schneller verziehen als ich selbst.

In dem Maß, in dem ich das Leben in Oberndorf vergaß, in demselben Maß vergaß ich auch Maria; niemals völlig, aber anderes war mir damals näher; ob wichtiger, weiß ich nicht zu sagen. Als ich aber endlich auf dem Heimweg war, da fiel wie ein schwerer Vorhang das Stadtleben von mir ab, und das Mädchen stand wieder vor mir, und zwar genau so, wie ich sie beim Abschied gesehen und geliebt hatte. Ich konnte plötzlich schier nicht erwarten heimzukommen, obwohl ich mir, wie gesagt, über das Dorf keine Illusionen machte. Als ich es schließlich hinter dem Sattel auftauchen sah, mußte ich mich ordentlich zügeln, um nicht zu laufen. Natürlich ging ich erst einmal nach Hause, freute mich auch ehrlich über das Wiedersehen mit den Eltern, die sich in den Jahren, wie mir schien, gar nicht verändert hatten, so, als wäre die Zeit hier einfach stehengeblieben.

Aber es war schon eine rechte Qual, dann dort in der Küche am geputzten Eichentisch zu sitzen, der Mutter beim Bereiten des Abendessens zuzusehen und die Fragen der Eltern nach meinem Wohlergehen in München beantworten zu sollen, während in mir doch nur eine einzige Frage brannte: wie es Maria gehe. Meine Geduld wurde an jenem Abend auf eine harte Probe gestellt. Ich wußte bald Bescheid über die Bewohner unseres Ziegenstalles, hörte, daß man ein paar neue Kühe angeschafft hätte, daß beim Nachbarn eine goldene Hochzeit ins Haus stehe. – Schließlich wagte ich selbst die Frage: ›Und die Jungen? Was machen die jungen Leute?‹ Zwei hatten das Dorf ebenfalls verlassen, die anderen waren noch da. ›Es geht halt, wie es gehen muß.‹ Und plötzlich schwiegen die beiden Alten, und etwas Düsteres legte sich auf ihre Züge, das mir Furcht einflößte.

›Und Maria?‹ – Jetzt war die Frage gestellt. Langes Schweigen, dann antwortete der Vater kurz: ›Die ist ihrem Geologen nach.‹ Alles weitere mußte man schier aus ihm herauspressen, was ich auch tat ungeachtet der fragenden Blicke, der unwirschen Art zu erwidern. Ich wollte, ich mußte Bescheid wissen. Nun, was ich damals erfuhr, war für mich wenig erfreulich. Ein Studierter, ein Geologe, war ins Dorf gekommen und hatte sich bei Marias Eltern einquartiert und dem Mädchen bald den Kopf verdreht. So weit, so gut. Als er aber nach ein paar Monaten wieder fortreiste, ließ er ein höchst unglückliches Frauenzimmer in Oberndorf zurück. Die sah blaß und elend aus, härmte sich und sehnte sich nur ihm nach, der vielleicht gar nicht daran interessiert war, daß sie ihm folgte. Es war das reine Trauerspiel. Man bemühte sich um sie, versuchte sie aufzuheitern; aber es war alles fruchtlos. Und eines Tages fand man des morgens auf ihrem Bett ein Zettel, auf dem stand: ›Ich mußte ihm nach. Sucht nicht nach mir! Maria.‹

Was dann geschehen war, konnte ich mir vorstellen: Die Leute hatten die Zähne zusammengebissen und versucht, das Mädchen, das ihnen Schande bereitet hatte, zu vergessen. Man sprach nicht mehr von ihr.

Als ich dann wieder in meiner kleinen Kammer unter dem großen Dach lag, fühlte ich mich fremd und konnte keinen Schlaf finden. ›Ich mußte ihm nach‹, hatte Maria geschrieben, meine Maria, und: ›Sucht nicht nach mir!‹ Das ging mir im Kopf herum wie ein Mühlstein. Schließlich erhob ich mich leise, kleidete mich im Dunkeln an und schlich mich nach draußen. Ein wenig oberhalb des Dorfes setzte ich mich ins Gras und blickte hinauf zu den Sternen. ›Sucht nicht nach mir!‹ Es war eine klare Nacht. Droben glänzte es am Himmel wie lauter Golddukaten. Drüben aber über dem Doppelhorn stand ein Planet – es muß der Jupiter gewesen sein – strahlend wie eine kleine Sonne. In seinem Licht vermeinte ich sogar die Almhütte erkennen zu können, in der wir manchmal übernachtet hatten, wenn wir am nächsten Morgen früh das Doppelhorn besteigen wollten. Es war eine alte Hütte, längst nicht mehr benutzt, mehr ein Schuppen als ein Haus, aber für uns Kinder ungeheuer gemütlich und abenteuerlich zugleich. ›Sucht nicht nach mir!‹ Und plötzlich fuhr es mir mit vollkommener Sicherheit in den Sinn:

Sie ist da oben. Mein auf einmal wild klopfendes Herz aber sagte noch mehr: Sie braucht dich!

Schlafen hatte ich ja ohnehin nicht können in dieser Nacht; nun aber war ich hellwach. So lange der Jupiter am Himmel stand, würde ich den Weg hinauf erkennen können, dachte ich. Eile war geboten. So still wie möglich und wie meine Hast es erlaubte, schlich ich zurück ins Haus und suchte im Dunkel zusammen, was ich mitnehmen wollte: dies und das, Brot und Käse, ein Messer, das Tischtuch – ja auch das Tischtuch; was wußte ich denn, warum! Und wenig später war ich auf dem Weg hinauf. Bei genauem Hinsehen erkannte ich, daß es auf dem Weg durchaus nicht so hell war, wie ich erst gemeint hatte. Die Almhütte war gar nicht zu erkennen. Doch mein Entschluß stand fest, und da ohnehin in dieser Nacht nichts überlegt geschah, sondern aus einem höheren Wissen heraus, konnte mich nun selbst die Dunkelheit nicht mehr zurückhalten.

Wie lange war ich nicht mehr zur Almhütte aufgestiegen! Doch meine Füße schienen den Pfad noch zu kennen, ertasteten ganz von selbst den sicheren Halt, und weiter ging es aufwärts, immer weiter. Meine Aufmerksamkeit war nun so sehr vom Weg in Anspruch genommen, daß ich keinen Blick mehr hinauftun konnte zum Sternenhimmel. Es schien mir auch nicht nötig, denn deutlich fühlte ich mich überleuchtet vom Jupiter, und sein Licht schenkte mir ein unerschütterliches Vertrauen. Stunden muß ich gewiß so gestiegen sein; ich selbst aber hatte den Eindruck, den Weg in ganz kurzer Zeit hinter mich gebracht zu haben.

Erst als ich die Almwiesen erreichte, durchzuckte mich die Frage: Und wenn sie nun gar nicht da ist? Ein Blick hinauf zeigte, daß der Jupiter längst hinter dem Doppelhorn verschwunden war – und doch hatte ich seinen Glanz all die Zeit gespürt –, ein Wimmern aus der Hütte verriet aber auch, daß ich nicht vergebens hierher gekommen war. Schnell lief ich hinüber, und trat in die dunkle Türöffnung. ›Maria?‹ rief ich zögernd. Ganz aus der Nähe antwortete sie mit ruhiger, wenn auch matter Stimme: ›So bist du gekommen, Ernst.‹ Das leise Wimmern bedeutete mir unverkennbar, daß sie nicht allein war. Sicher tastete ich mich durch den Raum, fand die Feuerstelle, die vorbereitet war, und bald schlugen die Flammen empor und gaben Licht und Wärme.

Dann sah ich Maria. Ich brauche ihren Anblick nicht zu beschreiben. Sie war tagelang allein hier oben gewesen, und es stand schlecht um sie. Aber ihr Gesicht, das ganz blaß und durchsichtig geworden war, leuchtete geheimnisvoll. In ihrem Schoß hielt sie das Kind, erst wenige Stunden alt, das mir durch sein Wimmern angezeigt hatte, daß sie da waren. Ich kniete an ihrer Seite nieder, um das kleine Geschöpf näher anzuschauen. ›Es ist ein Junge‹, flüsterte Maria mir zu. ›Hat er einen Namen?‹ fragte ich zurück, ohne den Blick zu erheben. ›Ernst‹, sagte Maria ohne Zögern. Da mußte ich doch aufschauen. Versuchte sie einen Scherz zu machen? Sie schien ein wenig zu lächeln, als sie meinen Blick ruhig erwiderte und erklärend hinzufügte: ›Nach dem König, der den Weg zu ihm gefunden hat.‹ ›König ist gut‹, brummte ich, während ich mich zugleich erinnerte, daß ich tatsächlich alle möglichen Gaben in meinem Beutel mitgebracht hatte, sogar das Tischtuch. ›Ja, du bist eben ein heimlicher König, Ernst‹, sagte Maria bestimmt.

Dabei ist sie geblieben, schon gar, als ich später erzählte, wie ich die Almhütte im Licht des Jupiters zu sehen vermeinte und mir dabei der Gedanke gekommen wäre, sie könne dort oben sein. Sie behauptet bis heute steif und fest, ich hätte den beiden das Leben gerettet. Nun ja; allein wären sie tatsächlich den Berg nicht mehr herabgekommen. Sie war ja hinaufgestiegen, um ein Ende zu machen. Aber das Kind – das Kind hatte ihre Lebensgeister wieder erweckt. Um des Kindes willen kam sie dann schließlich mit; sollten die Leute ruhig scheel auf sie schauen. – Ja, so war das also.«

Onkel Krone war der Meinung, daß er genug erzählt hätte. Wir aber wollten auch das Ende der Geschichte noch hören. Und so drangen wir mit Fragen in ihn. Was weiter mit Maria und dem Kind geschehen sei. Ob er sie wohl geheiratet hätte. Und ob er noch andere heimliche Könige kenne, oder ob er der einzige sei.

Onkel Krone mochte offenbar nicht gern antworten; er tat es aber trotzdem. Nein, er habe Maria nicht geheiratet; wir wüßten doch, daß er unverheiratet sei. Nein, nein, die beiden, Maria und der kleine Ernst, hätten den Weg zu des Kindes rechtem Vater gefunden und lebten nun bei München, und der kleine Ernst sei inzwischen selbst ein Geologe und gäbe die Bonbons, die Onkel Krone ihm bei seinen seltenen Besuchen mitbringe, an seine Kinder weiter. – Aber heimliche Könige, da kenne er eine ganze Menge. »Wie viele?« wollten wir wissen, denn wir dachten, es wären vielleicht wieder drei wie in der Geschichte von den Heiligen Drei Königen. Da aber erwiderte Onkel Krone – und die Antwort machte ihm selbst sichtlich Vergnügen: »Ja, eine Zahl kann ich euch da nicht sagen; aber reicht es, wenn es ganz genau ist?« Und über unsere staunenden Gesichter schmunzelnd, sagte er: »So viele, wie ich Menschen kenne!«

Das war uns zu hoch. Wir mußten uns ordentlich anstrengen, um zu verstehen, was er gesagt hatte. Schließlich hatte mein älterer Bruder das Rätsel gelöst. »Du meinst, Onkel Krone«, fragte er zögernd, »daß jeder Mensch, den du kennst, ein heimlicher König ist?« »Ich meine es nicht nur«, kam prompt die Antwort, »ich bin davon überzeugt.« Und in unser Nachsinnen hinein fuhr er fort: »Wißt ihr, ich habe selbst lange nachdenken müssen darüber, wieso ich ein heimlicher König sein solle, und erst dachte ich, ich wäre es, weil doch der Jupiter mich geführt hat. Aber der hätte doch gar nichts ausrichten können, wenn nicht mein Herz dazu so gepocht und behauptet hätte: ›Sie braucht dich!‹ Seht ihr, ein rechtes Herz in der Brust, das ist das eine, was uns zu heimlichen Königen macht. Und das andere, was damit zusammenhängt, das ist, daß wir tatsächlich jeder einen Schatz mit uns tragen – er braucht uns selbst gar nicht kostbar zu erscheinen –, einen Schatz, den wir hingeben können, wenn jemand in Not ist, wie ich damals das Tischtuch für die Windeln –. Unser Herz muß nur offen sein für das, was gebraucht wird, sonst merken wir auch nicht, daß wir den Schatz besitzen.«

Grossist und heimlicher König Ernst Krone, unser Überraschungsonkel. Du hast uns viel bedeutet in unseren Kindertagen mit deinen Besuchen, deinen Geschichten, deinen Bonbons. Je älter wir werden, um so deutlicher merken wir, was du uns vor allem aber erschlossen hast: unseren eigenen Reichtum, unseren eigenen Schatz, daß du uns das Geheimnis gelüftet hast vom heimlichen Königtum aller Menschen. Ja, das wollen wir sein: von Beruf was auch immer und – heimlicher König.

Das Traumlied vom Olav Åsteson

Erste Weise

Willst du mir lauschen, zu singen ich weiß
von einem wackren Manne,
all das von Olav Åsteson,
der da geschlafen so lange.
    Es war das Olav Åsteson –
    geschlafen hat er so lange.

Zur Weihenacht er legt sich hin,
ihn starker Schlaf umfing.
Wachte erst auf am dreizehnten Tag,
das Volk schon zur Kirche ging.
    Es war das Olav Åsteson –
    geschlafen hat er so lange.

Er wachte erst auf am dreizehnten Tag,
umgürtet sich in Schnelle.
Weit und breit ward da die Welt
vom Glanz seines Gürtels helle.
    Es war das Olav Åsteson –
    geschlafen hat er so lange.

Er wachte erst auf, als die Vögelein
die Flügel schon taten spreiten –
da sattelt er sein flinkes Pferd
und wollte zur Kirche reiten.
    Es war das Olav Åsteson –
    geschlafen hat er so lange.

Als er aufwacht' am dreizehnten Tag,
die Sonn' stieg über die Halde –
da zäumte er sein flinkes Pferd,
ritt hin zur Kirche alsbalde.
   Es war das Olav Åsteson –
   geschlafen hat er so lange.

Der Priester am Altare steht,
liest lang die Litanei.
Olav an der Kirchentür
erzählt seine Träume dabei.
   Es war das Olav Åsteson –
   geschlafen hat er so lange.

Der Priester am Altare vorn
vergaß Gesang und Segen –
staunte nur den Gürtel an
und konnt die Zunge nicht regen.
   Es war das Olav Åsteson –
   geschlafen hat er so lange.

Alte Leute und junges Volk,
sie lauschen ohne Säumen –
während Olav Åsteson
erzählt von seinen Träumen.
   Es war das Olav Åsteson –
   geschlafen hat er so lange.

Zweite Weise

Ich legte mich nieder zur Weihenacht,
mich starker Schlaf umfing.
Wachte nicht auf, eh am dreizehnten Tag
das Volk schon zur Kirche ging.
   Der Mond scheint helle,
   und weithin dehnen sich Wege.

Ich bin gewesen in Wolkenhöhn
und auf dem Meeresgrunde –
wer meiner Fußspur folgen will,
lacht nicht aus frohem Munde.
   Der Mond scheint helle,
     und weithin dehnen sich Wege.

Gehoben ward ich in Wolkenhöhn,
gestoßen in schwarze Teiche –
gesehen hab ich die heiße Höll,
ein' Teil auch vom Himmelreiche.
   Der Mond scheint helle,
     und weithin dehnen sich Wege.

Gefahren bin ich durch Täler tief
und über dunkle Gestade,
hört das Wasser und sah es nicht
auf unterirdischem Pfade.
   Der Mond scheint helle,
     und weithin dehnen sich Wege.

Der langen Fahrt bin ich nun müd,
Durst brennt und Feuer innen.
Höre das Wasser und find es nicht,
muß unter der Erden rinnen.
   Der Mond scheint helle,
     und weithin dehnen sich Wege.

Nicht wieherte mein Rappe da,
nicht bellten meine Hunde,
nicht riefen da die Morgenvögel,
all das dünkt mich ein Wunder.
   Der Mond scheint helle,
     und weithin dehnen sich Wege.

Erfahren muß ich der Dinge viel,
drum dünk ich euch nun weise. –

In Erden war ich längst verscharrt,
nun diesen Tod ich preise.
    Der Mond scheint helle,
      und weithin dehnen sich Wege.

Dritte Weise

Ich zog hinaus in das Geisterland,
mußt über Dornenheiden –
zerrissen ward mein Scharlachmantel,
die Nägel an Füßen beiden.
    Der Mond scheint helle,
      und weithin dehnen sich Wege.

Komm ich an die Gjallarbrück,
die hängt gar hoch im Winde,
beschlagen ist sie mit rotem Gold,
und Nägel in jedem Gebinde.
    Der Mond scheint helle,
      und weithin dehnen sich Wege.

Bös die Schlange und bissig der Hund,
auf Weges Mitte der Stier.
Drei Tiere dräun auf jener Brück,
sind alle voll Grimm und Gier.
    Der Mond scheint helle,
      und weithin dehnen sich Wege.

Es stößt der Stier, und die Schlange sticht,
es beißt der Hund und bellt –.
Nicht einer über die Brücke kommt,
der falsche Urteile fällt.
    Der Mond scheint helle,
      und weithin dehnen sich Wege.

Ich hab begangen die Gjallarbrück,
den widrig steilen Steg.

Durchwatet hab ich das Höllenmoor,
nun hinter mir liegt dieser Weg.
   Der Mond scheint helle,
   und weithin dehnen sich Wege.

Durchwatet hab ich das Höllenmoor,
da trug mich nirgends Grund –
begangen hab ich die Gjallarbrück
mit Grabeserd im Mund.
   Der Mond scheint helle,
   und weithin dehnen sich Wege.

Vierte Weise

Zu jenen Wassern kam ich nun,
wo Eise brannten blau.
Doch Gott gab mir in meinen Sinn,
daß ich dorthin nicht schau.
   Der Mond scheint hell –
   und Wege fallen weit.

Nun trat ich an die Sternenstraß
zu meiner rechten Hand.
Da schaut ich in das Paradies
weit über alle Land.
   Der Mond scheint hell –
   und Wege fallen weit.

Da schaut ich in das Paradies,
doch niemanden ich kannte,
die sel'ge Taufmutter allein
mit Gold sich zu mir wandte.
   Der Mond scheint hell –
   und Wege fallen weit.

Da meine Taufmutter ich fand,
nichts Beßres konnt geschehn:
»Du ziehe nun nach Broksvalin –
Gericht sollst dort du sehn.«
   Der Mond scheint hell –
   und Wege fallen weit.

Fünfte Weise

Ich weilte lang in andrer Welt,
der Nächte viel und gar zäh –
Gott nur weiß, was ich da sah:
Der Seelen Not und Weh.
   In Broksvalin – dort,
   dem Richthof der Seelen.

Einen Mann dort nahm ich wahr
im Moor bis zu den Knien,
trug auf Armen einen Knab –
hat einst getötet ihn.
   In Broksvalin – dort,
   dem Richthof der Seelen.

Einen andern mußt ich sehn,
sein Mantel war aus Blei –
die arme Seel im Erdensein
war eng in teurer Zeit.
   In Broksvalin – dort,
   dem Richthof der Seelen.

Zweie glühende Erde trugen
– erbarme sich Gott ihrer Seelen –
Grenzen sie im Wald verschoben,
nun ließ sichs nimmer verhehlen.
   In Broksvalin – dort,
   dem Richthof der Seelen.

Wurm und Kröte sah ich auch,
zerbissen einander den Schwanz –
Blutschand sie auf Erden trieben,
nun quälte sie dieser Tanz.
    In Broksvalin – dort,
      dem Richthof der Seelen.

Dann kam ich zu Kindern hin,
die hoch im Feuer standen –
Gnade Gott den Sündigen,
die Vater und Mutter verbannten.
    In Broksvalin – dort,
      dem Richthof der Seelen.

Kam zum Haus der Qualen hin,
die Hexen dort standen in Glut –
schlimm war ihre Arbeit jetzt,
sie butterten im Blut.
    In Broksvalin – dort,
      dem Richthof der Seelen.

In der Hölle ist es heiß,
Feuer und kein Frieden!
Dort in einem Kessel voll Teer
ein Pfaffe mußte sieden.
    In Broksvalin – dort,
      dem Richthof der Seelen.

Sechste Weise

Nun von Norden naht' ein Zug
in scharfem Trabe fürwahr –
dem voran ritt Grutte Graubart
und hinter ihm her seine Schar.
    In Broksvalin – dort,
      dem Richthof der Seelen.

Nun von Norden kam ein Zug
mit höllischem Geklapper daher –
dem voran ritt Grutte Graubart,
auf schwarzem Rosse ritt er.
   In Broksvalin – dort,
     dem Richthof der Seelen.

Und von Süden kam ein Zug,
nahte mit sanftem Schritt –
dem voran Sankt Michael
auf weißem Pferde ritt.
   In Broksvalin – dort,
     dem Richthof der Seelen.

Und von Süden kam ein Zug,
den Seelen zum guten Geleite –
ritt voran Sankt Michael
an Jesu Christi Seite.
   In Broksvalin – dort,
     dem Richthof der Seelen.

Hoch und hehr Sankt Michael
führte die Lure zum Munde –
setzte an und blies hinein
den Seelen zur Richterstunde.
   In Broksvalin – dort,
     dem Richthof der Seelen.

Hoch und hehr Sankt Michael,
er ließ die Lure schallen –
zum Gerichte traten vor
die sündigen Seelen alle.
   In Broksvalin – dort,
     dem Richthof der Seelen.

Da zittert' eine jede Seel
wie Espenlaub im Winde –

und jede Seele weinen tat
ob ihrer schweren Sünde.
   In Broksvalin – dort,
     dem Richthof der Seelen.

Groß stand da Sankt Michael
und wog auf seiner Waage –
wog die Seelen Christus zu,
daß Er die Sünder trage.
   In Broksvalin – dort,
     dem Richthof der Seelen.

Quellennachweis

L. Pucci, Vom Osten strahlt ein Stern herein, aus: Das Christkind kommt, Leipzig 1923

Hans Christian Andersen, Der Tannenbaum; Der letzte Traum der alten Eiche, aus: Nordische Weihnacht, hrsg. von Sven Danielson, Zürich 1970

Leonid Andrejew, Das Engelchen, aus: Russische Weihnacht, Zürich 1965. Übertragen von Olga Flohr

Olaf Baker, Jimmy Bunces Weihnachtsbau, aus: Mensen en dieren in de kerstnacht, hrsg. von N. Basenau-Goemans, Amsterdam 1955. Übertragen von Siegfried Mrotzek

Hans Berhuis, Tamara, der maurische Engel, aus: Ean ster over de grens, Zeist 1986. Übertragen von Siegfried Mrotzek

Willem Brandt, Die Kerze, aus dem Holländischen von Siegfried Mrotzek. De kaars, Baarn 1977[5]

Ernest Claes, Von Ochs und Esel, aus: Walter Rohrbach, Hrsg., Ochs und Esel an der Krippe, Zürich

Georg Dreißig, Vom Hirten Jonas im Stall, aus: Die Christengemeinschaft, 1981, 53–12, S. 395–397

Der Gotteswirt, aus: Die Christengemeinschaft, 1984, 56–12, S. 506–508

Der heimliche König, aus: Die Christengemeinschaft, 1985, 57–1, S. 24–27

Maxim Gorki, Weihnachtserzählung, aus: Russische Weihnacht, darin »Weihnachtsphantome«, Zürich 1965. Übertragen von Ursula von Wiese

Nienke van Hichtum, Das Wunderkorn, aus: Nienke van Hichtum und Cor Bruyn, Groot Sagenboek, Rijswijk o. J. Übertragen von Siegfried Mrotzek

Ernst Kessler, Im Eismeer: Die wandernden Tiere, aus: Die Christengemeinschaft 1979, 51–12, S. 387–388

Elisabeth Klein, Die Distel, aus: Elisabeth Klein, Geschichten von Tieren und Pflanzen, Steinen und Sternen, Stuttgart 1953

Gerhard Klein, Andrey; Der blinde Peter, aus: Gerhard Klein, Beim Schicksal zu Gast, Stuttgart 1986[2]

Eberhard Kurras, Die Suche nach dem heimlichen König, aus: Die Christengemeinschaft, Dezember 1939, S. 206

Selma Lagerlöf, Die Legende des Luciatags, aus: Christuslegenden

Dan Lindholm, Weshalb Gott den Menschen schuf; Die Flöte des Hirtenknaben; Silvesternacht, aus: Dan Lindholm, Wie die Sterne entstanden, Stuttgart 1982[5]

An Rutgers van der Loeff-Basenau, Lumpen-Lars sucht das Christkindlein, aus: Mensen en dieren in de kerstnacht, hrsg. von N. Basenau-Goemans, Amsterdam 1955. Übertragen von Siegfried Mrotzek

Jeanna Oterdahl, Der Troll, der Mensch werden wollte, aus: Jeanna Oterdahl, Elfen und Trolle, Nürnberg 1951

Karl Paetow, Frau Holle und der Glasbläser; Der Bergmann und sein Weib; Der Frauenwagen; Die ausgeblasenen Lichtlein, aus: Karl Paetow, Volkssagen und Märchen um Frau Holle, Hannover 1962

C. E. Pothast-Gimberg, Eine Weihnachtsgeschichte aus den Bergen, aus: C. E. Pothast-Gimberg, De Kerstschoof, Zeist 1939. Übertragen von Siegfried Mrotzek

Peter Rosegger, Einer Weihnacht Lust und Gefahr; Der liebe kleine Gott geht durch den Wald, aus: Peter Rosegger, Weihnachtsgeschichten, München

Ruth Sawyer, Die Hirten; Die kleine Weihnachtshütte von Carn-na-ween; Schnitzel, Schnatzel und Schnutzel; Der Uhrmacher; Bernardinos Gold; Bo 'Bossus Krippe; Die drei Könige reiten, aus: Ruth Sawyer, The long Christmas, New York 1941. Übertragen von Georg Dreißig

Ruth Sawyer, Die Legende von der Heiligen Brigid; Spielmann spiel schnell, noch schneller; Besuch bei den Zigeunern; Das Versprechen der Könige, aus: Ruth Sawyer, Voor Kerstmis deze kant uit, Amsterdam 1957[3]. Übertragen von Siegfried Mrotzek

Edzard Schaper, Stern über der Grenze, München-Zürich 1979[16]

Jakob Streit, Der Sternenreiter, aus: Jakob Streit, Der Sternenreiter – Anna McLoon, zwei irische Erzählungen, Schaffhausen 1980

Rösli von Stechelberg; aus: Jakob Streit, Der erste Weihnachtsbaum, Schaffhausen 1983

Der erste Weihnachtsbaum; Der Kindermord zu Bethlehem, aus: Jakob Streit, Kindheitslegenden, Stuttgart 1983[7]

Der vierte König, aus: Jakob Streit, Das Dreikönigsbuch, Schaffhausen 1984[4]

Anonym, Alice und ihre Tauben, aus: Mensen en dieren in de kerstnacht, hrsg. von N. Basenau-Goemans, Amsterdam 1955. Übertragen von Siegried Mrotzek

Anonym, Prest-Jan und die Trolle, aus: Een ster over de grens, hrsg. von Ineke Verschuren, Zeist 1986. Übertragen von Siegfried Mrotzek

Anonym, Das Traumlied vom Olav Asteson, aus dem Norwegischen übertragen von Dan Lindholm, Stuttgart 1983[2]

Die Evangelientexte in der Übersetzung von Emil Bock aus: Das Neue Testament, Urachhaus, Stuttgart 1983. Der Text des Pseudo-Matthäus-Evangelium in der Übertragung von Emil Bock befindet sich in: Emil Bock, Kindheit und Jugend Jesu, 5. Auflage, Stuttgart 1980

Geschichten zu den Jahresfesten

Für Kinder erzählt von *Irene Johanson*, 106 Seiten, Leinen

Die Inhalte der christlichen Jahresfeste als Stationen des Christuslebens werden den Kindern in Form von Märchen, Legenden und Naturgeschichten vermittelt.

Wie die Jünger Christus erlebten

Für Kinder erzählt von *Irene Johanson*, 188 Seiten, Leinen

Das Buch ist zum Vorlesen gedacht und basiert auf den jahrzehntelangen Erfahrungen der Autorin im Religionsunterricht. Hier können die Kinder die wesentlichen Inhalte des Neuen Testaments in einer sehr eindrücklichen und altersgemäßen Weise aufnehmen.

Feiern der Jahresfeste mit Kindern

Für Eltern dargestellt von *Brigitte Barz*, 3. Auflage, 164 Seiten, kartoniert

Das Feiern der christlichen Jahresfeste ist ein unverzichtbarer Bestandteil gesunder Kindererziehung. Da aber viele Inhalte des Evangeliums nicht unmittelbar an das Kind herangebracht werden können, ist die Pflege bestimmter Gebräuche, der Gebrauch richtiger Bilder und Symbole um so wichtiger. Brigitte Barz gibt mit ihrem Buch den Eltern eine wertvolle Hilfe an die Hand, indem sie zunächst die einzelnen Jahresfeste in ihrem Sinn und Charakter und ihren Hintergrund behandelt und dann die bekannten Symbole und Gebräuche erläutert, um anschließend konkrete und praxisbezogene Vorschläge zur Gestaltung der Feste zu geben. Es geht der Autorin vor allem darum, ein tieferes Verständnis für den Sinn der Jahresfeste zu wecken, um daraus dann die Phantasie für die Festesgestaltung im einzelnen anzuregen. – Ein Anhang enthält Geschichten zum Vorlesen für alle Festeszeiten des Jahres.

Es geht die Sage

Von mutigen Streitern, überlisteten Teufeln und traurigen Gespenstern.
Eine Sagensammlung aus aller Welt,
nach Motiven geordnet und kommentiert von *Elisabeth Klein*.

2. Auflage, 448 Seiten, 31 Zeichnungen von Horst Wolniak, Leinen

VERLAG URACHHAUS STUTTGART

Marias kleiner Esel
und die Flucht nach Ägypten
Von *Gunhild Sehlin*
Aus dem Schwedischen, 4. Auflage, 200 Seiten, Pappband

Marias kleiner Esel erzählt uns von der beschwerlichen Reise von Maria und Joseph nach Bethlehem, von der Christgeburt im Stall, von der langen Flucht nach Ägypten und auch vom Weg zurück nach Bethlehem und Nazareth.

Die wundersame Wanderschaft
Petruslegenden, erzählt von *Dan Lindholm*, mit Bildern von *Walther Roggenkamp*
40 Seiten, 17 ganzseitige Bilder, Pappband

Der alte Silvester und das Jahrkind
Ein Märchen von *Eduard Mörike*, Bilder von *František Chochola*
3. Auflage, 44 Seiten, 16 ganzseitige Bilder, Pappband

Mörike erzählt vom alten Silvester, der den Menschen das neue »Jahrkind« auf die Erde bringt.

Pflanzenmärchen
Von *Michael Bauer*
Neuausgabe, 72 Seiten, 30 Zeichnungen von Carla Grillis, Pappband

Michael Bauer, der Freund und Biograph Christian Morgensterns, hat lange Jahre als Lehrer gewirkt. Ihm kam es vor allem darauf an, dem Kind im Lernen Freude zu bereiten, sein Sprachgefühl zu entwickeln und seine Phantasie übend zu pflegen. Aus dieser Haltung heraus sind die Pflanzenmärchen entstanden. Sie erwachsen aus dem Grund ehrfurchtsvoller Betrachtung und Bewunderung der Natur und des Lebens; sie strahlen liebevolle Warmherzigkeit und Innigkeit aus.

Lieder
für Ferien, Fahrt und Lagerfeuer
Herausgegeben von *Dieter Hornemann*
3. Auflage, 164 Seiten, kartoniert

Eine aus langjähriger Ferienlager-Praxis entstandene Sammlung von über 130 heiteren und besinnlichen Abend-, Wander- und Zigeunerliedern.

VERLAG URACHHAUS STUTTGART